Christoph Kölbl
Grundlagen des EU-Beihilferechts

D1735596

# Grundlagen des EU-Beihilferechts

von

## Christoph Kölbl

Wien 2021

facultas

Bibliografische Information Der Deutschen Nationalbibliothek

Die Deutsche Nationalbibliothek verzeichnet diese Publikation in der Deutschen Nationalbibliografie; detaillierte bibliografische Daten sind im Internet über http://dnb.d-nb.de abrufbar.

Copyright © 2021 Facultas Verlags- und Buchhandels AG
facultas, Stolberggasse 26, 1050 Wien, Österreich
Satz: Wandl Multimedia-Agentur
Druck: Facultas Verlags- und Buchhandels AG
Printed in Austria
ISBN 978-3-7089-2062-7

# Vorwort

Das EU-Beihilferecht gestaltet sich als eine äußerst komplexe und weitgreifende Materie, die von einer Flut an Rechtsnormen geprägt ist und in den letzten Jahren immer mehr an Bedeutung gewonnen hat. Vor allem Krisen wie die COVID-19-Pandemie und der Klimawandel stellen die gesamte Europäische Union insb bei der Beihilfegewährung vor neue Herausforderungen. Gezielte staatliche Beihilfemaßnahmen spielen bei der Überwindung der Pandemie sowie bei den Zielsetzungen und Strategien der Europäischen Union (zB Grüner Deal) eine entscheidende Rolle.

Neben den primär- und sekundärrechtlichen Bestimmungen des Unionsrechts sowie der Rechtsprechung des Gerichtshofes der Europäischen Union und der Spruchpraxis der Europäischen Kommission existiert im EU-Beihilferecht ein regelrechter „Normendschungel", der aus zahlreichen Mitteilungen und Leitlinien der Europäischen Kommission herrührt und dem Rechtsanwender regelmäßig Schwierigkeiten bereitet.

Dies weckte in mir die Motivation, auf der einen Seite eine Gesetzessammlung für das Gebiet des EU-Beihilferechts zu erarbeiten, um die Normenflut bewältigen zu können und auf der anderen Seite ein Grundlagenwerk zu konzipieren, in das die jahrelangen Erfahrungen als Universitätsassistent und das über die Jahre gesammelte, umfangreiche Praxiswissen auf dem Gebiet des EU-Beihilferechts fließen sollten, um theoretisches und praktisches Wissen letztlich zusammenzuführen und Theoretikern sowie Praktikern den Einstieg in die Materie des EU-Beihilferechts zu erleichtern. Die erste Aufgabe durfte ich im Jahr 2020 zusammen mit dem Verlag Facultas verwirklichen, indem die erste Gesetzessammlung zum EU-Beihilferecht im FlexLex-Programm erschienen ist.

Die erste Auflage des Werks „Grundlagen des EU-Beihilferechts" soll den/ die Rechtsanwender/in dabei unterstützen, ihm/ihr einen raschen Überblick über die wesentlichen Teile der Rechtsmaterie zu geben und die Systematik der beihilferechtlichen Vorschriften in aufbereiteter Form rasch verständlich zu machen, ohne bereits im Vorfeld an umfangreicher Kommentarliteratur verzweifeln zu müssen. Das Werk soll den Anwendern insgesamt einen schnellen, praxisnahen Zugang zu den wesentlichen Kernbereichen des EU-Beihilferechts verschaffen und den Einstieg in die Materie erleichtern.

Das vorliegende Buch verfolgt dabei einen logischen Aufbau und besteht insgesamt aus drei Teilen: Zunächst wird der Leser im ersten Teil durch die Systematik, die Bedeutung und Ziele des EU-Beihilferechts geführt, um die Zusammenhänge der wesentlichen beihilferechtlichen Vorschriften und den Aufbau verstehen zu können. Der zweite Teil befasst sich sodann mit dem materiellen Beihilferecht und erörtert den Beihilfebegriff, die unterschiedlichen Arten von Beihilfen sowie die Rechtfertigungsmöglichkeiten, die zur Vereinbarkeit einer grds unzulässigen staatlichen Beihilfe mit dem Binnenmarkt führen (Legalausnahmen, Ermessensausnahmen, Dienstleistungen von allgemeinem wirtschaftlichem Interesse und AGVO). Der dritte Teil umfasst schließlich das Beihilfeverfahrensrecht und gibt einen Überblick über die unterschiedlichen Beihilfeverfahren sowie den Rechtsschutz im EU-Beihilferecht.

In didaktischer Hinsicht habe ich mich bemüht, durch umfassende Beispiele, Hinweise und grafische Darstellungen den Lernprozess zu erleichtern und die Systematik anschaulich zu machen. Zusammen mit den weiterführenden Hinweisen in den Fußnoten sollen auch Praktikern Anhaltspunkte für die Lösung bestimmter Probleme offeriert werden.

Mein Dank gilt allen voran dem Verlag Facultas, im Besonderen Herrn *Peter Wittmann* für die tatkräftige Unterstützung bei der Begleitung der ersten Auflage. Ich möchte mich an dieser Stelle besonders für die angenehme und herzliche Zusammenarbeit bedanken.

Über Anregungen und Kritik würde ich mich sehr freuen. Für Hinweise auf etwaige Fehler bin ich ebenso dankbar. Zu richten sind sie am besten an koelbl@ beihilfepraxis.eu

Linz, am 01.09.2021 *Christoph Kölbl*

# Über den Autor

Mag. Christoph Kölbl aus Österreich hat Rechtswissenschaft an der Karl-Franzens-Universität in Graz absolviert. Bereits während seines Studiums war er als Studienassistent an mehreren Instituten tätig. Darunter am Institut für Rechtswissenschaftliche Grundlagen im Bereich der Rechtsinformatik sowie am Institut für Unternehmensrecht und Internationales Wirtschaftsrecht.

Von 2017 bis 2019 war er Universitätsassistent am Institut für Unternehmensrecht und Internationales Wirtschaftsrecht an der Karl-Franzens-Universität in Graz. In dieser Zeit war er auch in einer renommierten österreichischen Großkanzlei als Jurist tätig. Nach einjähriger Tätigkeit als juristischer Referent am Amt der oberösterreichischen Landesregierung, in der Abteilung Wirtschaft und Forschung, übt er seit 2020 die Funktion als juristischer Referent in besonderer Funktion am Amt der oberösterreichischen Landesregierung aus, wo er sich vertieft mit wettbewerbsrechtlichen Agenden, insbesondere mit dem EU-Beihilferecht, befasst.

Er ist Mitglied in mehreren Komitees, darunter zuletzt im Investitionskontrollkomitee sowie stellvertretendes Mitglied für das Land Oberösterreich in der Steuerungsgruppe für den Europäischen Fonds für Regionale Entwicklung (EFRE). Der Autor ist weiters durch zahlreiche Veröffentlichungen bekannt. Er ist ua Herausgeber der FlexLex Gesetzessammlung EU-Beihilferecht.

*Der Autor vertritt in vorliegendem Werk ausschließlich seine persönliche Meinung und verpflichtet in keiner Weise seinen Dienstgeber, das Land Oberösterreich.*

# Inhaltsverzeichnis

## Erster Teil: Einführung

## Zweiter Teil: Materielles Beihilferecht

## Dritter Teil: Beihilfeverfahrensrecht

# Anhang

# Abkürzungsverzeichnis

| | |
|---|---|
| aA | anderer Ansicht |
| ABl | Amtsblatt |
| Abs | Absatz |
| ASCM | Agreement on Subsidies and Countervailing Measures |
| AEUV | Vertrag über die Arbeitsweise der Europäischen Union |
| A-Fördergebiet | Regionen gemäß Art 107 Abs 3 lit a AEUV |
| AG | Aktiengesellschaft |
| AGVO | Allgemeine Gruppenfreistellungsverordnung |
| AHG | Amtshaftungsgesetz |
| Alt | Alternative |
| AMA | AgrarMarkt Austria |
| Art | Artikel |
| AVG | Allgemeines Verwaltungsverfahrensgesetz |
| AWS | Austria Wirtschaftsservice GmbH |
| BayVBL | Bayrische Verwaltungsblätter, Zeitschrift für öffentliches Recht und öffentliche Verwaltung |
| BeihilfenR | Beihilfenrecht |
| BGBl | Bundesgesetzblatt |
| BGH | Bundesgerichtshof |
| BHG | Bundeshaushaltsgesetz 2013 |
| BIP | Bruttoinlandsprodukt |
| BMWi | Deutsches Bundesministerium für Wirtschaft und Energie |
| BRD | Bundesrepublik Deutschland |
| BRZ | Zeitschrift für Beihilfenrecht |
| BSE | Bovine spongiforme Enzephalopathie (BSE) |
| bspw | beispielweise |
| B-VG | Bundes-Verfassungsgesetz |
| bzw | beziehungsweise |
| Causa Sport | Die Sport Zeitschrift CausaSport |
| C-Fördergebiet | Regionen gemäß Art 107 Abs 3 lit c AEUV |
| CMLR | Common Market Law Review |
| COVID-19 | Coronavirus SARS-CoV-2 |
| $CO_2$ | Kohlen(stoff)dioxid |
| CPN | Competition Policy Newsletter |
| DAWI | Dienstleistung von allgemeinem wirtschaftlichem Interesse |
| DDR | Deutsche Demokratische Republik |
| dh | das heißt |
| DigiNetzG | DigiNetz-Gesetz |
| DÖV | Die Öffentliche Verwaltung, Zeitschrift für Öffentliches Recht und Verwaltungswissenschaften |
| DStR | Zeitschrift Deutsches Steuerrecht |
| DVBl | Deutsches Verwaltungsblatt |
| EBITDA | Earnings Before Interest, Taxes, Depreciation and Amortization |
| ECLR | European Competition Law Review |
| ecolex | „ecolex, Fachzeitschrift für Wirtschaftsrecht" |

| | |
|---|---|
| EEG | Bundes-Energieeffizienzgesetz |
| EFRE | Europäischer Fonds für regionale Entwicklung |
| EG | Europäische Gemeinschaft(en) |
| EGV | Vertrag zur Gründung der Europäischen Gemeinschaft |
| EIB | Europäische Investitionsbank |
| EIF | European Investment Fund |
| ELER | Europäischer Landschaftsfonds für die Entwicklung des ländlichen Raums |
| ELR | European Law Reporter |
| endg | endgültig |
| ErwGr | Erwägungsgrund/-gründe |
| ESF | Europäischer Sozialfonds |
| ESM | Europäischer Stabilitätsmechanismus |
| EStG | Einkommenssteuergesetz |
| EStAL | European State Aid Law Quarterly |
| etc | et cetera |
| EL | Ergänzungslieferung |
| EPPPL | European Procurement & PPP Law Review |
| ERC | European Research Council Magazine |
| ETZ | Europäische territoriale Zusammenarbeit |
| EU | Europäische Union |
| EuG | Europäisches Gericht |
| EuGH | Europäischer Gerichtshof |
| EuR | Zeitschrift Europarecht |
| EUV | Vertrag über die Europäische Union |
| EuZW | Europäische Zeitschrift für Wirtschaftsrecht |
| EWR | Europäischer Wirtschaftsraum |
| EWS | Europäisches Wirtschafts- und Steuerrecht |
| f | der, die folgende |
| ff | und die folgenden |
| fin | final |
| FFG | Forschungsförderungsgesellschaft |
| FN | Fußnote(n) |
| FS | Festschrift |
| FTI | Forschung, Technologieentwicklung und Innovation |
| FuE | Forschung und Entwicklung |
| FuEuI | Forschung, Entwicklung und Innovation. |
| GA | Generalanwalt/-anwältin |
| GATT | General Agreement on Tariffs and Trade |
| GBER | General Block Exemption Regulations |
| GD | Generaldirektion |
| GES | Zeitschrift für Gesellschaftsrecht |
| ggf | gegebenenfalls |
| GmbH | Gesellschaft mit beschränkter Haftung |
| GewA | Gewerbearchiv GewArch |
| GRC | Grundrechte-Charta |
| grds | grundsätzlich |

16

| | |
|---|---|
| GZ | Geschäftszahl |
| Hrsg | Herausgeber |
| idF | in der Fassung |
| idgF | in der geltenden Fassung |
| iHv | in Höhe von |
| insb | insbesondere |
| Interreg | Europäische Territoriale Zusammenarbeit |
| IPCEI | Important Projects of Common European Interest |
| IRR | Internal Rate of Return |
| iSd | im Sinne des/r |
| iZm | im Zusammenhang mit |
| IWF | Internationaler Währungsfonds |
| JBl | „Juristische Blätter" |
| JECL&P | Journal of European Competition Law & Practice |
| JRP | Journal für Rechtspolitik |
| JTF | Just Transition Fund – Fonds für einen gerechten Übergang |
| Jura | Zeitschrift Juristische Ausbildung |
| KMU | Kleine und mittlere Unternehmen |
| KMU-Definition | Definition der Kleinstunternehmen sowie der kleinen und mittleren Unternehmen nach der Empfehlung der Kommission vom 6. Mai 2003, ABl L 2003/124, 36. |
| KMU-Leitfaden | Benutzerleitfaden zur Definition von KMU |
| KOM | Dokumente der Kommission der Europäischen Gemeinschaft; Europäische Kommission |
| Kommission | Europäische Kommission |
| KommJur | Zeitschrift Kommunaljurist |
| KöSt | Körperschaftssteuer |
| KPC | Kommunalkredit Public Consulting GmbH |
| krit | kritisch |
| KWK | Kraft-Wärme-Kopplung |
| leg cit | legis citatae |
| LGBl | Landesgesetzblatt |
| lit | litera (Buchstabe) |
| Lit | Literatur |
| MaW | Mit anderen Worten |
| Mio | Millionen |
| MMR | Zeitschrift Multimedia und Recht |
| Mrd | Milliarden |
| MüKoWettbR | Münchner Kommentar: Europäisches und Deutsches Wettbewerbsrecht |
| MR | Zeitschrift Medien und Recht |
| mwN | mit weiteren Nachweisen |
| NACE | Nomenclature statistique des activités économiques dans la Communauté européenne |
| NJOZ | Neue Juristische Online-Zeitschrift |
| NJW | Neue Juristische Wochenzeitschrift |
| npoR | Zeitschrift für das Recht der Non Profit Organisationen |

| | |
|---|---|
| NPV | Net Present Value |
| Nr | Nummer |
| NuR | Zeitschrift Natur und Recht |
| NUTS | Nomenclature des unités territoriales statistiques |
| NVwZ | Neue Zeitschrift für Verwaltungsrecht |
| NZKart | Neue Zeitschrift für Kartellrecht |
| ÖBA | BankArchiv |
| OeMAG | OeMAG Abwicklungsstelle für Ökostrom AG |
| OGH | Oberster Gerichtshof |
| ÖJZ | Österreichische Juristenzeitung |
| OLG Wien | Oberlandesgericht Wien |
| ÖStZ | Österreichische Steuer-Zeitung |
| ÖZW | Österreichische Zeitschrift für Wirtschaftsrecht |
| PIT | Private Investor Test |
| RL | Richtlinie |
| RMUE | Revue du Marché Unique Européenne |
| Rn | Randnummer |
| Rs | Rechtssache |
| Rsp | Rechtsprechung |
| Rz | Randzahl |
| S | Siehe; Satz |
| SA | State Aid; Société Anonyme; Sociedad Anonima |
| SANI | State Aid Notification Interactive |
| SARI | State Aid Reporting Interactive |
| SAM | State Aid Modernisation |
| SGEI | Services of General Economic Interest |
| SME | Small Medium Enterprise |
| SMEs | Small Medium Enterprises |
| sog | sogenannte, -r, -s |
| stRsp | ständige Rechtsprechung |
| SWK | Zeitschrift Steuer- und WirtschaftsKartei |
| TAM | Transparency Award Modul |
| TBR | Trade Barrier Regulation |
| tw | teilweise |
| Tz | Teilzahl |
| ua | und andere, -s; unter anderem |
| UAbs | Unterabsatz |
| udgl | und dergleichen |
| UFSjournal | Zeitschrift UFSjournal, „UFS-Entscheidungen aus erster Hand aktuell & praxisnah" |
| USD | US-Dollar |
| usw | und so weiter |
| uU | unter Umständen |
| uva | und viele andere |
| UWG | Bundesgesetz gegen den unlauteren Wettbewerb |
| verb Rs | verbundene Rechtssache(n) |
| Verf-VO | (Beihilfe-)Verfahrensverordnung VO (EU) 2015/1589 |

| | |
|---|---|
| Verf-DVO | (Beihilfe-)Verfahrens-DurchführungsVO (EU) 794/2014 und (EU) 2015/2282 |
| VfGH | Verfassungsgerichtshof |
| VwG | Verwaltungsgericht(e) |
| VwGG | Verwaltungsgerichtshofgesetz |
| VwGH | Verwaltungsgerichtshof |
| vgl | vergleiche |
| wbl | wirtschaftsrechtliche Blätter |
| WHO | World Health Organization |
| WiPolBl | Wirtschaftspolitische Blätter |
| WiVerw | Zeitschrift Wirtschaft und Verwaltung |
| WPg | Die Wirtschaftsprüfung |
| WTO | World Trade Organization |
| Z | Ziffer |
| zB | zum Beispiel |
| ZFR | Zeitschrift für Finanzmarktrecht |
| ZfRV | Zeitschrift für Rechtsvergleichung |
| ZfV | Zeitschrift für Verwaltung |
| ZGR | Zeitschrift für Unternehmens- und Gesellschaftsrecht |
| ZHR | Zeitschrift für das gesamte Handels- und Wirtschaftsrecht |
| ZIAS | Zeitschrift für ausländisches internationales Arbeits- und Sozialrecht |
| ZIP | Zeitschrift für Wirtschaftsrecht |
| ZPO | Zivilprozessordnung |
| ZRP | Zeitschrift für Rechtspolitik |
| ZUR | Zeitschrift für Umweltrecht |
| zT | zum Teil |
| ZWeR | Zeitschrift für Wettbewerbsrecht |

# Einführung

## I. Einleitung

Ein freier Wettbewerb soll sich im Binnenmarkt in einem System vollziehen, das ihn vor Verfälschungen schützt.[1] Der angestrebte Wettbewerb soll von Verfälschungen durch heteronome wettbewerbsfremde Steuerungen freigehalten werden. Ein freier Binnenmarkt erfordert jedenfalls faire Wettbewerbsbedingungen zwischen den Unternehmen und den Mitgliedstaaten.

Durch das EU-Beihilferecht wird sichergestellt, dass einzelne Mitgliedstaaten bestimmte Unternehmen oder Produktionszweige nicht etwa durch gezielte staatliche finanzielle Zuwendungen begünstigen, um ihnen gegenüber anderen (europäischen) Unternehmen einen wettbewerblichen Vorteil zu verschaffen. Andernfalls würde eine Wettbewerbsverfälschung erreicht und der freie Handel zwischen den Mitgliedstaaten beeinträchtigt werden. Wirksame beihilferechtliche Regelungen sind somit notwendige Konsequenz, um zu erreichen, dass sich alle Unternehmen auf dem Gebiet der Europäischen Union aus wettbewerbsrechtlicher Sicht auf Augenhöhe begegnen.

Ein wirkungsloser Einsatz staatlicher Beihilfen kann mitunter sogar die Entwicklung neuer bzw innovativer Unternehmen verhindern, die Marktaktivität ineffzienter Unternehmen künstlich aufrechterhalten,[2] oder eine gut funktionierende Wirtschaft insgesamt schwächen.

Der Vertrag über die Arbeitsweise der Europäischen Union normiert ein allgemeines Beihilfeverbot mit einem Genehmigungsvorbehalt, womit staatliche Beihilfen grds mit dem Binnenmarkt unvereinbar sind. Um eine Vereinbarkeit mit dem Binnenmarkt und damit eine erlaubte Beihilfe zu erzielen, bedarf es entweder einer Genehmigung durch die Europäische Kommission als Hüterin des EU-Wettbewerbsrechts oder einer geeigneten Rechtfertigungslösung.

In den folgenden Kapiteln werden die Grundlagen des EU-Beihilferechts, das materielle Beihilferecht sowie das Beihilfeverfahrensrecht dargestellt.

## II. Beihilferechtliche Grundlagen

**Literatur:** *Bartosch*, EU-Beihilfenrecht[3] (2020); *Bär-Bouyssiére* in Schwarze (Hrsg), EU-Kommentar[4] (2019) Art 107 AEUV; *Birnstiel/Bungenberg/Heinrich*, Europäisches Beihilfenrecht (2013); *Dreher/Lübbig/Wolf-Posch*, Praxis des EU-Beihilferechts in Ös-

---

1  *Müller-Graff*, Europäisches Binnenmarkt- und Wirtschaftsordnungsrecht: Das System, in Hatje/Müller-Graff, EnzEuR IV[2] § 1 Rz 61.

2  *BMWi*, Handbuch staatliche Beihilfen, 8.

terreich (2017); *Fehling*, Das europäische Beihilfenrecht in der Wirtschaftskrise, EuR 2010, 598; *Frenz*, Handbuch Europarecht III; Beihilferecht[2] (2021); *Immenga/Mestmäcker*, Wettbewerbsrecht III; Beihilfenrecht[5] (2016); *Jaeger*, Beihilfe- und Förderungsrecht, in Holoubek/Potacs (Hrsg), Öffentliches Wirtschaftsrecht I[4] (2019) 717; *König/Hellstern*, Das materielle binnenmarktrechtliche Beihilfenaufsichtsrecht, in Hatje/Müller-Graff (Hrsg), Enzyklopädie Europarecht IV: Europäisches Binnenmarkt- und Wirtschaftsordnungsrecht[2] (2021); *Kühling* in Streinz (Hrsg), EUV/AEUV[3] (2018) Art 107 AEUV; *Martenczuk* in Schwarze (Hrsg), EU-Kommentar (2017) Art 107 AEUV; *Müller-Graff*, Europäisches Binnenmarkt- und Wirtschaftsordnungsrecht: Das System, in Hatje/Müller-Graff (Hrsg), Enzyklopädie Europarecht IV: Europäisches Binnenmarkt- und Wirtschaftsordnungsrecht[2] (2021); *Streinz*, EUV/AEUV[3] (2018).

# A. Bedeutung des EU-Beihilferechts

Die Europäische Union zielt gemäß Art 3 Abs 3 zweiter Satz EUV mit der Errichtung des Binnenmarkts mitunter auf, *„eine in hohem Maße wettbewerbsfähige, soziale Marktwirtschaft."*[3]

So sieht das Protokoll (Nr 27) über den Binnenmarkt und den Wettbewerb zum Vertrag von Lissabon vor, dass der Binnenmarkt „ein System umfasst, das den Wettbewerb vor Verfälschungen schützt […]".[4] Art 3 Abs 1 lit b AEUV gibt der Europäischen Union die Kompetenz zur Festlegung von Wettbewerbsregeln, die für ein Funktionieren des Binnenmarkts erforderlich sind.[5]

Staatliche Beihilfen können den freien Wettbewerb erheblich beeinträchtigen und die Wettbewerbsgleichheit zwischen den Unternehmen ebenso wie durch Kartelle bzw anti-kompetitive Fusionen oder Missbrauch von Marktmacht verzerren.[6] Der Unionsgesetzgeber will zudem verhindern, dass Mitgliedstaaten nationalen Unternehmen in konjunkturell schwierigen Zeiten Vergünstigungen gewähren.[7] Staatliche Beihilfen spielen allerdings auch eine entscheidende Rolle öffentlicher Regulierung der Mitgliedstaaten und zur Korrektur von Marktversagen.

So belief sich das Volumen an gewährten Beihilfen durch die 28 Mitgliedstaaten in den Jahren 2014 und 2015 auf € 91 Mrd, im Jahr 2018 sogar auf € 121 Mrd.[8] Auch die Europäische Union gewährte im Rahmen etlicher Finanzierungsinstrumente in vielen Bereichen Förderungen.

Die EU-Beihilfekontrolle als Kontrollmechanismus zielt darauf ab, gleiche Wettbewerbsbedingungen im Binnenmarkt herzustellen und nimmt an Stellenwert stetig zu.[9]

---

3 Weiterführend *Müller-Graff* in Hatje/Müller-Graff, EnzEuR IV[2] § 1 Rz 48, 57.
4 Protokoll (Nr 27) über den Binnenmarkt und den Wettbewerb, ABl C 2008/115, 309.
5 *Kühling* in Streinz, EUV/AEUV[3] Art 107 AEUV Rz 1.
6 *Lehr*, Europäisches Wettbewerbsrecht und kommunale Daseinsvorsorge, DÖV 2005, 542 (546); *Koenig/Hellstern* in Hatje/Müller-Graff, EnzEuR IV[2] § 14 Rz 1.
7 vgl *Wallenberg/Schütte* in Grabitz/Hilf/Nettesheim, Das Recht der Europäischen Union: EUV/AEUV Art 107 Rn 10 (Werkstand: 78. EL Februar 2021).
8 KOM, State Aid Scoreboard 2019, 11.
9 *Kühling* in Streinz, EUV/AEUV[3] Art 107 AEUV Rn 2.

Die Hauptaufgabe der Kommission besteht darin, einem Förderungswettlauf der Mitgliedstaaten entgegenzusteuern,[10] um zum eigentlichen Grundgedanken eines unverfälscht funktionierenden Marktes zurückzukehren.

## 1. Marktversagen

Grds sind staatliche Beihilfen an Unternehmen unzulässig, soweit in den Verträgen (der EU) nichts anderes bestimmt ist. Beihilfen sind lediglich zum Ausgleich von **Marktversagen** ausnahmsweise zulässig. Neben den Legalausnahmen[11] in Art 107 Abs 2 AEUV eröffnen die Vereinbarkeitstatbestände in Art 107 Abs 3 AEUV ein weites Feld für die Beihilfepolitik,[12] und regeln Fälle, in denen Beihilfen mit dem Binnenmarkt vereinbar sind, wo ein Marktversagen besteht, dessen Ausgleich mit der Beihilfe bewirkt werden soll.

Dies gilt für Beihilfen zur Förderung der wirtschaftlichen Entwicklung in Gebieten in äußerster Randlage, Beihilfen zur Förderung wichtiger Vorhaben von gemeinsamem europäischem Interesse, Beihilfen zur Behebung einer beträchtlichen Störung im Wirtschaftsleben eines Mitgliedstaats, Beihilfen zur Förderung der Entwicklung bestimmter Wirtschaftszweige und Wirtschaftsgebiete sowie Kulturbeihilfen.[13]

Ein Marktversagen liegt vor, wenn der freie Markt kein wirtschaftlich effizientes Ergebnis hervorbringt und durch staatliche Beihilfen korrigiert werden soll.

Ursachen eines Marktversagens können externe Effekte, öffentliche Leistungen, asymmetrische Informationen, Marktmacht und Abstimmungsprobleme sein.[14]

Zusätzlich zum Marktversagen ist zu prüfen, ob ein Marktversagen allenfalls durch weniger wettbewerbsschädigende Maßnahmen korrigiert werden kann. Diese Prüfung erfolgt durch eine Abwägung zwischen den negativen Auswirkungen staatlicher Beihilfen auf den Wettbewerb und den positiven Auswirkungen auf die Ziele im gemeinsamen Interesse.[15]

## 2. Finanz- und Wirtschaftskrise

Besondere Brisanz erlangte das EU-Beihilferecht erstmals durch die Finanzkrise im Jahr 2008, die es erforderlich machte, den Bankensektor sowie viele

---

10  Mit positiver Bilanz siehe dazu *Fehling*, EuR 2010, 598 (616).
11  S zu den Legalausnahmen ausführlich: Zweiter Teil Kapitel III Abschnitt A.
12  *Mestmäcker/Schweitzer*, Beihilfenregeln im System des EU-Vertrags in Immenga/Mestmäcker, WettbR III: BeihilfenR[5] Rn 20.
13  Ausführlich zu den Ermessensausnahmen s Zweiter Teil Kapitel III Abschnitt B.
14  S dazu die Umwelt- und Energiebeihilfeleitlinien 2014-2020, ABl C 2014/200, 1 oder die Leitlinien für staatliche Beihilfen zur Förderung von Risikofinanzierungen, ABl C 2014/19, 4.
15  S zum Abwägungserfordernis bspw die Breitbandleitlinien, ABl C 2013/25, 1: Punkt 2.5. Unterpunkt 8; sowie KOM 26.07.2018, SA.48325: NGA-broadband project in Upper Austria, ABl C 2018/339, 2 Unterpunkt 4.2.8 Rn 122 ff.

Unternehmen finanziell zu stützen.[16] Jüngst zwang die ausgebrochene COVID-19-Krise[17] die EU-Kommission, die beihilferechtlichen Regelungen zur Rettung der Wirtschaft zu lockern. Etliche Finanzierungsmaßnahmen wurden dabei zur Bekämpfung der wirtschaftlichen Schäden seitens vieler EU-Mitgliedstaaten, auf Basis beihilferechtlicher Regelungen, der EU-Kommission zur Genehmigung angemeldet.[18]

*Beispiel: In der Finanzkrise gewährt die Republik Österreich einem heimischen Großunternehmen ein Wandeldarlehen in der Höhe von € 150 Mio. Die Kommission erklärt diese Beihilfe als mit dem Binnenmarkt vereinbar und übermittelt der Republik Österreich den positiven Genehmigungsbeschluss. Ein französisches Großunternehmen sieht darin eine erhebliche Wettbewerbsverfälschung und will gegen den Kommissionsbeschluss rechtlich vorgehen.*

## 3. Förderpraxis in Österreich

**Literatur:** *Barbist/Kröll*, Beihilfegewährung durch die Bundesländer, in Haslinger/ Jaeger (Hrsg), Jahrbuch Beihilferecht (2018) 485; *Dreher/Lübbig/Wolf-Posch*, Praxis des EU-Beihilferechts in Österreich (2017); *Jaeger*, Beihilfe- und Förderungsrecht, in Holoubek/Potacs (Hrsg), Öffentliches Wirtschaftsrecht I[4] (2019) 717; *Rebhahn*, Beihilfen- und Subventionsrecht, in B.Raschauer (Hrsg), Grundriss des österreichischen Wirtschaftsrecht[3] (2010) 449; *Rüffler*, Privatrechtliche Probleme der Subventionsgewährung: Der Einfluss des Gleichheitssatzes auf den Rechtsschutz im Subventionsrecht, JBl 2005, 409.

In Österreich existiert weder auf Bundes- noch auf Landesebene ein Gesetz, das allgemeine Fragen der Fördervergabe einheitlich regelt.[19]

Auf Bundesebene enthält allerdings das BHG[20] einige Vorgaben für Förderungen.

---

16 Vgl dazu KOM, Bericht der Kommission über staatliche Beihilfen der EU-Mitgliedstaaten – Herbstausgabe 2011 – KOM(2011) 1487 endg, 9: Während sich im Zeitraum 2008 bis 2010 das tatsächlich von den Mitgliedstaaten verwendete Beihilfevolumen auf € 1.608 Mrd bzw 13,1% des EU-BIP belief, genehmigte die Kommission in der Zeit vom 1. Oktober 2008 bis zum 1. Oktober 2011 Beihilfen in Höhe von € 4506,5 Mrd bzw 36,7% des EU-BIP für den Finanzsektor; KOM 12.12.2008, N 625/2008, *Deutschland Rettungspaket für Finanzinstitute in Deutschland*, K(2008) 8629; KOM 18.12.2008, N 615/2008, *Deutschland Staatliche Beihilfe an die BayernLB*, K(2008) 8839 endg; KOM 18.07.2011, C 15/2009 (ex N 196/2009) – *Hypo Real Estate*, K(2011) 5157 endg; EuGH 19.07.2016, C-526/14, *Kotnik/Slowenien ua*; EuG 28.01.2016, T-427/12, *Österreich/Kommission*.

17 COVID-19 = Corona Virus Disease wurde am 11.03.2020 von der WHO als Pandemie eingestuft. Ausführlich dazu: <https://www.who.int/health-topics/coronavirus#tab=tab_1>.

18 Statt vieler KOM 30.03.2020, SA.56863, *Federal framework for subsidised loans 2020*; KOM 30.03.2020, SA.56860, *Government guarantee programme for companies*; KOM 26.03.2020, SA.56845, *Repayable Advances Scheme – COVID-19*; KOM 13.03.2020, SA.56708, *Danish guarantee scheme for SMEs affected by COVID-19*.

19 *Rebhahn*, Subventionsrecht, in B. Raschauer, Wirtschaftsrecht[3] Rz 868; *Jaeger* in Holoubek/Potacs, Öffentliches Wirtschaftsrecht I[4] 717 (776); *Dreher/Lübbig/Wolf-Posch*, EU-Beihilferecht Rz 48 ff.

20 Bundesgesetz über die Führung des Bundeshaushaltes (Bundeshaushaltsgesetz 2013 – BHG), BGBl I 139/2009 idgF.

Das BHG definiert den Förderbegriff auf Bundesebene und umfasst direkte und indirekte Förderungen. Die Gewährung direkter Förderungen wird durch die ARR 2014[21] einheitlich geregelt.

In den Bundesländern existieren zT eigene Wirtschaftsförderungsgesetze[22] sowie zusätzliche eigene Rahmenrichtlinien bzw allgemeine Förderrichtlinien oder auch spezielle Förderrichtlinien, die Gegenstand, Schwerpunkte oder allgemeine Grundsätze der Förderungen regeln.[23]

Der Begriff **„Förderung"** ist von der „Beihilfe"[24] iSd Art 107 AEUV zu unterscheiden. Der Förderbegriff geht größtenteils über den Beihilfebegriff hinaus, bleibt aber auch in wesentlichen Aspekten hinter diesem zurück.[25]

Anders als Beihilfen setzen Förderungen keine Wettbewerbsverfälschung oder Handelsbeeinträchtigung voraus.[26] Der Förderbegriff umfasst zudem auch Privatpersonen, während der Beihilfebegriff eine Zuwendung an ein Unternehmen voraussetzt. Schließlich umfasst der Förderbegriff nur Zuwendungen durch Hoheitsträger. Beihilfen können hingegen auch dort vorliegen, wo die öffentliche Hand gar keine Förderungen gewähren wollte.[27]

Förderungen können von **Bund**, **Ländern** und **Gemeinden** vergeben werden.

Auf **Landesebene** fungieren entweder die zuständigen Abteilungen im Amt der jeweiligen Landesregierung oder ausgegliederte Förderungseinrichtungen, die mit bestimmten Aufgaben des Förderwesens vom jeweiligen Bundesland betraut wurden, als **Förderstellen**.

Auf **Bundesebene** wird der Großteil der Förderungen durch eigene Bundesförderungseinrichtungen abgewickelt. Dazu zählen die Austria Wirtschaftsservice GmbH (**AWS**), die Forschungsförderungsgesellschaft (**FFG**) oder aber auch die Kommunalkredit Public Consulting GmbH (**KPC**).

Je nach Gewährungsgrundlage bestehen auch weitere Abwicklungsstellen, die von der an sich zuständigen Behörde (meist Bundesministerium) betraut werden: zB Fonds, Banken, Unternehmen.

***Beispiel:*** *Die KPC wurde mit der Abwicklung der Förderprogramme für E-Mobilität betraut. Die AMA wurde als Abwicklungsstelle für die meisten Agrarförderungen, die OeMAG als Abwicklungsstelle für Ökostromförderungen errichtet.*

---

21 Verordnung des Bundesministers für Finanzen über Allgemeine Rahmenrichtlinien für die Gewährung von Förderungen aus Bundesmitteln (ARR 2014), BGBl II 208/2014 idF II 190/2018.

22 zB NÖ Wirtschaft- und Tourismusfondsgesetz, LGBl 7300-0 idgF; Gesetz vom 25. September 2001 über die Wirtschaftsförderung in der Steiermark 2001 (Steiermärkisches Wirtschaftsförderungsgesetz 2001 – StWFG), LGBl 14/2012 idgF.

23 S dazu *Barbist/Kröll* in Jahrbuch Beihilferecht 2018, 485 (488).

24 Zum Beihilfebegriff s ausführlich Zweiter Teil Kapitel I.

25 *Jaeger* in Holoubek/Potacs, Öffentliches Wirtschaftsrecht I⁴ 717 (772).

26 *Dreher/Lübbig/Wolf-Posch*, EU-Beihilferecht Rz 50.

27 *Jaeger* in Holoubek/Potacs, Öffentliches Wirtschaftsrecht I⁴ 717 (772).

# B. Rahmenbedingungen und Beihilfekontrolle

## 1. Beihilfeverbot

**Literatur:** *Bartosch*, EU-Beihilfenrecht[3] (2020); *Bär-Bouyssiére* in Schwarze (Hrsg), EU-Kommentar[4] (2019) Art 107 AEUV; *Birnstiel/Bungenberg/Heinrich*, Europäisches Beihilfenrecht (2013); *Dreher/Lübbig/Wolf-Posch*, Praxis des EU-Beihilferechts in Österreich (2017); *Frenz*, Handbuch Europarecht III; Beihilferecht[2] (2021); *Immenga/Mestmäcker*, Wettbewerbsrecht III; Beihilfenrecht[5] (2016); *Jaeger*, Beihilfe- und Förderungsrecht, in Holoubek/Potacs (Hrsg), Öffentliches Wirtschaftsrecht I[4] (2019) 717; *König/Hellstern*, Das materielle binnenmarktrechtliche Beihilfenaufsichtsrecht, in Hatje/Müller-Graff (Hrsg), Enzyklopädie Europarecht IV: Europäisches Binnenmarkt- und Wirtschaftsordnungsrecht[2] (2021); *König/Kühling/Ritter*, EG-Beihilfenrecht[2] (2005); *Pache*, Rechtsfragen der Aufhebung gemeinschaftsrechtswidriger nationaler Beihilfebescheide, NVwZ 1994, 318; *Schröder*, Grundkurs Europarecht[6] (2019); *Schwarze*, Europäisches Verwaltungsrecht[2] (2005); *Schwalbe* in Säcker (Hrsg), Münchner Kommentar. Europäisches und Deutsches Wettbewerbsrecht V: Beihilfenrecht[2] (2018); *Streinz*, EUV/AEUV[3] (2018).

**Judikatur:** EuGH 11.12.1973, Rs 120/73, *Lorenz*; EuGH 22.03.1977, Rs 74/76, *Iannelli & Volpi*; EuGH 22.03.1977, Rs 78/76, *Steinike & Weinlig/Deutschland*; EuGH 14.02.1990, C-301/87, *Frankreich/Kommission (Boussac)*; EuGH 21.11.1991, C-354/90, *FNCE/Frankreich*; EuGH 09.03.1994, C-188/92, *Textilwerke Deggendorf*; EuGH 11.07.1996, C-39/94, *SFEI/Laposte*; EuGH 08.11.2001, C-143/99, *Adria Wien Pipeline*; EuGH 13.01.2005, C-174/02, *Streekgewest*; EuGH 05.10.2006, C-368/04, *Transalpine Ölleitung Österreich*; OLG Wien 05.02.2007, 2 R 150/06b; EuGH 12.02.2008, C-199/06, *CELF und Ministre de la Culture et de la Communication*.

> **Art 107 Abs 1 AEUV:**
>
> Soweit in den Verträgen nicht etwas anderes bestimmt ist, sind staatliche oder aus staatlichen Mitteln gewährte Beihilfen gleich welcher Art, die durch die Begünstigung bestimmter Unternehmen oder Produktionszweige den Wettbewerb verfälschen oder zu verfälschen drohen **mit dem Binnenmarkt unvereinbar**, soweit sie den Handel zwischen den Mitgliedstaaten beeinträchtigen."

Der Kern des EU-Beihilferechts liegt im Art 107 Abs 1 AEUV konstituierten grundsätzlichen Beihilfeverbot.[28] Dabei handelt es sich jedoch um **kein absolutes Beihilfeverbot**,[29] („[…] *mit dem Binnenmarkt unvereinbar* […]"), sondern

---

28  *Schwarze*, Europäisches Verwaltungsrecht[2] 367; *Pache*, NVwZ 1994, 319; *Schröder*, Europarecht[6] § 19 Rz 59.

29  EuGH 08.11.2001, C-143/99, *Adria Wien Pipeline*, Rn 30; EuGH 22.03.1977, Rs 78/76, *Steinike & Weinlig/Deutschland*, Rn 8; EuGH 11.07.1996, C-39/94, *SFEI/La Poste ua*, Rn 36: „Dieses grundsätzliche Verbot von staatlichen Beihilfen ist weder absolut noch unbedingt […]"; *Cremer* in Calliess/Ruffert, EUV/AEUV[5] Art 107 AEUV Rn 1; vgl *von Wallenberg/Schütte* in Grabitz/Hilf/Nettesheim, EUV/AEUV Art 107 Rn 15 (Werkstand: 68. EL Oktober 2019). *Koenig/Hellstern* in Hatje/Müller-Graff, EnzEuR IV[2] § 14 Rz 47 mwN; *Frenz*, Handbuch EuR III[2] Rz 158; *Schwalbe* in MüKoWettbR V: BeihilfenR[2] Einleitung Rz 15; *Kühling* in Streinz, EUV/AEUV[3] Art 107 AEUV Rz 4.

unterstellt die staatliche Beihilfegewährung lediglich einer umfassenden Kontrolle durch die Europäische Kommission.[30] Diese sog Beihilfekontrolle erfolgt nach dem in Art 108 AEUV vorgesehenen Aufsichtsverfahren. Das Schutzgut des Beihilfeverbotes ist der Wettbewerb. Der Schutz des Wettbewerbs prägt daher auch die Reichweite des Verbotstatbestands.[31]

Der Beihilfetatbestand erklärt sämtliche Beihilfen für mit dem Binnenmarkt unvereinbar. Von diesem Verbot sieht Art 107 Abs 2 AEUV sog Legalausnahmen vor.[32] Art 107 Abs 3 AEUV wiederum normiert Ausnahmeklauseln in Form von Ermessenstatbeständen.[33] In beiden Fällen kann die Beihilfe als mit dem Binnenmarkt vereinbar erklärt werden. Außerdem normiert Art 106 Abs 2 AEUV eine Ausnahme vom Beihilfeverbot.[34]

In der Literatur[35] wird vereinzelt anstelle eines Beihilfeverbots auch von einem präventiven Verbot mit Genehmigungsvorbehalt gesprochen.

Aus dem Regel-Ausnahme-System des Beihilfeverbots zu den Ausnahmen ergibt sich eine zweistufige Prüfung staatlicher Beihilfen:

Zunächst ist das Vorliegen einer **Beihilfe** zu prüfen. Der Tatbestand des Art 107 Abs 1 AEUV muss erfüllt sein. Liegt tatbestandlich eine Beihilfe vor, ist im nächsten Schritt eine **Rechtfertigungsmöglichkeit** zu prüfen. Lässt sich die Beihilfe unter einen Rechtfertigungstatbestand subsumieren, ist die Beihilfe materiell-rechtlich als mit den Binnenmarkt vereinbar anzusehen.

Art 107 Abs 1 AEUV enthält ein Beihilfeverbot, das aber nicht absolut wirkt. Beihilfen sind grds mit dem Binnenmarkt unvereinbar, können jedoch gerechtfertigt sein. Daraus ergibt sich eine zweistufige Prüfung: 1) Vorliegen einer Beihilfe auf Tatbestandsebene, 2) Rechtfertigungsmöglichkeit.

### 2. Durchführungsverbot

Als Faustregel gilt, dass Beihilfen bei der Europäischen Kommission angemeldet (notifiziert) werden müssen. Nur in Ausnahmefällen kann von einer Notifizierung Abstand genommen werden.

Beihilfen dürfen erst nach einer Genehmigung der Europäischen Kommission gewährt werden (sog „**Durchführungsverbot**").[36] Wird die Beihilfe unter

---

30  *Kühling* in Streinz, EUV/AEUV[3] Art 107 AEUV Rz 4.
31  *Frenz*, Handbuch EuR III[2] Rz 160.
32  Dazu ausführlich Zweiter Teil Kapitel III, Abschnitt A.
33  Dazu ausführlich Zweiter Teil Kapitel III, Abschnitt B.
34  Zur Dienstleistung von allgemeinem wirtschaftlichem Interesse s ausführlich Zweiter Teil Kapitel III, Abschnitt C.
35  *Kühling* in Streinz, EUV/AEUV[3] Art 107 AEUV Rz 4; *König/Kühling/Ritter*, EG-Beihilfenrecht[2] (2005) Rn 3.
36  Zum Durchführungsverbot s Dritter Teil Kapitel I Abschnitt B.

Verstoß gegen das Durchführungsverbot gewährt, ist die Beihilfemaßnahme **formell rechtswidrig**.

Eine Beihilfemaßnahme kann damit materiell-rechtlich zulässig, aber formell rechtswidrig sein.

*Beispiel: Der Mitgliedstaat S richtet einen Katastrophenfonds zur Entschädigung der vom Hochwasser betroffenen Landwirte ein. Der Katastrophenfonds wurde mittels Rechtsgutachten auf der Grundlage der Legalausnahme Art 107 Abs 2 lit b AEUV ausgestaltet. Auf eine Anmeldung bei der Kommission wurde zeitbedingt verzichtet. Die Legalausnahme erklärt Katastrophenbeihilfen unter bestimmten Voraussetzungen ex lege mit dem Binnenmarkt für vereinbar. Katastrophenbeihilfen müssen aber bei der Kommission angemeldet werden. Da die Beihilfemaßnahme zwar mit dem Binnenmarkt vereinbar sein wird (materielle Rechtmäßigkeit), wurde sie dennoch vor der Genehmigung der Kommission und somit unter Verstoß gegen das Durchführungsverbot gewährt. Die Beihilfemaßnahme ist damit formell rechtswidrig.*

### 3. Verjährung

Die Europäische Kommission ist befugt, nicht notifizierte Beihilfen bis zu zehn Jahren nach der Gewährung aufzugreifen und gegebenenfalls für formell rechtswidrig zu erklären.

Die Verjährungsfrist beginnt mit dem Zeitpunkt der Gewährung der Beihilfe zu laufen. Als Zeitpunkt der Gewährung wird jener Zeitpunkt angesehen, in dem der Beihilfeempfänger nach nationalem Recht einen Rechtsanspruch erwirbt.

*Beispiel: Im September 2014 gewährt die Landesregierung von S einem heimischen Großunternehmen eine Betriebsbeihilfe. Die beihilferechtliche Abteilung des Landes S äußert ihre Bedenken zur Beihilfekonformität, verabschiedet die Beihilfemaßnahme jedoch auf der Grundlage des DAWI-Freistellungsbeschlusses. 7 Jahre später erfährt die Kommission durch Medienberichte von der Beihilfemaßnahme und erklärt sie im Nachhinein für formell rechtswidrig. Die Landesregierung von S wendet das Argument der Verjährung ein, wird aber scheitern.*

### 4. Tatbestands- und Rechtfertigungslösung

Die **Notifizierungspflicht** und das damit verbundene Durchführungsverbot gilt gemäß Art 108 Abs 3 AEUV **nur für tatbestandsmäßige Beihilfen**, also für Beihilfemaßnahmen, die sämtliche Tatbestandsmerkmale nach Art 107 Abs 1 AEUV erfüllen. Kann auch nur eines dieser Tatbestandsmerkmale ausgeschlossen werden, liegt bereits auf Tatbestandsebene keine Beihilfe vor (sog **Tatbestandslösung**).

Ob eine bestimmte Maßnahme den Beihilfebegriff erfüllt ist somit von entscheidender Bedeutung für das weitere Vorgehen.

Ist der Beihilfebegriff – also der Tatbestand nach Art 107 Abs 1 AEUV – erfüllt, liegt eine tatbestandsmäßige Beihilfe vor. In diesem Fall kann für die Beihilfe aber eine Rechtfertigung in Betracht kommen, womit die tatbestandsmäßige Beihilfe in eine mit dem Binnenmarkt vereinbare, gerechtfertigte Beihilfe umgewandelt wird (sog **Rechtfertigungslösung**).

Es ist von entscheidender Bedeutung zwischen der Tatbestandsebene und der Rechtfertigungsebene zu differenzieren. Im ersten Schritt ist immer zu prüfen, ob überhaupt der Beihilfebegriff auf Tatbestandsebene erfüllt ist. Scheidet auch nur eines der Tatbestandsmerkmale aus, ist der Beihilfebegriff nicht erfüllt: Es liegt diesfalls keine Beihilfe vor! Nur wenn der Beihilfebegriff erfüllt ist, kann die Beihilfe gerechtfertigt sein, indem eine Rechtfertigungslösung greift.

# C. Architektur des EU-Beihilferechts

**Literatur:** *Calliess/Ruffert*, EUV/AEUV[5] (2016); *Graevenitz*, Mitteilungen, Leitlinien, Stellungnahmen – Soft Law der EU mit Lenkungswirkung, EuZW 2013, 169; *Grabitz/ Hilf/Nettesheim*, Das Recht der Europäischen Union: EUV/AEUV[72] (2021); *Griller*, Der Stufenbau der österr Rechtsordnung nach dem EU-Beitritt, JRP 2000, 273; *Jäger*, Einführung in das Europarecht[2] (2018) *Müller-Graff*, Das „Soft Law" der europäischen Organisationen, EuR 2012, 18; *Soria*, Die Kodizes für gute Verwaltungspraxis – ein Beitrag zur Kodifikation des Verwaltungsverfahrensrechts der EG, EuR 2001, 682; *Schröder*, Grundkurs Europarecht[6] (2019); *Streinz*, EUV/AEUV[3] (2018); *von Graevenitz*, Mitteilungen, Leitlinien, Stellungnahmen – Soft Law der EU mit Lenkungswirkung, EuZW 2013, 169; *ders*, Wider die Verrechtlichung von soft law der Europäischen Kommission, ZRP 2019, 75.

Die wesentlichen Rechtsgrundlagen des EU-Beihilferechts finden sich im **Primärrecht** der Europäischen Union, dem Vertrag über die Arbeitsweise der Europäischen Union (**AEUV**) sowie in zahlreichen **Sekundärrechtsakten**. Das Beihilferecht zeichnet sich mitunter auch dadurch aus, dass der öffentliche Vollzug primär bei der Europäischen Kommission liegt. Den Leitlinien und Mitteilungen der Kommission wird deshalb in der Rechtspraxis eine entscheidende Rolle beigemessen.

## 1. Primärrecht

Das Primärrecht bildet das Recht der höchsten Stufe in der Rechtsordnung der Europäischen Union. Es umfasst insbesondere den Vertrag über die Europäische Union (**EUV**) und den Vertrag über die Arbeitsweise der Europäischen Union (**AEUV**). Zum Primärrecht gehören aber auch die allgemeinen Rechtsgrundsätze, zahlreiche Protokolle sowie Anhänge.

Die primärrechtlichen Grundlagen des Beihilferechts finden sich in den Artikeln 106 bis 109 AEUV. In Art 107 AEUV ist das grundsätzliche Beihilfenverbot verankert. Art 108 AEUV regelt das Prüfungs- und Durchführungsrecht der Europäischen Kommission. Art 109 AEUV enthält schließlich eine Ermächtigungsnorm, die es dem Rat der Europäischen Union erlaubt, selbst Durchführungsverordnungen zu erlassen und seinerseits die Kommission durch Verordnung zu ermächtigen, einzelne Beihilfen von der Notifizierungspflicht freizustellen.

> Die primärrechtlichen Grundlagen bilden die Art 106 bis 109 AEUV.

## 2. Sekundärrecht

Das Sekundärrecht wird auch als abgeleitetes Recht bezeichnet, da es auf Basis primärrechtlicher Grundlagen erzeugt wurde. Unter Sekundärrecht versteht man jene Rechtsakte, die in einem Gesetzgebungsverfahren nach Art 289 AEUV generiert wurden. Dazu gehören insbesondere die in Art 288 AEUV aufgezählten Rechtsakte: Verordnungen, Richtlinien, Beschlüsse, Empfehlungen und Stellungnahmen. Aber auch sog atypische Handlungsformen.[37]

Auf der Grundlage von Art 109 AEUV wurde die sogenannte **Verfahrensverordnung VO (EU) 2015/1589**[38] verabschiedet, jene zentrale Verordnung, in der das Prüf- und Kontrollverfahren der Kommission geregelt ist. Die Verfahrensverordnung konkretisiert gewissermaßen Art 108 AEUV.

Die Kommission hat auf ihre Ermächtigung durch den Rat eine Allgemeine Gruppenfreistellungsverordnung (**AGVO**)[39] erlassen, mit der einzelne Kategorien von Beihilfen mit dem Binnenmarkt für vereinbar angesehen werden. Weitere Sekundärrechtsakte sind die **De-minimis-Verordnungen**,[40] mit denen Beihilfen bis zu einem bestimmten Schwellenwert ipso iure (also „kraft Gesetzes") zulässig sind.

Ein wichtiger Beschluss für die öffentliche Verwaltung ist der sog „**DAWI-Freistellungsbeschluss**"[41], der die Grundlage für die weit verbreiteten Betrauungsakte zur Finanzierung von Leistungen der Daseinsvorsorge bildet.

---

37 Weiterführend vgl *Schröder*, Grundkurs Europarecht[6] (2019) § 6 Rz 21 ff.
38 Verordnung (EU) 2015/1589 des Rates vom 13. Juli 2015 über besondere Vorschriften für die Anwendung von Artikel 108 des Vertrags über die Arbeitsweise der Europäischen Union, ABl L 2015/248, 9.
39 Verordnung (EU) 651/2014 der Kommission vom 17. Juni 2014 zur Feststellung der Vereinbarkeit bestimmter Gruppen von Beihilfen mit dem Binnenmarkt in Anwendung der Artikel 107 und 108 des Vertrags über die Arbeitsweise der Europäischen Union, ABl L 2014/187, 1, zuletzt geändert durch VO (EU) 2021/1237, ABl L 2021/270, 39.
40 Verordnung (EU) 1407/2013 der Kommission vom 18. Dezember 2013 über die Anwendung der Artikel 107 und 108 des Vertrags über die Arbeitsweise der Europäischen Union auf De-minimis-Beihilfen, ABl L 2013/352, 1.
41 Beschluss der Kommission vom 20. Dezember 2011 über die Anwendung von Artikel 106 Absatz 2 des Vertrags über die Arbeitsweise der Europäischen Union auf staatliche Bei-

Für das Beihilferecht maßgebliche Sekundärrechtsakte sind die Verfahrensverordnung VO (EU) 2015/1589, die AGVO, die De-minimis-Verordnungen und der DAWI-Freistellungsbeschluss.

### 3. Soft law

Im EU-Beihilferecht spielen zahlreiche Beschlüsse, **Leitlinien** und **Mitteilungen** sowie **Bekanntmachungen** der Kommission eine zentrale Rolle.

Eine Vielzahl an Mitteilungen, Bekanntmachungen und Leitlinien sind für die Rechtspraxis unausweichlich. Dazu zählen ua die Bekanntmachung zum Begriff der staatlichen Beihilfe,[42] die Rückforderungsmitteilung,[43] die Regionalbeihilfeleitlinien,[44] die DAWI-Mitteilung,[45] die Umwelt- und Energieleitlinien,[46] uva.

Während Beschlüsse der Kommission gemäß Art 288 Abs 4 AEUV verbindlich sind, finden weder Mitteilungen, Leitlinien noch Bekanntmachungen im Primärrecht ihren Niederschlag. Mitteilungen sind vielmehr als unverbindliche Rechtshandlungen zu qualifizieren,[47] die die Kommission stets „revidieren und aktualisieren"[48] kann, weshalb sie auch als „**soft law**"[49] bezeichnet werden.

Im Eigenverwaltungsrecht der Europäischen Union entwickelt sich mittlerweile ein unsystematischer Korpus rechtlich unverbindlicher Mitteilungen und Verhaltenskodizes („soft law").[50] Diese Vielzahl an unverbindlichen Instrumentarien der Kommission dient regelmäßig dazu, gleich gelagerte Sachverhalte effizienter und nach gleichen Regeln zu beurteilen.

---

hilfen in Form von Ausgleichsleistungen zugunsten bestimmter Unternehmen, die mit der Erbringung von Dienstleistungen von allgemeinem wirtschaftlichem Interesse betraut sind (2012/21/EU), ABl L 2012/7, 3. Zum DAWI-Freistellungsbeschluss s Zweiter Teil Kapitel III Abschnitt C Punkt 3. Buchstabe a.

42  Bekanntmachung zum Beihilfebegriff, ABl C 2016/262, 1.

43  Rückforderungsmitteilung, ABl C 2019/247, 1.

44  Leitlinien für Regionalbeihilfen, ABl C 2021/153, 1.

45  Mitteilung der Kommission über die Anwendung der Beihilfevorschriften der Europäischen Union auf Ausgleichsleistungen für die Erbringung von Dienstleistungen von allgemeinem wirtschaftlichem Interesse, ABl C 2012/8, 4.

46  Mitteilung der Kommission – Leitlinien für staatliche Umweltschutz- und Energiebeihilfen 2014-2020, ABl C 2014/200, 1.

47  *Schröder* in Streinz, EUV/AEUV³ Art 288 Rn 33.

48  Vgl die Einleitung Punkt 1.3. der Leitlinien für die Beurteilung von staatlichen Beihilfen zur Rettung und Umstrukturierung von Unternehmen in Schwierigkeiten, ABl C 1994/368, 12.

49  Zur Rolle des Soft-laws vgl *von Graevenitz*, ZRP 2019, 75; *ders*, EuZW 2013, 169.

50  *Graevenitz*, EuZW 2013, 169; *Müller-Graff*, EuR 2012, 18; *Soria*, EuR 2001, 682; Kodex für gute Verwaltungspraxis in den Beziehungen der Bediensteten der Europäischen Kommission zur Öffentlichkeit", ABl L 2000/267, 64.

Mit Blick auf die bestmögliche Nutzung der modernisierten Beihilfevorschriften wurde den Mitgliedstaaten, Beihilfeempfängern und anderen Beteiligten eine Orientierungshilfe hinsichtlich des praktischen Ablaufs von Beihilfeverfahren an die Hand gegeben: Verhaltenskodex für die Durchführung von Beihilfeverfahren.[51]

Man wird daher eine **Selbstbindung der Kommission** an ihre Leitlinien und Mitteilungen unterstellen dürfen.

Ein wichtiger Beschluss für die öffentliche Verwaltung ist der sog „DAWI-Freistellungsbeschluss"[52], der die Grundlage für die weit verbreiteten Betrauungsakte zur Finanzierung von Leistungen der Daseinsvorsorge bildet.

> Die Vielzahl der Leitlinien und Mitteilungen der Europäischen Kommission spielen aufgrund der Selbstbindung der Kommission in der Rechtspraxis eine entscheidende Rolle.

### 4. Rechtsprechung

Schließlich existiert zu beihilferechtlich relevanten Sachverhalten eine **umfassende Spruchpraxis der Europäischen Kommission**. Diese Entscheidungen sind öffentlich zugänglich.[53]

Daneben haben auch das Gericht (**EuG**) sowie der Gerichtshof der Europäischen Union (**EuGH**) zahlreiche Einzelfallentscheidungen zu Kommissionsentscheidungen judiziert, die zu einer richterlichen Rechtsfortbildung geführt haben.

Die Leitlinien und Mitteilungen der Kommission bauen regelmäßig auf der Rechtsprechung des Europäischen Gerichts und des EuGH auf.

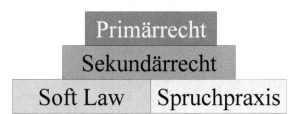

---

51 Verhaltenskodex für die Durchführung von Beihilfeverfahren, ABl C 2018/253, 14.

52 Beschluss der Kommission vom 20. Dezember 2011 über die Anwendung von Artikel 106 Absatz 2 des Vertrags über die Arbeitsweise der Europäischen Union auf staatliche Beihilfen in Form von Ausgleichsleistungen zugunsten bestimmter Unternehmen, die mit der Erbringung von Dienstleistungen von allgemeinem wirtschaftlichem Interesse betraut sind, ABl L 2012/7, 3. Siehe Zweiter Teil Kapitel III Abschnitt C.

53 https://ec.europa.eu/competition/state_aid/register/.

# D. Entwicklungen im EU-Beihilferecht

**Literatur:** *Baier/Lukits*, Entwicklungen im Europäischen Beihilfenrecht: Materielles Europarecht, in Jahrbuch Europarecht (2013), 179; *Egger/Barrett*, Neue Freistellungsmöglichkeiten im Beihilfenrecht: Neue Ermächtigungsverordnung und Überarbeitung der AGVO: Vertiefung ausgewählter Themen, in Jahrbuch Beihilferecht (2014) 317; *Hummelbrunner/Prickartz*, Rezente Ergänzungen und Änderungen der AGVO, in Jahrbuch Beihilferecht (2018) 183; *Kanitz*, Der erste Entwurf der neuen De-minimis-Verordnung, BRZ 2013, 67; *Koenig*, Where Is State Aid Law heading to?, EStAL 2014, 611; *Lukits*, Entwicklungen im Europäischen Beihilfenrecht: Materielles Europarecht, in Jahrbuch Europarecht (2014) 171; *ders*, Die Reform der Leitlinien für Regionalbeihilfen: Vertiefung ausgewählter Themen, in Jahrbuch Beihilferecht (2014) 333; *ders*, Entwicklungen im Europäischen Beihilfenrecht, in Jahrbuch Europarecht (2015) 147; *Mickonyte*, Die neue Risikokapitalleitlinie, in Jahrbuch Beihilferecht (2015) 311; *Plank/Walch*, State Aid Modernisation: How to make better use of EU taxpayers' money?, EuZW 2012, 613; *Schindl*, Der Fitness-Check für die SAM-Maßnahmen 2021, in Haslinger/Jaeger (Hrsg), Jahrbuch Beihilferecht (2021) 301; *Soltész*, Nach der Reform ist vor der Reform – Herausforderungen für die künftige europäische Beihilfekontrolle, EuZW 2015, 277; *ders*, Wichtige Entwicklungen im Europäischen Beihilferecht im Jahre 2019, EuZW 2020, 5; *Soltész/Hellstern*, Reform des Beihilfeverfahrens im Rahmen der State Aid Modernisation – Einige Überlegungen aus Sicht der Praxis, BRZ 2013, 3; *Sygusch*, Die ersten Entwürfe zur neuen Allgemeinen Gruppenfreistellungsverordnung der Kommission – Revolution oder Evolution?, BRZ 2013, 179; *Votava*, State Aid Modernisation – ein Déjà vu?, in Jahrbuch Beihilferecht (2013) 327.

## 1. State Aid Modernisation

Im Mai 2012 hat die Kommission ihre Reformpläne für eine Modernisierung des EU-Beihilferechts dargelegt (**State Aid Modernisation = SAM**). Die Reform zielte insgesamt darauf ab, das EU-Beihilferecht effizienter und effektiver zu machen und mit den Mitteln der Beihilfepolitik ua die Wettbewerbsfähigkeit, sowie Beschäftigung und Wachstum zu unterstützen.[54]

Zu den Eckpfeilern der Reform zählten die Überarbeitung der Allgemeinen Gruppenfreistellungsverordnung, die Bekanntmachung zum Beihilfebegriff, die Neufassung der Verfahrensverordnung[55] sowie die Überarbeitung einzelner Mitteilungen und Leitlinien.[56]

---

54 *Plank/Walch*, EuZW 2012, 613.

55 Verordnung (EU) 734/2013 des Rates vom 22. Juli 2013 zur Änderung der Verordnung (EG) Nr 659/1999 über besondere Vorschriften für die Anwendung von Artikel 93 des EG-Vertrags, ABl L 2013/204, 15; Verordnung (EU) 2015/1589 des Rates vom 13. Juli 2015 über besondere Vorschriften für die Anwendung von Artikel 108 des Vertrags über die Arbeitsweise der Europäischen Union, ABl L 2015/248, 9.

56 Mitteilung der Kommission über die Anwendung der Vorschriften für staatliche Beihilfen ab dem 1. August 2013 auf Maßnahmen zur Stützung von Banken im Kontext der Finanzkrise („Bankenmitteilung"), ABl C 2013/216, 1; Leitlinien für staatliche Beihilfen zur Rettung und Umstrukturierung nichtfinanzieller Unternehmen in Schwierigkeiten, ABl C 2014/249, 1 („Umstrukturierungsleitlinien"); Leitlinien für staatliche Beihilfen zur Förderung von Risikofinanzierungen, ABl C 2014/19, 4; Leitlinien für staatliche Beihilfen

Der Abschluss eines wesentlichen Teils des „State Aid Modernisation"-Projekts wurde insgesamt positiv und als ein erheblicher Schritt nach vorne betrachtet.[57] Nichtsdestotrotz fanden sich auch kritische Stimmen in der Literatur, die einer flächendeckenden Anwendung des Beihilferechts auf zahlreiche Politikbereiche skeptisch gegenüberstanden und darin die Gefahr eines „over-enforcements" bzw „under-enforcements" erblickten.[58] Die ambitionierte Ausdehnung des Beihilfebegriffs und die Entscheidungsspielräume der Kommission würde mitunter zu einer enormen Machtkonzentration führen.[59]

Im Jahr 2019 startete die Kommission einen „Fitness Check", mit dem bewertet werden sollte, ob die Vorschriften über staatliche Beihilfen noch zweckmäßig sind und zur Erreichung der politischen Ziele der Strategie Europa 2020 beigetragen haben.[60] Mit dem veröffentlichten Ergebnis im Oktober 2020 bestätigte die Europäische Kommission die Zweckmäßigkeit der Regelungen für die Kontrolle staatlicher Beihilfen.[61]

## 2. Aktuelle Entwicklungen

Momentan steht das EU-Beihilferecht vor allem durch zwei Entwicklungen im Blickpunkt: Die **COVID-19-Pandemie** und die Ökologisierung des EU-Beihilferechts durch den sog „**Grünen Deal**".

### a. COVID-19-Krise

**Literatur:** *Bartosch/Berghofer*, Die Covid-19-Beihilfemaßnahmen in Deutschland, EuZW 2020, 453; *Riedel/Wilson/Cranley*, Learnings from the Commission's Initial State Aid Response to the COVID-19 Outbreak, EStAL 2020, 115; *Seitz/Berne*, Die Panazee gegen COVID-19: Das EU-Beihilferecht, EuZW 2020, 591; *Stöbener de Mora*, Covid-19: Fünfte Erweiterung und weitere Verlängerung des Befristeten Rahmens, EuZW 2021, 179; *dies*, Covid-19/Beihilferecht: Vierte Änderung und Verlängerung des Covid-19-Beihilferahmens, EuZW 2020, 908; *dies*, Beihilferecht: Dritte Ausweitung des Befristeten Covid-19-Rahmens, EuZW 2020, 557; *dies*, Covid-19: Zweite Erweiterung des Befristeten Covid-19-Beihilferahmens zu Rekapitalisierungsbeihilfen, EuZW 2020, 444; *dies*, Beihilferecht: Ausweitung des befristeten Rahmens zur Bewältigung des COVID-19-Ausbruchs, EuZW 2020, 301; *dies*, Beihilferecht: Befristeter Rahmen der EU-Kommission zur Bewältigung des COVID-19-Ausbruchs, EuZW 2020, 251; *Soltész*, Kein Teilhaberecht bei COVID-Hilfen – EuG weist Ryanair-Attacke ab, EuZW 2021, 225; *Weismann*, Der COVID-19-Beihilferahmen im Vergleich zum Bankenbeihilfe-Regime: Parallelen und Unterschiede, in Haslinger/Jaeger (Hrsg), Jahrbuch Beihilferecht (2021) 257.

---

zur Förderung von Risikofinanzierungen sowie über Leitlinien für staatliche Beihilfen für Flughäfen und Luftverkehrsgesellschaften, ABl C 2014/198, 30.

57 *Soltész*, EuZW 2015, 277.
58 *Koenig*, EStAL 2014, 611.
59 *Soltész*, EuZW 2015, 277 (280).
60 *Schindl* in Jahrbuch Beihilferecht 2021, 301 (301).
61 *Schindl* in Jahrbuch Beihilferecht 2021, 301 (316).

Durch den Ausbruch von COVID-19 ist für die Gesellschaft nicht nur eine gesundheitliche Krise, sondern auch für die Volkswirtschaften der Welt und die Europäische Union ein wirtschaftlicher Schock größten Ausmaßes entstanden. Zur Bekämpfung der wirtschaftlichen Auswirkungen von COVID-19 verabschiedete die Europäische Kommission den sog „Befristeten Rahmen für staatliche Beihilfen zur Stützung der Wirtschaft angesichts des derzeitigen Ausbruchs von COVID-19". Mit dieser Mitteilung versuchte die Kommission als ersten Schritt zur Bekämpfung der Krise, einen beihilferechtlichen Rahmen zu schaffen, unter dem eine Beihilfe im Sinne des Art 107 Abs 3 lit b AEUV zur Behebung einer beträchtlichen Störung im Wirtschaftsleben eines Mitgliedstaats mit dem Binnenmarkt vereinbar ist.

### b. Europäischer Grüner Deal

**Literatur**: *Burgi/Zimmermann*, Der (künftige) EU-beihilferechtliche Rahmen für die Förderung von grünem Wasserstoff, ZUR 2021, 212; *Frenz*, Klimaeuroparecht zwischen Green Deal und Corona, EuR 2020, 605; *Germelmann*, Der Investitionsschutz im Energie- und Klimaschutzrecht zwischen „European Green Deal" und Grenzen des Unionsprimärrechts, EuR 2020, 375; *Güßregen*, Green Deal: Investitionsplan für den europäischen Green Deal, EuZW 2020, 84; *López*, The Evolving Nature of the Notion of Aid under EU Law, EStAL 2016, 400; *Lukits*, Der europäische Grüne Deal, in Haslinger/Jaeger (Hrsg), Jahrbuch Beihilferecht (2021) 317; *Lünenbürger/Holtmann/Delarue*, Integrating Environmental Protection Requirements into the Design and Assessment of State Aid, EStAL 2020, 418; *Verschuur/Sbrolli*, The European Green Deal and State Aid: Regions, State Aid and the Just Transition, EStAL 2021, 41.

Besondere Bedeutung für das EU-Beihilferecht erlangte der von der EU-Kommissionspräsidentin *von der Leyen* ins Leben gerufene sog „Grüne Deal" („European Green Deal"). Mit dieser ökologischen Reform soll der Klimaschutz auf europäischer Ebene vorangebracht und die gesamte **EU bis 2050 $CO_2$-neutral** gemacht werden.[62]

Auch in der Corona-Pandemie konnte verstärkt der Ansatz beobachtet werden, dass Staatshilfen teils an den Klimaschutz gekoppelt wurden, um so die Unterstützungsleistungen auch nach der Pandemie für mehr Klimaschutz einzusetzen.

Die Kommission will das EU-Beihilferecht in Anbetracht der strategischen Ziele des europäischen Grünen Deals bis 2021 umfassend überarbeiten, um einen kosteneffizienten und sozial integrativen Übergang zur Klimaneutralität bis zum Jahr 2020 zu fördern.[63]

Das EU-Beihilferecht erweist sich bei der Ökologisierung als wichtiges Instrumentarium, indem den Mitgliedstaaten im Rahmen weiterer Rechtfertigungs-

---

62 *Frenz*, Klimaeuroparecht zwischen Green Deal und Corona, EuR 2020, 605 (605).

63 Mitteilung der Kommission an das Europäische Parlament, den Rat, den Europäischen Wirtschafts- und Sozialausschuss und den Ausschuss der Regionen: Investitionsplan für ein zukunftsfähiges Europa – Investitionsplan für den europäischen Grünen Deal, COM(2020) 21 fin.

möglichkeiten mehr Spielraum bei der Umsetzung gegeben wird, um etwa ökologisch wichtige Gebiete besser fördern, oder innovative, klimapolitisch wichtige Technologien, wie zB die Wasserstofftechnologie, vorantreiben zu können.[64] Der Beihilfetatbestand wird durch den Klimaschutz nicht aufgeweicht. Vielmehr wird am Prinzip eines freien und unverfälschten Wettbewerbs festgehalten und der Klimaschutz in die bestehende Systematik miteingebunden.

*Beispiel: Die Verbrennung von Braunkohle wurde als äußerst umweltschädlich deklariert. Ein beschleunigter Ausstieg kann durch Beihilfen gefördert werden. Zudem wurden Investitionsbeihilfen für öffentlich zugängliche Lade- oder Tankinfrastruktur für emissionsfreie und emissionsarme Straßenfahrzeuge durch die neue AGVO-Novelle 2021 unter bestimmten Voraussetzungen freistellungsfähig und damit für die Beihilfegewährung auch attraktiver gemacht.*

Der grüne ökologische Faden zieht sich auch durch andere Regelwerke in der EU-Kohäsionspolitik. Weitere klimapolitische Anforderungen finden sich etwa bei der Mittelverwendung im EFRE[65] oder im Just Transition Fund. Sie wirken sich damit auch auf die beihilferechtliche Zulässigkeit aus, indem inhaltlich weitere klimapolitische Voraussetzungen beachtet werden müssen.

Schließlich rückten die jüngsten Naturereignisse innerhalb der Europäischen Union die Ökologisierung des EU-Beihilferechts neuerlich in den Fokus.

# III. Überblick über das System des EU-Beihilferechts

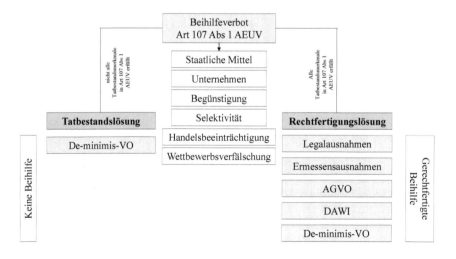

---

64 Dazu ausführlich *Burgi/Zimmermann*, Der (künftige) EU-beihilferechtliche Rahmen für die Förderung von grünem Wasserstoff, ZUR 2021, 212.

65 Europäischer Fonds für regionale Entwicklung. S dazu die VO (EU) 1303/2013 u (EU) 1301/2013.

Zweiter Teil

# Materielles Beihilferecht

# I. Der Beihilfebegriff

**Literatur:** *Arhold* in *Säcker* (Hrsg), Münchner Kommentar. Europäisches und Deutsches Wettbewerbsrecht V: Beihilfenrecht[2] (2018); *Bartosch*, EU-Beihilfenrecht[3] (2020); *Bär-Bouyssiére* in Schwarze (Hrsg), EU-Kommentar[4] (2019) Art 107 AEUV; *Biondi*, State Aid is Falling Down, Falling Down: An Analysis of the Case Law on the Notion of Aid, CMLR 2013, 1719; *Birnstiel/Bungenberg/Heinrich*, Europäisches Beihilfenrecht (2013); *Calliess/Ruffert*, EUV/AEUV[5] (2016); *Dekker*, The ‚Effect on Trade between the Member States' Criterion: Is It the Right Criterion by Which the Commission's Workload Can Be Managed?, EStAL 2017, 154; *Dreher/Lübbig/Wolf-Posch*, Praxis des EU-Beihilferechts in Österreich (2017); *Eder*, Mitteilung Beihilfebegriff III: Staatlichkeit, in Haslinger/Jaeger (Hrsg), Jahrbuch Beihilferecht (2017) 407; *Frenz*, Staatlichkeit durch Kontrolle: sachfremde Beihilfenerweiterung, EWS 2014, 247; *ders*, Handbuch Europarecht III; Beihilferecht[2] (2021); *Geiger/Khan/Kotzur*, EUV/AEUV[6] (2017); *Grabitz/Hilf/Nettesheim*, Das Recht der Europäischen Union: EUV/AEUV[72] (2021); *Harsdorf/Gänser*, Mitteilung Beihilfebegriff IV: Vorteilsbegriff „neu"? Eine Analyse einzelner Aspekte im Lichte der Rechtsprechung, in Haslinger/Jaeger (Hrsg), Jahrbuch Beihilferecht (2017) 433; *Herrmann*, Wann sind Beihilfen auf lokaler Ebene (nicht) geeignet, den zwischenstaatlichen Handel zu beeinträchtigen, KommJur 2016, 201; *Holtmann*, Staatliche Beihilfen: Selektivität einer Steuerregelung – Das EuG-Urteil Banco Santander ua, EWS 2015, 140; *Huber*, Mitteilung Beihilfebegriff II: Der Unternehmensbegriff, in Haslinger/Jaeger (Hrsg), Jahrbuch Beihilferecht (2017) 377; *Huber/Stangl*, Beihilferelevanz wirtschaftlicher Tätigkeit von Universitäten, in Haslinger/Jaeger (Hrsg), Jahrbuch Beihilferecht (2019) 485; *Immenga/Mestmäcker*, Wettbewerbsrecht III; Beihilfenrecht[5] (2016); *Jaeger*, Staatlichkeit der Beihilfemittel: Das Urteil EEG, in Haslinger/Jaeger (Hrsg), Jahrbuch Beihilferecht (2020) 315; *ders*, Beihilfe- und Förderungsrecht, in Holoubek/Potacs (Hrsg), Öffentliches Wirtschaftsrecht I[4] (2019) 717; *Kahl/Müller*, Vorteilsbegriff III: Konzessionsvergabe als Beihilfe, in Haslinger/Jaeger (Hrsg), Jahrbuch Beihilferecht (2016) 281; *Kirchberger*, Mitteilung Beihilfebegriff VI: Spürbarkeit, in Haslinger/Jaeger (Hrsg), Jahrbuch Beihilferecht (2017) 459; *König/Hellstern*, Das materielle binnenmarktrechtliche Beihilfenaufsichtsrecht, in Hatje/Müller-Graff (Hrsg), Enzyklopädie Europarecht IV: Europäisches Binnenmarkt- und Wirtschaftsordnungsrecht[2] (2021); *Kruse*, Das Merkmal der „Staatlichkeit" der Beihilfe nach Art 87 Abs 1 EG, ZHR 165 (2001); *Mickonyté*, Vorteilsbegriff II: Der Fall London Taxi, in Haslinger/Jaeger (Hrsg), Jahrbuch Beihilferecht (2016) 265; *Müller-Graff*, Die Erscheinungsformen der Leistungssubventionstatbestände aus wirtschaftsrechtlicher Sicht, ZHR 1988, 403; *Radlgruber*, Neues im Bereich Selektivität, in Haslinger/Jaeger (Hrsg), Jahrbuch Beihilferecht (2016) 241; *Reiter*, Beihilfen zugunsten von Produktionszweigen: zur sektoralen Selektivität im Beihilferecht, EuZW 2020, 312; *Schirmer*, Die staatliche Unterstützung von (kleinen) Skigebieten in der EU und im EWR, in Haslinger/Jaeger (Hrsg), Jahrbuch Beihilferecht (2021) 451; *Streinz*, EUV/AEUV[3] (2018); *Schroeder*, EU-Beihilfenverbot und Staatlichkeit der Mittel, EuZW 2015, 207; *Soltész*, Die „Belastung des Staatshaushalts" als Tatbestandsmerkmal einer Beihilfe iS des Art 92 I EGV, EuZW 1998, 747; *ders*, Von Preussen Elektra zu France Télécom – Die „Belastung des Staatshaushaltes" als Beihilfekriterium, EuZW 2011, 254; *Streinz*, EUV/AEUV[3] (2018); *Schröder*, Grundkurs Europarecht[6] (2019); *Sollgruber*, Grundzüge des Europäischen Beihilfenrechts (2007); *Streinz*, EUV/AEUV³ (2018); *Zellhofer/Solek*, Mitteilung Beihilfebegriff IV: Selektive Begünstigung im Lichte der Bekanntmachung zum Beihilfebegriff, in Haslinger/Jaeger (Hrsg), Jahrbuch Beihilferecht (2017) 445.

**Judikatur:** EuGH 23.02.1961, Rs 30/59, *De Gezamenlijke Steenkolenmijnen*; EuGH 02.07.1974, Rs 173/73, *Italien/Kommission*; EuGH 24.01.1978, 82/77, *Van Tiggele*; EuGH 27.03.1980, Rs 61/79, *Amministrazione delle finanze dello Stato*; EuGH 17.09.1980, Rs 730/79, *Philip Morris*; EuGH 10.07.1986, Rs 40/85, *Belgien/Kommission*; EuGH 24.02.1987, Rs 310/85, *Deufil/Kommission*; EuGH 16.06.1987, C-118/85, *Kommission/Italien*; EuGH 14.10.1987, Rs 248/84, *Deutschland/Kommission*; EuGH 27.09.1988, verb Rs 106/87 bis 120/87, *Asteris AE ua/Griechenland*; EuGH 23.04.1991, C-41/90, *Höfner und Elsner*; EuGH 19.01.1994, C-364/92, *SAT Fluggesellschaft/Eurocontrol*; EuGH 16.11.1995, C-244/94, *Fédération Française des Sociétés d'Assurances/ Ministère de l'Agriculture et de la Pêche*; EuGH 29.02.1996, C-56/93, *Belgien/Kommission*; EuGH 11.07.1996, C-39/94, *SFEI ua*; EuGH 26.09.1996, C-241/94, *Frankreich/ Kommission*; EuG 12.12.1996, T-358/94, *Air France/Kommission*; EuGH 18.06.1998, C-35/96, *Kommission/Italien*; EuGH 01.12.1998, C-200/97, *Ecotrade*; EuGH 17.06.1999, C-75/97, *Belgien/Kommission*; EuGH 16.05.2000, C-83/98 P, *Frankreich/Ladbroke-Racing Ltd und Kommission*; EuGH 19.09.2000, C-156/98, *Deutschland/Kommission*; EuG 29.09.2000, T-55/99, *Confederación Española de Transporte de Mercancías (CETM)/ Kommission*; EuGH 19.10.2000, verb Rs C-15/98 u C-105/99, *Italien und Sardegna Lines/Kommission*; EuG 04.04.2001, T-288/97, *Friuli Venezia Giulia*; EuGH 08.11.2001, C-143/99, *Adria-Wien Pipeline ua*; Schlussanträge GA *Jacobs* 13.12.2001, C-482/99, *Stardust Marine*; EuG 06.03.2002, verb Rs T-127/99, T-129/99 u T-148/99, *Territorio Histórico de Álava ua/Kommission*; EuG 06.03.2002, verb Rs T-92/00 u T-103/00, *Territorio Histórico de Álava ua/Kommission*; EuGH 16.05.2002, C-482/99, *Frankreich/ Kommission (Stardust Marine)*; EuGH 08.05.2003, verb Rs C-328/99 u C-399/00, *Italien und SIM 2 Multimedia SpA/Kommission*; EuGH 24.07.2003, C-280/00, *Altmark Trans*; EuGH 20.11.2003, C-126/01, *GEMO*; EuGH 16.03.2004, verb Rs C-264/01, C-306/01, C-354/01 u C-355/01, *AOK Bundesverband*; EuGH 29.04.2004, C-278/00, *Griechenland/Kommission*; EuGH 15.07.2004, C-345/02, *Pearle*; EuGH 03.03.2005, C-172/03, *Heiser*; Schlussanträge GA *Jacobs* 29.11.2005, C-368/04, *Transalpine Ölleitung*; EuGH 10.01.2006, C-222/04, *Cassa di Risparmio di Firenze*; EuG 05.04.2006, T-351/02, *Deutsche Bahn AG/Kommission*; EuGH 06.09.2006, C-88/03, *Portugal/Kommission*; EuGH 01.07.2008, C-49/07, *MOTOE*; EuGH 17.07.2008, C-206/06, *Essent Netwerk Noord*; EuGH 11.09.2008, verb Rs C-428/06 bis C-434/06, *Unión General de Trabajadores de La Rioja*; EuG 28.11.2008, verb Rs T-254/00 ua, *Hotel Cipriani/Kommission*; EuG 17.12.2008, T-196/04, *Ryanair/Kommission*; EuGH 22.12.2008, C-487/06 P, *British Aggregates/Kommission*; EuGH 23.04.2009, C-460/07, *Sandra Puffer*; EuGH 30.04.2009, C-494/06, *Kommission/Italien und Wam SpA*; EuG 01.07.2009, verb Rs T-81/07, T-82/07 u. T-83/07, *Jan Rudolf Maas*; EuG 02.05.2011, verb Rs T-267/08 und T-279/08, *Calais*; EuGH 09.06.2011, verb Rs C-71/09 P ua, *Comitato/Kommission*; EuGH 28.07.2011, C-403/10 P, *Mediaset*; EuGH 08.09.2011, C-279/08 P, *Kommission/Niederlande*; EuGH 15.11.2011, verb Rs C-106/09 P u C-107/09 P, *Kommission und Spanien/Gibraltar und Vereinigtes Königreich*; EuG 28.02.2012, verb Rs T-268/08 u T-281/08, *Land Burgenland und Österreich/Kommission*; EuGH 19.12.2012, C-288/11 P, *Mitteldeutsche Flughafen und Flughafen Leipzig-Halle/Kommission*; EuGH 24.01.2013, C-73/11 P, *Frucona/ Kommission*; EuGH 19.03.2013, C-399/10 u C-401/10 P, *France Télécom (Bouygues)*; EuGH 30.05.2013, C-677/11, *Doux Élevage und Coopérative agricole UKL-ARREE*; EuGH 19.12.2013, C-262/12, *Vent De Colère ua*; EuGH 04.09.2014, verb Rs C-533/12 P u C-536/12 P, *SNCM und Frankreich/Kommission*; EuG 07.11.2014, T-219/10, *Autogrill Espana SA/Kommission*; EuG 25.03.2015, T-538/11, *Belgien/Kommission*; KOM

29.04.2015, SA.38035, *Deutschland – Mutmaßliche Beihilfe für eine Reha-Fachklinik für Orthopädie und Unfallchirurgie*, ABl C 2015/188, 3; KOM 29.04.2015, SA.38208, *Alleged State aid to UK member-owned golf clubs*, ABl C 2015/277, 4; KOM 29.04.2015, SA.37904, *Mutmaßliche staatliche Beihilfe an ein Ärztehaus in Durmersheim*, ABl C 2015/188, 2; EuG 28.10.2015, T-253/12, *Hammar Nordic Plugg AB*; EuGH 30.06.2016, C-270/15 P, *Belgien/Kommission*; KOM 04.08.2016, SA.44942, *Aid to local media published in the Basque language*, ABl C 2016/369, 1; KOM 09.08.2016, SA.43983; *BLSV-Sportcamp Nordbayern*, ABl C 2016/406, 14; EuGH 26.10.2016, C-211/15 P, *Orange/Kommission*; EuGH 18.05.2017, C-150/16, *Fondul Proprietatea/Complexul Energetic Oltenia*; EuGH 13.09.2017, C-329/15, *ENEA*; EuGH 09.11.2017, C-656/15 P, *TV2/Danmark A/S*; EuGH 28.03.2019, C-405/16 P, *Deutschland/Kommission („EEG')*.

**Materialien:** Bekanntmachung der Kommission zum Begriff der staatlichen Beihilfe im Sinne des Artikels 107 Absatz 1 des Vertrags über die Arbeitsweise der Europäischen Union, ABl C 2016/262, 1.

Der Vertrag über die Arbeitsweise der Europäischen Union (AEUV) enthält in Art 107 Abs 1 AEUV ein allgemeines Beihilfenverbot:

> „Soweit in den Verträgen nicht etwas anderes bestimmt ist, sind staatliche oder aus staatlichen Mitteln gewährte Beihilfen gleich welcher Art, die durch die Begünstigung bestimmter Unternehmen oder Produktionszweige den Wettbewerb verfälschen oder zu verfälschen drohen, mit dem Binnenmarkt unvereinbar, soweit sie den Handel zwischen Mitgliedstaaten beeinträchtigen."

Der Beihilfebegriff ist ein im AEUV definierter Rechtsbegriff und anhand objektiver Kriterien auszulegen (**objektiver Rechtsbegriff**).[1] Er ist zudem **dynamisch** und entwickelt sich stetig fort. Eine Beihilfe liegt dann vor, wenn alle Tatbestandsmerkmale in Art 107 Abs 1 AEUV **kumulativ** vorliegen: Finanzierung der Maßnahme aus staatlichen Mitteln, Zurechenbarkeit der Maßnahme an den Staat, Vorliegen eines Unternehmens, Gewährung eines Vorteils, Selektivität der Maßnahme sowie Auswirkungen der Maßnahme auf den Wettbewerb und den Handel zwischen Mitgliedstaaten.

Sind **nicht alle Tatbestandsmerkmale** erfüllt, liegt **keine Beihilfe** vor! Trifft letzteres zu, ist die zu prüfende Maßnahme beihilfefrei. Sind hingegen alle Tatbestandsmerkmale erfüllt, kann daraus geschlossen werden, dass die Maßnahme eine staatliche Beihilfe ist. Diesfalls ist im nächsten Schritt die Vereinbarkeit mit dem Binnenmarkt (Rechtfertigungsmöglichkeit) zu prüfen.

# A. Staatliche Mittel

**Literatur:** *Bartosch*, EU-Beihilfenrecht[3] (2020); *Bär-Bouyssiére* in Schwarze (Hrsg), EU-Kommentar[4] (2019) Art 107 AEUV; *Birnstiel/Bungenberg/Heinrich*, Europäisches

---

[1]  EuGH 22.12.2008, C-487/06 P, *British Aggregates/Kommission*, Rn 111; Bekanntmachung zum Beihilfebegriff, ABl C 2016/262, 1 Rn 4.

Beihilfenrecht (2013); *Bungenberg* in Immenga/Mestmäcker (Hrsg), Wettbewerbsrecht III: Beihilfenrecht[5] (2016); *Dreher/Lübbig/Wolf-Posch*, Praxis des EU-Beihilferechts in Österreich (2017); *Eder*, Mitteilung Beihilfebegriff III: Staatlichkeit, in Haslinger/Jaeger (Hrsg), Jahrbuch Beihilferecht (2017) 407; *Frenz*, Staatlichkeit durch Kontrolle: sachfremde Beihilfenerweiterung, EWS 2014, 247; *ders*, Handbuch Europarecht III; Beihilferecht[2] (2021); *Jaeger*, Staatlichkeit der Beihilfemittel: Das Urteil EEG, in Haslinger/Jaeger (Hrsg), Jahrbuch Beihilferecht (2020) 315; *ders*, Beihilfe- und Förderungsrecht, in Holoubek/Potacs (Hrsg), Öffentliches Wirtschaftsrecht I[4] (2019) 717; *König/Hellstern*, Das materielle binnenmarktrechtliche Beihilfenaufsichtsrecht, in Hatje/Müller-Graff (Hrsg), Enzyklopädie Europarecht IV: Europäisches Binnenmarkt- und Wirtschaftsordnungsrecht[2] (2021); *Kruse*, Das Merkmal der „Staatlichkeit" der Beihilfe nach Art 87 Abs 1 EG, ZHR 165 (2001); *Schroeder*, EU-Beihilfenverbot und Staatlichkeit der Mittel, EuZW 2015, 207; *Soltész*, Die „Belastung des Staatshaushalts" als Tatbestandsmerkmal einer Beihilfe iS des Art 92 I EGV, EuZW 1998, 747; *ders*, Von PreussenElektra zu France Télécom – Die „Belastung des Staatshaushaltes" als Beihilfekriterium, EuZW 2011, 254; *Streinz*, EUV/AEUV[3] (2018).

**Judikatur:** EuGH 14.10.1987, Rs 248/84, *Deutschland/Kommission*; EuGH 11.07.1996, C-39/94, *SFEI ua*; EuG 12.12.1996, T-358/94, *Air France/Kommission*; EuGH 16.05.2000, C-83/98 P, *Frankreich/Ladbroke-Racing Ltd und Kommission*; Schlussanträge GA *Jacobs* 13.12.2001, C-482/99, *Stardust Marine*; EuG 06.03.2002, verb Rs T-92/00 u T-103/00, *Territorio Histórico de Álava ua/Kommission*; EuGH 16.05.2002, C-482/99, *Frankreich/Kommission* (*Stardust Marine*); EuGH 08.05.2003, C-328/99 und C-399/00, *Italien und SIM 2 Multimedia SpA/Kommission*; EuGH 29.04.2004, C-278/00, *Griechenland/Kommission*; EuGH 15.07.2004, C-345/02, *Pearle*; EuG 05.04.2006, T-351/02, *Deutsche Bahn AG/Kommission*; EuGH 17.07.2008, C-206/06, *Essent Netwerk Noord*; EuGH 23.04.2009, C-460/07, *Sandra Puffer*; EuG 02.05.2011, verb Rs T-267/08 und T-279/08, *Calais*; EuGH 08.09.2011, C-279/08 P, *Kommission/Niederlande*; EuGH 19.03.2013, verb Rs C-399/10 P u C-401/10 P, *Bouygues*; EuGH 30.05.2013, C-677/11, *Doux Élevage und Coopérative agricole UKL-ARREE*; EuGH 19.12.2013, C-262/12, *Vent De Colère ua*; EuGH 13.09.2017, C-329/15, *ENEA*; EuGH 09.11.2017, C-656/15 P, *TV2/Danmark A/S*; EuGH 28.03.2019, C-405/16 P, *Deutschland/Kommission („EEG')*.

Um den Tatbestand der staatlichen Beihilfe zu erfüllen, kommt es zunächst darauf an, dass die Begünstigung unmittelbar oder mittelbar **aus staatlichen Mitteln** gewährt wird. Die Mittelgewährung muss aus einem als staatlich zu qualifizierenden Haushalt stammen (**Staatlichkeitskriterium**) und die Beihilfegewährung muss dem Staat auch **zuzurechnen** (**Zurechnungskriterium**) sein.[2]

## 1. Staatlichkeit

Staatliche Mittel sind jedenfalls Maßnahmen, die aus Mitteln des staatlichen Haushalts (**Bund, Länder, Gemeinden**) finanziert werden.

*Beispiel:* Ein österreichisches Bundesland gewährt einem in der Region ansässigen Industrieunternehmen eine Förderung in der Höhe von € 1 Mio. Die Mittel des Bundeslandes sind als staatliche Mittel zu qualifizieren.

---

2 *Koenig/Hellstern* in Hatje/Müller-Graff, EnzEuR IV[2] § 14 Rz 31.

Unter den Begriff „staatliche Mittel" fallen sämtliche **Mittel des öffentlichen Sektors**,[3] einschließlich dezentralisierter, föderierter, regionaler oder sonstiger Stellen,[4] Mittel an bestimmte Kreditinstitute durch die Zentralbank[5] eines Mitgliedstaates oder **Mittel öffentlicher Unternehmen**, wenn der Staat die Mittelverwendung steuern kann.[6] Auch Mittel aus dem ESM, aus Strukturfonds, der EIB, EIF, IWF sind staatliche Mittel.[7]

Auch wenn Maßnahmen nicht unmittelbar vom Staat finanziert werden, sondern mit der Durchführung geschaffene, öffentliche oder private Stellen beauftragt werden, kann die Maßnahme aus staatlichen Mitteln stammen.[8] Denn nicht nur Hoheitsträger (zB Ministerien, Gemeinden, Sozialversicherungsträger, usw), sondern auch sonstige Einrichtungen (insb Unternehmen, Vereinigungen, Stiftungen und Fonds), die von einem Hoheitsträger beherrscht werden, können mit der Durchführung beauftragt sein.[9]

***Beispiel:*** *Finanziert ein öffentlich-rechtlicher Berufsverband eine Werbekampagne, dient er dabei aber lediglich als Instrument für eine zweckgebundene Verwendung der eingenommen Mittel zugunsten eines von den privaten Angehörigen des betreffenden Berufszweigs im Voraus festgelegten kommerziellen Ziels, ist die Staatlichkeit der Mittel zu verneinen.*[10]

Das Staatlichkeitskriterium umfasst nicht nur die Übertragung finanzieller Mittel bei der Beihilfegewährung,[11] sondern es genügt bereits der Verzicht auf Einnahmen, die der Staat andernfalls eingenommen hätte, oder das Risiko einer künftigen Belastung für den Staat.[12]

---

3 EuG 12.12.1996, T-358/94, *Air France/Kommission* Rn 56; Bekanntmachung zum Beihilfebegriff, ABl C 2016/262, 1 Rn 48.

4 EuGH 14.10.1987, Rs 248/84, *Deutschland/Kommission* Rn 17; EuG 06.03.2002, verb Rs T-92/00 u T-103/00, *Territorio Histórico de Álava ua/Kommission* Rn 57; Bekanntmachung zum Beihilfebegriff, ABl C 2016/262, 1 Rn 48.

5 Bekanntmachung zum Beihilfebegriff, ABl C 2016/262, 1 Rn 48 mit Verweis auf die Mitteilung der Kommission über die Anwendung der Vorschriften für staatliche Beihilfen ab dem 1. August 2013 auf Maßnahmen zur Stützung von Banken im Kontext der Finanzkrise („Bankenmitteilung", ABl C 2013/216, 1), Rn 62; nicht aber dann, wenn eine Zentralbank mit allgemeinen, allen vergleichbaren Marktteilnehmern offenstehenden Maßnahmen auf eine Bankenkrise reagiert.

6 EuGH 16.05.2002, C-482/99, *Frankreich/Kommission (Stardust)* Rn 38; EuGH 08.05.2003, C-328/99 und C-399/00, *Italien und SIM 2 Multimedia SpA/Kommission*, Rn 33 und 34; EuGH 29.04.2004, C-278/00, *Griechenland/Kommission*, Rn 53 und 54.

7 Bekanntmachung zum Beihilfebegriff, ABl C 2016/262, 1 Rn 60.

8 EuGH 11.07.1996, C-39/94, *SFEI ua* Rn 62.

9 EuGH 14.10.1987, Rs 248/84, *Deutschland/Kommission* Rn 17; EuG 02.05.2011, verb Rs T-267/08 u T-279/08, *Calais* Rn 10; *Jaeger* in Jahrbuch Beihilferecht 2020, 315 (315).

10 EuGH 15.07.2004, C-345/02, *Pearle*; s dazu *Koenig/Hellstern* in Hatje/Müller-Graff, EnzEuR IV[2] § 14 Rz 33.

11 EuGH 08.09.2011, C-279/08 P, *Kommission/Niederlande* Rn 104; EuGH 19.12.2013, C-262/12, *Vent De Colère ua* Rn 19.

12 EuGH 19.03.2013, verb Rs C-399/10 P u C-401/10 P, *Bouygues* Rn 106, 108; krit *Soltész*, EuZW 2011, 254 (255); vgl auch *Koenig/Hellstern* in Hatje/Müller-Graff, EnzEuR IV[2] § 14 Rz 32; Bekanntmachung zum Beihilfebegriff, ABl C 2016/262, 1 Rn 51.

Ein solcher Verzicht kann etwa in der Gewährung des Zugangs zu natürlichen Ressourcen oder ausschließlicher Rechte bestehen.[13]

**Übertragungen** innerhalb eines staatlichen Konzerns können ebenfalls staatliche Mittel darstellen.

Eine beihilferelevante Übertragung kann auch dann vorliegen, wenn von der Muttergesellschaft an die Tochtergesellschaft Mittel übertragen werden. Solche Übertragungen können in Form von direkten Zuschüssen, Darlehen, Garantien oder Kapitalbeteiligungen erfolgen.

Auch können Mittel der staatlichen Sphäre zugerechnet werden, wenn sie lediglich originäre Einnahmen eines Unternehmens darstellen, das Unternehmen aber unter staatlicher Kontrolle steht und die Mittelverwendung im Einzelnen mit Zustimmung der staatlichen Einheit erfolgt.

*Beispiel: Die Stadtwärme-AG verwendet die Erträge aus einer Energieversorgung auf Ersuchen der Stadt zur Abdeckung von Verlusten bei ihrer Tochtergesellschaft der Verkehrslinien-GmbH. Durch die staatliche Einflussnahme werden die originären privaten Mittel (Erträge aus der Energieversorgung) der Stadtwärme-AG zu staatlichen Mitteln umgewandelt. Die Mittel der Verlustausgleichszahlungen sind daher als staatliche Mittel zu qualifizieren.*

Auf die Herkunft der Mittel kommt es nicht an, vorausgesetzt sie standen den Behörden zur Verfügung (unter staatlicher Kontrolle), bevor sie direkt oder indirekt weitergegeben wurden. Der EuGH qualifiziert bereits ein hinreichend konkretes Risiko der Haushaltsbelastung als Mittelübertragung.

Staatliche Kontrolle liegt vor, wenn die öffentliche Hand über die beihilfegewährende Stelle mittelbar oder unmittelbar beherrschenden Einfluss ausüben kann.[14]

*Beispiel: Der EuGH qualifizierte bereits die Ankündigung Frankreichs, die Francé Telecom finanziell unterstützen und sich in Form eines von Frankreich unterzeichneten Aktionärsvorschuss, zu dem es dann aber nicht gekommen war, am Eigenkapital beteiligen zu wollen, als staatliche Mittelübertragung, zumal es dadurch zu einer Stabilisierung der Finanzbedingungen gekommen war.[15]*

## 2. Zurechenbarkeit

Eine Beihilfe liegt nur dann vor, wenn die Beihilfe mittelbar oder unmittelbar aus staatlichen Mitteln gewährt wird, und dem Staat auch **zuzurechnen** ist.[16] Für die Zurechenbarkeit nicht entscheidend ist, ob die Behörde gegenüber anderen

---

13  Bekanntmachung zum Beihilfebegriff, ABl C 2016/262, 1 Rn 53.
14  EuGH 16.05.2002, C-482/99, *Frankreich/Kommission* (*Stardust Marine*).
15  EuGH 19.03.2013, C-399/10 und C-401/10P, *Francé Télécom*.
16  EuGH 16.05.2002, C-482/99, *Frankreich/Kommission* (*Stardust Marine*) Rn 24.

Behörden rechtlich unabhängig ist, oder die Behörde als private oder öffentliche Einrichtung mit der Durchführung beauftragt wurde.[17]

Entscheidend für die Zurechenbarkeit einer Mittelgewährung ist, ob die Mittel ständig unter staatlicher Kontrolle bzw den zuständigen Behörden zur Verfügung stehen und ob die Behörden in irgendeiner Weise am Erlass der Beihilfemaßnahme beteiligt waren.[18]

Die Frage, ob eine Maßnahme dem Staat zuzurechnen ist, wird anhand einiger **Indikatoren**[19] geprüft: Organisation, Eingliederung in die Strukturen der öffentlichen Verwaltung, Intensität der behördlichen Aufsicht, Rechtsform des Unternehmens, usw.

> Maßgeblich für die Zurechenbarkeit einer Gewährung von finanziellen Mitteln ist die **staatliche Kontrolle** über die Mittel und die **Beteiligung** der Behörden in irgendeiner Weise am Erlass der Beihilfemaßnahme.[20]

Maßnahmen, die von mehreren Mitgliedstaaten gemeinsam durchgeführt werden, sind allen betroffenen Mitgliedstaaten zuzurechnen.[21] Die Maßnahme ist aber dann nicht dem Mitgliedstaat, sondern dem Unionsgesetzgeber zuzurechnen, wenn der Mitgliedstaat nach Unionsrecht zur Durchführung der Maßnahme verpflichtet ist und über keinerlei Ermessen verfügt.[22]

# B. Unternehmen oder Produktionszweige

**Literatur:** *Bartosch*, EU-Beihilfenrecht[3] (2020); *Bär-Bouyssiére* in Schwarze (Hrsg), EU-Kommentar[4] (2019) Art 107 AEUV; *Birnstiel/Bungenberg/Heinrich*, Europäisches Beihilfenrecht (2013); *Bungenberg* in Immenga/Mestmäcker (Hrsg), Wettbewerbsrecht III: Beihilfenrecht[5] (2016); *Dreher/Lübbig/Wolf-Posch*, Praxis des EU-Beihilferechts in Österreich (2017); *Fischer*, Zur Beihilfesache BLSV-Sportcamp Nordbayern – entsteht eine Bereichsausnahme für gemeinnützige Vereine?, npoR 2017, 140; *Frenz*, Handbuch Europarecht III; Beihilferecht[2] (2021); *Huber*, Mitteilung Beihilfebegriff II: Der Unter-

---

17  Bekanntmachung zum Beihilfebegriff, ABl C 2016/262, 1 Rn 39; vgl auch EuG 12.12.1996, T-358/94, *Air France/Kommission* Rn 62.

18  EuGH 16.05.2002, C-482/99, *Frankreich/Kommission* (*Stardust Marine*) Rn 24; *Koenig/Hellstern* in Hatje/Müller-Graff, EnzEuR IV[2] § 14 Rz 34.

19  EuGH 16.05.2002, C-482/99, *Frankreich/Kommission* (*Stardust Marine*), Rn 55 und 56; Schlussanträge GA *Jacobs* 13.12.2001, C-482/99, *Frankreich/Kommission* (*Stardust Marine*), Rn 65 bis 68; Ausführlich zu den Indikatoren siehe die Bekanntmachung zum Beihilfebegriff, ABl C 2016/262, 1 Rn 43.

20  EuGH 16.05.2002, C-482/99, *Frankreich/Kommission* (*Stardust Marine*) Rn 24; *Koenig/Hellstern* in Hatje/Müller-Graff, EnzEuR IV[2] § 14 Rz 34.

21  Bekanntmachung zum Beihilfebegriff, ABl C 2016/262, 1 Rn 43.

22  EuGH 23.04.2009, C-460/07, *Sandra Puffer* Rn 70: Vorsteuerabzug im Rahmen des Mehrwertsteuersystems, EuG 05.04.2006, T-351/02, *Deutsche Bahn AG/Kommission* Rn 102: Unionsrechtlich vorgeschriebene Steuerbefreiungen.

nehmensbegriff, in Haslinger/Jaeger (Hrsg), Jahrbuch Beihilferecht (2017) 377; *Huber/ Stangl*, Beihilferelevanz wirtschaftlicher Tätigkeit von Universitäten, in Haslinger/Jaeger (Hrsg), Jahrbuch Beihilferecht (2019) 485; *Jaeger*, Beihilfe- und Förderungsrecht, in Holoubek/Potacs (Hrsg), Öffentliches Wirtschaftsrecht I⁴ (2019) 717; *König/Hellstern*, Das materielle binnenmarktrechtliche Beihilfenaufsichtsrecht, in Hatje/Müller-Graff (Hrsg), Enzyklopädie Europarecht IV: Europäisches Binnenmarkt- und Wirtschaftsordnungsrecht² (2021); *Müller-Graff*, Die Erscheinungsformen der Leistungssubventionstatbestände aus wirtschaftsrechtlicher Sicht, ZHR 1988, 403; *Reiter*, Beihilfen zugunsten von Produktionszweigen: zur sektoralen Selektivität im Beihilferecht, EuZW 2020, 312; *Schröder*, Grundkurs Europarecht⁶ (2019); *Streinz*, EUV/AEUV³ (2018).

**Judikatur:** EuGH 16.06.1987, C-118/85, *Kommission/Italien*; EuGH 23.04.1991, C-41/90, *Höfner und Elsner*; EuGH 19.01.1994, C-364/92, *SAT Fluggesellschaft/Eurocontrol*; EuGH 16.11.1995, C-244/94, *Fédération Française des Sociétés d'Assurances/ Ministère de l'Agriculture et de la Pêche*; EuGH 26.09.1996, C-241/94, *Frankreich/Kommission*; EuGH 11.12.1997, C-55/96, *Job Centre*; EuGH 18.06.1998, C-35/96, *Kommission/Italien*; EuGH 17.06.1999, C-75/97, *Belgien/Kommission*; EuG 30.03.2000, T-513/93, *CNSD/Kommission*; EuGH 19.02.2002, C-309/99, *Wouters*; KOM 02.10.2002, N 201/02, *Verbraucherorientierte Qualifizierung von Regionalinitiativen zur Förderung besonderer Leistungen im Tier- und Umweltschutz*, ABl C 2002/269, 11; EuGH 24.10.2002, C-82/01 P, *Aéroport de Paris/Kommission*; EuG 26.01.2005, T-193/02, *Laurent Piau/Kommission*; EuGH 16.03.2004, verb Rs C-264/01, C-306/01, C-354/01 u C-355/01, *AOK Bundesverband*; EuGH 10.01.2006, C-222/04, *Cassa di Risparmio di Firenze*; EuGH 01.07.2008, C-49/07, *MOTOE*; EuG 17.12.2008, T-196/04, *Ryanair/Kommission*; aber EuGH 05.03.2009, C-350/07, *Kattner Stahlbau*; EuGH 08.09.2011, C-279/08 P, *Kommission/ Niederlande*; EuGH 19.12.2012, C-288/11 P, *Mitteldeutsche Flughafen und Flughafen Leipzig-Halle/Kommission*; KOM 18.12.2013, SA.33754 (ex 2013/NN), *Aid to Real Madrid*, ABl C 2014/69, 115; KOM 18.12.2013, SA.29769 (ex 2013/NN), *Aid to FC Barcelona*, ABl C 2014/69, 9; EuGH 27.06.2017, C-74/16, *Congregación de Escuelas Pías Provincica Betanie/Ayuntamiento de Getafe*; KOM, 27.06.2018, SA.46945 (2018/NN) *Flughafen Erfurt-Weimar*, ABl C 2019/90, 2; KOM 05.07.2019, SA.46373 (2019/NN), *Betriebsbeihilfen für den Flughafen Dortmund*, ABl C 2020/43, 1.

Um den Tatbestand der staatlichen Beihilfe zu erfüllen, muss die Beihilfemaßnahme bestimmte **Unternehmen** oder **Produktionszweige** begünstigen. Richtet sich die Mittelgewährung hingegen an **Verbraucher**, handelt es sich grds um keine Beihilfe.

Unter bestimmten Voraussetzungen können aber auch Verbraucherbeihilfen mittelbare Beihilfen zugunsten bestimmter Unternehmen oder Produktionszweige darstellen (Zur mittelbaren Beihilfe s Zweiter Teil Kapitel II Abschnitt E).

### 1. Unternehmen

Ein Unternehmen ist jede Einheit, die eine wirtschaftliche Tätigkeit ausübt, unabhängig von ihrer Rechtsform und der Art ihrer Finanzierung.²³

---

23 EuGH 18.06.1998, C-35/96, *Kommission/Italien*, Rn 36; EuGH 23.04.1991, C-41/90, *Höfner und Elsner*, Rn 21; EuGH 16.11.1995, C-244/94, *Fédération Française des Sociétés d'Assurances/Ministère de l'Agriculture et de la Pêche*, Rn 14; EuGH 11.12.1997,

Unbeachtlich ist die Rechtsform oder die Finanzierungsart. Der beihilfe-rechtliche Unternehmensbegriff ist damit rein **funktional**.[24]

Unternehmen können private, öffentliche und gemischte Unternehmen sowie selb-ständige natürliche Personen (zB Freiberufler, Landwirte usw) sein.[25] Auch Stiftungen, Sportvereine[26] oder als Hoheitsträger ausgestaltete Rechtsformen können Unternehmen sein, soweit sie einer wirtschaftlichen Tätigkeit nachgehen.[27]

*Beispiel: Als Unternehmen wurde etwa ein italienischer Zollagent[28] qualifiziert.[29]*

Maßgebliches Kriterium ist die wirtschaftliche Tätigkeit. Eine Einrichtung ist wirtschaftlich tätig, wenn sie **Waren oder Dienstleistungen auf einem be-stimmten Markt anbietet**.[30]

*Beispiele:[31] Der kommerzielle Betrieb eines Regionalflughafens insb das zur Verfü-gung stellen von Start und Landebahnen stellt eine wirtschaftliche Tätigkeit dar.[32] Auch die Vermittlung von Berufssportlern,[33] sowie die Erstattung von Rechtsgutachten von Rechtsanwälten,[34] wurden als wirtschaftliche Tätigkeiten angesehen.*

Keine wirtschaftlichen Tätigkeiten sind jene, die dem privaten Bereich zuzuordnen sind[35] oder Tätigkeiten, die an die Ausübung hoheitlicher Befugnisse anknüpfen.[36]

*Beispiel: Die wirtschaftliche Tätigkeit wurde bei einer Verbraucherinformation ver-neint, ohne irgendwelche Anreize zum Kauf von bestimmten Produkten zu geben.[37]*

---

C-55/96, *Job Centre* Rn 21; EuGH 10.01.2006, C-222/04, *Cassa di Risparmio di Firenze* Rn 107.

24 *Mestmäcker/Schweitzer* in Immenga/Mestmäcker, WettbR III: BeihilfenR[5] Art 107 Abs 1 AEUV Rn 10; *Koenig/Förtsch* in Streinz, EUV/AEUV[3] Art 107 AEUV Rn 78.

25 EuGH 18.06.1998, C-35/96, *Kommission/Italien* Rn 36 ff; *Jaeger*, Beihilfe- und Förde-rungsrecht in Holoubek/Potacs (Hrsg), Öffentliches Wirtschaftsrecht I[4] (2019) 717 (764).

26 KOM 18.12.2013, SA.33754 (ex 2013/NN), *Aid to Real Madrid*, ABl C 2014/69, 115; KOM 18.12.2013, SA.29769 (ex 2013/NN), *Aid to FC Barcelona*, ABl C 2014/69, 9; vgl auch *Fischer*, npoR 2017, 140.

27 *Frenz*, Handbuch EuR III[2] Rz 1240 ff.

28 EuG 30.03.2000, T-513/93, *CNSD/Kommission* Rn 39.

29 S dazu auch *Koenig/Hellstern* in Hatje/Müller-Graff, EnzEuR IV[2] § 14 Rz 38.

30 EuGH 16.06.1987, C-118/85, *Kommission/Italien* Rn 7; EuGH 18.06.1998, C-35/96, *Kom-mission/Italien* Rn 36; EuGH 10.01.2006, C-222/04, *Cassa di Risparmio di Firenze* Rn 108.

31 Weitere Beispiele s in *Koenig/Hellstern* in Hatje/Müller-Graff, EnzEuR IV[2] § 14 Rz 43.

32 EuG 23.03.2011, T-443/08 u T-455/08, *Flughafen Leipzig/Halle* Rn 93 f; bestätigt durch EuGH 19.12.2012, C-288/11 P, EuGH 19.12.2012, C-288/11 P, *Mitteldeutsche Flughafen und Flughafen Leipzig-Halle/Kommission* Rn 41 ff; vgl auch *Koenig/Hellstern* in Hatje/Müller-Graff, EnzEuR IV[2] § 14 Rz 38.

33 EuG 26.01.2005, T-193/02, *Laurent Piau/Kommission* Rn 73.

34 EuGH 19.02.2002, C-309/99, *Wouters* Rn 48 f.

35 *Mestmäcker/Schweitzer* in Immenga/Mestmäcker, WettbR III: BeihilfenR[5] Art 107 Abs 1 AEUV Rn 14; *Koenig/Hellstern* in Hatje/Müller-Graff, EnzEuR IV[2] § 14 Rz 39 mwN.

36 EuGH 01.07.2008, C-49/07, *MOTOE* Rn 24.

37 KOM 02.10.2002, N 201/02, *Verbraucherorientierte Qualifizierung von Regionalinitiativen zur Förderung besonderer Leistungen im Tier- und Umweltschutz*, ABl C 2002/269, 11.

Für eine wirtschaftliche Tätigkeit ist **keine Gewinnerzielungsabsicht** erforderlich.[38]

Auch gemeinnützige Unternehmen können daher eine wirtschaftliche Tätigkeit aus-üben.[39] Auch Sozialversicherungsträger, die ohne Gewinnerzielungsabsicht soziale Ziele verfolgen, jedoch nach dem Kapitalisicrungsprinzip arbeiten (tw Pflichtmitgliedschaft, autonome Beitragserhebung) sind Unternehmen.[40] Rein soziale Einrichtungen ohne Marktbezug wie zB Gesundheitsämter sind keine Unternehmen.[41]

Eine Einrichtung kann im Hinblick auf die Tätigkeit wirtschaftlich (und somit Unternehmen sein) und im Hinblick auf die andere Tätigkeit aber nicht wirtschaftlich sein. In Fällen von sog **gemischten Tätigkeiten** ist jede Tätigkeit einzeln zu betrachten.[42]

Wenn eine Einrichtung mehrere Tätigkeiten sowohl wirtschaftlicher als auch nicht wirtschaftlicher Art ausübt, muss sie über eine getrennte Buchführung für die verschiedenen erhaltenen Finanzmittel verfügen, so dass jede Gefahr einer Quersubventionierung ihrer wirtschaftlichen Tätigkeiten mit den öffentlichen Geldern, die sie für ihre nicht wirtschaftlichen Tätigkeiten erhält, ausgeschlossen ist.[43]

**Beispiel:** *Die Gemeinde C übt in der Schule L drei Arten von Tätigkeiten aus. Strikt religiöse Tätigkeiten, von C geförderter Unterricht und freien Unterricht ohne finanzielle Zuwendungen von C. Bei L handelt es sich um eine Einrichtung, die mehrere Tätigkeiten ausübt. Es ist dabei isoliert zu prüfen, ob die von der Gemeinde C ausgeübten pädagogischen Tätigkeiten – und, wenn ja, welche von ihnen – wirtschaftlicher Art sind.*[44]

## 2. Produktionszweige

Der Tatbestand der staatlichen Beihilfe umfasst neben den **Unternehmen** auch die Begünstigung bestimmter **Produktionszweige**.

---

38  Auch Einheiten, die keinen Erwerbszweck erfolgen, können laut Rsp des EuGH Waren und Dienstleistungen auf einem Markt anbieten: EuGH 16.11.1995, C-244/94, *Fédération Française des Sociétés d'Assurances/Ministère de l'Agriculture et de la Pêche* Rn 21; EuGH 01.07.2008, C-49/07, *MOTOE* Rn 27 und 28; EuGH 27.06.2017, C-74/16, *Congregación de Escuelas Pías Provincica Betanie/Ayuntamiento de Getafe* Rn 46.

39  *Koenig/Hellstern* in Hatje/Müller-Graff, EnzEuR IV[2] § 14 Rz 39.

40  EuGH 16.11.1995, C-244/94, *Fédération Française des Sociétés d'Assurances/Ministère de l'Agriculture et de la Pêche* Rn 14 ff; vgl dazu aber EuGH 05.03.2009, C-350/07, *Kattner Stahlbau* Rn 43.

41  EuGH C-159/91 u C-160/91, *Poucet/Assurances* Rn 18; EuGH 16.03.2004, verb Rs C-264/01, C-306/01, C-354/01 u C-355/01, *AOK Bundesverband* Rn 51 ff.

42  EuGH 24.10.2002, C-82/01 P, *Aéroports de Paris/Kommission* Rn 75; EuGH 01.07.2008, C-49/07, *MOTOE* Rn 25; EuGH 27.06.2017, C-74/16, *Congregación de Escuelas Pías Provincica Betanie/Ayuntamiento de Getafe* Rn 44; *Koenig/Hellstern* in Hatje/Müller-Graff, EnzEuR IV[2] § 14 Rz 41.

43  EuGH 27.06.2017, C-74/16, *Congregación de Escuelas Pías Provincica Betanie/Ayuntamiento de Getafe* Rn 51.

44  EuGH 27.06.2017, C-74/16, *Congregación de Escuelas Pías Provincica Betanie/Ayuntamiento de Getafe* Rn 52, 54.

Der Begriff Produktionszweig (Wirtschaftszweig)[45] umfasst dabei Beihilfe-maßnahmen, die einer ganzen **Branche** zugutekommen.[46] Erfasst sind somit alle in einem bestimmten wirtschaftlichen Bereich tätigen Unternehmen.[47]

*Beispiel: Der Mitgliedstaat Y führt Steuererleichterungen für die heimische Textil- und Filmindustrie ein. Mit dieser Maßnahme wird ein bestimmter Produktionszweig (Textil- und Filmindustrie) bevorteilt.*

### 3. Verbraucher

Staatliche Zuwendungen an Verbraucher, deren Marktteilnahme sich lediglich im Konsum von Waren und Dienstleistungen erschöpft, sind grds nicht beihilferelevant.[48] Leistet ein Staat allerdings Zahlungen an Verbraucher, kann uU eine mittelbare Beihilfe vorliegen.[49] Beihilferelevant ist eine Zuwendung an Verbraucher etwa dann, wenn sie zB über Förderbedingungen so ausgestaltet ist, dass sie mit hoher Wahrscheinlichkeit nur bestimmten Unternehmen wirtschaftlich zugutekommt.[50]

Dies trifft zB auf Förderungen für bestimmte umweltfreundliche Produkte oder kulturelle und pädagogische Dienstleistungen zu.[51]

*Beispiel: Der Staat Y gewährt seinen Landesbürgern aufgrund der aktuellen hohen Mineralölpreise eine finanzielle Zuwendung, damit sie im Inland tanken und nicht ins benachbarte Staatsgebiet zur Ersparnis der Tankkosten flüchten. Diese Maßnahme kommt mittelbar bestimmten Unternehmen (Mineralölunternehmen, Tankstellenbetreibern) zugute und ist als mittelbare Beihilfe beihilferelevant.*

---

45 Vgl zum Synonym „Wirtschaftszweig": EuGH 17.06.1999, C-75/97, *Belgien/Kommission* Rn 5, 30 f; *Cremer* in Callies/Ruffert, EUV/AEUV[5] Art 107 AEUV Rn 27 FN 160.

46 *Cremer* in Callies/Ruffert, EUV/AEUV[5] Art 107 AEUV Rn 27; *Koenig/Hellstern* in Hatje/Müller-Graff, EnzEuR IV[2] § 14 Rz 36; *Koenig/Förtsch* in Streinz, EUV/AEUV[3] Art 107 AEUV Rn 73.

47 *Heidenhain* in Heidenhain (Hrsg), European State Aid Law § 4 Rn 59; *Cremer* in Callies/Ruffert, EUV/AEUV[5] Art 107 AEUV Rn 27.

48 *Jaeger* in Holoubek/Potacs, Öffentliches Wirtschaftsrecht I[4], 765.

49 *Schröder*, Europarecht[6] § 19 Rz 64; *Jaeger* in Holoubek/Potacs, Öffentliches Wirtschaftsrecht I[4], 765.

50 *Jaeger* in Holoubek/Potacs, Öffentliches Wirtschaftsrecht I[4], 765 f; *Müller-Graff*, Die Erscheinungsformen der Leistungssubventionstatbestände aus wirtschaftsrechtlicher Sicht, ZHR 1988, 403 (427).

51 Ein allenfalls vorliegender sozialer Charakter ist dabei nicht entscheidend: vgl EuGH 26.09.1996, C-241/94, *Frankreich/Kommission* Rz 21; EuGH 08.09.2011, C-279/08 P, *Kommission/Königreich der Niederlande* Rz 63.

# C. Selektivität

**Literatur:** *Arhold* in *Säcker* (Hrsg), Münchner Kommentar. Europäisches und Deutsches Wettbewerbsrecht V: Beihilfenrecht[2] (2018); *Bartosch*, EU-Beihilfenrecht[3] (2020); *ders*, (Neu-)Entwicklungen in der materiellen Selektivität, EuZW 2017, 756; *ders*, Die Selektivität der Selektivität – Wie ist es um die Gestaltungsfreiräume der Mitgliedstaaten in der Wirtschaftsförderung bestellt?, EuZW 2015, 99; *Bär-Bouyssiére* in Schwarze (Hrsg), EU-Kommentar[4] (2019) Art 107 AEUV; *Bednar*, Die Rs Autogrill España: Firmenwertabschreibung als selektive Beihilfe, GES 2017, 99; *Biondi*, State Aid is Falling Down, Falling Down: An Analysis of the Case Law on the Notion of Aid, CMLR 2013, 1719; *Birnstiel/Bungenberg/Heinrich*, Europäisches Beihilfenrecht (2013); *Frenz*, Handbuch Europarecht III: Beihilferecht[2] (2021); *ders*, Selektivität in der Beihilfenkontrolle auf altem Kurs – nach dem EuGH-Urteil zur Kernbrennstoffsteuer, EWS 2015, 194; *Holtmann*, Staatliche Beihilfen: Selektivität einer Steuerregelung – Das EuG-Urteil Banco Santander ua, EWS 2015, 140; *Jaeger*, Beihilfe- und Förderungsrecht, in Holoubek/Potacs (Hrsg), Öffentliches Wirtschaftsrecht I[4] (2019) 717; *König/Hellstern*, Das materielle binnenmarktrechtliche Beihilfenaufsichtsrecht, in Hatje/Müller-Graff (Hrsg), Enzyklopädie Europarecht IV: Europäisches Binnenmarkt- und Wirtschaftsordnungsrecht[2] (2021); *Radlgruber*, Neues im Bereich Selektivität, in Haslinger/Jaeger (Hrsg), Jahrbuch Beihilferecht (2016) 241; *Reiter*, Beihilfen zugunsten von Produktionszweigen: zur sektoralen Selektivität im Beihilferecht, EuZW 2020, 312; *Streinz*, EUV/AEUV[3] (2018); *Zellhofer/Solek*, Mitteilung Beihilfebegriff IV: Selektive Begünstigung im Lichte der Bekanntmachung zum Beihilfebegriff, in Haslinger/Jaeger (Hrsg), Jahrbuch Beihilferecht (2017) 445.

**Judikatur:** EuGH 01.12.1998, C-200/97, *Ecotrade*; EuG 29.09.2000, T-55/99, *Confederación Española de Transporte de Mercancías (CETM)/Kommission*; EuGH 08.11.2001, C-143/99, *Adria-Wien Pipeline ua*; EuG 06.03.2002, verb Rs T-127/99, T-129/99 u T-148/99, *Territorio Histórico de Álava ua/Kommission*; EuG 06.03.2002, verb Rs T-92/00 u T-103/00, *Ramondin SA und Ramondin Cápsulas SA/Kommission*; Schlussanträge GA *Jacobs* 29.11.2005, C-368/04, *Transalpine Ölleitung*; EuGH 10.01.2006, C-222/04, *Cassa di Risparmio di Firenze*; EuGH 06.09.2006, C-88/03, *Portugal/Kommission*; EuGH 11.09.2008, verb Rs C-428/06 bis C-434/06, *Unión General de Trabajadores de La Rioja*; EuG 18.12.2008, T-211/04 u T-215/04, *Gibraltar und Vereinigtes Königreich/Kommission*; EuGH 08.09.2011, C-279/08 P, *Kommission/Niederlande* EuGH 08.09.2011, verb Rs C-78/08 bis C-80/08, *Paint Graphos ua*; EuGH 15.11.2011, verb Rs C-106/09 P u C-107/09 P, *Kommission und Spanien/Gibraltar und Vereinigtes Königreich*; EuG 07.11.2014, T-219/10, *Autogrill Espana SA/Kommission*.

Für das Vorliegen einer staatlichen Beihilfe bedarf es zudem einer Begünstigung **bestimmter** Unternehmen oder Produktionszweige.

Nicht alle Maßnahmen fallen somit unter den Beihilfebegriff, sondern nur solche, die selektiv bestimmte Unternehmen, Unternehmensgruppen oder bestimmte Wirtschaftszweige bevorteilen.[52] Das Tatbestandsmerkmal der Begünstigung und der Selektivität sind eng miteinander verknüpft.[53]

---

52  Bekanntmachung zum Beihilfebegriff, ABl C 2016/262, 1 Rn 117.
53  *Koenig/Hellstern* in Hatje/Müller-Graff, EnzEuR IV[2] § 14 Rz 44.

Maßnahmen von rein allgemeinem Charakter, die nicht bestimmte Unternehmen oder Produktionszweige begünstigen sind daher grds keine Beihilfe.[54]

**Beispiel:** *Der Bund entschließt sich im Rahmen einer Förderungsrichtlinie eine sog COVID-19-Investitionsprämie für Unternehmen bereitzustellen. Das Förderprogramm wird als „Allgemeine Maßnahme" ausgestaltet. Es richtet sich an alle Unternehmen und ist somit nicht selektiv.[55]*

Der Begriff „Selektivität" unterscheidet zwischen **materieller Selektivität** und **regionaler Selektivität**.

Schließlich wird auch noch nach der sektoriellen Selektivität[56] differenziert.

## 1. Materielle Selektivität

Materielle Selektivität liegt vor, wenn die Maßnahme sich ausdrücklich nur an bestimmte (Gruppen von) Unternehmen oder bestimmte Wirtschaftszweige in einem bestimmten Mitgliedstaat richtet.[57]

Die Selektivität kann sich aus einer Reihe unterschiedlicher Kriterien ergeben wie dem Erfordernis einer bestimmten Staatsangehörigkeit,[58] der Beschränkung der Maßnahme auf Unternehmen einer bestimmten Unternehmensgröße,[59] auf Unternehmen einer bestimmten Rechtsform,[60] oder auf Unternehmen mit einem bestimmten Mindestenergieverbrauch,[61] etc.

Die materielle Selektivität kann **de jure** oder **de facto** vorliegen.

Eine de-jure-Selektivität ergibt sich unmittelbar aus den rechtlichen Kriterien für die Gewährung einer Maßnahme, die förmlich bestimmten Unternehmen vorbehalten ist.[62]

---

54　Bekanntmachung zum Beihilfebegriff, ABl C 2016/262, 1 Rn 118; vgl auch *Jaeger*, Beihilfe- und Förderungsrecht, in Holoubek/Potacs (Hrsg), Öffentliches Wirtschaftsrecht I[4] (2019) 717 (766).

55　S dazu die Förderungsrichtlinie „COVID-19-Investitionsprämie für Unternehmen" der Bundesministerin für Digitalisierung und Wirtschaftsstandort im Einvernehmen mit dem Bundesminister für Finanzen und der Bundesministerin für Klimaschutz, Umwelt, Energie, Mobilität, Innovation und Technologie (2021).

56　S *Arhold* in Säcker, MüKoWettbR V[2] Art 107 Rz 560 ff; *Kliemann* in Schwarze, Europäisches Unionsrecht[7] (2019) Art 107 AEUV Rn 45.

57　Bekanntmachung zum Beihilfebegriff, ABl C 2016/262, 1 Rn 120.

58　S *Arhold* in Säcker, MüKoWettbR V[2] Art 107 Rz 547.

59　EuGH 01.12.1998, C-200/97, *Ecotrade* Rn 38; EuG 06.03.2002, verb Rs T-127/99, T-129/99 u T-148/99, *Territorio Histórico de Álava ua/Kommission*; EuG 29.09.2000, T-55/99, *Confederación Española de Transporte de Mercancías (CETM)/Kommission* Rn 40.

60　EuGH 10.01.2006, C-222/04, *Cassa di Risparmio di Firenze* Rn 135 f.

61　Schlussanträge GA *Jacobs* 29.11.2005, C-368/04, *Transalpine Ölleitung* Rn 27, 70; EuGH 08.09.2011, C-279/08 P, *Kommission/Niederlande* Rn 76.

62　Bekanntmachung zum Beihilfebegriff, ABl C 2016/262, 1 Rn 121; s auch EuGH 15.11.2011, verb Rs C-106/09 P u C-107/09 P, *Kommission und Spanien/Gibraltar und Vereinigtes Königreich* Rn 101 ff.

*Beispiel: Eine Fördermaßnahme richtet sich ausschließlich an Genossenschaften, die in der Bankenbranche tätig sind. Diese Maßnahme ist de jure selektiv, da sie Unternehmen einer bestimmten Rechtsform, in bestimmten Wirtschaftszweigen vorbehalten ist.*[63]

Eine de-facto-Selektivität kann sich aus von Mitgliedstaaten auferlegten Bedingungen oder Hindernissen ergeben, die bestimmte Unternehmen davon abhalten, die Maßnahme in Anspruch zu nehmen.[64] Die Eingrenzung einer Maßnahme auf bestimmte Empfänger, die sich erst de facto erweist (de-facto-Selektivität), wird vom EuGH sehr weit ausgelegt.[65]

*Beispiel: Der Mitgliedstaat F gewährt eine Steuergutschrift auf Investitionen oberhalb eines bestimmten Schwellenwerts. Diese Maßnahme kann darauf hinauslaufen, dass sie de facto Unternehmen vorbehalten ist, die über erhebliche finanzielle Ressourcen verfügen.*[66]

> Materielle Selektivität liegt vor, wenn eine Maßnahme einem bestimmten Unternehmen gegenüber anderen Unternehmen, die sich in einer faktisch (de facto) und rechtlich (de jure) vergleichbaren Situation befinden, einen Vorteil verschafft.[67]

## 2. Regionale Selektivität

Regionale Selektivität[68] liegt vor, wenn sich eine staatlich gewährte Begünstigung innerhalb eines festgesetzten Bezugrahmens auf ein bestimmtes Gebiet beschränkt.[69] MaW: Eine allgemein anwendbare Regelung ist regional selektiv, wenn sie Unternehmen unmittelbar oder mittelbar in einer bestimmten Region des betreffenden Mitgliedstaates begünstigt.[70]

---

63 EuGH 08.09.2011, verb Rs C-78/08 bis C-80/08, *Paint Graphos ua* Rn 52.
64 Bekanntmachung zum Beihilfebegriff, ABl C 2016/262, 1 Rn 122.
65 *Arhold* in Säcker, MüKoWettbR V² Art 107 Rz 547 ff; *Sutter* in Mayer/Stöger, EUV/AEUV Art 107 AEUV Rz 40 ff; *Lübbig/Martin-Ehlers*, Beihilfenrecht Rz 124 ff; *Jaeger* in Holoubek/Potacs, Öffentliches Wirtschaftsrecht I⁴ 717 (766).
66 EuG 06.03.2002, verb Rs T-92/00 u. T-103/00, *Ramondin SA und Ramondin Cápsulas SA/ Kommission* Rn 39.
67 *Koenig/Hellstern* in Hatje/Müller-Graff, EnzEuR IV² § 14 Rz 44; stRsp EuGH 08.11.2001, C-143/99, *Adria-Wien Pipeline ua*; EuGH 22.12.2008, C-487/06 P, *British Aggregates* Rn 82; EuGH 15.11.2011, verb Rs C-106/09 P u C-107/09 P, *Kommission und Spanien/ Gibraltar und Vereinigtes Königreich* Rn 75.
68 Weiterführend zur regionalen (territorialen) Selektivität s *Koenig/Förtsch* in Streinz, EUV/ AEUV³ Art 107 AEUV Rn 84; *Arhold* in Säcker, MüKoWettbR V² Art 107 Rz 532 ff.
69 Bekanntmachung zum Beihilfebegriff, ABl C 2016/262, 1 Rn 142 ff; *Koenig/Förtsch* in Streinz, EUV/AEUV³ Art 107 AEUV Rn 84.
70 S *Arhold* in Säcker, MüKoWettbR V² Art 107 Rz 532; EuGH 06.09.2006, C-88/03, *Portugal/Kommission* Rn 56 f; EuGH 15.11.2011, verb Rs C-106/09 P u C-107/09 P, *Kommission und Spanien/Gibraltar und Vereinigtes Königreich* Rn 90.

Maßnahmen, die im gesamten Gebiet eines Mitgliedstaats Anwendung finden, sind nicht als regional selektiv anzusehen.[71] Bei steuerlichen Maßnahmen einer regionalen oder lokalen Körperschaft muss nicht das gesamte Staatsgebiet den Bezugsrahmen bilden.[72]

**Beispiel:** *Der Mitgliedstaat S gewährt allen Unternehmen in bestimmten historischen Territorien von S eine finanzielle Zuwendung. Die Maßnahme ist als regional selektiv anzusehen.*

Vergünstigungen, die nur für bestimmte Regionen Vorteile bringen (zB steuerliche oder sozialrechtliche Regelungen) werden vom EuGH in stRsp stets als selektiv beurteilt.[73]

# C. Begünstigung (Vorteil)

**Literatur:** *Bartosch*, EU-Beihilfenrecht[3] (2020); *Bär-Bouyssiére* in Schwarze (Hrsg), EU-Kommentar[4] (2019) Art 107 AEUV; *Birnstiel/Bungenberg/Heinrich*, Europäisches Beihilfenrecht (2013); *Butler/Bärenbrinker*, Die Rechtsprechung der Europäischen Gerichte auf dem Gebiet des Beihilferechts in den Jahren 2015 bis 2017 (Teil 1), EWS 2018, 131; *Dreher/Lübbig/Wolf-Posch*, Praxis des EU-Beihilferechts in Österreich (2017); *Frenz*, Handbuch Europarecht III: Beihilferecht[2] (2021); *Harsdorf/Gänser*, Mitteilung Beihilfebegriff IV: Vorteilsbegriff „neu"? Eine Analyse einzelner Aspekte im Lichte der Rechtsprechung, in Haslinger/Jaeger (Hrsg), Jahrbuch Beihilferecht (2017) 433; *Kahl/Müller*, Vorteilsbegriff III: Konzessionsvergabe als Beihilfe, in Haslinger/Jaeger (Hrsg), Jahrbuch Beihilferecht (2016) 281; *König/Hellstern*, Das materielle binnenmarktrechtliche Beihilfenaufsichtsrecht, in Hatje/Müller-Graff (Hrsg), Enzyklopädie Europarecht IV: Europäisches Binnenmarkt- und Wirtschaftsordnungsrecht[2] (2021); *Mickonyté*, Vorteilsbegriff II: Der Fall London Taxi, in Haslinger/Jaeger (Hrsg), Jahrbuch Beihilferecht (2016) 265; *Streinz*, EUV/AEUV[3] (2018); *Zellhofer/Solek*, Mitteilung Beihilfebegriff IV: Selektive Begünstigung im Lichte der Bekanntmachung zum Beihilfebegriff, in Haslinger/Jaeger (Hrsg), Jahrbuch Beihilferecht (2017) 445.

**Judikatur:** EuGH 23.02.1961, Rs 30/59, *De Gezamenlijke Steenkolenmijnen*; EuGH 02.07.1974, Rs 173/73, *Italien/Kommission*; EuGH 27.03.1980, Rs 61/79, *Amministrazione delle finanze dello Stato*; EuGH 10.07.1986, Rs 40/85, *Belgien/Kommission*; EuGH 24.02.1987, Rs 310/85, *Deufil/Kommission*; EuGH 27.09.1988, verb Rs 106/87 bis 120/87, *Asteris AE ua/Griechenland*; EuGH 21.03.1990, C-142/87, *Belgien/Kommission (Tubemeuse)*; EuGH 21.03.1991, C-305/89, *Italien/Kommission (ALFA Romeo)*; EuGH 15.03.1994, C-387/92, *Banco Exterior de España*; EuGH 29.02.1996, C-56/93, *Belgien/Kommission*; EuGH 11.07.1996, C-39/94, *SFEI ua*; EuGH 26.09.1996, C-241/94, *Frankreich/Kommission*; EuG 21.01.1999, verb Rs T-129/95, T-2/96 u T-97/96, *Neue Maxhütte Stahlwerke und Lech-Stahlwerke/Kommission*; EuGH 29.04.1999, C-342/96, *Spanien/Kommission*; EuGH 19.05.1999, C-6/97, *Italien/Kommission*; EuGH 19.09.2000, C-156/98, *Deutschland/Kommission*; EuGH 12.10.2000, C-480/98, *Magefesa*; EuGH 07.12.2000, C-324/98, *Telaustria*; EuG 12.12.2000, T-296/97, *Alitalia/Kommission*; EuGH 03.12.2001, C-59/00, *Bent Mousten Vestergaard*; EuG 17.10.2002, T-98/00, *Lin-*

---

71  Bekanntmachung zum Beihilfebegriff, ABl C 2016/262, 1 Rn 142.
72  EuGH 06.09.2006, C-88/03, *Portugal/Kommission*; EuGH 11.09.2008, verb Rs C-428/06 bis C-434/06, *Unión General de Trabajadores de La Rioja*.
73  *Biondi*, CMLR 2013, 1719; *Jaeger*, in Holoubek/Potacs, Öffentliches Wirtschaftsrecht I[4] 717 (766).

*de/Kommission*; EuGH 12.12.2002, C-5/01, *Belgien/Kommission*; EuG 06.03.2003, verb Rs T-228/99 u T-233/99, *Westdeutsche Landesbank Girozentrale und Land Nordrhein-Westfalen/Kommission*; EuGH 24.07.2003, C-280/00, *Altmark Trans*; EuGH 20.11.2003, C-126/01, *GEMO SA*; EuG 16.09.2004, T-274/01, *Valmont Nederland BV/Kommission*; EuGH 03.03.2005, C-172/03, *Heiser*; EuGH 29.03.2007, T-366/00, *Scott/Kommission*; EuGH 22.11.2007, C-525/04 P, *Spanien/Kommission*; KOM 11.12.2007, C 53/2006, *Citynet Amsterdam*, ABl L 2008/247, 27; EuG 24.09.2008, T-20/03, *Kahla Thüringen Porzellan/Kommission*; EuG 01.07.2010, T-64/08, *Nuova Terni Industrie Chimiche SpA/Kommission*; EuG 13.09.2010, verb Rs T-415/05, T-416/05 u T-423/05, *Griechenland ua/Kommission*; EuGH 16.12.2010, C-239/09, *Seydaland Vereinigte Agrarbetriebe*; KOM 23.05.2011, SA.31154 (N 429/10), *Griechenland – Agricultural Bank of Greece (ATE)*, ABl C 2011/317, 5; EuGH 08.12.2011, C-81/10, *France Télécom SA/Kommission*; EuG 28.02.2012, verb Rs T-268/08 u T-281/08, *Land Burgenland und Österreich/Kommission*; EuGH 05.06.2012, C-124/10 P, *Kommission/EDF*; EuG 11.09.2012, T-565/08, *Corsica Ferries France SAS/Kommission*; EuGH 24.01.2013, C-73/11 P, *Frucona/Kommission*; EuGH 19.03.2013, verb Rs C-399/10 P u C-401/10 P, *Bouygues und Bouygues Télécom/ Kommission ua*; EuGH 04.09.2014, verb Rs C-533/12 P u C-536/12 P, *SNCM und Frankreich/Kommission*; EuG 25.03.2015, T-538/11, *Belgien/Kommission*; EuGH 30.06.2016, C-270/15 P, *Belgien/Kommission*.

Eine Beihilfe liegt nur dann vor, wenn mit der finanziellen Unterstützung auch ein wirtschaftlicher Vorteil (**Begünstigung**) bewirkt wird. Die Mittelgewährung muss den Beihilfeempfänger begünstigen.

Eine Begünstigung ist als Gewährung eines wirtschaftlichen Vorteils jeglicher Art zu verstehen, den das Unternehmen unter normalen Marktbedingungen – also ohne Eingreifen des Staates – nicht erhalten hätte.[74]

Nicht nur positive Leistungen sind damit gemeint, sondern auch Maßnahmen, die in verschiedener Form die Belastungen vermindern, die ein Unternehmen üblicherweise zu tragen hat.[75]

Keine Begünstigung liegt vor: Bei der Erstattung rechtswidrig erhobener Abgaben,[76] bei staatlichen Schadenersatzzahlungen[77] an Unternehmen; bei Ausgleichsleistungen für eine Enteignung[78].

Eine Begünstigung ist bei einer Maßnahme gegeben, die einem bestimmten Unternehmen Vorteile gewährt, und zwar ohne einer angemessenen, marktgerechten Gegenleistung.

---

74 EuGH 11.07.1996, C-39/94, *SFEI ua*, Rn 60; EuGH 29.04.1999, C-342/96, *Spanien/Kommission*, Rn 41; zur Aufzählung vgl *Jaeger* in Holoubek/Potacs, Öffentliches Wirtschaftsrecht I⁴, 766.

75 EuGH 03.04.2014, C-559/12 P, *Frankreich/Kommission* Rn 94; EuGH 19.03.2013, C-399/10 P und C-401/10 P, *Bouygues und Bouygues Télécom/Kommission ua und Kommission/Frankreich* Rn 101; auch ergibt sich wohl ein Vorteil für ein Unternehmen daraus, wenn sich ein Unternehmen mit einer Förderung für die Errichtung eines der Präsentation der Unternehmensmarke gewidmeten Showrooms den finanziellen Aufwand für Marketing- und Werbemaßnahmen erspart.

76 EuGH 27.03.1980, Rs 61/79, *Amministrazione delle finanze dello Stato* Rn 29 ff.

77 EuGH 27.09.1988, verb Rs 106/87 bis 120/87, *Asteris AE ua/Griechenland* Rn 23 f.

78 EuG 01.07.2010, T-64/08, *Nuova Terni Industrie Chimiche SpA/Kommission*.

Im Umkehrschluss ist eine Begünstigung dann ausgeschlossen, wenn dem von der staatlichen Einheit gewährenden Vorteil eine marktgerechte Gegenleistung gegenübersteht.

Wirtschaftliche Transaktionen öffentlicher Stellen verschaffen der Gegenseite keinen Vorteil und stellen **keine Beihilfe** dar, wenn sie zu **normalen Marktbedingungen** vorgenommen werden.[79] Dieser Grundsatz wurde in Bezug auf verschiedene wirtschaftliche Transaktionen entwickelt und als „**Grundsatz des marktwirtschaftlich handelnden Kapitalgebers**" bezeichnet.[80]

## 1. Market Economy Operator Test

Der **Grundsatz des marktwirtschaftlich handelnden Kapitalgebers (Market Economy Operator Test)**[81] wurde von den Unionsgerichten entwickelt, um bei öffentlichen Investitionen festzustellen, ob eine staatliche Beihilfe vorliegt.[82] Nach diesem Test ist entscheidend, ob ein unter normalen Marktbedingungen handelnder privater Kapitalgeber von vergleichbarer Größe in ähnlicher Lage zu der fraglichen Investition hätte bewegt werden können.[83]

Es kommt darauf an, ob die öffentliche Stelle sich so verhalten hat, wie es ein marktwirtschaftlich handelnder Wirtschaftsbeteiligter in ähnlicher Lage getan hätte.[84] Ist dies nicht der Fall, so hat das Empfängerunternehmen einen wirtschaftlichen Vorteil erlangt, den es unter normalen Marktbedingungen nicht erhalten hätte,[85] und durch den es sich in einer günstigeren Lage befindet als seine Wettbewerber.[86]

Je nachdem, welcher Art die zu beurteilende Maßnahme ist, kann der Test verschiedene Ausprägungen annehmen: **Private Investor** (Kapitalbeteiligungen), **Private Vendor** (Veräußerungen), **Private Creditor** (Darlehen) oder etwa **Private Purchaser** (Vermögenskauf).

Ergibt der Market Economy Operator Test, dass ein privater Investor gleichermaßen agiert hätte, kann das Tatbestandsmerkmal der Begünstigung verneint werden und es entfällt insgesamt der Beihilfetatbestand.

---

79 EuGH 11.07.1996, C-39/94, *SFEI ua* Rn 60 f.
80 Bekanntmachung zum Beihilfebegriff, ABl C 2016/262, 1 Rn 74.
81 In der Literatur auch als Private Investor Test (PIT) bezeichnet.
82 Bekanntmachung zum Beihilfebegriff, ABl C 2016/262, 1 Rn 74.
83 EuGH 21.03.1990, C-142/87, *Belgien/Kommission (Tubemeuse)* Rn 29; EuGH 21.03.1991, C-305/89, *Italien/Kommission (ALFA Romeo)* Rn 18 f; EuG 21.01.1999, verb Rs T-129/95, T-2/96 u T-97/96, *Neue Maxhütte Stahlwerke und Lech-Stahlwerke/Kommission* Rn 104; EuG 06.03.2003, verb Rs T-228/99 u T-233/99, *Westdeutsche Landesbank Girozentrale und Land Nordrhein-Westfalen/Kommission.*
84 Bekanntmachung zum Beihilfebegriff, ABl C 2016/262, 1 Rn 76.
85 EuG 06.03.2003, verb Rs T-228/99 u T-233/99 Rn 208.
86 EuGH 05.06.2012, C-124/10 P, *Kommission/EDF* Rn 90; EuGH 19.05.1999, C-6/97, *Italien/Kommission*, Rn 16.

Ob eine staatliche Maßnahme den Marktbedingungen entspricht, muss **ex ante** auf Grundlage der zum Zeitpunkt der Entscheidung über die Maßnahme verfügbaren Informationen geprüft werden. Ex-post vorgenommene wirtschaftliche Bewertungen reichen nicht aus.[87]

## 2. Feststellung der Marktüblichkeit

Die Marktüblichkeit kann direkt mittels transaktionsspezifischer Marktdaten festgestellt werden (**pari passu, Ausschreibung**). Liegen keine solche Daten vor, ist nach anderen verfügbaren Methoden (**Benchmarking**, anerkannte **Berechnungsmethoden** zB IRR) vorzugehen.

### a. Pari Passu

Marktüblichkeit liegt vor, wenn die Transaktion von öffentlichen Stellen und privaten Wirtschaftsbeteiligten zu gleichen Bedingungen („pari passu") durchgeführt wird.[88]

Unter gleichen Bedingungen bedeutet mit gleichen Risiken und gleichen Erträgen, zB im Rahmen einer öffentlichen-privaten Partnerschaft (Public Private Partnership).[89] Die Maßnahme der privaten Wirtschaftsbeteiligten muss wirtschaftlich bedeutend, dh nicht nur von symbolischer oder marginaler Bedeutung sein.[90] Als wirtschaftlich bedeutend wurde die private Beteiligung von einem Drittel angesehen,[91] nicht ausreichend waren lediglich 10 % Privatanteil.[92]

Die Bedingungen können nicht als gleich angesehen werden, wenn öffentliche Stellen und private Wirtschaftsbeteiligte zwar zu gleichen Bedingungen, aber zu unterschiedlichen Zeitpunkten tätig werden, etwa nachdem sich die für die Transaktion relevante wirtschaftliche Lage geändert hat.[93]

**Beispiel:** *Ein österreichischer Fonds, zugunsten innovativer KMU, wurde zu zwei Drittel mit staatlichen Mitteln und 1/3 mit privater Beteiligung finanziert. Nach dem Grundsatz des marktwirtschaftlich handelnden Kapitalgebers liegt keine Beihilfe vor, da der Fonds marktüblich pari passu ausgestaltet wurde. Ein privater Anteil in der Höhe von einem Drittel ist als wirtschaftlich bedeutend anzusehen.*

---

87 EuGH 05.06.2012, C-124/10 P, *Kommission/EDF* Rn 83 ff; Bekanntmachung zum Beihilfebegriff, ABl C 2016/262, 1 Rn 78.
88 Bekanntmachung zum Beihilfebegriff, ABl C 2016/262, 1 Rn 84, 86-88.
89 EuG 12.12.2000, T-296/97, *Alitalia/Kommission*.
90 Bekanntmachung zum Beihilfebegriff, ABl C 2016/262, 1 Rn 87 lit c.
91 KOM 11.12.2007, C 53/2006, *Citynet Amsterdam*, ABl L 2008/247, 27.
92 KOM 23.05.2011, SA.31154 (N 429/10), *Griechenland – Agricultural Bank of Greece (ATE)*, ABl C 2011/317, 5.
93 Bekanntmachung zum Beihilfebegriff, ABl C 2016/262, 1 Rn 86 FN 139.

### b. Öffentliche Ausschreibung

Marktüblichkeit wird zudem angenommen, wenn der Verkauf und Kauf von Vermögenswerten, Waren und Dienstleistungen in einem **wettbewerblichen,**[94] **transparenten, diskriminierungsfreien und bedingungsfreien Ausschreibungsverfahren** erfolgt, das den vergaberechtlichen Vorschriften entspricht.[95]

### c. Benchmarking

Um festzustellen, ob eine Transaktion die Marktbedingungen erfüllt, kann sie anhand der Bedingungen geprüft werden, zu denen vergleichbare Transaktionen von vergleichbaren privaten Wirtschaftsbeteiligten in einer vergleichbaren Lage vorgenommen wurden (**Benchmarking**).[96]

Bei der Ermittlung einer geeigneten Benchmark ist besonders auf die Art des betroffenen Wirtschaftsbeteiligten, auf die Art der Transaktion und auf die betroffenen Märkte zu achten.[97] Beim Benchmarking wird häufig nicht ein „genauer" Referenzwert, sondern eine Spanne möglicher Werte ermittelt, indem vergleichbare Transaktionen geprüft werden.[98]

### d. Alternative anerkannte Berechnungsmethoden

Ob eine Transaktion mit den Marktbedingungen im Einklang steht, kann auch anhand einer allgemein anerkannten Standard-Bewertungsmethode festgestellt werden.[99] Eine solche Methode muss auf verfügbaren objektiven, überprüfbaren und zuverlässigen Daten beruhen,[100] die hinreichend detailliert sein müssen und unter Berücksichtigung der Höhe des Risikos und der Erwartungen für die Zukunft[101] die wirtschaftliche Lage zum Zeitpunkt der Entscheidung über die Transaktion widerspiegeln sollten.[102]

---

94 Die Unionsgerichte verwenden oftmals die Bezeichnung „offenes" Ausschreibungsverfahren. Die Kommission verwendet jedoch den Begriff „wettbewerblich", da es auf kein spezifisches Verfahren iSd der RL 2014/24/EU bzw RL 2014/25/EU ankommt: Bekanntmachung zum Beihilfebegriff, ABl C 2016/262, 1 Rn 89 FN 146.

95 EuGH 07.12.2000, C-324/98, *Telaustria* Rn 62; EuGH 03.12.2001, C-59/00, *Bent Mousten Vestergaard* Rn 20.

96 Bekanntmachung zum Beihilfebegriff, ABl C 2016/262, 1 Rn 98.

97 Bekanntmachung zum Beihilfebegriff, ABl C 2016/262, 1 Rn 99.

98 Bekanntmachung zum Beihilfebegriff, ABl C 2016/262, 1 Rn 100.

99 EuGH 29.03.2007, T-366/00, *Scott/Kommission* Rn 134; EuGH 16.12.2010, C-239/09, *Seydaland Vereinigte Agrarbetriebe* Rn 39.

100 EuG 16.09.2004, T-274/01, *Valmont Nederland BV/Kommission* Rn 71.

101 EuGH 29.03.2007, T-366/00 Rn 158.

102 Bekanntmachung zum Beihilfebegriff, ABl C 2016/262, 1 Rn 101.

Eine weithin anerkannte Standardmethode für die Ermittlung der (jährlichen) Kapitalrendite ist bspw die Berechnung des internen Zinsfußes (Internal Rate of Return – IRR).[103] Die Investitionsentscheidung kann auch anhand ihres Barwerts (NET Present Value – NPV)[104] bewertet werden. Der NPV führt in den meisten Fällen zu gleichwertigen Ergebnissen wie der IRR.[105]

# E. Wettbewerbsverfälschung

**Literatur:** *Bartosch*, EU-Beihilfenrecht[3] (2020); *Bär-Bouyssiére* in Schwarze (Hrsg), EU-Kommentar[4] (2019) Art 107 AEUV; *Birnstiel/Bungenberg/Heinrich*, Europäisches Beihilfenrecht (2013); *Bungenberg* in Immenga/Mestmäcker (Hrsg), Wettbewerbsrecht III: Beihilfenrecht[5] (2016); *Dreher/Lübbig/Wolf-Posch*, Praxis des EU-Beihilferechts in Österreich (2017); *Frenz*, Handbuch Europarecht III: Beihilferecht[2] (2021); *König/Hellstern*, Das materielle binnenmarktrechtliche Beihilfenaufsichtsrecht, in Hatje/Müller-Graff (Hrsg), Enzyklopädie Europarecht IV: Europäisches Binnenmarkt- und Wirtschaftsordnungsrecht[2] (2021); *Kirchberger*, Mitteilung Beihilfebegriff VI: Spürbarkeit, in Jaeger/Haslinger (Hrsg), Jahrbuch Beihilfenrecht (2017) 459; *Streinz*, EUV/AEUV[3] (2018).

**Judikatur:** EuGH 17.09.1980, Rs 730/79, *Philip Morris*; EuGH 14.02.1990, C-301/87, *Frankreich/Kommission*; KOM 03.02.1999, 1999/779/EG, *Befreiung von der Getränkesteuer auf Wein und andere gegorene Getränke bei Direktverkauf an den Verbraucher am Ort der Erzeugung*, ABl L 1999/305, 27; EuG 15.06.2000, verb Rs T-298/97, T-312/97, *Alzetta*; EuGH 19.09.2000, C-156/98, *Deutschland/Kommission*; EuG 29.09.2000, T-55/99, *Confederación Espanola de Transporte de Mercancías/Kommission*; EuGH 19.10.2000, verb Rs C-15/98 u C-105/99, *Italien und Sardegna Lines/Kommission*; EuG 04.04.2001, T-288/97, *Friuli Venezia Giulia*; EuGH 03.03.2005, C-172/03, *Heiser*; EuGH 24.07.2003, C-280/00, *Altmark Trans*; EuG 28.11.2008, verb Rs T-254/00 ua, *Hotel Cipriani/Kommission*; EuGH 09.06.2011, verb Rs C-71/09 P ua, *Comitato/Kommission*; EuGH 28.07.2011, C-403/10 P, *Mediaset*.

Eine Beihilfe liegt weiters nur dann vor, wenn die Beihilfemaßnahme den **Wettbewerb verfälscht** oder zumindest **zu verfälschen droht**.

Der Begriff der Wettbewerbsverfälschung ist weit zu verstehen und an keine hohen Anforderungen geknüpft.[106] Eine Verfälschung des Wettbewerbs liegt vor, wenn die Beihilfemaßnahme – tatsächlich oder potenziell – in ein bestehendes oder möglicherweise entstehendes[107] Wettbewerbsverhältnis zwischen Unternehmen oder Produktionszweigen eingreift,[108] und die **Wettbewerbsposition** des

---

103 Bekanntmachung zum Beihilfebegriff, ABl C 2016/262, 1 Rn 102, insb FN 158.

104 Bekanntmachung zum Beihilfebegriff, ABl C 2016/262, 1 Rn 102, insb FN 159.

105 Bekanntmachung zum Beihilfebegriff, ABl C 2016/262, 1 Rn 102.

106 *Koenig/Försch* in Streinz, EUV/AEUV[3] Art 107 AEUV Rn 102; *Koenig/Hellstern* in Hatje/Müller-Graff, EnzEuR IV[2] § 14 Rz 47.

107 Auch potenzielle Wettbewerbsverhältnisse werden geschützt, um die Entstehung von Wettbewerbsverhältnissen zu schützen: s *Cremer* in Calliess/Ruffert, EUV/AEUV Art 107 AEUV Rn 34; *Mestmäcker/Schweitzer* in Immenga/Mestmäcker, WettbR III: BeihilfenR[5] Art 107 Abs 1 AEUV Rn 307; *Koenig/Hellstern* in Hatje/Müller-Graff, EnzEuR IV[2] § 14 Rz 47 mwN; *Frenz*, Handbuch EuR III[2] Rz 1433 ff.

108 *Koenig/Hellstern* in Hatje/Müller-Graff, EnzEuR IV[2] § 14 Rz 47.

Beihilfeempfängers durch das staatliche Eingreifen gegenüber seinen Wettbewerbern **verbessert**.[109]

Eine konkrete Wettbewerbsverfälschung ist nicht notwendig, es genügt bereits eine potenzielle nur denkbare Verfälschung des Wettbewerbs. Die Wettbewerbsverfälschung muss weder erheblich noch wesentlich sein.[110] Es gibt hinsichtlich der Intensität der Wettbewerbsverfälschung keine Spürbarkeitsschwelle.[111] Weder ein niedriger Beihilfebetrag, noch der Umstand, dass der Beihilfeempfänger ein Kleinunternehmen ist, schließt die Wettbewerbsverfälschung von vornherein aus.[112] Auch geringfügige Beihilfen können den Wettbewerb verfälschen, indem das begünstigte Unternehmen auf einem Markt mit lebhaftem Wettbewerb tätig ist.[113] Die Wettbewerbsverfälschung darf aber nicht nur rein hypothetischer Natur sein.[114]

Sobald der Staat einem Unternehmen in einem liberalisierten Wirtschaftszweig, in dem Wettbewerb herrscht oder herrschen könnte, einen Vorteil gewährt, ist die Wettbewerbsverfälschung ebenfalls zu bejahen.[115] Eine Beihilfe gilt auch dann als wettbewerbsverfälschend, wenn ein Unternehmen dadurch begünstigt wird, indem es von Kosten befreit wird, die es normalerweise im Rahmen seiner laufenden Geschäftstätigkeit zu tragen gehabt hätte.[116]

> Nicht nur eine tatsächliche sondern bereits eine potenzielle nur denkbare Verfälschung des Wettbewerbs genügt für das Vorliegen einer Beihilfe.

Eine relevante Begünstigung eines Unternehmens führt gleichzeitig zumindest bereits zu einer drohenden Wettbewerbsverfälschung, da ein Unternehmen den erlangten Vorteil dazu verwenden wird, um seine Marktchancen zu verbessern.

***Beispiel:*** *Italien gewährte den Verbrauchern Zuschüsse für den Kauf von Digitaldecodern, um die digital übertragenen Programme von Bezahlfernsehsendern empfangen zu können. Für Geräte, mit denen ausschließlich Satellitensignale empfangen werden konnten, wurde kein Zuschuss gewährt. Dadurch wurde nicht nur bei den Verbrauchern ein Anreiz gesetzt, die bezuschussten Decoder zu kaufen, sondern auch die Kosten für die terrestrischen Rundfunksender reduziert. Durch die Zuschüsse konnten die Sender ihre Marktposition im Verhältnis zu neuen Wettbewerbern bezüglich Kundenstamm und Umsatz stärken,[117] wodurch gegenüber der Satellitentechnologie eine Wettbewerbsverfälschung begründet wurde.[118]*

---

109 EuGH 17.09.1980, Rs 730/79, *Philip Morris* Rn 11; EuG 15.06.2000, verb Rs T-298/97 u T-312/97, *Alzetta* Rn 80.

110 Bekanntmachung zum Beihilfebegriff, ABl C 2016/262, 187, Rn 189.

111 *Koenig/Försch* in Streinz, EUV/AEUV[3] Art 107 AEUV Rn 103; *Koenig/Hellstern* in Hatje/Müller-Graff, EnzEuR IV[2] § 14 Rz 47. Unterhalb der De-minimis-Schwellenwerte geht die Kommission von keiner Wettbewerbsverfälschung aus.

112 EuG 29.09.2000, T-55/99, *Confederación Espanola de Transporte de Mercancías/Kommission* Rn 89; EuGH 24.07.2003, C-280/00, *Altmark Trans* Rn 81.

113 *Koenig/Hellstern* in Hatje/Müller-Graff, EnzEuR IV[2] § 14 Rz 47.

114 EuGH 24.07.2003, C-280/00, *Altmark Trans* Rn 79.

115 Bekanntmachung zum Beihilfebegriff, ABl C 2016/262, 1 Rn 187.

116 EuGH 03.03.2005, C-172/03, *Heiser* Rn 55.

117 KOM 24.01.2007, ABl L 2007/147, 1, *Decoder*; s dazu *Heidenhain*, EuZW 2007, 623; *Soltész/Hellstern*, EuZW 2013, 489 (490); EuGH 28.07.2011, C-403/10 P, *Mediaset* Rn 64.

118 KOM 24.01.2007, ABl L 2007/147, 1, *Decoder*; EuGH 28.07.2011, C-403/10 P, *Mediaset* Rn 64; vgl dazu *Heidenhain*, EuZW 2007, 623; *Soltész/Hellstern*, EuZW 2013, 489 (490); *Koenig/Hellstern* in Hatje/Müller-Graff, EnzEuR IV[2] § 14 Rz 49.

Eine (drohende) Wettbewerbsverfälschung prüft die Kommission bei Einzel-beihilfen anhand einer konkreten wirtschaftlichen Analyse der Marktsituation,[119] bei Beihilfeprogrammen anhand der Merkmale des betreffenden Programms.[120]

# F. Handelsbeeinträchtigung

**Literatur:** *Bartosch*, EU-Beihilfenrecht[3] (2020); *Bär-Bouyssiére* in Schwarze (Hrsg), EU-Kommentar[4] (2019) Art 107 AEUV; *Birnstiel/Bungenberg/Heinrich*, Europäisches Beihilfenrecht (2013); *Bungenberg* in Immenga/Mestmäcker (Hrsg), Wettbewerbsrecht III: Beihilfenrecht[5] (2016); *Dekker*, The ‚Effect on Trade between the Member States' Cri-terion: Is It the Right Criterion by Which the Commission's Workload Can Be Managed?, EStAL 2017, 154; *Dreher/Lübbig/Wolf-Posch*, Praxis des EU-Beihilferechts in Österreich (2017); *Frenz*, Handbuch Europarecht III: Beihilferecht[2] (2021); *Herrmann*, Wann sind Beihilfen auf lokaler Ebene (nicht) geeignet, den zwischenstaatlichen Handel zu beein-trächtigen, KommJur 2016, 201; *König/Hellstern*, Das materielle binnenmarktrechtliche Beihilfenaufsichtsrecht, in Hatje/Müller-Graff (Hrsg), Enzyklopädie Europarecht IV: Europäisches Binnenmarkt- und Wirtschaftsordnungsrecht[2] (2021); *Kirchberger*, Mittei-lung Beihilfebegriff VI: Spürbarkeit, in Haslinger/Jaeger (Hrsg), Jahrbuch Beihilferecht (2017) 459; *Schirmer*, Die staatliche Unterstützung von (kleinen) Skigebieten in der EU und im EWR, in Haslinger/Jaeger (Hrsg), Jahrbuch Beihilferecht (2021) 451; *Streinz*, EUV/AEUV[3] (2018).

**Judikatur:** EuGH 17.09.1980, Rs 730/79, *Philip Morris*; EuGH 14.10.1987, Rs 248/84, *Deutschland/Kommission*; EuGH 21.03.1990, C-142/87, *Belgien/Kommission*; EuG 28.11.1996, T-447/93, *AITEC/Kommission*; KOM 12.01.2001, N 258/2000, *Frei-zeitbad Dorsten*, ABl C 2001/172, 16; EuG 04.04.2001, T-288/97, *Friuli Venezia Giulia*; KOM 21.01.2003, N 486/2002, *Aid in favour of a congresshall in Visby – Gotland*, ABl C 2003/75, 2; EuGH 20.11.2003, C-126/01, *GEMO*; EuGH 24.07.2003, C-280/00, *Alt-mark Trans*; EuGH 03.03.2005, C-172/03, *Heiser*; EuG 23.11.2006, T-217/02, *Ter Lem-beek*; KOM 27.06.2007, N 257/2007, *Subsidies for theatre productions in the Basque country*, ABl C 2007/173, 1; EuGH 30.04.2009, C-494/06, *Kommission/Italien und Wam SpA*; EuG 01.07.2009, verb Rs T-81/07, T-82/07 u T-83/07, *Jan Rudolf Maas*; EuG 04.09.2009, T-211/05, *Italien/Kommission*; KOM 17.06.2011, SA.32737, *Aid to Parn-assos Skicenter*, ABl C 2011/239, 2; EuGH 08.09.2011, C-279/08, *Kommission/Nieder-lande*; KOM 07.11.2012, SA.34466 (12/N), *Center for Visual Arts and Research (Costas and Rita Severis Foundation)*, ABl C 2013/1, 10; KOM 07.11.2012, SA.34404 (12/NN), *Land Sale Sliedrecht*, ABl C 2012/370, 3; KOM 07.11.2012, SA.33243 (12/NN), *Jornal de Madeira*, ABl C 2013/16, 1; KOM 20.11.2012, SA.34891 (2012/N), *State support to Związek Gmin Fortecznych Twierdzy Przemyśl*, ABl C 2013/293, 1; EuGH 08.05.2013, verb Rs C-197/11 u C-203/11, *Libert ua*; KOM 02.07.2013, SA.35909 (2012/N), *Touris-musinfrastruktur in der NUTS-II-Region Südosten*, ABl C 2013/306, 4; KOM 06.11.2013, SA.36581, *Bau des archäologischen Museums Messara Kreta*, ABl C 2013/353, 4; KOM 19.12.2013, SA.36882 (2013/N), *Support for skiing areas of local interest in Tuscany*, ABl C 2014/120, 6; EuGH 14.01.2015, C-518/13, *Eventech/The Parking Adjudicator*; KOM 29.04.2015, SA.37963, *Alleged State aid to Glenmore Lodge*, ABl C 2015/277, 3; KOM 29.04.2015, SA.33149, *Städtische Projektgesellschaft „Wirtschaftsbüro Kiel-*

---

119 EuG 28.11.2008, verb Rs T-254/00 ua, *Hotel Cipriani/Kommission* Rn 228 ff; EuGH 09.06.2011, verb Rs C-71/09 P ua, *Comitato/Kommission*.

120 EuG 14.07.2011, T-357/02, *Freistaat Sachsen/Kommission* Rn 31.

*Gaarden"*, ABl C 2015/188, 1; KOM 29.04.2015, SA.38035, *Deutschland – Mutmaßliche Beihilfe für eine Reha-Fachklinik für Orthopädie und Unfallchirurgie*, ABl C 2015/188, 3; KOM 29.04.2015, SA.38208, *Alleged State aid to UK member-owned golf clubs*, ABl C 2015/277, 4; KOM 29.04.2015, SA.37904, *Mutmaßliche staatliche Beihilfe an ein Ärztehaus in Durmersheim*, ABl C 2015/188, 2; EuG 28.10.2015, T-253/12, *Hammar Nordic Plugg AB*; KOM 04.08.2016, SA.44942, *Aid to local media published in the Basque language*, ABl C 2016/369, 1; KOM 09.08.2016, SA.43983; *BLSV-Sportcamp Nordbayern*, ABl C 2016/406, 14; EuGH 26.10.2016, C-211/15 P, *Orange/Kommission*; EuGH 18.05.2017, C-150/16, *Fondul Proprietatea/Complexul Energetic Oltenia*.

Das Vorliegen einer Beihilfe erfordert zudem eine Beeinträchtigung des Handels zwischen den Mitgliedstaaten (**Zwischenstaatlichkeitserfordernis**).

Nicht davon erfasst sind Begünstigungen, die rein lokale, regionale oder nationale Sachverhalte betreffen und keine grenzüberschreitenden Auswirkungen haben.[121]

Für eine Handelsbeeinträchtigung bedarf es keiner tatsächlichen Beeinträchtigung des zwischenstaatlichen Handels, es genügt bereits die bloße Eignung zur Beeinträchtigung des innerunionalen Handels.[122]

Der Handel zwischen den Mitgliedstaaten wird demnach schon dann beeinträchtigt, wenn die Möglichkeit besteht, dass sich eine Beihilfemaßnahme auf den Handel zwischen den Mitgliedstaaten auswirken kann. Damit ist der Begriff sehr weit zu verstehen. Eine Handelsbeeinträchtigung wird man wohl bei Sachverhalten verneinen können, die typischerweise nur lokal nachgefragt werden, wobei hier auf den Einzelfall abzustellen ist.[123]

Der zwischenstaatliche Handel wird bereits auch dann beeinflusst, wenn durch die Beihilfe die Stellung bestimmter Unternehmen im Verhältnis zu ihren Wettbewerbern gestärkt wird. Die begünstigten Unternehmen brauchen dabei nicht einmal selbst am innergemeinschaftlichen Handel teilnehmen.[124]

Die Kommission verneint das Vorliegen einer Handelsbeeinträchtigung, wenn nicht mehr als „**nur marginale Auswirkungen**" anzunehmen sind. Nach der Rechtsprechung der Unionsgerichte kommt es auf eine Spürbarkeitsschwelle aber nicht an.[125]

Weder der Umfang der Beihilfe noch die Größe des begünstigten Unternehmens soll nach der Rsp des EuGH für das Vorliegen einer Handelsbeeinträchtigung entscheidend sein.[126] Mit ein Grund für die Annahme der Eignung iZm dem Kriterium der Handelsbe-

---

121 *Koenig/Hellstern* in Hatje/Müller-Graff, EnzEuR IV² § 14 Rz 50 mwN.

122 EuGH 17.09.1980, Rs 730/79, *Philip Morris* Rn 11; EuGH 20.11.2003, C-126/01, *GEMO* Rn 40; EuG 23.11.2006, T-217/02, *Ter Lembeek* Rn 181; EuGH 14.01.2015, C-518/13, *Eventech/The Parking Adjudicator* Rn 65; EuGH 26.10.2016, C-211/15 P, *Orange/Kommission* Rn 64; EuGH 18.05.2017, C-150/16, *Fondul Proprietatea/Complexul Energetic Oltenia* Rn 29

123 *Dreher/Lübbig/Wolf-Posch*, EU-Beihilferecht 179.

124 EuGH 14.01.2015, C-518/13, *Eventech/The Parking Adjudicator* Rn 65 ff.

125 Den Vorstoß der Kommission ablehnend s EuG 28.10.2015, T-253/12, *Hammar Nordic Plugg AB*.

126 EuGH 21.03.1990, C-142/87, *Belgien/Kommission*; EuGH 24.07.2003, C-280/00, *Altmark Trans* Rn 81; EuGH 14.01.2015, C-518/13, *Eventech/The Parking Adjudicator* Rn 68.

einträchtigung ist die Tatsache, dass die Unionsgerichte das Kriterium der Wettbewerbsverfälschung und Handelsbeeinträchtigung regelmäßig gemeinsam prüfen. Für ein Spürbarkeitserfordernis spricht die mit der Verwirklichung des Binnenmarktes einhergehende Erweiterung des Anwendungsbereichs der EU-Beihilfekontrolle.[127]

> Eine Handelsbeeinträchtigung liegt nach der Rsp des EuGH bereits dann vor, wenn die staatliche finanzielle Zuwendung geeignet ist, sich auf den zwischenstaatlichen Handel auszuwirken.

**Keine Handelsbeeinträchtigung** liegt bei rein lokalen Wirtschaftstätigkeiten vor, etwa bei einem Freizeitbad mit begrenztem, lokalem Einzugsbereich.[128] Fördermaßnahmen zugunsten von Skiliften, Seilbahnen und Sportcentern führen wegen ihres rein lokalen Einzugsbereichs ebenso wenig zu einer Handelsbeeinträchtigung, wenn bestimmte Grenzwerte (Länge der Loipen, Zahl der Hotelbetten, Zahl der Skipässe) für den Skiort nicht überschritten werden.[129]

Die Beeinträchtigung des zwischenstaatlichen Handels wurde verneint: bei der Förderung eines Zentrums zur Erhaltung des zyprischen Kulturerbes,[130] beim Verkauf von Grundbesitz an eine örtliche Reitschule,[131] oder Fördermaßnahmen zugunsten einer portugiesischen Tageszeitung.[132]

***Beispiel:*** *Spanien beabsichtigt den in der Medienbranche vertretenen Kleinstunternehmen, insb Printmedien, öffentliche Förderungen zu gewähren, um Zeitschriften und Kooperationsprojekte in lokalen Medien in baskischer Sprache in einer baskischen Provinz zu fördern. Die begünstigten Unternehmen dürfen ausschließlich in baskischer Sprache publizieren.[133] Die Verwendung der baskischen Sprache ist auf einen regionalen Markt begrenzt und die Unternehmensgröße der Beihilfeempfänger sowie des begrenzten betroffenen Marktes und der geringen Höhe der finanziellen Zuwendung führen nicht mehr als zu einer marginalen Auswirkung auf den zwischenstaatlichen Handel.[134]*

Eine **Handelsbeeinträchtigung** wurde hingegen **bejaht** bei der Befreiung eines krisengeschüttelten Unternehmens von einer Verbindlichkeit iHv € 45 Mio durch die Gewährung einer Rettungsbeihilfe, da die Marktposition des Unter-

---

127 *Koenig/Hellstern* in Hatje/Müller-Graff, EnzEuR IV² § 14 Rz 51.

128 KOM 12.01.2001, N 258/2000, *Freizeitbad Dorsten*, ABl C 2001/172, 16.

129 KOM 17.06.2011, SA.32737, *Aid to Parnassos Skicenter*, ABl C 2011/239, 2; KOM 19.12.2013, SA.36882 (2013/N), *Support for skiing areas of local interest in Tuscany*, ABl C 2014/120, 6; vgl dazu auch *Dreher/Lübbig/Wolf-Posch*, EU-Beihilferecht 181 f.

130 KOM 07.11.2012, SA.34466 (12/N), *Center for Visual Arts and Research (Costas and Rita Severis Foundation)*, ABl C 2013/1, 10.

131 KOM 07.11.2012, SA.34404 (12/NN), *Land Sale Sliedrecht*, ABl C 2012/370, 3.

132 KOM 07.11.2012, SA.33243 (12/NN), *Jornal de Madeira*, ABl C 2013/16, 1.

133 Der Sachverhalt entstammt aus dem Fall KOM 04.08.2016, SA.44942, *Aid to local media published in the Basque language*, ABl C 2016/369, 1. Zur Sachverhaltsdarstellung s die Pressemitteilung der Kommission vom 21.09.2016, IP/16/3141.

134 KOM 04.08.2016, SA.44942, *Lokale Medien in baskischer Sprache*, ABl C 2016/369, 6.

nehmens gestärkt wurde und auch andere internationale Unternehmen auf diesem Markt tätig waren.[135]

*Beispiel: Deutschland möchte den Bau eines Sportcamps in Nordbayern in der Region Oberfranken unterstützen. Das Sportcamp soll über ca 200 Betten verfügen und ist hauptsächlich an Schulen, gemeinnützige Sportvereine sowie diverse soziale und pädagogische Aktivitäten gerichtet. Klassische Hotelleistungen werden keine angeboten.[136] Es liegt keine Handelsbeeinträchtigung vor, weil sich die Maßnahmen an eine regionale Kundenstruktur richten und aufgrund des geringen Umfangs des Vorhabens eine Handelsbeeinträchtigung unwahrscheinlich ist.[137] Anders würde sich die Beurteilung jedoch gestalten, wenn das Sportcamp auch klassische Hotelleistungen anbietet. In diesem Fall ist eine rein regionale Kundenstruktur nicht mehr gegeben.*

# II. Arten von Beihilfen

**Literatur:** *Alpha*, Der kommunale Querverbund als europarechtswidrige Beihilfe?, NVwZ 2021, 598; *Barbist/Halder*, Die Rückforderung staatlicher Beihilfen am Beispiel des Verkaufs der Bank Burgenland, BRZ 2010, 79; *Bartosch*, Das Risikopotenzial der Beihilferechtswidrigkeit staatlicher Bürgschaften für den Kreditgeber, EuZW 2001, 650; *Cichy*, Wettbewerbsverfälschungen durch Gemeinschaftsbeihilfen (2002); *Eilmannsberger*, Zur Anwendung des EG-Beihilfeverbots auf staatliche Kreditbürgschaften, ÖZW 2000, 1; *Gündel*, Quersubventionierung durch parafiskalische Abgaben und EG-Beihilfenrecht – Klärung zu prozessualen und materiellen Fragen, EWS 2009, 350; *Heidenhain*, Mittelbare Beihilfen, EuZW 2007, 623; *Heidenhain* in Heidenhain (Hrsg), Handbuch des Europäischen Beihilfenrechts (2003); *ders*, Mittelbare Beihilfen, EuZW 2007, 623; *Huber/Stangl*, Beamtengehälter und Beihilferecht: Das Urteil Deutsche Post AG, in Haslinger/Jaeger (Hrsg), Jahrbuch Beihilferecht (2017) 541; *Jaeger*, Schwächen der Prüfung von Steuerbeihilfen am Beispiel der Urteile Fiat und Starbucks, EuZW 2020, 18; *Jung*, Die Vergabe von Unionsbeihilfen: Dargestellt am Beispiel der Landwirtschaftssubventionen (2019); *Kassow*, Beihilferechtliche Zulässigkeit staatlicher Förderankündigungen, EuZW 2010, 856; *Krassnigg*, Staatliche Bürgschaften im EU-Beihilfeaufsichtsrecht und ihre Rückabwicklung im Fall unrechtmäßiger Gewährung, ÖJZ 1996, 447; *Lindinger*, Vernichtung von Banksicherheiten durch EU-Beihilfeverbot?, ÖBA 1996, 169; *Mesecke*, Zur Staatlichkeit der Mittel und ihrer Übertragung, BRZ 2012, 10; *Nehl*, Rechtsschutz bei Unionsbeihilfen, in Haslinger/Jaeger (Hrsg), Jahrbuch Beihilferecht (2011) 461; *Niggemann*, Staatsbürgschaften und Europäisches Beihilfenrecht (2001); *Papsch*, Die Veräußerung öffentlicher Unternehmen im Beihilferecht, ELR 2012, 70; *Reese*, Zum EU-Beihilfenbegriff – Der enge Zusammenhang zwischen Vorteil und Last als Zurechnungsproblem, EuR 2013, 572 f; *Reimer*, Stundung, Erlass und Niederschlagung von Forderungen der öffentlichen Hand – sämtlich verbotene Beihilfen?, NVwZ 2011, 263; *L.Reiter*, Staatliche Covid-19-Wirtschaftshilfen: überall Beihilfen iSd Art 107 Abs 1 AEUV, wbl 2020, 661; *ders*, Das Konzept der mittelbaren Beihilfe im Beihilferecht, BRZ 2021, 3; *Schröder*, Die Finanzierung öffentlicher Unternehmen und das EG-Beihilfeverbot – zugleich eine

---

135 EuG 01.07.2009, verb Rs T-81/07, T-82/07 u T-83/07, *Jan Rudolf Maas* Rn 77; *Koenig/Hellstern* in Hatje/Müller-Graff, EnzEuR IV² § 14 Rz 52.

136 Zum Sachverhalt siehe die Pressemitteilung der Kommission vom 21.09.2016, IP/16/3141.

137 KOM 09.08.2016, SA.43983; *BLSV-Sportcamp Nordbayern*, ABl C 2016/406, 14; Vgl dazu auch die Pressemitteilung der Kommission vom 21.09.2016, IP/16/3141.

Betrachtung des Falles „Head Tyrolia Mares", ZfRV 1998, 53; *Soltész*, Wann ist eine Beihilfe „staatlich"? – Das Kriterium der „Zurechenbarkeit" nach Stardust, ZWeR 2010, 198; *ders*, Die Entwicklungen des europäischen Beihilfenrechts im Jahr 2013, EuZW 2014, 89; *Soltész/Hellstern*, „Mittelbare Beihilfen" – Indirekte Begünstigungen im EU-Beihilferecht, EuZW 2013, 489; *Soltész/Makowski*, Die Nichtdurchsetzung von Forderungen der öffentlichen Hand als staatliche Beihilfe iSv Art 87 I EG, EuZW 2003, 73; *Stöbener de Mora*, Überall Beihilfen? – Die Kommissionsbekanntmachung zum Beihilfebegriff, EuZW 2016, 685; *Thurnher*, Österreich, ein Fall für die Beihilfenaufsicht?, ecolex 1995, 727; *Urlesberger*, Die „europäischen Werte" und ihr Schutz durch die EU, JRP 2002, 193; *von Bonin*, Steuerbeihilfen vor dem EuG – ein Zwischenstand, EuZW 2019, 881; *Wimmer/Kahl*, Öffentliche Verantwortung versus Privatisierung am Beispiel des Betriebes der Bundesländerflughäfen, ÖJZ 1999, 161; *Wollmann*, Digitalsteuern als Beihilfe?, in Haslinger/Jaeger (Hrsg), Jahrbuch Beihilferecht (2020) 381; *Zorn*, Die Auswahl von Besteuerungsgegenständen – europarechtliche Apsekte, ÖStZ 2002, 539.

**Judikatur:** EuGH 23.02.1961, Rs 30/59, *De Gezanmenlijke Steenkolenmijnen*; EuGH 02.07.1974, Rs 173/73, *Italien/Kommission*; KOM 14.10.1998, *Megafesa-Gruppe*, ABl L 1999/198, 15; EuGH 29.06.1999, C-256/97, *DM Transport*; EuGH 08.11.2001, C-143/99, *Adria Wien Pipeline*; KOM 24.01.2007, *Decoder*, ABl L 2007/147, 1; KOM 13.07.2011, *Ireland Air Transport – Exemptions from air passenger tax*, C (2011) 4932 final; EuGH 28.07.2011, C-403/10 P, *Mediaset/Kommission*; EuGH 15.11.2011, C-106/09 P und C-107/09 P, *Kommission/Gibraltar ua*; EuGH 13.09.2017, C-329/15, *ENEA*.

Das EU-Beihilferecht unterscheidet grds zwischen **Beihilferegelungen** und **Einzelbeihilfen**. Innerhalb der Kategorie der Einzelbeihilfen wird wiederum zwischen Einzelbeihilfen auf der Grundlage von Beihilferegelungen und **Ad-hoc-Beihilfen** unterscheiden.[138] Weiters ist zu differenzieren zwischen **mittelbaren** und **unmittelbaren Beihilfen**.


## A. Beihilferegelungen

Eine Beihilferegelung bezeichnet eine Regelung, durch die Unternehmen, die in der Regelung in einer allgemeinen und abstrakten Weise definiert werden, ohne nähere Durchführungsmaßnahmen Einzelbeihilfen gewährt werden können bzw eine Regelung, durch die einem oder mehreren Unternehmen nicht an ein bestimmtes Vorhaben gebundene Beihilfen für unbestimmte Zeit und/oder in unbestimmter Höhe gewährt werden können.[139]

Beihilferegelungen sind etwa zahlreiche Bundes- und Landesrichtlinien (zB Förderungsrichtlinie des Landes Tirol zur Anschlussförderung zur „aws-

---

138 Art 1 lit e VO (EU) 2015/1589 (Verf-VO); Vgl dazu auch die Regelungen in Art 3 VO (EU) 651/2014 (AGVO 2014); Art 2 Z 17 VO (EU) 651/2014 (AGVO 2014); Art 1 lit d VO (EU) 2015/1589 (Verf-VO).

139 Art 1 lit d VO (EU) 2015/1589 (Verf-VO).

Garantierichtlinie für KMU", FTI-Richtlinie OÖ,[140] FFG-Richtlinie 2015,[141] Richtlinie für eine KMU-Digitalisierungsförderung „KMU.E-Commerce"[142].)

*Beispiel: Die COVID-19-Unterstützungs-Richtlinie hat zum Gegenstand, das entgangene Nettoeinkommen aus Einkünften aus selbständiger Arbeit iSd § 22 EStG und/ oder aus Gewerbebetrieb iSd § 23 EStG infolge der Auswirkungen der COVID-19-Krise teilweise zu ersetzen. Zulässige Förderungswerber sind KMU laut Empfehlung 2003/361/ EG. Die Richtlinie definiert damit in einer abstrakten und allgemeinen Weise, wer von der Regelung erfasst wird, ohne dabei noch eine Einzelbeihilfe zu gewähren.*

## B. Einzelbeihilfen

Der Begriff Einzelbeihilfe bildet den **Oberbegriff** für Beihilfen, die auf der Grundlage einer **Beihilferegelung** gewährt werden und sog „**Ad-hoc-Beihilfen**".

*Beispiel: Dem Unternehmen A wird auf Basis der FTI-Richtlinie (Beihilferegelung) des Bundeslandes X eine beihilferelevante Förderung gewährt. Dabei handelt es sich um eine Einzelbeihilfe.*

## C. Ad-hoc-Beihilfen

Innerhalb der Kategorie der Einzelbeihilfen unterscheidet das EU-Beihilferecht zwischen Ad-hoc-Beihilfen, also Beihilfen, die nicht auf Grundlage einer Beihilferegelung gewährt werden und Einzelbeihilfen, die auf der Grundlage einer Beihilferegelung gewährt werden.[143]

*Beispiel: Dem angeschlagenen Luftfahrtunternehmen X wird vom Mitgliedstaat A ein Zuschuss iHv € 50 Mio gewährt. Der Zuschuss folgt nicht auf der Grundlage einer Beihilferegelung (Richtlinie), sondern wird X direkt gewährt. Bei dieser Beihilfemaßnahme handelt es sich um eine Ad-hoc-Beihilfe (Einzelbeihilfe).*

---

140 Richtlinie zur Förderung der wirtschaftlich-technischen Forschung, Technologieentwicklung und Innovation in Oberösterreich (FTI-OÖ – Kooperation FFG) für den Zeitraum 01.07.2021-31.12.2023.

141 Richtlinie für die Österreichische Forschungsförderungsgesellschaft mbH zur Förderung der angewandten Forschung, Entwicklung und Innovation (FFG-Richtlinie 2015), FFG-RL KMU des Bundesministeriums für Verkehr, Innovation und Technologie (GZ BMVIT-609.986/0012-III/I2/2014) und des Bundesministers für Wissenschaft, Forschung und Wirtschaft (GZ BMWFW-98.310/0102-C1/10/2015) mit Geltung ab 1.1.2015.

142 Richtlinie für eine KMU-Digitalisierungsförderung „KMU.E-Commerce" des Bundesministeriums für Digitalisierung und Wirtschaft gemäß Bundesgesetz über besondere Förderungen von kleinen und mittleren Unternehmen (KMU-Förderungsgesetz), BGBl 432/1996 idgF.

143 Art 2 Z 17 VO (EU) 651/2014 (AGVO 2014).

# D. Unmittelbare Beihilfen

**Literatur:** *Soltész/Hellstern*, „Mittelbare Beihilfen" – Indirekte Begünstigungen im EU-Beihilferecht, EuZW 2013, 489; *Reiter*, Das Konzept der mittelbaren Beihilfe im Beihilferecht, BRZ 2021, 3.

Wird eine Beihilfe an ein Unternehmen gewährt und kommt der wirtschaftliche Vorteil ausschließlich diesem begünstigten Unternehmen zu, spricht man von einer **unmittelbaren Beihilfe** (direkte Beihilfe).[144]

Gewährt der Staat einen wirtschaftlichen Vorteil, profitiert oft nicht nur der unmittelbare Empfänger des Vorteils, sondern es können indirekt auch Dritte einen wirtschaftlichen Vorteil erhalten, vermittelt durch den direkten Vorteilsempfänger (**mittelbare Beihilfe** bzw indirekte Beihilfe).[145]

***Beispiel:*** *In der Finanzkrise gewährt der Bund dem heimischen Großunternehmen Z eine Zuwendung iHv € 500.000. Beim Zuschuss handelt es sich um eine unmittelbare Beihilfe zugunsten von Z.*

# E. Mittelbare Beihilfen

**Literatur:** *Heidenhain* in Heidenhain (Hrsg), Handbuch des Europäischen Beihilfenrechts (2003); *ders*, Mittelbare Beihilfen, EuZW 2007, 623; *Mesecke*, Zur Staatlichkeit der Mittel und ihrer Übertragung, BRZ 2012, 10; *L.Reiter*, Das Konzept der mittelbaren Beihilfe im Beihilferecht, BRZ 2021, 3; *Soltész*, Wann ist eine Beihilfe „staatlich"? – Das Kriterium der „Zurechenbarkeit" nach Stardust, ZWeR 2010, 198; *Soltész/Hellstern*, „Mittelbare Beihilfen" – Indirekte Begünstigungen im EU-Beihilferecht, EuZW 2013, 489.

**Judikatur:** KOM 24.01.2007, *Decoder*, ABl L 2007/147, 1; EuGH 28.07.2011, C-403/10 P, *Mediaset/Kommission*; EuGH 18.10.2016, C-406/16 P, *Deutschland/Kommission*; EuGH 13.09.2017, C-329/15, *ENEA*.

Mittelbare Beihilfen sind dadurch gekennzeichnet, dass sie sich über den Primärempfänger hinaus begünstigend auch auf Dritte als Sekundärempfänger auswirken.[146]

Mittelbare Beihilfen sind in der Lit umstritten.[147] Sie finden aber nicht nur im Primärrecht,[148] sondern auch in der Entscheidungspraxis[149] ausdrücklich Erwähnung. Neuer-

---

144 Vgl *Mestmäcker/Schweitzer* in Immenga/Mestmäcker, WettbR III: BeihilfenR[5] Art 107 Abs 1 AEUV Rn 57.

145 *Soltész/Hellstern*, EuZW 2013, 489 (489).

146 *Reiter*, BRZ 2021, 3 (3).

147 Ablehnend: *Heidenhain*, EuZW 2007, 623; *ders* in Heidenhain (Hrsg), Handbuch des Europäischen Beihilfenrechts (2003) § 4 Rz 15; krit auch *Bartosch*, EU-BeihilfenR[3] Art 107 Abs 1 AEUV Rz 129; differenzierend *Reiter*, BRZ 2021, 3; *Soltész/Hellstern*, EuZW 2013, 489.

148 Art 107 Abs 2 lit a AEUV. Zur Legalausnahme der Verbraucherbeihilfen s ausführlich Zweiter Teil Kapitel III Abschnitt A.

149 S ausführlich *Reiter*, BRZ 2021, 3 (4 f).

dings erfasst auch die AGVO einen Tatbestand der mittelbaren Beihilfe in Form von Konnektivitätsgutscheinen.[150] Eine extensive Auslegung des Konzepts der mittelbaren Beihilfe würde zu einer uferlosen Ausweitung der Beihilfekontrolle führen.[151] Die Eingrenzung des Konzepts der mittelbaren Beihilfe könnte auf Tatbestandsebene der mittelbaren Beihilfe versucht werden, indem dem Kriterium der Staatlichkeit und der Begünstigung besonderes Augenmerk geschenkt wird.[152] Der Staat muss an der Gewährung staatlicher Mittel beteiligt sein,[153] ihm muss daher auch eine mittelbare Beihilfe zurechenbar sein.[154] Das ist nicht der Fall, wenn der Erstbegünstigte den Vorteil autonom im Wirtschaftsverkehr einsetzen kann.[155] In diesem Fall handelt es sich um eine vorteilhafte wirtschaftliche Reflexwirkung.[156] Inhalt und Umfang mittelbarer Beihilfen müssen jedenfalls sinnvoll bestimmt werden können.[157] Dies würde die Quantifizierbarkeit und Nachweisbarkeit der Begünstigung des Zweitbegünstigten voraussetzen.[158] Weiters stünden Behörden vor der Problematik der Rückforderung mittelbarer Beihilfen vom Zweitbegünstigten.[159] Das Konzept der mittelbaren Beihilfe steht jedenfalls noch am Beginn der Diskussion. Die jüngste Novellierung der AGVO zeigt aber, dass das Konzept der mittelbaren Beihilfe nun auch von der Kommission ausdrücklich Erwähnung findet.

*Beispiel: Die italienische Regierung gewährt den Verbrauchern für den Kauf eines Decoders, mit dem die digital übertragenen Programme von Bezahlfernsehsendern empfangen werden können, einen Zuschuss über die Hälfte des Kaufpreises. Aus Sicht der Kommission ist der Zuschuss nicht nur ein Geschenk an die Verbraucher, sondern stellt gleichzeitig einen indirekten wirtschaftlichen Vorteil für die terrestrischen Fernsehanstalten, die Netzbetreiber und die Hersteller von den Decodern dar.[160] Durch die Zuschüsse können die Sender ihren Kundenstamm erweitern und höhere Umsätze erzielen.[161]*

# F. Einzelne Beihilfeformen

Staatliche Beihilfen können in den unterschiedlichsten Formen gewährt werden. Im Folgenden Abschnitt wird ein Überblick über die wichtigsten Formen staatlicher Beihilfen gegeben:

---

150 S dazu Art 52c AGVO. Zur AGVO siehe Zweiter Teil Kapitel III Abschnitt D.

151 *Heidenhain*, EuZW 2007, 623 (626); vgl auch *Reiter*, BRZ 2021, 3 (3).

152 S ausführlich *Reiter*, BRZ 2021, 3 (8 ff); weiterführend auch *Soltész/Hellstern*, EuZW 2013, 489 (488 ff); krit *Heidenhain*, EuZW 2007, 623.

153 Zu diesem Kriterium s EuGH 13.09.2017, C-329/15, *ENEA* Rz 21; EuGH 18.10.2016, C-406/16 P, *Deutschland/Kommission* Rz 49; *Reiter*, BRZ 2021, 3 (9) mwN.

154 *Reiter*, BRZ 2021, 3 (9).

155 *Reiter*, BRZ 2021, 3 (9); weiterführend zum Kriterium der staatlichen Zurechenbarkeit s *Soltész*, ZWeR 2010, 198 (200 f); *Mesecke*, Zur Staatlichkeit der Mittel und ihrer Übertragung, BRZ 2012, 10 (11).

156 *Reiter*, BRZ 2021, 3 (9).

157 *Heidenhain*, EuZW 2007, 623 (626).

158 *Soltész/Hellstern*, EuZW 2013, 489 (492) mwN.

159 So auch *Heidenhain*, EuZW 2007, 623 (626); krit *Reiter*, BRZ 2021, 3 (11 f).

160 *Heidenhain*, EuZW 2007, 623 (623); *Soltész/Hellstern*, EuZW 2013, 489 (490).

161 KOM 24.01.2007, ABl L 2007/147, 1; s dazu *Heidenhain*, EuZW 2007, 623; *Soltész/Hellstern*, EuZW 2013, 489 (490).

# 1. Zuschüsse

Beihilfen können in Form von Kapitalzuschüssen seitens des Staates, der Länder oder Gemeinden zugunsten eines Unternehmens erfolgen.

Staatliche Beihilfen können dabei insb bei Unternehmensfinanzierungen auf mehreren Stufen gewährt werden. Etwa bei der Unternehmensgründung, durch die direkte Ausstattung mit Stammkapital, einer Kapitalerhöhung, dem Anteilserwerb oder einer Anteilsveräußerung. Auch sog „Belassungssachverhalte" (ein Untätigbleiben des Staates) können staatliche Beihilfen sein. So etwa dann, wenn der Staat eine Liquidierung oder einen Beteiligungsverkauf unterlässt und somit untätig bleibt.

*Beispiel: An der Staatsdruckerei GmbH ist neben den Gesellschaftern der X-Bank-AG (10 %) und der Y-Bank-AG (10 %) auch der Mitgliedstaat A mit 80 % beteiligt. Die Beteiligung an der Staatsdruckerei GmbH ist als staatliche Beihilfe einzustufen. Auch wenn der Mitgliedstaat A an einer Finanzierungsrunde teilnimmt und einer Kapitalerhöhung schweigend zustimmt, kann dies als staatliche Beihilfe gewertet werden.*

# 2. Darlehen

Darlehen oder Kredite, die begünstigten Unternehmen von einer öffentlichen Einrichtung zu speziellen Konditionen gewährt werden, und auf dem freien Markt eher unüblich oder nicht zu finden sind, können staatliche Beihilfen darstellen.[162] Besondere Praxisrelevanz kommt dabei den **Gesellschafterdarlehen** zu.

Ist die Erreichbarkeit eines Darlehens auf dem freien Markt höchst unwahrscheinlich (zB im Fall einer drohenden Insolvenz), wird schon die Darlehenseinräumung als Beihilfe zu qualifizieren sein.[163]

*Beispiel: Würde der Mitgliedstaat P seiner, infolge der massiven Umsatzeinbrüche angeschlagenen, heimischen Airline ein Darlehen gewähren, ohne dabei Zinsen einzuheben, würde dieses Darlehen eine staatliche Beihilfe darstellen.*

# 3. Zinszuschüsse

Eine Beihilfe kann auch dann vorliegen, wenn der Staat Zinszuschüsse zu einem privaten oder öffentlichen Darlehen gewährt.[164] Der Staat kann einen er-

---

162 Ausführlich zum Darlehen als Form der Beihilfe s *Sutter* in Mayer/Stöger, EUV/AEUV Art 107 AEUV Rz 67 ff, 70 f; weiterführend auch die Mitteilung der Kommission über die Änderung der Methode zur Festsetzung der Referenz- und Abzinsungssätze, ABl C 2008/14, 6.

163 EuGH 29.06.1999, C-256/97, *DM Transport* Rn 22 ff.

164 EuGH 08.03.1988, verb Rs 62/87 u 72/87, *Exécutif régional Wallon/Kommission* Rn 13.

mäßigten Zinssatz gewähren oder zu einem bestehenden Zins einen Zuschuss gewähren.[165]

**Beispiel:** *Das Industrieunternehmen A ist im Flachglassegment tätig. A hat Schwierigkeiten für seine Erzeugnisse Absatzmärkte zu finden und muss Personal abbauen. Um das zu verhindern, gewährt der Mitgliedstaat Y dem Unternehmen A einen Zinszuschuss von 4 % über sechs Jahre zu dem Darlehen, welches A beim Bankinstitut Z aufnimmt.*

### 4. Staatliche Garantien und Bürgschaften

**Literatur:** *Bartosch*, Das Risikopotenzial der Beihilferechtswidrigkeit staatlicher Bürgschaften für den Kreditgeber, EuZW 2001, 650; *Krassnigg*, Staatliche Bürgschaften im EU-Beihilfeaufsichtsrecht und ihre Rückabwicklung im Fall unrechtmäßiger Gewährung, ÖJZ 1996, 447; *Niggemann,* Staatsbürgschaften und Europäisches Beihilfenrecht (2001).

Staatliche Beihilfen können auch durch staatliche Haftungszusagen, wodurch private Kreditaufnahmen deutlich billiger oder bei insolvenzbedrohter Unternehmen überhaupt erst möglich werden, begründet werden.[166] Im Unterschied zum Darlehen erfolgt die Kreditaufnahme dabei auf dem freien Markt, sie wird aber durch die staatliche Haftungszusage begünstigt.[167]

Staatliche Garantien und Bürgschaften sind durch ein Dreipersonenverhältnis bestimmt (Staat–Unternehmer als Kreditnehmer–Kreditgeber). Begünstigt durch die Beihilfe ist grds der Kreditnehmer, es kann aber auch der Kreditgeber sein.[168]

Das Beihilfeelement wird nach der sog „**Bürgschaftsmitteilung**"[169] bestimmt.

**Beispiel:** *Das Unternehmen X ist von der Finanzkrise stark getroffen. Um den Betrieb am Standort weiterhin zu erhalten, muss X einen Kredit iHv € 4 Mio am Markt aufnehmen. Um die Arbeitsplätze am Standort zu sichern, entschließt sich der Mitgliedstaat Y für den von X aufgenommen Kredit bei seinem Kreditgeber zu bürgen. Durch die Haftungszusage von Y wird das Unternehmen X begünstigt und eine Beihilfe begründet.*

---

165 Auch der Befristete Rahmen für staatliche Beihilfen zur Stützung der Wirtschaft angesichts des derzeitigen Ausbruchs von COVID-19, ABl C 2020/91I, 1 nennt unter Ziffer 3.3 Rn 26 ff Zinszuschüsse als mögliche Beihilfen.

166 Ausführlich zu den Haftungszusagen s *Sutter* in Mayer/Stöger, EUV/AEUV Art 107 AEUV Rz 72 ff; *Niggemann*, Staatsbürgschaften (2001); *Krassnigg*, ÖJZ 1996, 447.

167 *Sutter* in Mayer/Stöger, EUV/AEUV Art 107 AEUV Rz 72.

168 *Bartosch*, EuZW 2001, 650 (650 ff); *Niggemann,* Staatsbürgschaften, 214; *Sutter* in Mayer/Stöger, EUV/AEUV Art 107 AEUV Rz 74.

169 Mitteilung der Kommission über die Anwendung der Artikel 87 und 88 des EG-Vertrags auf staatliche Beihilfen in Form von Haftungsverpflichtungen und Bürgschaften, ABl C 2008/155, 10.

## 5. Steuervergünstigungen

**Literatur:** *Achatz/Haller* in Achatz/Kirchmayr (Hrsg), Kommentar KStG § 5 (Stand 1.5.2011, rdb.at); *Baldauf,* Neues zur Gaststättenpauschalierung, SWK 2012, 1271; *Jaeger,* Schwächen der Prüfung von Steuerbeihilfen am Beispiel der Urteile Fiat und Starbucks, EuZW 2020, 18; *Renner,* „Gaststättenpauschalierung": unionsrechtlich verbotene Beihlfe?, UFSjournal 2011, 178; *von Bonin,* Steuerbeihilfen vor dem EuG – ein Zwischenstand, EuZW 2019, 881; *Wollmann,* Digitalsteuern als Beihilfe?, in Haslinger/Jaeger (Hrsg), Jahrbuch Beihilferecht (2020) 381; *Zorn,* Die Auswahl von Besteuerungsgegenständen – europarechtliche Aspekte, ÖStZ 2002, 539.

**Judikatur:** EuGH 23.02.1961, Rs 30/59, *De Gezanmenlijke Steenkolenmijnen;* EuGH 02.07.1974, Rs 173/73, *Italien/Kommission;* EuGH 22.11.2001, C-53/00, *Ferring;* EuGH 08.11.2001, C-143/99, *Adria Wien Pipeline;* KOM 13.07.2011, *Ireland Air Transport – Exemptions from air passenger tax,* C (2011) 4932 final; EuGH 15.11.2011, C-106/09 P und C-107/09 P, *Kommission/Gibraltar ua;* VfGH 14.03.2012, V 113/11, VfSlg 19.633.

Steuerliche Vorschriften führen regelmäßig zu Belastungen anstatt zu Begünstigungen. Staatliche Beihilfen können daher auch in Form von Belastungssenkungen vorliegen. Steuerliche Maßnahmen können sich aber auch im Wege indirekter Beihilfen auf Unternehmen dann begünstigend auswirken, wenn Unternehmen durch gelockerte Steuervorschriften ein Vorteil zukommt.

Steuerliche Beihilfen können zB in Form persönlicher oder sachlicher Abgabenbefreiungen;[170] Sondervorschriften über die Ermittlung der Bemessungsgrundlage;[171] ermäßigten Abgabensätzen[172]; Belastungsdeckelungen[173] sowie Ausgleichszahlungen; der Auswahl des Besteuerungsgegenstands[174] oder Sondervorschriften für Körperschaften öffentlichen Rechts vorliegen.

Die Kommission achtet bei der Beurteilung des Beihilfeelements auf die strikte Anwendung der Beihilfevorschriften im Steuerrecht.[175]

**Beispiel:** *Die heimische Tourismus- und Hotelleriebranche wurde von der Covid-19-Krise besonders stark getroffen. Um eine Vielzahl an möglichen Insolvenzen zu vermeiden, gewährt der Mitgliedstaat D den Unternehmen des Tourismus- und Hotelleriesektors eine Befreiung von der Körperschaftssteuer. Die Befreiung von der KöSt bevorteilt einen Unternehmenszweig. Es kann folglich eine Beihilfe vorliegen.*

---

170 *Achatz/Haller* in Achatz/Kirchmayr, Kommentar KStG § 5 Rz 11.

171 ZB engere Einkommensdefinition, großzügige Betriebsausgabendefinition, großzügige Pauschalierungen: Vgl dazu die VO zur Gaststättenpauschalierung: VfSlg 19.633, *Renner,* UFSjournal 2011, 178 ff; *Baldauf,* SWK 2012, 1271 ff.

172 Vgl dazu als Beispiel KOM 13.07.2011, *Ireland Air Transport – Exemptions from air passenger tax,* C (2011) 4932 final.

173 Vgl dazu zB EuGH 08.11.2001, C-143/99.

174 EuGH 22.11.2001, C-53/00; EuGH 15.11.2011, C-106/09 P und C-107/09 P, Rn 71 ff.

175 Mitteilung über die „Anwendung der Vorschriften über staatliche Beihilfen auf Maßnahmen im Bereich der direkten Unternehmensbesteuerung", ABl C 1998/384, 3.

## 6. Rechtsverhältnisse zwischen Unternehmen und Staat

**Literatur:** *Barbist/Halder*, Die Rückforderung staatlicher Beihilfen am Beispiel des Verkaufs der Bank Burgenland, BRZ 2010, 79; *Papsch*, Die Veräußerung öffentlicher Unternehmen im Beihilferecht, ELR 2012, 70; *Thurnher*, Österreich, ein Fall für die Beihilfenaufsicht?, ecolex 1995, 727; *Wimmer/Kahl*, Öffentliche Verantwortung versus Privatisierung am Beispiel des Betriebes der Bundesländerflughäfen, ÖJZ 1999, 161.

**Judikatur:** KOM 11.02.1987, ABl L 1987/295, 25.

Gehen Bund, Länder oder Gemeinden marktunübliche Rechtgeschäfte ein (zB Vermietung, Verpachtung, Rechtsgeschäfte über Grundstücke oder Gebäuden, verbilligte staatliche Leistungen, kostenlose Erschließung von Grundstücken für Unternehmen), dh Rechtsgeschäfte, die ein nach marktwirtschaftlichen Gesichtspunkten handelnder, profitorienterter Vertragspartner nicht eingehen würde, kann eine staatliche Beihilfe vorliegen.

So liegt etwa bei einem Verkauf eines Grundstücks dann keine Beihilfe vor, wenn der Verkauf entweder durch ein bedingungsfreies Bieterverfahren oder auf Grundlage eines unabhängigen Wertgutachtens erfolgt.

***Beispiel:*** *Die Marktgemeinde N vermietet ihr Geschäftslokal an einen Sportverein zu einem Betrag, der weit unter den marktüblichen Konditionen liegt. In diesem Fall kann eine staatliche Beihilfe vorliegen.*

## 7. Staatliche Unterstützungszusagen

**Literatur:** *Reese*, Zum EU-Beihilfenbegriff – Der enge Zusammenhang zwischen Vorteil und Last als Zurechnungsproblem, EuR 2013, 572 f; *Soltész*, Die Entwicklungen des europäischen Beihilfenrechts im Jahr 2013, EuZW 2014, 89.

**Judikatur:** EuGH 19.03.2013, C-399/10 u C-401/10 P, *France Télécom*.

Das Eingreifen des Staates in die Unternehmensstruktur führt regelmäßig zu einer finanziellen Besserstellung des Unternehmens. Bereits die Ankündigung eines Mitgliedstaates, ein Unternehmen finanziell unterstützen oder sich am Eigenkapital beteiligen zu wollen, kann für das Vorliegen einer Beihilfe ausreichen. Im Rahmen einer Gesamtschau muss dem Unternehmen durch die Wirkungen der staatlichen Unterstützungserklärung ein Vorteil zukommen und der Staatshaushalt muss mit einem hinreichend konkreten wirtschaftlichen Risiko belastet werden.[176]

***Beispiel:*** *Ein französisches Telekomunternehmen befindet sich mit 60 % im Eigentum von Frankreich. Der Börsenkurs des Unternehmens fiel erheblich, nachdem ihr kurz- und langfristiges Kreditrating auf den untersten Rang herabgestuft worden ist. Der französische Minister erklärte zur Finanzlage des Unternehmens, dass der französische Staat, die für ihre Überwindung erforderlichen Entscheidungen treffen werde, sollte das Unterneh-*

---

176 EuGH 19.03.2013, C-399/10 und C-401/10 P, *France Télécom*; weiterführend dazu *Soltész*, EuZW 2014, 89; *Reese*, EuR 2013, 572 f.

*men Finanzprobleme haben. Der EuGH sah in dieser Unterstützungszusage bereits eine staatliche Beihilfe.[177]*

## 8. Behördliche Fehlanwendung von Rechtsvorschriften

**Literatur:** *M. Lang*, Die gesetzwidrige Begünstigung von Steuerpflichtigen als gemeinschaftsrechtswidrige Beihilfe? in Beiser (Hrsg), Ertragsteuern in Wissenschaft und Praxis, FS Doralt (2007) 233; *Schön*, Taxation and state aid law in the European Union, CMLR 1999, 911; *Sutter* in Mayer/Stöger, EUV/AEUV (Stand 01.01.2014, rdb.at); *Quigley/Collins*, EC State Aid Law and Policy (2002); *Sutter*, Das EG-Beihilfenverbot und sein Durchführungsverbot in Steuersachen (2005); *Tanzer*, Die „vertretbare" Rechtsauffassung im Steuerrecht, in Holoubek/Lang (Hrsg), Organ- und Staatshaftung in Steuersachen (2002).

Staatliche Beihilfen können uU auch vorliegen, wenn Behörden durch die Fehlanwendung von Rechtsvorschriften bestimmte Unternehmen begünstigen.[178] Ein solcher Nachweis wird sich allerdings schwierig gestalten, da eine Rechtsnorm regelmäßig Raum für unterschiedliche Interpretationen lässt. Dabei hält man im Schrifttum das Einschränken von Beihilfeverstößen durch die vollziehende Verwaltung auf Missbrauchsfälle als einen möglichen denkbaren Ansatz.[179]

Bei dieser potenziellen Form einer Beihilfe ist auch die Einhaltung des Gleichheitssatzes zu berücksichtigen. Ferner kann bei einer nachweisbaren missbräuchlichen Rechtsanwendung zugunsten eines bestimmten Unternehmens auch der strafrechtliche Tatbestand eines (versuchten) Amtsmissbrauchs verwirklicht sein.

Überhaupt wird aber einer allzu weitreichenden Anwendung der EU-Beihilfevorschriften wohl eher mit Skepsis zu begegnen sein.

***Beispiel:** Der Mitgliedstaat D will das Großunternehmen A finanziell unterstützen, um eine drohende Abwanderung in den benachbarten Mitgliedstaat zu verhindern und die heimischen Arbeitsplätze zu sichern. Unter Berufung auf ein Rechtsgutachten und einer begründeten Rechtsmeinung wird eine Steuervorschrift zugunsten von A ausgelegt. Dadurch wird A ein Vorteil iHv € 5 Mio gewährt. Man könnte von einer Fehlanwendung einer Rechtsvorschrift sprechen und eine Beihilfe unterstellen. Ein Nachweis wird sich allerdings schwierig gestalten, da die Behörde ihre Meinung auf ein Rechtsgutachten stützt und die alternative Interpretation plausibilisieren und begründen kann.*

---

177 EuGH 19.03.2013, C-399/10 und C-401/10 P, *France Télécom.*

178 So wurde in den 80er Jahren in einigen Verfahren die Frage nach der Beihilferelevanz behördlicher Fehlanwendung von Rechtsvorschriften diskutiert: vgl das Verfahren vor dem Court of Appeal R *v Attorney* General, *ex parte ICI*, CMLR 1987, 72; English High Court: R *v Attorney General*, *ex parte ICI*, CMLR 1985, 588.

179 In der Literatur ist einerseits ein Abstellen auf die Figur der „*arguable legal position*", also der vertretbaren Rechtsauffassung, ein denkbarer Ansatz; in Anlehnung an den Private market investor test wird ebenso ein sog *scientific approach test*, der die rechtswissenschaftliche Fundiertheit der gewählten Interpretation prüft, für möglich gehalten.

## 9. Sonstige Vergünstigungen in Form von Beihilfen

**Literatur:** *Alpha*, Der kommunale Querverbund als europarechtswidrige Beihilfe?, NVwZ 2021, 598; *Kassow*, Beihilferechtliche Zulässigkeit staatlicher Förderankündigungen, EuZW 2010, 856; *L.Reiter*, Staatliche Covid-19-Wirtschaftshilfen: überall Beihilfen iSd Art 107 Abs 1 AEUV, wbl 2020, 661; *Huber/Stangl*, Beamtengehälter und Beihilferecht: Das Urteil Deutsche Post AG, in Haslinger/Jaeger (Hrsg), Jahrbuch Beihilferecht (2017) 541; *Stöbener de Mora*, Überall Beihilfen? – Die Kommissionsbekanntmachung zum Beihilfebegriff, EuZW 2016, 685.

**Judikatur:** KOM 29.03.1988, *Renault*, ABl L 1988/220, 30; KOM 02.05.1990, *Halkis Cement Company*, ABl L 1991/73, 27; KOM 22.07.1993, *Cenemesa/Cademesa/ Conelec*, ABl L 1993/309, 21; KOM 14.10.1998, *Megafesa-Gruppe*, ABl L 1999/198, 15; EuGH 12.10.2000, C-480/98, *Spanien/Kommission*.

Staatliche Beihilfen können darüber hinaus bei einem Verzicht,[180] einer Stundung,[181] Zinszuschüssen, der bloßen Nichtdurchsetzung von Forderungen ohne Gegenleistung,[182] staatlichen Schuldübernahmen[183], den Kurzarbeitsbeihilfen[184] oder sogar bei den Assistenzleistungen des Bundesheeres während der Covid-19-Krise gegeben sein.[185]

***Beispiel:*** *Das Unternehmen A ist für den Standort im Mitgliedstaat B von enormer wirtschaftlicher Bedeutung. Durch die Wirtschaftskrise steht das Unternehmen A kurz vor der Insolvenz. Um die zahlreichen Arbeitsplätze am Wirtschaftsstandort zu sichern, vereinbart der Mitgliedstaat B mit dem Unternehmen A, die offenen Forderungen aus Sozialversicherungsbeiträgen zu stunden bzw auf einen Teil der Forderungen aus Steuerschulden der letzten Jahre zu verzichten.*

# G. Unionsbeihilfen

**Literatur:** *Beljin* in Schulze/Janssen/Kadelbach (Hrsg), Europarecht⁴ (2020); *Birkenmaier*, Beihilfen, Wettbewerbsrecht und Wettbewerbspolitik in der EG, WiPolBl 1992, 74; *Cichy*, Wettbewerbsverfälschungen durch Gemeinschaftsbeihilfen (2002); *Englisch*, Zur Bedeutung des gemeinschaftsrechtlichen Gleichheitssatzes im Recht der Gemeinschaftsbeihilfen, EuR 2009, 488; *Jaeger*, Beihilfe- und Förderungsrecht, in Holoubek/ Potacs (Hrsg), Öffentliches Wirtschaftsrecht I⁴ (2019) 717; *Jung*, Die Vergabe von Unionsbeihilfen (2019); *Koenig/Kühling*, Reform des EG-Beihilfenrechts aus der Perspektive des mitgliedstaatlichen Systemwettbewerbs. Zeit für eine Neuausrichtung?, EuZW 1999, 517; *Nehl*, Rechtsschutz bei Unionsbeihilfen, in Haslinger/Jaeger (Hrsg), Jahrbuch Beihilferecht (2011) 461; *Petzold* in Birnstiel/Bungenberg/Heinrich (Hrsg), Europäisches

---

180 KOM 02.05.1990, *Halkis Cement Company*, ABl L 1991/73, 27
181 EuGH 12.10.2000, C-480/98, *Spanien/Kommission* Rn 19.
182 KOM 14.10.1998, *Megafesa-Gruppe,* ABl L 1999/198, 15; *Soltész/Makowski*, EuZW 2003, 73.
183 KOM 29.03.1988, *Renault,* ABl L 1988/220, 30; KOM 22.07.1993, *Cenemesa/Cademesa/ Conelec*, ABl L 1993/309, 21.
184 *L.Reiter*, wbl 2020, 661 (664 ff).
185 *L.Reiter*, wbl 2020, 661 (670).

Beihilfenrecht (2013); *Scholz*, Die Förderung transeuropäischer Netzinfrastrukturen, EWS 2003, 223; *Streinz*, EUV/AEUV[3] (2018); *Sutter* in Mayer/Stöger (Hrsg), EUV/AEUV (Stand 01.01.2014, rdb.at); *Urlesberger*, Die „europäischen Werte" und ihr Schutz durch die EU, JRP 2002, 193;

Art 107 AEUV regelt die Aufsicht über staatliche (nationale) Beihilfen der Mitgliedstaaten. Gewährt die Europäische Union Förderungen direkt aufgrund eigener Rechtsgrundlagen im AEUV an die Mitgliedstaaten, spricht man von **Unionsbeihilfen.**

So zB bei Agrarmarktförderungen, Förderungen aus dem ESF[186], dem EFRE[187], ELER[188] oder Bildungsförderprogrammen.

Unionsbeihilfen werden durch den Haushalt der Europäischen Union finanziert und eignen sich als Mittel, um die Ziele von Horizon 2020 zu verwirklichen.

Auch gemischte Beihilfen (nationale Mittel und Unionsmittel) stammen aus Mitteln des Unionshaushaltes.[189]

Bei all diesen Förderungen handelt es sich um Beihilfemaßnahmen, die nicht Art 107 AEUV unterliegen, weil sie ihre Rechtsgrundlage unmittelbar im Primärrecht haben.[190]

---

186 S Art 162 AEUV; Verordnung (EU) 1303/2013 des Europäischen Parlaments und des Rates vom 17. Dezember 2013 mit gemeinsamen Bestimmungen über den Europäischen Fonds für regionale Entwicklung, den Europäischen Sozialfonds, den Kohäsionsfonds, den Europäischen Landwirtschaftsfonds für die Entwicklung des ländlichen Raums und den Europäischen Meeres- und Fischereifonds sowie mit allgemeinen Bestimmungen über den Europäischen Fonds für regionale Entwicklung, den Europäischen Sozialfonds, den Kohäsionsfonds und den Europäischen Meeres- und Fischereifonds und zur Aufhebung der Verordnung (EG) Nr 1083/2006 des Rates, ABl L 2013/347, 320; Verordnung (EU) 1304/2013 des Europäischen Parlaments und des Rates 17. Dezember 2013 über den Europäischen Sozialfonds und zur Aufhebung der Verordnung (EG) 1081/2006 des Rates, ABl L 2013/347, 470.

187 S Art 176 AEUV; VO (EU) 1303/2013; Verordnung (EU) 1301/2013 des Europäischen Parlaments und des Rates vom 17. Dezember 2013 über den Europäischen Fonds für regionale Entwicklung und mit besonderen Bestimmungen hinsichtlich des Ziels „Investitionen in Wachstum und Beschäftigung" und zur Aufhebung der Verordnung (EG) 1080/2006, ABl L 2013/347, 289.

188 VO (EU) 1303/2013; Verordnung (EU) 1305/2013 des Europäischen Parlaments und des Rates vom 17. Dezember 2013 über die Förderung der ländlichen Entwicklung durch den Europäischen Landwirtschaftsfonds für die Entwicklung des ländlichen Raums (ELER) und zur Aufhebung der Verordnung (EG) 1698/2005, ABl L 2013/347, 487.

189 EuGH 13.10.1982, verb Rs C-213/81 bis C-215/81, *Norddeutsches Vieh- und Fleischkontor ua/Bundesanstalt für landwirtschaftliche Marktordnung* Rn 22; *Frenz*, Handbuch EuR III[2] Rz 258 mwN: Zur Klassifikation von gemischten Beihilfen als staatliche Beihilfe s Bekanntmachung Beihilfebegriff, Rn 57 ff.

190 Weiterführend dazu *Jung*, Unionsbeihilfen (2019); Das Fehlen einheitlicher Rahmenbedingungen für mitgliedstaatliche wie auch europäische Beihilfen hat in der Literatur für deutliche Kritik gesorgt: *Urlesberger*, JRP 2002, 193 (193 ff); *Birkenmaier*, WiPolBl 1992, 74 (76 ff).

> Das EU-Beihilferecht erfasst Beihilfen, die von den Mitgliedstaaten vergeben werden. Unmittelbare und mittelbare Fördermaßnahmen der Union selbst (**Unionsbeihilfen**) unterliegen nicht dem Anwendungsbereich von Art 107 Abs 1 AEUV.

Bei der Ausgestaltung von Unionsbeihilfen hat der Unionsgesetzgeber allerdings darauf zu achten, dass keine Wettbewerbsverfälschung oder Diskriminierungen erfolgen.[191]

Die mit Unionsbeihilfen verfolgten Ziele müssen mit dem Grundsatz des freien Wettbewerbs abgewogen werden.[192]

# III. Rechtfertigungsmöglichkeiten

**Literatur:** *Bartosch*, Die Kommissionspraxis nach dem Urteil des EuGH in der Rechtssache Altmark – Worin liegt das Neue?, EuZW 2004, 295; *ders*, Sozialer Wohnungsbau und europäische Beihilfenkontrolle, EuZW 2007, 559; *ders*, EU-Beihilfenrecht[3] (2020); *Birnstiel/Bungenberg/Heinrich*, Europäisches Beihilfenrecht (2013); *Brandtner/Vidoni*, State Aid Evaluation – State of Play and Ways Forward, EStAL 2018, 475; *Busson/Kirchhof/Müller-Kabisch*, Beihilfenrechtskonforme Finanzierung der kommunalen Daseinsvorsorge, KommJur 2014, 88; *Calliess/Ruffert*, EUV/AEUV[5] (2016); *Cremer* in Calliess/Ruffert (Hrsg), EUV/AEUV[5] (2016); *Deliberova/Nyssens*, The General Block Exemption Regulation (GBER): What changed?, EStAL 2009, 27; *Dreher/Lübbig/Wolf-Posch*, Praxis des EU-Beihilferechts in Österreich (2017); *Egger/Barrett*, Neue Freistellungsmöglichkeiten im Beihilfenrecht: Neue Ermächtigungsverordnung und Überarbeitung der AGVO, in Haslinger/Jaeger (Hrsg), Jahrbuch Beihilferecht (2014) 317; *Fort/Nyssens*, General Framework and Block Exemption Regulations, in EU Competition Law (Volume 2) Part 4, 729; *Frenz*, Handbuch Europarecht III: Beihilferecht[2] (2021); *Grabitz/Hilf/Nettesheim*, Das Recht der Europäischen Union: EUV/AEUV[72] (2021); *Hirsbrunner/Litzenberger*, Ein bisschen Almunia im Monti-Kroes-Paket (die Reform der beihilferechtlichen Vorschriften betreffend Dienstleistungen von allgemeinem wirtschaftlichem Interesse), EuZW 2011, 742; *Immenga/Mestmäcker* (Hrsg), EU-Wettbewerbsrecht III: Beihilfenrecht[5] (2016); *Jaeger*, Beihilfe- und Förderungsrecht, in Holoubek/Potacs (Hrsg), Öffentliches Wirtschaftsrecht I[4] (2019) 717; *Kahl*, Die Bedeutung der „Dienstleistungen von allgemeinem wirtschaftlichen Interesse" durch den Vertrag von Amsterdam, wbl 1999, 189; *ders*, Der weiterentwickelte Ausgleichsansatz in der Daseinsvorsorge – zugleich Analyse der Auswirkungen des Urteils EuGH C-280/00, Altmark Trans („Magdeburger Verfahren"), auf Österreich, wbl 2003, 401; *ders*, Öffentliche Unternehmen[4] (2019); *Kahl/Müller*, Die aktuelle DAWI-Debatte in Haslinger/Jaeger (Hrsg) Jahrbuch Beihilferecht (2012) 455; *dies*, Die umfassende Reform des EU-wettbewerbsrechtlichen Rahmens für Dienstleistungen von allgemeinem wirtschaftlichem Interesse, ÖZW 2012, 82; *dies*, Der neue Daseinsvorsorgerahmen – aktuelle Entwicklungen, in Haslinger/Jaeger (Hrsg), Jahrbuch Beihilferecht (2013) 421; *Kanitz*, Der erste Entwurf der neuen De-minimis-Verordnung der Kommission, BRZ 2013, 67; *Kämmerer*, Strategien zur Da-

---

191 *Härtel* in Streinz, EUV/AEUV[3] Art 42 AEUV Rz 17; *Martinez*, Landwirtschaft und Wettbewerbsrecht – Bestandsaufnahme und Perspektiven, EuZW 2010, 368.
192 *Cremer* in Calliess/Ruffert, EUV/AEUV[5] Art 107 Rn 82.

seinsvorsorge – Dienste im allgemeinen Interesse nach der „Altmark"-Entscheidung des EuGH, NVwZ 2004, 28; *König/Hellstern*, Das materielle binnenmarktrechtliche Beihilfenaufsichtsrecht, in Hatje/Müller-Graff (Hrsg), Enzyklopädie Europarecht IV: Europäisches Binnenmarkt- und Wirtschaftsordnungsrecht[2] (2021); *König/Kühling*, Grundfragen des EG-Beihilfenrechts, NJW 2000, 1065; *Koenig/Sander*, Die verbrauchervermittelte Unternehmensbegünstigung auf dem Prüfstand des EG-Beihilfenrechts, EuR 2000, 743; *Kreuschitz/Wernicke* in Lenz/Borchardt (Hrsg), EU-Verträge-Kommentar[6] (2012) Art 107 AEUV; *Kühling/Wachinger*, Das Altmark Trans-Urteil des EuGH – Weichenstellung für oder Bremse gegen mehr Wettbewerb im deutschen ÖPNV?, NVwZ 2003, 1202; *Lukits*, Entwicklungen im Europäischen Beihilfenrecht. Materielles Europarecht, in Jahrbuch Europarecht (2014) 171; *Mähring*, Grundzüge des EG-Beihilfenrechts, JuS 2003, 448; *Nordmann*, Die neue de-minimis Verordnung im EG-Beihilfenrecht, EuZW 2007, 752; *Potocnik-Manzouri/Safron*, Rezente Entwicklungen in der Daseinsvorsorge, in Haslinger/Jaeger (Hrsg), Jahrbuch Beihilferecht (2018) 335; *Righini*, The Reform of the State aid Rules on Financing of Public Services – paving the way towards a clearer, simpler and more diversified framework, EStAL 2012, 3; *Sandmann*, Kommunale Unternehmen im Spannungsfeld von Daseinsvorsorge und europäischem Wettbewerbsrecht (2005); *Scholz*, Soziale Dienstleistungen von allgemeinem Interesse – der beihilferechtliche Rahmen nach dem neuen „DAWI-Paket" der Europäischen Kommission in Haslinger/Jaeger (Hrsg), Jahrbuch Beihilferecht (2012) 479; *ders*, Grundkurs Europarecht[6] (2019); *ders* in Wurzel/Schraml/Gaß (Hrsg), Rechtspraxis der kommunalen Unternehmen[4] (2021); *Schwabl/Stangl*, DAWI – Beihilfen für die Regionalversorgung am Beispiel der Post, in Haslinger/Jaeger (Hrsg), Jahrbuch Beihilferecht (2016) 359; *Sinnaeve*, Die ersten Gruppenfreistellungsverordnungen: Dezentralisierung der Beihilfenkontrolle, EuZW 2001, 69; *ders*, Block Exemptions for State aid: More Scope for State Aid Control by Member States and Competitors, CMLR 2001, 1479; *ders*, What's New in SGEI in 2012? – An Overview of the Commission's SGEI Package, EStAL 2/2012, 347; *ders*, The Complexity of Simplification: The Commission's Review of the de minimis Regulation, EStAL 2014, 261; *Storr*, Wohnungsgemeinnützigkeit im Binnenmarkt, JRP 2012, 397; *ders*, Zwischen überkommener Daseinsvorsorge und Diensten von allgemeinem wirtschaftlichem Interesse, DÖV 2002, 253; *Sollgruber*, Grundzüge des europäischen Beihilfenrechts (2007); *Soltész*, Kein Freifahrtschein für nationale Subventionspolitik – die neuen Gruppenfreistellungsverordnungen im Europäischen Beihilfenrecht, ZIP 2001, 278; *Stöbener de Mora*, Beihilferecht: EU-Konsultationen zur De-minimis-Verordnung, Flughafenleitlinien und Regionalbeihilfen, EuZW 2019, 483; *dies*, Beihilferecht: Verlängerung der AGVO, De-minimis-Verordnung und Leitlinien sowie gezielte Anpassungen aufgrund der Covid-19-Krise, EuZW 2020, 635; *Streinz*, EUV/AEUV[3] (2018); *Sutter* in Mayer/Stöger (Hrsg), EUV/AEUV Art 107 AEUV (Stand 01.01.2014, rdb.at); *Szyszczak*, The Altmark Case Revisited: Local and Regional Subsidies to Public Services, EStAL 2017, 395; *von Wallenberg/Schütte* in Grabitz/Hilf/Nettesheim (Hrsg), Das Recht der Europäischen Union: EUV/AEUV (Werkstand: 59. EL Juli 2016); *Wiedenbauer*, Beihilfenrechtssichere Finanzierung von Tourismusorganisationen, ecolex 2018, 261; *Wolf* in Säcker (Hrsg), Münchner Kommentar. Europäisches und Deutsches Wettbewerbsrecht V: Beihilfenrecht[2] (2018).

**Judikatur:** Schlussanträge GA *Reischl* 03.02.1977, C-52/76, *Benedetti*; EuGH 17.09.1980, Rs 730/79, *Philip Morris/Kommission*; EuGH 14.02.1990, C-301/87, *Frankreich/Kommission*; EuGH 21.03.1991, C-303/88, *Italien/Kommission*; EuGH 10.12.1991, C-179/90, *Merci Conventionali Porto di Genova/Siderurgica Gabrielli*; EuGH 16.06.1993, C-325/91, *Frankreich/Kommission*; EuGH 11.07.1996, C-39/94, *SFEI/Laposte*; EuGH 15.05.1997, C-355/95 P, *Textilwerke Deggendorf*; EuG 15.12.1999, verb Rs T-132/96 u T-143/96, *Freistaat Sachsen ua/Kommission*; KOM 13.02.2002, N 774/2001, „*Aus-*

*gleich von außergewöhnlichen Belastungen infolge der BSE-Krise*"; EuGH 28.01.2003, C-334/99, *Deutschland/Kommission*; EuGH 24.07.2003, C-280/00, *Altmark Trans*; EuG 05.08.2003, verb Rs T-116/02 u T-118/01, *P&O European Ferries ua*; EuGH 29.04.2004, C-277/00, *Deutschland/Kommission*; EuGH 29.04.2004, C-372/97, *Italien/Kommission*; EuG 15.06.2005, T-17/02, *Fred Olsen/Kommission*; EuGH 23.02.2006, verb Rs C-346/03 u C-529/03, *Atzeni ua*; EuGH 30.03.2006, C-451/03, *Servizi Ausiliari Dottori Commercialisti*; KOM 23.12.2008, N 643/2008, *Special measures relating to meat products of animal origin from pigs following a dioxin contamination in Ireland*, ABl C 2009/36, 1; KOM 07.10.2009, N 424/2009, *„Aid for the damage caused by natural disasters"*; KOM 19.12.2012, SA.35413 (12/NN), *Aid to compensate for damage caused by the earthquakes of May 2012 in Emilia-Romagna, Lombardy and Veneto*, ABl C 2013/43, 11; KOM 28.10.2015, SA.43108, *Aid for restoring forestry potential after storm damage*, ABl C 2016/9, 8; EuGH 21.07.2016, C-493/14, *Dilly's Wellnesshotel*; EuGH 15.03.2017, C-414/15 P, *Stichting Woonlinie ua/Kommission*; EuGH 27.06.2017, C-74/16, *Congregación de Escuelas Pías Provincia Betanie/Ayuntamiento de Getafe*; EuG 12.09.2017, T-671/14, *Bayrische Motoren Werke/Kommission*; EuG 12.07.2018, T-356/15, *Österreich/Kommission*; EuGH 26.09.2018, C-660/15 P, *Viasat Broadcasting UK/TV2/Danmark*; EuGH 05.03.2019, C-349/17, *Eesti Pagar*; EuGH 29.07.2019, C-654/17 P, B*ayrische Motoren Werke AG und Freistaat Sachsen/Kommission*; KOM 12.03.2020, SA.56685 (2020/N), *State aid notification on compensation scheme cancellation of events related to COVID-19*, ABl C 2020/125, 8; KOM 08.04.2020, SA.56926, *Aid measures for inreasing competitiveness of undertakings in relation with the COVID-19 outbreak*, ABl C 2020/144, 23; KOM 30.04.2020, SA.57135, *The Measure „Partial Rent Compensation for the Enterprises Most Affected by COVID-19"*, ABl C 2020/168, 11; KOM 04.05.2020, SA.57082, *COVID-19 – Cadre temporaire 107(3)(b) – Garantie et prét d'actionnaire au bénéfice d'Air France*, ABl C 2021/50, 3; KOM 05.05.2020, SA.57164, *Denmark-Covid-19 – Loan scheme for early stage and companies in the venture segment*, ABl C 2020/206, 6; EuG 09.09.2020, T-745/17, *Kerkosand/Kommission*; EuGH 28.10.2020, C-608/19, *INAIL*; KOM 05.07.2021, SA.63287, *COVID-19, Schutzschirm für Veranstaltungen II (Haftungen)*, ABl C 2021/285, 25; EuG 14.07.2021, T-677/20, *Ryanair DAC u Laudamotion/Kommission*.

Liegt auf Tatbestandsebene eine Beihilfe vor, kann die Beihilfe aber erlaubt sein. Im Anschluss an das Vorliegen einer Beihilfe ist daher zu prüfen, ob eine mögliche Rechtfertigungslösung in Betracht kommt.

Der Tatbestand bleibt in diesem Fall erfüllt und es liegt zwar eine tatbestandsmäßige Beihilfe vor, die Beihilfe gilt aber als mit dem Binnenmarkt vereinbar und ist gerechtfertigt („**Rechtfertigungsmöglichkeit**"). Gerechtfertigte Beihilfen dürfen gewährt werden.

Rechtfertigungsmöglichkeiten finden sich im Primärrecht und im Sekundärrecht. Als Rechtfertigungsgrundlagen kommen **Legalausnahmen**, **Ermessensausnahmen**, die Allgemeine Gruppenfreistellungsverordnung (**AGVO**) und Dienstleistungen von allgemeinem wirtschaftlichem Interesse (**DAWI**) in Betracht. **De-minimis-Verordnungen** sind bereits auf Tatbestandsebene keine Beihilfen und werden im vorliegenden Kapitel daher als Exkurs behandelt.

Auch die **Notifizierung** – also die Anmeldung einer Beihilfe bei der Kommission – stellt eine Rechtfertigungslösung dar, soweit die **Beihilfe genehmigt** und für mit dem Binnenmarkt vereinbar erklärt wird.

# A. Legalausnahmen

**Literatur:** *Bartosch*, EU-Beihilfenrecht[3] (2020); *Birnstiel/Bungenberg/Heinrich*, Europäisches Beihilfenrecht (2013); *Calliess/Ruffert*, EUV/AEUV[5] (2016); *Cremer* in Calliess/Ruffert (Hrsg), EUV/AEUV[5] (2016); *Frenz*, Handbuch Europarecht III: Beihilferecht[2] (2021); *Grabitz/Hilf/Nettesheim*, Das Recht der Europäischen Union: EUV/AEUV[72] (2021); *Immenga/Mestmäcker* (Hrsg), Wettbewerbsrecht III: Beihilfenrecht[5] (2016); *Jaeger*, Beihilfe- und Förderungsrecht, in Holoubek/Potacs (Hrsg), Öffentliches Wirtschaftsrecht I[4] (2019) 717; *König/Hellstern*, Das materielle binnenmarktrechtliche Beihilfenaufsichtsrecht, in Hatje/Müller-Graff (Hrsg), Enzyklopädie Europarecht IV: Europäisches Binnenmarkt- und Wirtschaftsordnungsrecht[2] (2021); *König/Kühling*, Grundfragen des EG-Beihilfenrechts, NJW 2000, 1065; *Koenig/Sander*, Die verbrauchervermittelte Unternehmensbegünstigung auf dem Prüfstand des EG-Beihilfenrechts, EuR 2000, 743; *Kreuschitz/Wernicke* in Lenz/Borchardt (Hrsg), EU-Verträge-Kommentar[6] (2012) Art 107 AEUV; *Mähring*, Grundzüge des EG-Beihilfenrechts, JuS 2003, 448; *Schröder*, Grundkurs Europarecht[6] (2019); *Säcker* in Säcker (Hrsg), Münchner Kommentar Europäisches und Deutsches Wettbewerbsrecht V: Beihilfenrecht[2] (2018); *Sollgruber*, Grundzüge des europäischen Beihilfenrechts (2007); *Streinz*, EUV/AEUV[3] (2018); *Sutter* in Mayer/Stöger (Hrsg), EUV/AEUV Art 107 AEUV (Stand 01.01.2014, rdb.at); *von Wallenberg/Schütte* in Grabitz/Hilf/Nettesheim (Hrsg), Das Recht der Europäischen Union: EUV/AEUV (Werkstand: 59. EL Juli 2016); *Zellhofer/Solek*, Katastrophenbeihilfen iZm COVID-19 am Beispiel der Entscheidung zu Austrian Airlines, in Haslinger/Jaeger (Hrsg), Jahrbuch Beihilferecht (2021) 291.

**Judikatur:** Schlussanträge GA *Reischl* 03.02.1977, C-52/76, *Benedetti*; KOM 14.04.1992, *Daimler-Benz („Potsdamer Platz")*, ABl L 1992/263, 15; EuG 15.12.1999, verb Rs T-132/96 u T-143/96, *Freistaat Sachsen ua/Kommission*; KOM 13.02.2002, N 774/2001, *„Ausgleich von außergewöhnlichen Belastungen infolge der BSE-Krise"*; EuGH 28.01.2003, C-334/99, *Deutschland/Kommission*; EuG 05.08.2003, verb Rs T-116/02 u T-118/01, *P&O European Ferries ua*; EuGH 29.04.2004, C-277/00, *Deutschland/Kommission*; EuGH 23.02.2006, verb Rs C-346/03 u C-529/03, *Atzeni ua*; KOM 23.12.2008, N 643/2008, *Special measures relating to meat products of animal origin from pigs following a dioxin contamination in Ireland*, ABl C 2009/36, 1; KOM 07.10.2009, N 424/2009, *„Aid for the damage caused by natural disasters"*; KOM 19.12.2012, SA.35413 (12/NN), *Aid to compensate for damage caused by the earthquakes of May 2012 in Emilia-Romagna, Lombardy and Veneto*, ABl C 2013/43, 11; KOM 28.10.2015, SA.43108, *Aid for restoring forestry potential after storm damage*, ABl C 2016/9, 8; KOM 12.03.2020, SA.56685 (2020/N), *State aid notification on compensation scheme cancellation of events related to COVID-19*, ABl C 2020/125, 8; KOM 08.04.2020, SA.56926, *Aid measures for increasing competitiveness of undertakings in relation with the COVID-19 outbreak*, ABl C 2020/144, 23; KOM 30.04.2020, SA.57135, *The Measure „Partial Rent Compensation for the Enterprises Most Affected by COVID-19"*, ABl C 2020/168, 11; KOM 04.05.2020, SA.57082, *COVID-19 – Cadre temporaire 107(3)(b) – Garantie et prêt d'actionnaire au bénéfice d'Air France*, ABl C 2021/50, 3; KOM 05.05.2020, SA.57164, *Denmark-Covid-19 – Loan scheme for early stage and companies in the venture segment*, ABl C 2020/206, 6; KOM 05.07.2021, SA.63287, *COVID-19, Schutzschirm für Veranstaltungen II (Haftungen)*, ABl C 2021/285, 25; EuG 14.07.2021, T-677/20, *Ryanair DAC u Laudamotion/Kommission*.

Art 107 Abs 2 AEUV normiert bestimmte Tatbestände, unter denen Beihilfen ex lege als mit dem Binnenmarkt vereinbar angesehen werden. Die Ausnahmetatbestände werden gemeinhin als **Legalausnahmen** bezeichnet, weil sie im Ge-

gensatz zu den Ausnahmen nach Art 107 Abs 3 AEUV kein Ermessen einräumen (arg: „Mit dem Binnenmarkt vereinbar sind").[193] Sie sind eng auszulegen.[194]

Liegt einer der genannten Tatbestände vor, so ist die fragliche Beihilfe ipso iure mit dem Binnenmarkt vereinbar. Sie ist somit ex lege unionsrechtskonform.

Das bedeutet aber nicht, dass Beihilfemaßnahmen, die dem Abs 2 unterliegen von der Notifizierungspflicht und dem Durchführungsverbot entbunden sind,[195] denn auch Beihilfen auf der Grundlage einer Legalausnahme müssen notifiziert werden.

Die Kommission ist zwar nicht befugt, sich zur Zweckmäßigkeit der Anwendung der darin enthaltenen Ausnahmen zu äußern, hat aber das Vorliegen der Tatbestandsvoraussetzungen zu prüfen. Bei der Auslegung dieser Tatbestandsvoraussetzungen genießt die Kommission einen Beurteilungsspielraum.[196] Ob es sich bei den Tatbeständen überhaupt um konstitutive Ausnahmen vom Beihilfeverbot handelt, ist dogmatisch umstritten.[197] Während die Legalausnahmen in der Praxis bislang nur eine untergeordnete Rolle gespielt haben sollen,[198] spielen sie in Fällen des Art 107 Abs 2 lit b AEUV im Zusammenhang mit der COVID-19 Krise wohl eine tragende Rolle.[199]

---

193 *Penner* in Birnstiel/Bungenberg/Heinrich, Europäisches Beihilfenrecht Art 107 Abs 2 AEUV Rn 997.

194 EuGH 19.09.2000, C-56/98, *Kommission/Deutschland* Rn 49, EuZW 2000, 723 (*Heidenhain*) = JuS 2001, 599 (*Streinz*); *Kühling* in Streinz, EUV/AEUV[3] Art 107 Rn 115; *Säcker* in MüKoWettbR V[2] Art 107 AEUV Rz 676.

195 aA *Rengeling*, Das Beihilferecht der europäischen Gemeinschaften in Börner/Neundörfer (Hrsg), Recht und Praxis der Beihilfen im Gemeinsamen Markt, Kölner Schriften zum Europarecht XXXII (1984) 23 (33) vertritt die Ansicht ex-Art 87 Abs 2 EGV sei deklaratorischer Natur; vgl auch Schlussanträge GA *Tesauro* 19.09.1989, C-142/87, *Belgien/Kommission* Rn 19.

196 EuGH 23.02.2006, C-346/03 und C-529/03; EuG 15.12.1999, T-132/96 und T-143/96: „*Somit haben die Kläger [...] nichts vorgetragen, was den Schluß zuließe, daß die Kommission die Grenzen ihres Beurteilungsspielraums [...] überschritten hätte [...]*; *Penner* in Birnstiel/Bungenberg/Heinrich, EU-BeihilfenR Kapitel 1, Rn 1015; *Cremer* in Calliess/Ruffert, EUV/AEUV[5] Art 107 AEUV Rn 40.

197 Die hM bejaht dies, da ansonsten der Ausnahmekatalog überflüssig wäre; s dazu statt vieler *Cremer* in Calliess/Ruffert, EUV/AEUV[5] Art 107 AEUV Rn 42; *Mestmäcker/Schweitzer* in Immenga/Mestmäcker, WettbR III: BeihilfenR[5] Art 107 Abs 2 AEUV Rn 7; aA *Bleckmann*, WiVerw 1989, 75 (86); *Rengeling* in Börner/Neundörfer, Kölner Schriften zum Europarecht XXXII, 23 (33) vertritt die Ansicht ex-Art 87 Abs 2 EGV sei deklaratorischer Natur; vgl auch Schlussanträge GA *Tesauro* 19.09.1989, C-142/87, *Belgien/Kommission* Rn 19.

198 *Penner* in Birnstiel/Bungenberg/Heinrich, EU-BeihilfenR Kapitel 1, Rn 1005; *Grabitz/Hilf/Nettesheim*, EUV/AEUV Art 107 Rn 138 (Werkstand: 68. EL Oktober 2019); *Kühling* in Streinz, EUV/AEUV[3] Art 108 AEUV Rn 115.

199 S dazu *Zellhofer/Solek* in Jahrbuch Beihilferecht 2021, 291.

## 1. Verbraucherbeihilfen sozialer Art

**Literatur:** *Bartosch*, EU-Beihilfenrecht[3] (2020); *Birnstiel/Bungenberg/Heinrich*, Europäisches Beihilfenrecht (2013); *Bleckmann*, Das System des Beihilfeverbots im EWG-Vertrag, WiVerw 1989, 75; *Cremer* in Calliess/Ruffert (Hrsg), EUV/AEUV[5] (2016); *Frenz*, Handbuch Europarecht III: Beihilferecht[2] (2021); *Immenga/Mestmäcker* (Hrsg), Wettbewerbsrecht III: Beihilfenrecht[5] (2016); *Jaeger*, Beihilfe- und Förderungsrecht, in Holoubek/Potacs (Hrsg), Öffentliches Wirtschaftsrecht I[4] (2019) 717; *König/Hellstern*, Das materielle binnenmarktrechtliche Beihilfenaufsichtsrecht, in Hatje/Müller-Graff (Hrsg), Enzyklopädie Europarecht IV: Europäisches Binnenmarkt- und Wirtschaftsordnungsrecht[2] (2021); *Koenig/Sander*, Die verbrauchervermittelte Unternehmensbegünstigung auf dem Prüfstand des EG-Beihilfenrechts, EuR 2000, 743; *Martenczuk* in Schwarze (Hrsg), EU-Kommentar[4] (2019) Art 107 AEUV; *Säcker* in Säcker (Hrsg), Münchner Kommentar Europäisches und Deutsches Wettbewerbsrecht V: Beihilfenrecht[2] (2018); *Sutter* in Mayer/Stöger (Hrsg), EUV/AEUV Art 107 AEUV (Stand 01.01.2014, rdb.at); *Schröder*, Grundkurs Europarecht[6] (2019); *von Wallenberg/Schütte* in Grabitz/Hilf/Nettesheim (Hrsg), Das Recht der Europäischen Union (Werkstand: 59. EL Juli 2016).

**Judikatur:** Schlussanträge GA *Reischl* 03.02.1977, C-52/76, *Benedetti*; EuG 05.08.2003, T-116/02 u T-118/01, *P&O European Ferries ua*; EuG 04.03.2009, T-445/05, *Associazione italiana del risparmio gestito and Fineco Asset Management/Kommission*; KOM 29.06.2011, SA.32888, *Befreiung von der Luftverkehrsteuer hinsichtlich Abflügen von Inselbewohnern und in anderen Fällen*, ABl C 2012/70, 3; EuGH 28.07.2011, C-403/10 P, *Mediaset/Kommission*.

> Beihilfen sozialer Art an einzelne Verbraucher, wenn sie ohne Diskriminierung nach der Herkunft der Waren gewährt werden sind mit dem Binnenmarkt vereinbar. **(Art 107 Abs 2 lit a AEUV)**

*Beispiel: Im Zuge der COVID-19-Krise gewährt der Bund zahlreichen Haushalten einen sog Gastrogutschein (Wertgutschein für Gastronomie) iHv € 500. Der Gastrogutschein stellt eine Beihilfe dar, zumal dadurch ein bestimmter Unternehmenszweig (Gastronomiebranche) begünstigt wird. Es wäre aber denkbar, die Beihilfe als Verbraucherbeihilfe sozialer Art auszugestalten, sofern die übrigen Voraussetzungen in Art 107 Abs 2 lit a AEUV erfüllt sind.*

Beihilfen gemäß Art 107 Abs 2 lit a AEUV sind **bei der Kommission** gemäß Art 108 Abs 3 AEUV **anzumelden**.

Verbraucherbeihilfen fallen grds nicht unter das Beihilfeverbot des Art 107 Abs 1 AEUV, da sie nicht bestimmte Unternehmen oder Produktionszweige begünstigen. Der Rechtfertigungsgrund nach Art 107 Abs 2 lit a AEUV kann jedoch nur dann zum Tragen kommen, wenn auch der Verbotstatbestand einschlägig ist. Verbraucher können aber Adressat des Beihilfeverbots sein, wenn durch eine Maßnahme, mittelbar auch Unternehmen begünstigt werden („**mittelbare Beihilfe**").[200]

Der Anwendungsbereich des Art 107 Abs 2 lit a AEUV ist somit hauptsächlich auf mittelbare Beihilfen eingeschränkt.

---

200 Zur mittelbaren Beihilfe s Zweiter Teil Kapitel II Abschnitt E.

### a. Verbraucher

Die Legalausnahme setzt demnach eine Beihilfe an einen **Endverbraucher** voraus und umfasst **unmittelbare und mittelbare Begünstigungen** zugunsten von Verbrauchern.

Eine **mittelbare Begünstigung** zugunsten von Verbrauchern liegt dann vor, wenn staatliche Mittel zwar unmittelbar dem Unternehmen zufließen, im Ergebnis aber dem Verbraucher zugutekommen. Von einer **unmittelbaren Begünstigung** zugunsten eines Verbrauchers spricht man dann, wenn die Begünstigung direkt beim Verbraucher eintritt, um bestimmte Unternehmen eines Wirtschaftssektors zu fördern.

### b. Sozialer Charakter

Weiteres Kriterium ist der **soziale Charakter**. Die Begünstigung muss sozialer Art sein. Entgegen dem Wortlaut sind aber **Leistungen jeglicher Art** (zB Steuerbefreiungen, Kompensationszahlungen)[201] umfasst.[202] In der Lit[203] ist eine Begünstigung dann sozialer Art, wenn sie sich an bedürftige Personen richtet, elementare Grundbedürfnisse befriedigt oder dem menschlichen Zusammenleben dient. Ausreichend sollen auch das mit der Maßnahme verfolgte Ziel der Existenzsicherung und die Minderung wirtschaftlicher Ungleichheiten sein. Erfasst werden demnach Begünstigungen an sozial schwache Verbraucher.

Die Beihilfemaßnahme muss einen „**tatsächlichen Bedarf**" befriedigen.[204] Sie darf nicht darauf abzielen, einem Unternehmen einen Vorteil zu gewähren, den es unter normalen Marktbedingungen nicht erhalten hätte.

### c. Diskriminierungsverbot

Schließlich müssen Verbraucherbeihilfen ohne Diskriminierung nach der Herkunft der Waren (oder Dienstleistungen) gewährt werden. Nach der Rsp ist zu prüfen, ob den Verbrauchern die fragliche Beihilfe unabhängig davon zugute-

---

201 Weitere Beispiele s *Säcker* in MüKoWettbR V: BeihilfenR² Art 107 AEUV Rz 680.
202 EuG 05.08.2003, verb Rs T-116/01 u T-118/01, *P&O European Ferries* Rn 163; *Penner* in Birnstiel/Bungenberg/Heinrich, EU-BeihilfenR Kapitel 1, Rn 1036 mwN; *Mestmäcker/Schweitzer* in WettbR V: BeihilfenR⁵ Art 107 Abs 2 AEUV Rz 11.
203 Vgl dazu etwa *Cremer* in Calliess/Ruffert, EUV/AEUV⁵ Art 107 AEUV Rz 43; *von Wallenberg/Schütte* in Grabitz/Hilf/Nettesheim, Das Recht der Europäischen Union Art 107 AEUV Rn 139; *Mestmäcker/Schweitzer* in WettbR V: BeihilfenR⁵ Art 107 Abs 2 AEUV Rz 3.
204 *Bartosch*, EU-BeihilfenR³ Art 107 Abs 2 AEUV Rz 3; *Mestmäcker/Schweitzer* in WettbR V: BeihilfenR⁵ Art 107 Abs 2 AEUV Rz 10.

kommt, welches Unternehmen die Leistung erbringt, mit der sich das angeführte soziale Ziel erreichen lässt.[205] Die Legalausnahme verbietet die Diskriminierung zwischen verschiedenen Ursprungsländern der Waren, nicht aber die zwischen konkurrierenden Warengruppen.[206]

**Beispiel:** *Ein Mitgliedstaat könnte etwa gestützt auf Art 107 Abs 2 lit a AEUV kinderreichen Familien eine staatliche Förderung zugunsten von Großraumlimousinen gewähren, obwohl dadurch andere Kraftfahrzeuge am Markt benachteiligt werden würden.*

## 2. Katastrophenbeihilfen

**Literatur:** *Bartosch*, EU-Beihilfenrecht[3] (2020); *Birnstiel/Bungenberg/Heinrich*, Europäisches Beihilfenrecht (2013); *Jäger/Stöger* (Hrsg), EUV/AEUV Art 107 AEUV (Stand 01.01.2014, rdb.at); *Immenga/Mestmäcker* (Hrsg), Wettbewerbsrecht III: Beihilfenrecht[5]; *Zellhofer/Solek*, Katastrophenbeihilfen iZm COVID-19 am Beispiel der Entscheidung zu Austrian Airlines, in Haslinger/Jaeger (Hrsg), Jahrbuch Beihilferecht (2021) 291.

**Judikatur:** KOM 13.02.2002, N 774/2001, *„Ausgleich von außergewöhnlichen Belastungen infolge der BSE-Krise"*; EuGH 23.02.2006, verb Rs C-346/03 u C-529/03, *Atzeni ua"*; EuG 25.06.2008, T-268/06, *Olympiaki Aeroporia Ypiresies"*; KOM 23.12.2008, N 643/2008, *Special measures relating to meat products of animal origin from pigs following a dioxin contamination in Ireland*, ABl C 2009/36, 1; KOM 07.10.2009, N 424/2009, *„Aid for the damage caused by natural disasters"*; KOM 12.03.2020, SA.56685 (2020/N), *State aid notification on compensation scheme cancellation of events related to COVID-19*, ABl C 2020/125, 8; KOM 08.04.2020, SA.56926, *Aid measures for increasing competitiveness of undertakings in relation with the COVID-19 outbreak*, ABl C 2020/144, 23; KOM 30.04.2020, SA.57135, *The Measure „Partial Rent Compensation for the Enterprises Most Affected by COVID-19"*, ABl C 2020/168, 11; KOM 04.05.2020, SA.57082, *COVID-19 – Cadre temporaire 107(3)(b) – Garantie et prét d'actionnaire au bénéfice d'Air France*, ABl C 2021/50, 3; KOM 05.05.2020, SA.57164, *Denmark- Covid-19 – Loan scheme for early stage and companies in the venture segment*, ABl C 2020/206, 6.

> Mit dem Binnenmarkt vereinbar sind Beihilfen zur Beseitigung von Schäden, die durch Naturkatastrophen oder sonstige außergewöhnliche Ereignisse entstanden sind. **(Art 107 Abs 2 lit b AEUV)**

Beihilfen nach Art 107 Abs 2 lit b AEUV sind **bei der Kommission** gemäß Art 108 Abs 3 AEUV **anzumelden.**

Art 107 Abs 2 lit b AEUV thematisiert staatliche Beihilfemaßnahmen zur Überwindung von Schäden, die durch Naturkatastrophen oder sonstige außergewöhnliche Ereignisse entstanden sind.

Den Oberbegriff dieser Legalausnahme bilden die außergewöhnlichen Ereignisse. Die Auslegung des Tatbestands der Naturkatastrophe hat sich am Begriff

---

205 EuG 05.08.2003, verb Rs T-116/02 u T-118/01, *P&O European Ferries ua* Rz 163.
206 Vgl dazu *Sutter* in Jäger/Stöger, EUV/AEUV Art 107 AEUV Rz 90, mit dem Hinweis auf die zahlreichen steuerrechtlichen Vergünstigungen für Kleinbusse nach österreichischem Recht.

„außergewöhnliche Ereignisse" zu orientieren.[207] Aufgrund der Legalausnahme ist die Kommission verpflichtet, Katastrophenbeihilfen unter Einhaltung der Tatbestandsvoraussetzungen zu genehmigen. Katastrophenbeihilfen gelten somit als ex lege unionsrechtskonform.

Voraussetzung für die Gewährung einer Beihilfe nach Art 107 Abs 2 lit b AEUV ist entweder eine **Naturkatastrophe** oder ein **sonstiges außergewöhnliches Ereignis**.

### a. Naturkatastrophen

**Judikatur:** KOM 29.11.2000, N 433/2000, *Emergency planning for natural disasters*; ABl C 2001/71, 20; EuG 05.08.2003, T-116/02 u T-118/01, *P&O European Ferries ua*; EuGH 30.09.2003, C-301/96, *Deutschland/Kommission*; EuGH 29.04.2004, C-278/00, *Griechenland/Kommission*; EuG 15.06.2005, T-171/02, *Regione autonoma della Sardegna*; EuG 28.11.2008, verb Rs T-254/00, T-270/00 u T-277/00, *Hotel Cipriani ua/Kommission*; KOM 27.02.2009, N 401/2008, *Aid to compensate for the damage caused by the storm and floods*, ABl C 2009/112, 2; KOM 19.12.2012, SA.35413 (12/NN), *Aid to compensate for damage caused by the earthquakes of May 2012 in Emilia-Romagna, Lombardy and Veneto*, ABl C 2013/43, 11; KOM 28.10.2015, SA.43108, *Aid for restoring forestry potential after storm damage*, ABl C 2016/9, 8.

**Beispiel:** *Durch eine verheerende Unwetterfolge werden große Teile der Landwirtschaft innerhalb eines Mitgliedstaats zerstört. Um der heimischen Landwirtschaft finanziell unter die Arme zu greifen, wird ein Katastrophenfonds zugunsten der von den Unwettern betroffenen Landwirte aufgelegt.*

---

**Art 107 Abs 2 AEUV:**

Mit dem Binnenmarkt **vereinbar sind:**

[…]

b) Beihilfen zur Beseitigung von Schäden, die durch **Naturkatastrophen** oder sonstige außergewöhnliche Ereignisse entstanden sind;

[…]

---

Die Legalausnahme in Art 107 Abs 2 lit b 1. Alt AEUV erfasst Beihilfen, die dem Schadensausgleich von **außergewöhnlichen Naturkatastrophen** dient.

Außergewöhnliche Naturkatastrophen sind schwere Unwetter, Hochwässer, extreme Regenfälle, Erdrutsche bzw Erdbeben, Vulkanausbrüche, umfangreiche Wind- und Deichbrüche, Wirbelstürme, Orkane.

Schäden, die auf widrige Witterungsverhältnisse (Frost, Hagel, Eis, Regen und Dürre) zurückzuführen sind, werden nicht als Naturkatastrophen angesehen.[208]

Erstmals definiert wird der Begriff der Naturkatastrophe in Art 50 Abs 1 AGVO. Aufgrund dieses Freistellungstatbestandes dürften Beihilfen nach

---

207 *Kühling* in Streinz, EUV/AEUV³ Art 108 AEUV Rn 117.
208 ErwGr 69 zur AGVO.

Art 107 Abs 2 lit a 1. Alt AEUV zukünftig nur noch dort Anwendung finden, wo Beihilfen zum Ausgleich von Schäden, die verglichen zu gewöhnlichen Wetterverhältnissen ungewöhnlich sind.[209]

Mit der Beihilfe darf nur der **Schadensausgleich** erreicht werden und darf nicht über das hinausgehen, was zur Schadensbeseitigung notwendig ist. Darüber hinaus muss die Beihilfe in einem zum Eintritt des Ereignisses **vertretbaren Zeitraum** gewährt werden.

Schließlich muss der wirtschaftliche Nachteil unmittelbar durch die Naturkatastrophe entstanden sein.[210]

## b. Außergewöhnliches Ereignis

**Judikatur:** KOM 13.02.2002, N 774/2001, *Ausgleich von außergewöhnlichen Belastungen infolge der BSE-Krise*; EuG 05.08.2003, T-116/02 u T-118/01, *P&O European Ferries ua*; EuGH 30.09.2003, C-301/96, *Deutschland/Kommission*; EuGH 11.11.2004, C-73/03, *Spanien/Kommission*; EuG 15.06.2005, T-171/02, *Regione autonoma della Sardegna/Kommission*; EuGH 23.02.2006, C-346/03 u C-529/03, *Atzeni ua*; EuG 25.06.2008, T-268/06, *Olympiaki Aeroporia Ypiresies*; EuG 28.11.2008, verb Rs T-254/00, T-270/00 u T-277/00, *Hotel Cipriani ua/Kommission*; KOM 23.12.2008, N 643/2008, *Special measures relating to meat products of animal origin from pigs following a dioxin contamination in Ireland*, ABl C 2009/36, 2; KOM 07.10.2009, N 424/2009, *Aid for the damage caused by natural disasters*; ABl C 2009/275, 4; KOM 12.03.2020, SA.56685 (2020/N), *State aid notification on compensation scheme cancellation of events related to COVID-19*, ABl C 2020/125, 8; KOM 06.07.2020, SA.57539, *COVID-19 – Aid to Austrian Airlines*; ABl C 2020/346, 2; EuG 14.04.2021, T-379/20, *Ryanair DAC/Kommission*; KOM 05.07.2021, SA.63287, *COVID-19, Schutzschirm für Veranstaltungen II (Haftungen)*, ABl C 2021/285, 25; EuG 14.07.2021, T-677/20, *Ryanair DAC u Laudamotion/Kommission*.

**Beispiel:** *Im Zuge der COVID-19-Krise gewähren zahlreiche EU-Mitgliedstaaten Beihilfen zugunsten des heimischen Luftfahrtsektors, um drohenden Insolvenzen finanziell entgegenzusteuern.*

### Art 107 Abs 2 AEUV:

Mit dem Binnenmarkt **vereinbar sind:**
[...]
b) Beihilfen zur Beseitigung von Schäden, die durch Naturkatastrophen oder **sonstige außergewöhnliche Ereignisse** entstanden sind;
[...]

---

209 EuGH 23.02.2006, C-346/03 u C-529/03, *Atzeni ua*; EuG 28.11.2008, verb Rs T-254/00, T-270/00 u T-277/00, *Hotel Cipriani ua/Kommission* Rn 340; *von Wallenberg/Schütte* in Grabitz/Hilf/Nettesheim, Das Recht der Europäischen Union: EUV/AEUV Art 107 AEUV Rn 143 (Werkstand: 72. EL Februar 2021).

210 EuGH 30.09.2003, C-301/96, *Deutschland/Kommission* Rn 72; EuGH 29.04.2004, C-278/00 Rn 82; EuG 15.06.2005, T-171/02, *Regione autonoma della Sardegna/Kommission* Rn 165.

Außergewöhnlich ist ein solches Ereignis dann, wenn es sich nach Art und Umfang deutlich von dem unterscheidet, was allgemein als gewöhnlich angesehen wird. Laut Rsp ist die **Versicherbarkeit** entscheidendes Kriterium.

Wenn ein sorgfältiger Wirtschaftsteilnehmer Vorkehrungen für die Folgen eines Ereignisses treffen muss, kann dieses schon definitionsgemäß nicht als höhere Gewalt und erst recht nicht als außergewöhnliches Ereignis im Sinne des Art 107 Abs 1 lit a AEUV angesehen werden.[211]

Es ist nicht erforderlich, den gesamten Schaden, der durch ein außergewöhnliches Ereignis verursacht wurde, zu ersetzen und somit allen Opfern auf der Grundlage von Art 107 Abs 2 lit b AEUV Hilfe zu gewähren. Auch der Schaden einzelner Geschädigter kann ausgeglichen werden.[212]

Als außergewöhnliche Ereignisse gelten Terroranschläge[213], Kriege[214], innere Unruhen[215], Streiks[216], schwere nukleare Unfälle[217], Industrieunfälle[218] und Brände, die umfangreiche Verluste verursachen. Strittig ist, ob auch der Ausbruch von Tierseuchen darunter zu subsumieren ist.[219]

Die Anschläge vom 11. September 2001 und die daraus folgende Sperrung des Luftraums wurden vom EuG als außergewöhnliche Ereignisse eingestuft.[220]

Wirtschaftliche Krisen wurden teilweise als außergewöhnliche Ereignisse eingestuft. Nach der Rechtsprechung des EuGH sind Schwierigkeiten im Zusammenhang mit einer Krise des betreffenden Marktes und hohe Zinsraten keine außergewöhnlichen Ereignisse, denn sie sind Ausdruck der Marktkräfte, denen sich ein Unternehmer stellen muss.[221]

---

211 EuG 25.06.2008, T-268/06, *Olympiaki Aeroporia Ypiresies* Rn 66.
212 EuG 14.04.2021, T-379/20, *Ryanair DAC/Kommission* Rn 17, 25 f.
213 EuG 25.06.2008, T-268/06, *Olympiaki Aeroporia Ypiresies*.
214 *Mestmäcker/Schweitzer* in Immenga/Mestmäcker, WettbR III: BeihilfenR[5] Art 107 Abs 2 AEUV Rz 19; *Sutter* in Mayer/Stöger, EUV/AEUV Art 107 Rn 93.
215 KOM 12.03.2020, SA 56685, ABl C 2020/125, 8, FN 6.
216 KOM 12.03.2020, SA 56685, ABl C 2020/125, 8, FN 6; Krit *Bär-Bouyssiére* in Schwarze/Becker/Hatje/Schoo, EU-Kommentar[4] Art 107 Rn 63.
217 *Mestmäcker/Schweitzer* in WettbR V: BeihilfenR[5] Art 107 Abs 2 AEUV Rz 19.
218 *Mestmäcker/Schweitzer* in WettbR V: BeihilfenR[5] Art 107 Abs 2 AEUV Rz 19.
219 Nach Ansicht der Kommission soll der Ausbruch von Tierseuchen oder das Auftreten von Pflanzenschädlingen nicht mehr den Naturkatastrophen oder sonstigen außergewöhnlichen Ereignissen gleichgestellt werden, sondern nach Art 107 Abs 3 lit c AEUV beurteilt werden: vgl KOM 01.07.2014, Rahmenregelung der Europäischen Union für staatliche Beihilfen im Agrar- und Forstsektor und in ländlichen Gebieten 2014-2020, ABl C 2014/204, 1.
220 EuG 25.06.2008, T-268/06, *Olympiaki Aeroporia Ypiresies* Rn 66.
221 EuGH 23.02.2006, verb Rs C-346/03 u C-529/03, *Atzeni ua* Rn 80.

Einzelfälle wie zB die BSE-Seuche[222] oder die Dioxinverseuchung[223] von Fleisch sind nach Ansicht der Kommission hingegen als außergewöhnliche Ereignisse anzusehen. Auch die COVID-19 Pandemie[224] wurde als außergewöhnliches Ereignis qualifiziert.[225]

Aus dem systematischen Zusammenhang mit den Naturkatastrophen folgt, dass nur solche Vorkommnisse, als „außergewöhnliche Ereignisse" einzustufen sind, die **Eingriffe von außen** in den Wirtschaftskreislauf darstellen.[226]

Für die Vereinbarkeit mit dem Binnenmarkt muss zudem ein **unmittelbarer Zusammenhang** zwischen dem außergewöhnlichen Ereignis bzw der Naturkatastrophe, dem verursachten Schaden und der staatlichen Beihilfe bestehen. Der entstandene Schaden ist dabei möglichst genau zu bewerten.

Es darf **keine Überkompensation** der Beihilfeempfänger vorliegen, sodass Versicherungsleistungen zu verrechnen sind.

Beihilfen, welche die Verluste ihrer Begünstigten übersteigen, können daher nicht unter Art 107 Abs 2 lit b AEUV fallen.[227]

---

Beihilfen zur Bekämpfung von außergewöhnlichen Ereignissen sind mit dem Binnenmarkt vereinbar, wenn
- ein **Ereignis** vorliegt, das sich nach Art und Umfang deutlich von dem unterscheidet, was allgemein als gewöhnlich angesehen wird,
- ein **unmittelbarer Zusammenhang** zwischen dem außergewöhnlichen Ereignis, dem verursachten Schaden und der staatlichen Beihilfe besteht, und
- **keine Überkompensation** des Beihilfeempfängers vorliegt.

---

### 3. Beihilfen aus Gründen der Teilung Deutschlands

**Literatur:** *Falkenkötter*, Der Streit um die sächsischen VW-Beihilfen – Anlaß für grundsätzliche Klärung?, NJW 1996, 2689; *Kruse*, Ist die „Teilungsklausel" als Rechtsgrundlage für Beihilfen zum Ausgleich teilungsbedingter Nachteile obsolet?, EuZW 1998, 229; *Schütterle*, Die Rechtsgrundlage für Beihilfen zur Überwindung der wirtschaftlichen Folgen der Teilung Deutschlands, EuZW 1994, 715.

**Judikatur:** KOM 14.04.1992, *Daimler-Benz („Potsdamer Platz")*, ABl L 1992/263, 15; EuGH 19.09.2000, C-156/98, *Deutschland/Kommission*; EuGH 28.01.2003,

---

222 KOM 13.02.2002, N 774/2001, *„Ausgleich von außergewöhnlichen Belastungen infolge der BSE-Krise"*, vgl auch *Mestmäcker/Schweitzer* in WettbR V: BeihilfenR[5] Art 107 Abs 2 AEUV Rz 19.

223 KOM 23.12.2008, N 643/2008, ABl C 2009/36, 1.

224 *WHO*, Coronavirus disease 2019 (COVID-19) – Situation Report 50, 10 March 2020. Am 11.03.2020 hat die WHO den COVID-19 als Pandemie eingestuft: https://www. who.int/docs/default-source/coronaviruse/situation-reports/20200310-sitrep-50-covid-19. pdf?sfvrsn=55e904fb_2.

225 EuG 14.04.2021, T-379/20, *Ryanair DAC/Kommission*.

226 *Mestmäcker/Schweitzer* in WettbR V: BeihilfenR[5] Art 107 Abs 2 AEUV Rz 20.

227 EuGH 11.11.2004, C-73/03, *Spanien/Kommission* Rn 40 und 41.

C-334/99, *Deutschland/Kommission*; EuGH 30.09.2003, verb Rs C-57/00 P u C-61/00 P, *Freistaat Sachsen u VW/Kommission*; EuGH 30.09.2003, C-301/96, *Deutschland/Kommission*; EuGH 29.04.2004, C-277/00, *Deutschland/Kommission*.

> **Art 107 Abs 2 AEUV:**
>
> Mit dem Binnenmarkt **vereinbar sind:**
> [...]
> c) Beihilfen für die Wirtschaft bestimmter, durch die **Teilung Deutschlands betroffener Gebiete der Bundesrepublik Deutschland**, soweit sie zum Ausgleich der durch die Teilung verursachten wirtschaftlichen Nachteile erforderlich sind [...].

Beihilfen nach Art 107 Abs 2 lit c AEUV sind **bei der Kommission** gemäß Art 108 Abs 3 AEUV **anzumelden** („Notifikation").

Art 107 Abs 2 lit c AEUV normiert die sog „**Teilungs- bzw Deutschlandklausel**", derzufolge Beihilfen für die Wirtschaft bestimmter, durch die Teilung Deutschlands betroffener Gebiete der Bundesrepublik Deutschland, zu genehmigen sind, soweit sie zum Ausgleich der durch die Teilung verursachten wirtschaftlichen Nachteile erforderlich sind.

Mit „Teilung Deutschlands" ist historisch die Ziehung der Trennungslinie zwischen den beiden Besatzungszonen im Jahr 1948 gemeint.

Der Begriff „*durch die Teilung verursachten wirtschaftlichen Nachteile*" ist restriktiv zu interpretieren. Darunter sind nur jene wirtschaftlichen Nachteile zu verstehen, die in bestimmten Gebieten Deutschlands durch die aus der physischen Grenzziehung resultierende Isolierung, entstanden sind (zB die Unterbrechung der Verkehrswege oder der Abbruch der Handelsbeziehungen zwischen den beiden Teilen Deutschlands).[228]

Nicht ausgleichsfähig sind jene Nachteile, die nur aus den Unterschieden der politisch-wirtschaftlichen Systeme der BRD und der DDR resultieren.

Zwischen dem wirtschaftlichen Nachteil und der ehemaligen, physisch wirkenden Demarkationslinie muss ein **unmittelbarer Kausalzusammenhang** bestehen.

# B. Ermessensausnahmen

**Literatur:** *Bartosch*, EU-Beihilfenrecht[3] (2020); *Bär-Bouyssiére* in Schwarze (Hrsg), EU-Kommentar[4] (2019) Art 107 AEUV; *Birnstiel/Bungenberg/Heinrich*, Europäisches Beihilfenrecht (2013); *Dreher/Lübbig/Wolf-Posch*, Praxis des EU-Beihilferechts in Österreich (2017); *Frenz*, Handbuch Europarecht III: Beihilferecht[2] (2021); *Grabitz/*

---

228 EuGH 19.09.2000, C-156/98, *Deutschland/Kommission*, Rn 52; EuGH 30.09.2003, C-301/96, *Deutschland/Kommission*, Rn 67.

*Hilf/Nettesheim*, Das Recht der Europäischen Union: EUV/AEUV[72] (2021); *Immenga/ Mestmäcker*, Wettbewerbsrecht III; Beihilfenrecht[5] (2016); *Jaeger*, Beihilfe- und Förderungsrecht, in Holoubek/Potacs (Hrsg), Öffentliches Wirtschaftsrecht I[4] (2019) 717; *König/Hellstern*, Das materielle binnenmarktrechtliche Beihilfenaufsichtsrecht, in Hatje/Müller-Graff (Hrsg), Enzyklopädie Europarecht IV: Europäisches Binnenmarkt- und Wirtschaftsordnungsrecht[2] (2021); *König/Kühling*, Grundfragen des EG-Beihilfenrechts, NJW 2000, 1065; *Kreuschitz* in Säcker (Hrsg), Münchner Kommentar Europäisches und Deutsches Wettbewerbsrecht V: Beihilfenrecht[2] (2018); *Mähring*, Grundzüge des EG-Beihilfenrechts, JuS 2003, 448; *Mederer* in Schröter/Jakob/Klotz/Mederer (Hrsg), Europäisches Wirtschaftsrecht[2] (2014); *Sollgruber*, Grundzüge des europäischen Beihilfenrechts (2007); *Streinz*, EUV/AEUV[3] (2018).

**Judikatur:** EuGH 17.09.1980, Rs 730/79, *Philip Morris/Kommission*; EuGH 14.02.1990, C-301/87, *Frankreich/Kommission*; EuGH 21.03.1991, C-303/88, *Italien/ Kommission*; EuGH 16.06.1993, C-325/91, *Frankreich/Kommission*; EuGH 11.07.1996, C-39/94, *SFEI/Laposte*; EuGH 15.05.1997, C-355/95 P, *Textilwerke Deggendorf*; Schlussanträge *Mischo* 12.03.2002, C-242/00, *Deutschland/Kommission*; EuG 14.01.2004, T-109/01, *Fleuren Compost/Kommission*; EuGH 29.04.2004, C-372/97, *Italien/Kommission*; EuG 12.07.2018, T-356/15, *Österreich/Kommission*.

Anders als bei den Legalausnahmen in Art 107 Abs 2 AEUV „**können**" Beihilfen im Rahmen von Art 107 Abs 3 AEUV mit dem Binnenmarkt vereinbar sein. Der Kommission ist im Rahmen dieser Ausnahmetatbestände ein weiter[229] Ermessensspielraum bei der Genehmigung eingeräumt („Kann-Bestimmungen").[230] Es handelt sich um **Ermessensausnahmen**.

Das heißt nicht jede Beihilfe, die unter eine Ermessensausnahme fällt, ist ipso iure zulässig, sondern erst nach einer positiven Kommissionsentscheidung (Ermessensentscheidung).[231] Die Beihilfe muss damit bei der Kommission angemeldet und für mit dem Binnenmarkt vereinbar erklärt werden. Die Kommission übt dabei sowohl Ermessen hinsichtlich der Tatbestandsvoraussetzungen als auch der Rechtsfolgen aus.[232]

Art 107 Abs 3 AEUV sieht in lit a bis e unterschiedliche Ermessensausnahmen vor. Dies betrifft regionale Beihilfen für erheblich unterentwickelte Gebiete (Siehe Punkt 1.), Beihilfen für wichtige Vorhaben von gemeinsamem europäischem Interesse (Siehe Punkt 2.), Beihilfen zur Behebung einer beträchtlichen Wirtschaftsstörung (Siehe Punkt 3.) sektorale und regionale Beihilfen (Siehe Punkt 4.) sowie Kulturbeihilfen (Siehe Punkt 5.). Darüber hinaus kann der Kreis der Ermessensausnahmen auf Vorschlag der Kommission durch den Rat erweitert werden (Ratsausnahmen, siehe Punkt 6.).

---

229 *Kreuschitz* in MüKoWettbR V: BeihilfenR[2] Art 107 Rz 721; *Bartosch*, EU-BeihilfenR[3] Art 107 Abs 3 AEUV Rz 1.

230 *Koenig/Hellstern* in Hatje/Müller-Graff, EnzEuR IV[2] § 14 Rz 62; *Kreuschitz* in MüKoWettbR V: BeihilfenR[2] Art 107 Rz 721 ff.

231 *Koenig/Hellstern* in Hatje/Müller-Graff, EnzEuR IV[2] § 14 Rz 62; vgl auch *Kreuschitz* in MüKoWettbR V: BeihilfenR[2] Art 107 Rz 721 ff.

232 *Mederer* in Schröter/Jakob/Klotz/Mederer, Europäisches Wirtschaftsrecht[2] (2014) Art 107 Abs 3 AEUV Rn 214.

## 1. Beihilfen zur Förderung der wirtschaftlichen Entwicklung von Gebieten in äußerster Randlage

**Literatur:** *Grabitz/Hilf/Nettesheim*, Das Recht der Europäischen Union: EUV/ AEUV[72] (2021); *Callies/Ruffert*, EUV/AEUV[5] (2016); *Lukits*, Die Reform der Leitlinien für Regionalbeihilfen. Vertiefung ausgewählter Themen, in Haslinger/Jaeger (Hrsg), Jahrbuch Beihilfenrecht (2014) 333; *Rolfes*, Regionale Wirtschaftsförderung und EWG-Vertrag. Die Aktionsräume von Bund, Ländern und Kommunen (1991); *von Wallenberg/ Schütte* in Grabitz/Hilf/Nettesheim (Hrsg), Das Recht der Europäischen Union (Werkstand: 68. EL Oktober 2019).

**Judikatur:** EuGH 17.09.1980, Rs 730/79, *Philip Morris/Kommission*; EuGH 14.10.1987, Rs 248/84, *Deutschland/Kommission*; EuGH 14.01.1997, C-169/95, *Spanien/Kommission*.

> **Art 107 Abs 3 AEUV:**
>
> Als mit dem Binnenmarkt vereinbar **können** angesehen werden:
>
> a) Beihilfen zur **Förderung der wirtschaftlichen Entwicklung von Gebieten**, in denen die **Lebenshaltung außergewöhnlich niedrig** ist oder eine **erhebliche Unterbeschäftigung** herrscht, sowie der in **Artikel 349** genannten Gebiete unter Berücksichtigung ihrer strukturellen, wirtschaftlichen und sozialen Lage;
>
> [...]

Art 107 Abs 3 lit a AEUV stellt auf Gebiete ab, die **gemessen am Unionsniveau** in sozioökonomischer Hinsicht benachteiligt sind.[233] Diese Regionalbeihilfen sollen die **Entwicklung benachteiligter Gebiete** durch **gebietsbezogene** Beihilfen fördern und sind nur bei bestimmten ausgewiesenen Gebieten möglich.

Dabei muss es sich um **erheblich unterentwickelte Gebiete** handeln.[234] Man spricht auch von sog **A-Fördergebieten**. Aus den Begriffen „außergewöhnlich" und „erheblich" folgt, dass der Lebensstandard bzw die Unterbeschäftigung nicht am nationalen Durchschnitt, sondern am Unionsniveau zu messen sind.

In sog Fördergebietskarten definieren die Mitgliedstaaten A-Fördergebiete und C-Fördergebiete. Die Fördergebietskarten bedürfen einer Genehmigung durch die Kommission.

Nach Auffassung der Kommission sind unter **A-Fördergebieten** umfasst:

- NUTS-2-Regionen, deren Pro-Kopf-BIP höchstens 75 % des EU-27 Durchschnitts beträgt;
- Gebiete in äußerster Randlage.

Unter Gebieten in äußerster Randlage sind die in Artikel 349 genannten Gebiete zu verstehen.

---

233 EuGH 17.09.1980, Rs 730/79, *Philip Morris/Kommission*; EuGH 14.10.1987, Rs 248/84, *Deutschland/Kommission*.

234 Zum Verhältnis des Art 107 Abs 3 lit a AEUV zu Art 107 Abs 3 lit c AEUV siehe EuGH 14.01.1997, C-169/95, *Spanien/Kommission*.

**Beispiel:** *A-Fördergebiete sind etwa Extremadura, Ciudad de Melilla, Sjeverna Hrvatska, Puglia, Sardegna, ua. A-Fördergebiete, die als Gebiete in äußerster Randlage definiert werden sind derzeit Guadeloupe, Französisch-Guyana, Martinique, Mayotte, Réunion, St. Martin, die Azoren, Madeira und die Kanarischen Inseln.*[235]

Die Kommission definiert einen sog „Fördergebietsbevölkerungsplafond", der die Höchstgrenze für Regionalfördergebiete bildet.[236] Diese Grenze wird sodann nach sozioökonomischen Kriterien auf die Mitgliedstaaten verteilt.

Derzeit beträgt der Fördergebietsbevölkerungsplafonds 48% der Bevölkerung der EU-28.[237]

Beihilfen, die auf der Grundlage von Art 107 Abs 3 lit a AEUV gewährt werden, sind bei der Kommission anzumelden. Die Kommission prüft sodann auf Grundlage ihrer Regionalbeihilfeleitlinien[238], ob eine Regionalbeihilfe als mit dem Binnenmarkt vereinbar anzusehen ist.

> Komplementär dazu enthält die AGVO einzelne Freistellungstatbestände für regionale Investitionsbeihilfen (Art 14 AGVO), regionale Betriebsbeihilfen (Art 15 AGVO) und regionale Stadtentwicklungsbeihilfen (Art 16 AGVO). Regionalbeihilfen können unter Einhaltung der Vorschriften der AGVO ohne Anmeldung (jedoch durch eine Freistellungsmitteilung) bei der Kommission gewährt werden (Zweiter Teil Kapitel III Abschnitt D, Punkt 3., Buchstabe b).

## 2. Beihilfen zur Förderung wichtiger Vorhaben von gemeinsamem europäischem Interesse (IPCEI)

**Literatur:** *Bartosch*, EU-Beihilfenrecht[3] (2020); *Grabitz/Hilf/Nettesheim*, Das Recht der Europäischen Union[72] (2021); *Callies/Ruffert*, EUV/AEUV[5] (2016); *Eidissen*, Common Interest as a Condition for State Aid Compatibility, EStAL 2020, 452; *Frenz*, Handbuch Europarecht III: Beihilferecht[2] (2021); *Kühling/Rüchardt* in Streinz (Hrsg), EUV/AEUV[3] (2018); *Martenczuk* in Schwarze, EU-Kommentar[4] (2019) Art 107 AEUV; *Rolfes*, Regionale Wirtschaftsförderung und EWG-Vertrag. Die Aktionsräume von Bund, Ländern und Kommunen (1991); *Streinz*, EUV/AEUV[3] (2018); *von Wallenberg/Schütte* in Grabitz/Hilf/Nettesheim (Hrsg), Das Recht der Europäischen Union: EUV/AEUV (Werkstand: 68. EL Oktober 2019).

**Judikatur:** KOM 18.01.1999, N 576/98; KOM 06.06.2001, C41/2000, *Beihilfe zugunsten der Iveco SpA*, ABl L 2001/292, 58; KOM 24.04.2002, N 706/2001, *Channel Tunnel Rail Link*, ABl C 2002/130, 5; KOM 18.09.2002, N 523/2002, *Channel Tunnel Rail Link* (CTRL IV), ABl C 2002/262, 4; EuGH 19.09.2002, C-113/00, *Spanien/Kommission*;

---

235 Vgl die Leitlinien für Regionalbeihilfen (2022-2027), ABl C 2021/153, Tz 21.
236 Ausführlich dazu *Lukits* in Jahrbuch Beihilferecht 2014, 339.
237 Vgl die Leitlinien für Regionalbeihilfen (2022-2027), ABl C 2021/153, Tz 155.
238 Leitlinien für Regionalbeihilfen 2014-2020, ABl C 2013/209, 1; Leitlinien für Regionalbeihilfen (2022-2027), ABl C 2021/153, 1.

KOM 19.05.2004, N 478/2003, *Programme Medea + Eureka 2365 : projet T207, ,65nm CMOS 300 mm*, ABl C 2005/131, 15; EuGH 15.12.2005, C-148/04, *Unicredito Italiano*; EuGH 15.12.2005, C-66/02, *Italien/Kommission*; KOM 13.05.2009, N 420/2008, *Restructuring of London & Continental Railways and Eurostar*, ABl C 2009/183, 2; EuGH 22.12.2008, C-333/07, *Régie Networks*; KOM 10.05.2010, N 116/2010, *Änderung der Regelung für Innovationsbeihilfen an den Schiffbau*, ABl C 2010/143, 24; KOM 23.06.2014, SA.38794, *Verlängerung der deutschen Regelung für Innovationsbeihilfen an den Schiffbau*, ABl C 2014/348, 26; KOM 15.10.2014, SA.36558, *State Aid granted to Øresundsbro Konsortiet*, ABl C 2014/437, 2; KOM 15.10.2014, SA.38371, *Tax advantages for the construction and operation of the Øresund Fixed Link*, ABl C 2014/418, 8; KOM 15.10.2014, SA.36662, *State Aid granted to Øresundsbro Konsortiet*, ABl C 2014/437, 3; EuG 13.12.2018, T-630/15, *Scandlines Danmark ApS and Scandlines Deutschland/Kommission*; EuG 13.12.2018, T-631/15, *Stena Line Scandinavia AB/Kommission*; EuG 19.09.2018, T-68/15, *HHI Ferries ua/Kommission*; EuGH 22.10.2019, C-174/19 P, *Scandlines Danmark ApS and Scandlines Deutschland/Kommission*.

> **Art 107 Abs 3 AEUV:**
>
> Als mit dem Binnenmarkt vereinbar **können** angesehen werden:
> [...]
> b) Beihilfen zur Förderung wichtiger **Vorhaben von gemeinsamem europäischem Interesse** oder zur Behebung einer beträchtlichen Störung im Wirtschaftsleben eines Mitgliedstaats;

Die erste Alternative des Art 107 Abs 3 lit b AEUV betrifft Vorhaben von gemeinsamem europäischem Interesse (Important Projects of Common European Interest – **IPCEI**). Das sind Vorhaben, die die in Art 3 EUV genannten oder sich aus Sekundärrechtsakten[239] ergebenden Ziele fördern und zwischenstaatliche Vorhaben, an deren Durchführung die Union oder mehrere Mitgliedstaaten ein unmittelbares Interesse haben.[240]

Die Kommission **kann** derartige Beihilfen für mit dem Binnenmarkt vereinbar erklären. Aus der Wortfolge „können angesehen werden" ist abzuleiten, dass es im Ermessen der Kommission liegt, eine bei ihr angemeldete IPCEI-Beihilfemaßnahme, als mit dem Binnenmarkt vereinbar zu erklären.

Die Kriterien wonach die Kommission eine IPCEI-Beihilfemaßnahme als mit dem Binnenmarkt vereinbar ansieht, legt sie in der IPCEI-Mitteilung[241] fest.

Ein IPCEI-Vorhaben liegt vor, wenn
– das Vorhaben **hinreichend konkretisiert** ist,

---

239 *Sutter* in Mayer/Stöger, EUV/AEUV Art 107 AEUV Rz 108 (Stand 01.01.2014, rdb.at).
240 *Cremer* in Calliess/Ruffert, EUV/AEUV⁵ Art 107 AEUV Rn 56; *Frenz*, Handbuch EuR III² Rz 1895 mwN.
241 Mitteilung der Kommission über die Kriterien für die Würdigung der Vereinbarkeit von staatlichen Beihilfen zur Förderung wichtiger Vorhaben von gemeinsamem europäischem Interesse, ABl C 2014/188, 4 (im Folgenden: „IPCEI-Mitteilung").

Die Kommission verlangt eine präzise Beschreibung der Ziele und Durchführungsbedingungen des Vorhabens, einschließlich der Teilnehmer und ihrer Finanzierung.[242]

– ein **gemeinsames europäisches Interesse** vorliegt, **und**

Das kann ein Ziel (zB gemeinsame Energiepolitik, Grüner Deal) oder eine Strategie der Union sein. Es genügt ein EU-Interesse nach den Verträgen.[243] Das Vorhaben muss als solches der gesamten Union nutzen.[244] Ein gemeinsames europäisches Interesse liegt vor, wenn das Vorhaben zur Erreichung der in Art 3 EUV formulierten Ziele beiträgt.[245] Ein gemeinsames europäisches Interesse mindestens zweier Mitgliedstaaten soll ausreichend sein,[246] der Vorteil muss jedenfalls für die gesamte Union bestehen.[247]

– dem Projekt **quantitativ und qualitativ** eine **gewisse Bedeutung** zukommt.[248]

Die IPCEI-Mitteilung legt zusätzliche kumulative Kriterien fest, wann ein gemeinsames europäisches Interesse vorliegt:[249] etwa das Erfordernis der Kofinanzierung durch den Beihilfeempfänger[250] oder die Einhaltung des Grundsatzes der stufenweisen Einstellung umweltschädlicher Subventionen.[251] Zudem enthält die IPCEI-Mitteilung verschiedene sog „allgemeine positive Indikatoren", bei denen die Kommission eher geneigt sein wird, ein Vorhaben als IPCEI anzusehen.[252]

**Beispiel:** *Deutschland hat im Dezember 2020 mit 21 weiteren EU-Staaten und Norwegen das „Manifesto for the development of a European „Hydrogen Technologies and Systems" value chain"[253] unterzeichnet und das IPCEI gestartet. Das Vorhaben liegt im gemeinsamen europäischen Interesse und steht im Einklang mit der Wasserstoffstrategie im Rahmen des Green Deals.*

Den Hauptanwendungsfall dieses Tatbestands bilden Beihilfen für Forschung und Entwicklung sowie Beihilfen zur Förderung europäischer Infrastrukturvorhaben. In der Verwaltungspraxis hat die Kommission diesen Tatbestand durch-

---

242 IPCEI-Mitteilung, ABl C 2014/188, 4, Tz 12; KOM 19.05.2004, N 478/2003, ABl C 2005/131, 15.
243 *Frenz*, Handbuch EuR III[2] Rz 1899.
244 KOM 06.06.2001, C 41/2000, ABl L 2001/292, 58.
245 *Frenz*, Handbuch EuR III[2] Rz 1895 mwN.
246 *Frenz*, Handbuch EuR III[2] Rz 1896 mwN; *Martenczuk* in Schwarze, EU-Kommentar[4] Art 107 AEUV Rn 370.
247 EuGH 15.12.2005, C-148/04, *Unicredito Italiano* Rn 72 ff; EuGH 15.12.2005, C-66/02, *Italien/Kommission* Rn 139 f.
248 KOM 13.05.2009, N 420/2008, ABl C 2009/183, 2; KOM 06.06.2001, C 41/2000, ABl L 2001/292, 58; *Bartosch*, EU-BeihilfenR[3] Art 107 Abs 3 AEUV Rz 12; *Frenz*, Handbuch EuR III[2] Rz 1895.
249 S dazu IPCEI-Mitteilung, ABl C 2014/188, 4, Tz 14 ff.
250 IPCEI-Mitteilung, ABl C 2014/188, 4, Tz 18.
251 IPCEI-Mitteilung, ABl C 2014/188, 4, Tz 19.
252 IPCEI-Mitteilung, ABl C 2014/188, 4, Tz 20 ff; *Bartosch*, EU-BeihilfenR[3] Art 107 Abs 3 AEUV Rz 12.
253 https://www.bmwi.de/Redaktion/DE/Downloads/M-O/manifesto-for-development-of-european-hydrogen-technologies-systems-value-chain.pdf?__blob=publicationFile&v=18.

aus zurückhaltend angewendet.[254] Die Zahl an ergangenen Entscheidungen ist bislang überschaubar.[255]

Auf Art 107 Abs 2 lit b AEUV wurden in der Vergangenheit zB Maßnahmen für den Schiffsbau[256], Brückenbau[257] und für den Umweltschutz gestützt. Auch für Österreich sind IPCEI aus strategischer Sicht nicht unbeachtlich. So wird derzeit etwa die Teilnahme am „IPCEI Mikroelektronik" und am „IPCEI Batteries" mit mehreren Unternehmen angestrebt.[258]

Als Vorhaben von gemeinsamem europäischem Interesse wurde zB das Finanzierungsmodell für die feste Fehlmarnbeltquerung zur Verbindung der dänischen und der deutschen Küste qualifiziert.[259]

*Beispiel: Ein von mehreren Mitgliedstaaten (Frankreich, Deutschland, Italien und dem Vereinigten Königreich) initiiertes Projekt für Forschung und Innovation im Bereich der Mikroelektronik soll bei der Kommission als IPCEI-Vorhaben angemeldet werden. Ein solches Projekt stellt ein gemeinsames europäisches Interesse dar, da die Mikro- und Nanoelektronik zu den sechs wichtigsten Grundlagentechnologien für die künftige industrielle Entwicklung zählt. Dieses Vorhaben steht auch mit der Politik der Kommission zum Umstieg von der Nutzung umweltschädlicher fossiler Brennstoffe auf alternative Antriebs- und Energietechnologien im Einklang.*

## 3. Beihilfen zur Behebung einer beträchtlichen Störung im Wirtschaftsleben eines Mitgliedstaats

**Literatur:** *Grabitz/Hilf/Nettesheim*, Das Recht der Europäischen Union: EUV/AEUV[72] (2021); *Callies/Ruffert*, EUV/AEUV[5] (2016); *Frenz*, Handbuch Europarecht III: Beihilferecht[2] (2021); *Martenczuk* in Schwarze (Hrsg), EU-Kommentar[4] (2019) Art 107 AEUV; *Rolfes*, Regionale Wirtschaftsförderung und EWG-Vertrag. Die Aktionsräume von Bund, Ländern und Kommunen (1991); *Rusche*, State aid control and banking Union,

---

254 *Kühling/Rüchardt* in Streinz, EUV/AEUV[3] Art 107 Rn 134; *Bartosch*, EU-BeihilfenR[3] Art 107 Abs 3 AEUV Rn 10; *Knauff* in Immenga/Mestmäcker, WettbR III: BeihilfenR[5] Art 107 Abs 3 Rn 36 f.

255 Zur Aufstellung bislang ergangener Entscheidungen auf Grundlage des IPCEI: *Cattryse* in Pesaresi/Van de Casteele/Flynn/Siaterli, EU Competition Law, Book Two Rn 3.2053.

256 KOM 10.05.2010, N 116/2010, *Änderung der Regelung für Innovationsbeihilfen an den Schiffbau*, ABl C 2010/143, 24; KOM 23.06.2014, SA.38794, *Verlängerung der deutschen Regelung für Innovationsbeihilfen an den Schiffbau*, ABl C 2014/348, 26.

257 KOM 15.10.2014, SA.36558, *State Aid granted to Øresundsbro Konsortiet*, ABl C 2014/437, 2; KOM 15.10.2014, SA.38371, Tax advantages for the construction and operation of the Oresund Fixed Link, ABl C 2014/418, 8; KOM 15.10.2014, SA.36662, *State Aid granted to Øresundsbro Konsortiet*, ABl C 2014/437, 3

258 Pressemitteilung Kommission 26.01.2021, IP/21/226.

259 Die feste Fehrmarnbeltquerung trägt nicht nur zur grenzübergreifenden Integration der beiden Regionen, die sie verbindet, bei, sondern vollendet zudem auch die zentrale Nord-Süd-Achse zwischen Mitteleuropa und Skandinavien und nützt der europäischen Wirtschaft. Die positiven Auswirkungen wurden schwerer gewichtet als potenzielle Wettbewerbsverfälschungen: dazu Pressemitteilung der Kommission vom 20.03.2020, Kommission genehmigt öffentliche Finanzierung für feste Fehrmarnbeltquerung.

in Immenga/Koerber (Hrsg), Beihilfenrecht in der Krise – Reform des Beihilfenrechts (2014); *Soltész/von Köckritz*, Der „vorübergehende Gemeinschaftsrahmen" für staatliche Beihilfen – die Antwort der Kommission auf die Krise in der Realwirtschaft, EuZW 2010, 167.

**Judikatur:** EuG 15.12.1999, T-132/96 und T-143/96, *Freistaat Sachsen u Volkswagen/Kommission*; EuGH 30.09.2003, C-57/00 P und C-61/00 P, *Freistaat Sachsen u. Volkswagen/Kommission*; EuGH 30.09.2003, C-301/96, *Deutschland/Kommission*; EuGH 11.11.2004, C-73/03, *Spanien/Kommission*; EuGH 05.03.2015, C-667/13, *Banco Privado Portugues et Massa Insolvente do Banco Privado Portugues*; EuGH 08.03.2016, C-431/14 P, *Griechenland/Kommission*.

> **Art 107 Abs 3 AEUV:**
>
> Als mit dem Binnenmarkt vereinbar **können** angesehen werden:
> [...]
> b) Beihilfen zur Förderung wichtiger Vorhaben von gemeinsamem europäischem Interesse oder zur **Behebung einer beträchtlichen Störung im Wirtschaftsleben eines Mitgliedstaats;**

Die zweite Alternative des Art 107 Abs 3 lit b AEUV betrifft Vorhaben zur Behebung einer beträchtlichen Störung im Wirtschaftsleben eines Mitgliedstaats.

Dieser Tatbestand setzt voraus:

- eine **schwerwiegende wirtschaftliche oder soziale Krisenerscheinung;**[260]
- eine durch die betreffende Störung ausgehende Beeinträchtigung, des **gesamten Wirtschaftslebens des betreffenden Mitgliedstaats** und nicht nur das eines seiner Regionen oder Gebietsteile;[261]

Etwas anderes kann nur gelten, wenn das betroffene Unternehmen als "systemrelevant" angesehen wird, also sein Untergang zu ganz erheblichen Schwierigkeiten im gesamten Sektor führen würde.[262]

- die **Notwendigkeit** und **Verhältnismäßigkeit** der Beihilfe.[263]

---

260 EuGH 30.09.2003, C-57/00 P und C-61/00 P, *Freistaat Sachsen u Volkswagen/Kommission* Rn 99; *Kühling/Rüchardt* in Streinz, EUV/AEUV³ (2018) Art 107 AEUV Rn 136.

261 EuGH 30.09.2003, C-57/00 P und C-61/00 P, *Freistaat Sachsen ua/Kommission*: Unzureichend war das Vorbringen, dass sich die betreffende Störung lediglich auf die Wirtschaftslage des Freistaats Sachsen bezog. Der EuGH ließ aber offen, ob das auch dann gilt, wenn es dadurch zu einer beträchtlichen Störung des Wirtschaftslebens der Bundesrepublik Deutschland insgesamt führte. (Rn 168 der Entscheidung).

262 *von Wallenberg/Schütte* in Grabitz/Hilf/Nettesheim, Das Recht der Europäischen Union Art 107 Rn 162 (Werkstand 59. EL Juli 2016): Sie vertreten die Ansicht, dass es sich bei Lehman Brothers um ein derartiges systemrelevantes Unternehmen gehandelt hat, da dessen Insolvenz eine tiefe Krise des weltweiten Finanzsektors bewirkte.

263 Die ungeschriebenen Tatbestandsmerkmale der Notwendigkeit und Verhältnismäßigkeit wurden ausdrücklich in der Entscheidung EuGH 05.03.2015, C-667/13, *Banco Privado Portugues et Massa Insolvente do Banco Privado Portugues* Rz 74 bestätigt; vgl auch *Rusche* in Immenga/Mestmäcker, WettbR III: BeihilfenR⁵ (2016) Art 107 Rn 39.

Indikatoren für eine schwere Störung können ein erheblicher Rückgang der Investitionen oder ein starkes Ansteigen der Arbeitslosigkeit sein.[264]

Die Maßnahmen müssen im Hinblick auf den Ausnahmecharakter der Vorschrift **zeitlich begrenzt** sein und sind nur solange zulässig, wie die beträchtliche Störung im Wirtschaftsleben andauert.[265]

In Anwendung dieser Bestimmung ist die Kommission bislang stets sehr restriktiv vorgegangen.

Die Kommission hat nur sehr selten auf Grundlage dieser Bestimmung eine Beihilfemaßnahme genehmigt, wie etwa iZm einem umfassenden griechischen Privatisierungsprogramm, das für die Sanierung der gesamten Volkswirtschaft von essentieller Bedeutung war.[266] Keinen Anwendungsfall von Art 107 Abs 3 lit b 2. Alt AEUV hat die Kommission in den Ausgleichsmaßnahmen für den Agrarsektor angesichts der Erhöhung der Kraftstoffpreise um 47 % gesehen.[267]

Erst durch die Finanz- und Wirtschaftskrise hat diese Bestimmung einen enormen praktischen Zuwachs erfahren, indem die Kommission auf dieser Grundlage zahlreiche Leitlinien[268] verabschiedet hat. Die Kommission hat zudem den Befristeten Rahmen zur Bekämpfung der wirtschaftlichen Folgen aufgrund von COVID-19 auf die Grundlage von Art 107 Abs 3 lit b AEUV gestützt.

*Beispiel: Die Kommission hat angesichts der Tatsache, dass alle Mitgliedstaaten vom COVID-19-Ausbruch betroffen sind und die von den Mitgliedstaaten ergriffenen Eindämmungsmaßnahmen Auswirkungen für die Unternehmen haben, einen Befristeten Rahmen zur Behebung einer beträchtlichen Störung des Wirtschaftslebens eines Mitgliedstaats auf der Grundlage von Art 107 Abs 3 lit b AEUV veröffentlicht.[269]*

---

264 *Frenz*, Handbuch EuR III[2] Rz 1902 mwN; *Martenczuk* in Schwarze, EU-Kommentar[4] Art 107 AEUV Rn 397; vgl die zeitliche Begrenzung: Befristeter Rahmen für staatliche Beihilfen zur Stützung der Wirtschaft angesichts des derzeitigen Ausbruchs von CO-VID-19, ABl C 2020/91 I, 1.

265 *Martenczuk* in Schwarze, EU-Kommentar[4] Art 107 AEUV Rn 373; *Frenz*, Handbuch EuR III[2] Rz 1904;

266 *Sutter* in Mayer/Stöger (Hrsg), EUV/AEUV Art 107 AEUV Rz 109 (Stand 1.1.2014, rdb. at) mwN.

267 EuGH 11. 11. 2004, C-73/03, Rz 36 ff.

268 Statt vieler: Mitteilung der Kommission über die Anwendung der Vorschriften für staatliche Beihilfen ab dem 1. August 2013 auf Maßnahmen zur Stützung von Banken im Kontext der Finanzkrise („Bankenmitteilung", ABl C 2013/216, 1; Mitteilung der Kommission über die Anwendung der Vorschriften für staatliche Beihilfen auf Maßnahmen zur Stützung von Banken im Kontext der Finanzkrise ab dem 1. Januar 2012, ABl C 2011/356, 7; Mitteilung der Kommission über die Anwendung der Vorschriften für staatliche Beihilfen auf Maßnahmen zur Stützung von Finanzinstituten im Kontext der Finanzkrise ab dem 1. Januar 2011, ABl C 2010/329, 7.

269 S Befristeter Rahmen für staatliche Beihilfen zur Stützung der Wirtschaft angesichts des derzeitigen Ausbruchs von COVID-19, ABl C 2020/91 I, 1, Tz 17-19.

## 4. Beihilfen zur Förderung der Entwicklung bestimmter Wirtschaftszweige und -gebiete

**Literatur:** *Bartosch*, EU-Beihilfenrecht[3] (2020); *Callies/Ruffert*, EUV/AEUV[5] (2016); *Frenz*, Handbuch Europarecht III: Beihilferecht[2] (2021); *Martenczuk* in Schwarze, EU-Kommentar[4] (2019) Art 107 AEUV; *Lukits*, Die Reform der Leitlinien für Regionalbeihilfen. Vertiefung ausgewählter Themen, in Haslinger/Jaeger (Hrsg), Jahrbuch Beihilferecht (2014) 333; *Merola*, Regional Aid, Recent Trends and Some Historical Background – with special Focus on large Investment Projects, EStAL 3/2010, 590; *Todino/Zanazzo*, New Guidelines on Regional Aid – Is the Party Over for Large Investment Projects? EStAL 4/2013, 678; *Wishlade*, To What Effect? The Overhaul of the Regional Aid Guidelines, EStAL 4/2013, 660.

**Judikatur:** EuGH 17.09.1980, Rs 730/79, *Philip Morris/Kommission*; EuGH 24.02.1987, Rs 310/85, *Deufl/Kommission*; EuGH 14.10.1987, Rs 248/84, *Deutschland/Kommission*; EuGH 14.01.1997, C-169/95, *Pyrsa*; EuGH 19.09.2002, C-113/00, *Spanien/Kommission*.

> **Art 107 Abs 3 AEUV:**
>
> Als mit dem Binnenmarkt vereinbar **können** angesehen werden:
> [...]
> c) Beihilfen zur Förderung der **Entwicklung gewisser Wirtschaftszweige** oder **Wirtschaftsgebiete**, soweit sie die Handelsbedingungen nicht in einer Weise verändern, die dem gemeinsamen Interesse zuwiderläuft;
> [...]

Die am häufigsten angewandte Ausnahmevorschrift stellt Art 107 Abs 3 lit c AEUV dar. Sie umfasst sowohl **regionale Beihilfen** („gewisse Wirtschaftsgebiete") als auch **sektorale Beihilfen** („gewisse Wirtschaftszweige"). Aber auch **horizontale Beihilfen** werden regelmäßig am Maßstab dieser Ausnahmebestimmung gemessen.[270]

### *a. Regionale Beihilfen*

Art 107 Abs 3 lit c AEUV unterstützt Gebiete, die im **Vergleich zum nationalen Durchschnitt** benachteiligt sind (sog **C-Fördergebiete**).[271] Das Ermessen der Kommission umfasst aber auch hier wirtschaftliche und soziale Wertungen, die auf die gesamte Union zu beziehen sind.

---

270 In der Praxis fungiert Art 107 Abs 3 lit c AEUV als Auffangtatbestand für horizontale (allgemeine) Beihilfen und Beihilferegelungen: *Cremer* in Calliess/Ruffert, EUV/AEUV[5] Art 107 AEUV Rn 59; *Bär-Bouyssiére* in Schwarze, EU-Kommentar[4] Art 107 AEUV Rn 73.

271 EuGH 14.10.1987, Rs 248/84, *Deutschland/Kommission* Rn 19; Zum Verhältnis der Ausnahmevorschriften des Art 107 Abs 3 lit a AEUV und Art 107 Abs 3 lit c AEUV siehe EuGH 19.09.2002, C-113/00, *Spanien/Kommission* Rn 65 ff.

Regionalbeihilfen für die Stahl- oder Kunstfaserindustrie sind hingegen nicht mit dem Binnenmarkt vereinbar.

> A-Fördergebiete sind im Vergleich zum Unionsschnitt wirtschaftlich benachteiligte Gebiete. C-Fördergebiete sind grds nur im Vergleich zum nationalen Durchschnitt benachteiligt.

Wie auch die A-Fördergebiete sind C-Fördergebiete in den jeweiligen Fördergebietskarten der Mitgliedstaaten, die bei der Kommission zu notifizieren sind, definiert und dargestellt.

C-Fördergebiete sind zB die finnischen NUTS-Regionen Kainuu sowie Lappi oder die spanischen NUTS-Regionen Teruel und Soria. Die österreichischen Regionen sind aus der österreichischen Fördergebietskarte ersichtlich.[272]

Bei C-Fördergebieten unterscheidet man zwischen **zwei Gruppen**:

– **prädefinierte C-Fördergebiete**

Gebiete, die bestimmte festgelegte Voraussetzungen erfüllen und deshalb ohne weitere Angabe von Gründen von einem Mitgliedstaat als C-Fördergebiet ausgewiesen werden können.[273]

– **nicht prädefinierte C-Fördergebiete**

Gebiete, die ein Mitgliedstaat nach eigenem Ermessen als C-Fördergebiet ausweisen kann, sofern bestimme sozioökonomische Kriterien nachgewiesen werden können.[274]

> Komplementär dazu enthält die AGVO einzelne Freistellungstatbestände für regionale Investitionsbeihilfen (Art 14 AGVO), regionale Betriebsbeihilfen (Art 15 AGVO) und regionale Stadtentwicklungsbeihilfen (Art 16 AGVO). Regionalbeihilfen können unter Einhaltung der Vorschriften der AGVO ohne Anmeldung (jedoch durch eine Freistellungsmitteilung) bei der Kommission gewährt werden (Zweiter Teil Kapitel III Abschnitt D, Punkt 3., Buchstabe b).

## b. Sektorale Beihilfen

Für einzelne Wirtschaftsbereiche hat die Kommission aufgrund der Besonderheiten in den jeweiligen Wirtschaftsbereichen branchenspezifische Regelungen erlassen. Derartige Vorschriften existieren für den Schiffsbau[275], den

---

272 https://www.oerok.gv.at/fileadmin/user_upload/Bilder/3.Reiter-Regionalpolitik/5._EU-Beihilfenrecht/14-20/NRFG-Karte_2014-2020_genehmigt_OEROK-Atlas.pdf.
273 Regionalbeihilfeleitlinien 2022-2027 Tz 163 Abs 1.
274 Regionalbeihilfeleitlinien 2022-2027 Tz 163 Abs 2.
275 Rahmenbestimmungen über Beihilfen für den Schiffbau, ABl C 2011/364, 9.

Kohlebergbau,[276] die Stahlindustrie[277], die Landwirtschaft[278], den Breitband-sektor,[279] den öffentlichen Rundfunk,[280] den Seeverkehr[281], sowie den Fischerei- und Aquakultursektor[282].

Komplementär dazu enthält die AGVO einzelne Freistellungstatbestände für be-stimmte sektorale Beihilfen wie zB für Breitbandbeihilfen (Art 52 AGVO),[283] Beihilfen für Regionalflughäfen (Art 56a AGVO) oder Beihilfen für Häfen (Art 56 b und Art 56 c AGVO). die auf Basis der AGVO ohne Anmeldung (jedoch durch eine Freistellungsmit-teilung) bei der Kommission, gewährt werden können (Zweiter Teil Kapitel III Abschnitt D).

Als erstes sektorenübergreifendes Regelwerk von Freistellungstatbeständen im Bereich der Beihilfekontrolle spielt die AGVO auch für sektorale Beihilfen eine entscheidende Rolle.

## c. Horizontale Beihilfen

Über den Wortlaut von Art 107 Abs 3 lit c AEUV hinaus fungiert diese Be-stimmung auch als Auffangtatbestand für horizontale Beihilfen. Die Kommissi-on hat zahlreiche Regelungen in Form von Mitteilungen und Leitlinien für be-stimmte horizontale Beihilfen verabschiedet:

Im Bereich der Forschung und Entwicklung wendet die Kommission auf sog **FuE-Beihilfen** den Unionsrahmen für staatliche Beihilfen zur Förderung von Forschung, Entwicklung und Innovation an. Der Unionsrahmen unterscheidet zwischen der Art der Forschungstätigkeit: Grundlagenforschung, industrielle Forschung und experimentelle Entwicklung. Je nach Art der Forschungstätigkeit gelten unterschiedliche Beihilfeintensitäten.

---

276 Für den Kohlebergbau hat der Rat eine Verordnung erlassen: VO (EG) 1407/2002 über staatliche Beihilfen für den Steinkohlenbergbau, ABl L 2002/205, 1.

277 Mitteilung der Kommission – Rettungs- und Umstrukturierungsbeihilfen und Schließungs-beihilfen für die Stahlindustrie, ABl C 2002/70, 21.

278 Rahmenregelung der Europäischen Union für staatliche Beihilfen im Agrar- und Forstsek-tor und in ländlichen Gebieten 2014-2020, ABl C 2014/204, 1.

279 Mitteilung der Kommission. Leitlinien der EU für die Anwendung der Vorschriften über staatliche Beihilfen im Zusammenhang mit dem schnellen Breitbandausbau, ABl C 2013/25, 1.

280 Mitteilung der Kommission über die Anwendung der Vorschriften über staatliche Beihilfen auf den öffentlich-rechtlichen Rundfunk, ABl C 2009/257, 1.

281 Leitlinien für staatliche Beihilfen im Seeverkehr, ABl C 2004/13, 3 zuletzt geändert durch ABl C 2017/120, 10.

282 Verordnung (EU) 1388/2014 der Kommission vom 16. Dezember 2014 zur Feststellung der Vereinbarkeit bestimmter Gruppen von Beihilfen zugunsten von in der Erzeugung, Verarbeitung und Vermarktung von Erzeugnissen der Fischerei und der Aquakultur tätigen Unternehmen mit dem Binnenmarkt in Anwendung der Artikel 107 und 108 des Vertrags über die Arbeitsweise der Europäischen Union, ABl L 2014/369, 37.

283 Zweiter Teil Kapitel III Abschnitt D, Punkt 3., Buchstabe j.

Die AGVO enthält einzelne Freistellungstatbestände für FuEuI-Beihilfen (Zweiter Teil Kapitel III Abschnitt D, Punkt 3., Buchstabe e). Wird die für FuEuI-Beihilfen vorgesehene Anmeldeschwelle überschritten oder die übrigen Voraussetzungen der AGVO nicht eingehalten, muss die Beihilfe bei der Kommission angemeldet werden und wird am Maßstab des FuE-Unionsrahmens geprüft.

Im Umweltschutz- und Energiebereich hat die Kommission die Leitlinien für staatliche Umweltschutz- und Energiebeihilfen 2014-2020 veröffentlicht, die sie auf **Umweltschutz- und Energiebeihilfen** anwendet. Zentrale Zielsetzung der Umweltschutz- und Energiebeihilfen ist die Erreichung eines ressourcenschonenden Europas und die $CO_2$-Neutralität sowie die Erhöhung der erneuerbaren Energien. Eine zentrale Rolle im Bereich des Umweltschutzes nimmt künftig der sog „Grüne Deal" ein.

Der europäische Grüne Deal ist eine Strategie für ein nachhaltiges Europa, indem klima- und umweltpolitische Herausforderungen als Chance gesehen werden, um den Übergang für alle gerecht und inklusiv zu gestalten.[284] Dies soll erreicht werden, indem bis 2050 keine Netto-Treibhausgasemissionen mehr freigesetzt werden und das Wirtschaftswachstum von der Ressourcennutzung abgekoppelt wird.

Für **Ausbildungsbeihilfen** hat die Kommission in einer Mitteilung[285] Kriterien festgelegt, wonach anzumeldende Ausbildungsbeihilfen als mit dem Binnenmarkt vereinbar anzusehen sind.

Ausbildungsbeihilfen können unter bestimmten Voraussetzungen bis zu einem Betrag von € 2 Mio auf der Grundlage der AGVO freigestellt werden (Art 31 AGVO) und bedürfen somit keiner Anmeldung, sondern lediglich einer Freistellungsmitteilung (s Zweiter Teil Kapitel III Abschnitt D, Punkt 3., Buchstabe g). Überschreitet eine Ausbildungsbeihilfe diesen Schwellenwert, ist sie bei der Kommission anzumelden. In diesem Fall beurteilt die Kommission die Beihilfemaßnahme auf Basis der zuvor genannten Mitteilung.

Auch für anzumeldende **Beschäftigungsbeihilfen**[286] hat die Kommission in einer eigenen Mitteilung[287] Kriterien festgelegt, unter denen Beschäftigungsbeihilfen als mit dem Binnenmarkt vereinbar anzusehen sind.

---

284 Siehe dazu https://ec.europa.eu/info/strategy/priorities-2019-2024/european-green-deal_de.

285 Mitteilung der Kommission – Kriterien für die Bewertung der Vereinbarkeit einzeln anzumeldender Ausbildungsbeihilfen mit dem Gemeinsamen Markt, ABl C 2009/188, 1.

286 Mit Beschäftigungsbeihilfen will die Kommission Arbeitnehmern mit Behinderungen helfen, mittels Beihilfen in Form von Lohnkostenzuschüssen diesen einen Zugang zum Arbeitsmarkt zu eröffnen bzw ihren Arbeitsplatz zu erhalten, indem sie durch ihre vermeintlich oder tatsächlich geringere Leistungsfähigkeit entstehende Mehrkosten deckt: vgl dazu KOM 22.06.2011 KOM(2011) 356 endg Bericht der Kommission Anzeiger für staatliche Beihilfen. Bericht über den Beitrag staatlicher Beihilfen zur Strategie Europa 2020, Frühjahrsausgabe 2011, 60.

287 Mitteilung der Kommission hinsichtlich der Kriterien für die Bewertung der Vereinbarkeit einzeln anzumeldender staatlicher Beihilfen für die Beschäftigung von benachteiligten und behinderten Arbeitnehmern mit dem Gemeinsamen Markt, ABl C 2009/188, 6.

Erfüllt eine Beschäftigungsbeihilfe die Voraussetzungen der AGVO (Zweiter Teil Kapitel III Abschnitt D, Punkt 3., Buchstabe h) kann sie freigestellt und muss nicht mehr bei der Kommission angemeldet werden.

Darüber hinaus wurden auch eigene Mitteilungen bzw Leitlinien für **KMU**[288], **Rettungs- und Umstrukturierungsbeihilfen,**[289] **Risikofinanzierungsbeihilfen**[290], **Investitionsbeihilfen** und **Ausfuhrbeihilfen**[291].

Durch die AGVO wurde ein Regelwerk geschaffen, mit dem eine sektorenübergreifende Kodifizierung von Freistellungsregeln erzielt wurde und die **verschiedene sektorale, regionale und horizontale Beihilfen** unter bestimmten Voraussetzungen **von einer Anmeldepflicht** bei der Kommission **ausnimmt.** Dafür sieht die AGVO für einzelne Beihilfekategorien unterschiedliche **Anmeldeschwellen** vor. Überschreitet eine Beihilfe diesen Schwellenwert oder sind die allgemeinen oder besonderen Voraussetzungen der AGVO nicht erfüllt, scheidet eine Freistellung auf der Grundlage der AGVO aus. Die Beihilfe muss folglich bei der Kommission angemeldet werden. Im zuletzt genannten Fall beurteilt die Kommission die Vereinbarkeit mit dem Binnenmarkt nach der jeweils dafür in Betracht kommenden Mitteilung.

### *d. Exkurs: Abgrenzung von Art 107 Abs 3 lit c AEUV zur AGVO*

Die Kommission hat für eine Vielzahl an horizontalen und sektoralen Beihilfen Mitteilungen bzw Leitlinien veröffentlicht, in denen sie Kriterien vorgibt, die sie bei der Beurteilung, ob eine Beihilfemaßnahme mit dem Binnenmarkt vereinbar ist, heranzieht.

Korrespondierend zu Art 107 Abs 3 lit c AEUV hat die Kommission mit der AGVO ein Regelwerk veröffentlicht, in dem einzelne Beihilfegruppen (regiona-

---

288 Mit der Verordnung (EG) 70/2001 der Kommission vom 12. Januar 2001 über die Anwendung der Artikel 87 und 88 EG-Vertrag auf staatliche Beihilfen an kleine und mittlere Unternehmen, ABl L 2001/10, 33 wurde der Gemeinschaftsrahmen für staatliche Beihilfen an kleine und mittlere Unternehmen, ABl C 1996/213, 4 ersetzt. Nunmehr finden sich zahlreiche Freistellungstatbestände für KMU in der AGVO: zB Investitionsbeihilfen (Art 17 AGVO), Beihilfen für die Teilnahme an Messen (Art 19 AGVO), Beihilfen für Unternehmensneugründungen (Art 22 AGVO) oder Beihilfen für auf KMU spezialisierte alternative Handelsplattformen (Art 23 AGVO) ua.

289 Vgl dazu die Leitlinien für staatliche Beihilfen zur Rettung und Umstrukturierung nichtfinanzieller Unternehmen in Schwierigkeiten, ABl C 2014/249, 1.

290 Vgl dazu die Leitlinien für staatliche Beihilfen zur Förderung von Risikofinanzierungen, ABl C 2014/19, 4.

291 Vgl dazu die Mitteilung der Kommission an die Mitgliedstaaten zur Anwendung der Artikel 107 und 108 des Vertrags über die Arbeitsweise der Europäischen Union auf die kurzfristige Exportkreditversicherung, ABl C 2012/392, 1, zuletzt geändert durch ABl C 2013/372, 1.

le, horizontale und sektorale Beihilfen) unter gewissen Voraussetzungen als mit dem Binnenmarkt vereinbar angesehen werden.

Gemäß Art 3 AGVO sind Beihilferegelungen, Einzelbeihilfen auf der Grundlage von Beihilferegelungen und Ad-hoc-Beihilfen im Sinne des Artikels 107 Abs 2 oder 3 AEUV mit dem Binnenmarkt vereinbar und von der Anmeldepflicht nach Art 108 Abs 3 AEUV freigestellt, sofern diese Beihilfen alle Voraussetzungen der AGVO in Kapitel I sowie die für die betreffende Beihilfengruppe geltenden besonderen Voraussetzungen in Kapitel III erfüllen.

Ausführlich zur AGVO im Zweiten Teil Kapitel III Abschnitt D.

*Beispiel: Der Mitgliedstaat A plant ein Arbeitsmarktprogramm, mit dem bei Unternehmen der Handelsbranche der Anreiz gesetzt wird, Langzeitarbeitslose über 55 Jahre zu beschäftigen. Beihilfeempfänger sind die Unternehmen der Handelsbranche. Die Beihilfemaßnahme richtet sich an bestimmte Unternehmen der Handelsbranche, somit liegt aufgrund der selektiven Begünstigung eines bestimmten Unternehmenszweigs eine staatliche Beihilfe vor. Die Beihilfe könnte aber auf der Grundlage von Art 107 Abs 3 lit c AEUV mit dem Binnenmarkt vereinbar sein und als Beschäftigungsbeihilfe notifiziert werden. Parallel dazu besteht die Möglichkeit diese Beihilfemaßnahme auf der Grundlage der AGVO freizustellen, da gemäß Art 32 Beihilfen in Form von Lohnkostenzuschüssen für die Einstellung benachteiligter Arbeitnehmer unter bestimmten Voraussetzungen von der Anmeldepflicht ausgenommen werden können. Die AGVO lässt eine Freistellung solcher Beschäftigungsbeihilfen aber nur bis zu einer Höchstgrenze von € 5 Mio pro Unternehmen und Jahr zu. Müsste für das Arbeitsmarktprogramm mehr Geld aufgewendet werden, scheidet eine Freistellung auf Grundlage der AGVO aus. Das Beihilfeprogramm müsste bei der Kommission angemeldet werden. In diesem Fall zieht die Kommission bei der Prüfung der Vereinbarkeit mit dem Binnenmarkt eine eigene Mitteilung[292] heran, die Kriterien festlegt, wann eine solche Beihilfemaßnahme als mit dem Binnenmarkt vereinbar anzusehen ist.*

*Variante:* Würde das Arbeitsmarktprogramm für alle Unternehmen gelten, würde es am Tatbestandsmerkmal der selektiven Begünstigung mangeln. In diesem Fall wären nicht sämtliche Tatbestandsmerkmale des Art 107 Abs 1 AEUV erfüllt und es läge folglich keine Beihilfe vor.

## 5. Kulturbeihilfen

**Literatur:** *Callies/Ruffert*, EUV/AEUV[5] (2016); *Hentschel*, Die Vereinbarkeit der deutschen Kulturförderung mit dem Beihilfenrecht der Europäischen Gemeinschaft (2006); *Kamann/Gey/Kreuzer*, Europäische Beihilfenkontrolle im Kultursektor, KommJur 2009, 132; *Koenig/Kühling*, Mitgliedstaatliche Kulturförderung und gemeinschaftliche Beihilfenkontrolle durch die EG-Kommission, EuZW 2000, 197; *Nentwig*, Kulturelle Daseinsvorsorge in Europa: Die Vereinbarkeit staatlicher Kulturförderung mit dem europäischen Beihilfenrecht (2008); *Poort/Hugenholtz/Lindhout/van Til*, Research for CULT Committee – Film Financing and the Digital Single Market: its Future, the Role

---

292 Mitteilung der Kommission hinsichtlich der Kriterien für die Bewertung der Vereinbarkeit einzeln anzumeldender staatlicher Beihilfen für die Beschäftigung von benachteiligten und behinderten Arbeitnehmern mit dem Gemeinsamen Markt, ABl C 2009/188, 6.

of Territoriality and New Models of Financing, 2019; *Raczek*, Die Revision der „Kinomitteilung", ZUM 2012, 840; *Ress/Ukrow* in Grabitz/Hilf/Nettesheim (Hrsg), Das Recht der Europäischen Union: EUV/AEUV (Werkstand: 72. EL Februar 2021); *Rolfes*, Regionale Wirtschaftsförderung und EWG-Vertrag. Die Aktionsräume von Bund, Ländern und Kommunen (1991); *Werner*, Filmmitteilung reloaded: Die neuen EU-beihilferechtlichen Regelungen zur Filmförderung, MMR 2014, 439.

**Judikatur:** KOM 24.02.1999, NN 70/98, *Aid to broadcasting channels „Kinderkanal" and „Phoenix"*, ABl C 1999/238, 3; KOM 29.09.1999, NN 88/98, *BBC News 24*, ABl C 2000/78, 6; KOM 19.03.2003, N 44/2003, *„Filmstiftung NRW"*, ABl C 2003/186, 15; KOM 15.10.2003, N 221/2003, *Aviodrome*, ABl C 2003/301, 7; EuGH 10.03.2005, C-39/04, *Laboratoires Fournier*; KOM 20.04.2005, NN 114/2000, *English heritage scheme*, ABl C 2003/186, 16; KOM 20.07.2005, NN 55/2005, *Heritage conservation, Poland*, ABl C 2005/295, 10; KOM 20.07.2005, N 123/2005, *Earmarked scheme for tourism and culture*, ABl C 2005/314, 2; KOM 21.03.2007, N 776/2006, *Subvenciones para el desarrollo del uso del Euskera*, ABl C 2007/100, 4; KOM 21.03.2007, N 49/2007, *Subvenciones para el desarrollo del uso del Euskera (social)*, ABl C 2007/100, 6; KOM 10.05.2007, N 82/2007, *Book promotion in the Basque Country*, ABl C 2007/139, 15; KOM 13.06.2007, N 132/07, *Promotion of Basque language in the media*, ABl C 2007/172, 2; KOM 10.10.2007, NN 50/2007, *Übernahme staatlicher Haftungen für österreichische Bundesmuseen*, ABl C 2007/308, 10; EuG 22.10.2008, T-309/04 ua, *TV2 ua*; KOM 26.11.2008, N 293/08, *Cultural Aid for multifunctional community cultural centres, museums, public libraries and complementary higher education centres*, ABl C 2009/66, 22; KOM 18.12.2013, SA.35501 (2013/N), *Finanzierung und Renovierung von Stadien für die EM 2016*, ABl C 2016/142, 1; EuG 12.05.2016, T-693/14, *Hamr-Sports/Kommission*; EuG 09.06.2016, T-162/13, *Magic Mountain Kletterhallen ua*.

---

**Art 107 Abs 3 AEUV:**

Als mit dem Binnenmarkt vereinbar **können** angesehen werden:
[…]
d) Beihilfen zur Förderung der **Kultur** und der **Erhaltung des kulturellen Erbes,** soweit sie die Handels- und Wettbewerbsbedingungen in der Union nicht in einem Maß beeinträchtigen oder dem gemeinsamen Interesse zuwiderläuft;

---

Vom Tatbestand erfasst sind **Kulturförderungen** und Beihilfen zur Förderung der **Erhaltung des kulturellen Erbes** (zB Denkmalpflege).

Der **Kulturbegriff** ist im Lichte des Art 167 AEUV auszulegen und orientiert sich am Kulturbestand der einzelnen Mitgliedstaaten, wobei auf jene Bereiche abzustellen ist, die von der nationalen Kulturpolitik und Kulturförderung traditionell erfasst werden.[293] Vom Kulturbegriff umfasst sind zB das Verlagswesen, der Bereich der Theater, Kunstgalerien, der Mediensektor ua.

---

[293] KOM 24.02.1999, NN 70/98, ABl C 1999/238, 3; KOM 19.03.2003, N 44/2003, ABl C 2003/186, 15; Filmbeihilfe-Mitteilung, ABl C 2013/332/1; In der Literatur wird daher vereinzelt auch von einem dynamischen Kulturbegriff gesprochen: *Ress/Ukrow* in Grabitz/Hilf/Nettesheim, Das Recht der Europäischen Union Art 167 AEUV Rn 89 (Werkstand: 72. EL Februar 2021).

Nicht als Förderung der Kultur wurde die Verbreitung von audiovisuellen Inhalten durch das Fernsehen angesehen.[294] Teilweise als Förderung wurde die Verbreitung bestimmter Sprachinhalte über Bücher und andere Medien betrachtet.[295]

Im Bereich des Sports muss die betreffende Maßnahme einen kulturellen Schwerpunkt haben.[296] Auch eine kulturelle Betätigung soll genügen, auch wenn sie kommerzielle Elemente enthält.

Viele kulturelle Tätigkeiten (zB Kulturdenkmäler, Museen) haben oft keinen wirtschaftlichen Charakter und fallen dadurch aus dem Anwendungsbereich des EU-Beihilferechts heraus.[297] Bei kulturellen Tätigkeiten (zB Museum) ist daher zwischen der nicht-wirtschaftlichen und der wirtschaftlichen Tätigkeit zu differenzieren, da letztere beihilferechtlich relevant sein kann.

**Beispiel:** *Dies kann etwa bei einem Museum der Fall sein, das neben dem nicht-wirtschaftlichen Museumsbetrieb auch ein Restaurant oder Café betreibt.*

Im Bereich der Filmförderung prüft die Kommission die Vereinbarkeit mit dem Binnenmarkt nach der Filmbeihilfe-Mitteilung[298]. Der Anwendungsbereich der Filmbeihilfe-Mitteilung erstreckt sich auch auf mit der Filmproduktion verbundene Tätigkeiten wie zB Drehbuchgestaltung, Filmvertrieb oder Werbung sowie auf Beihilfen für Kinos oder Transmediales Erzählen.[299]

Für andere verwandte Bereiche, die von der Filmbeihilfe-Mitteilung nicht umfasst sind, ist Art 107 Abs 3 lit d AEUV als beihilferechtliche Grundlage einschlägig.

Damit eine Kulturbeihilfe mit dem Binnenmarkt als vereinbar angesehen werden kann, ist klar zwischen der kulturellen und der kommerziellen Tätigkeit zu trennen.

> Komplementär dazu enthält die AGVO einzelne Freistellungstatbestände für Beihilferegelungen für audiovisuelle Werke sowie für Beihilfen für Kultur und die Erhaltung des kulturellen Erbes (Zweiter Teil Kapitel III Abschnitt D, Punkt 3., Buchstabe k).

---

294 KOM 29.09.1999, NN 88/98, ABl C 2000/78, 6.

295 Befürwortend: KOM 21.03.2007, N 776/2006, ABl C 2007/100, 4; KOM 21.03.2007, N 49/2007, ABl C 2007/100, 6; ablehnend dagegen: KOM 10.05.2007, N 82/2007, ABl C 2007/139, 15.

296 EuG 09.06.2016, T-162/13; KOM 18.12.2013, SA.35501 (2013/N), ABl C 2016/142, 1.

297 KOM 20.07.2005, NN 55/2005, ABl C 2005/295, 10; KOM 20.07.2005, N 123/2005, ABl C 2005/314, 2

298 Mitteilung über staatliche Beihilfen für Filme und andere audiovisuelle Werke, ABl C 2013/332, 1.

299 Ausführlich dazu siehe *Bartosch*, EU-BeihilfenR³ Art 107 Abs 3 AEUV Rn 26.

## 6. Ratsausnahmen

**Judikatur:** EuGH 18.05.1993, C-356/90 u C-180/91, *Belgien/Kommission*; EuGH 15.10.1996, C-311/94, *IJssel-Vliet*.

**Art 107 Abs 3 AEUV:**

Als mit dem Binnenmarkt vereinbar **können** angesehen werden:

[...]

e) **sonstige Arten von Beihilfen**, die der **Rat durch** einen **Beschluss** auf Vorschlag der Kommission bestimmt.

Auf **Vorschlag der Kommission** kann der **Rat durch Beschluss** den Kreis der Ermessensausnahmen erweitern und **weitere Arten von Beihilfen** festlegen, die als mit dem Binnenmarkt vereinbar anzusehen sind. Der Beschluss muss mit qualifizierter Mehrheit erfolgen.

In diesem Fall prüft die Kommission lediglich, ob die genannten Voraussetzungen nach der Ratsentscheidung erfüllt sind. Dabei genießt die Kommission ein sehr weites Ermessen.[300]

*Beispiel: Der Rat hat auf der Grundlage von Art 107 Abs 3 lit e AEUV Beihilfen für den Schiffbau mit dem Binnenmarkt für vereinbar angesehen, wenn die in der Richtlinie festgelegten Voraussetzungen erfüllt sind. Für Produktionsbeihilfen für den Schiffsbau darf nach der Richtlinie eine festgesetzte gemeinsame Höchstgrenze nicht überschritten werden. Die Einhaltung der Höchstgrenze ist somit die wesentliche Voraussetzung dafür, dass die Beihilfe für den Schiffbau als mit dem Binnenmarkt vereinbar angesehen werden kann; ihre Überschreitung würde zur Unvereinbarkeit der Beihilfe führen.*

Die Kommission prüft, ob diese Voraussetzung – also ob die Höchstgrenze eingehalten wurde – erfüllt ist. Würde man verlangen, dass die Kommission erneut prüft, ob die Beihilfe mit dem Binnenmarkt vereinbar ist, würde damit der Richtlinie die praktische Wirksamkeit genommen.[301]

Die Besonderheit der Ratsausnahme in Art 107 Abs 3 lit e AEUV ändert in kompetenzrechtlicher Sicht nichts an der Tatsache, dass die Kommission darüber entscheidet, ob eine Beihilfe mit dem Binnenmarkt vereinbar ist.

Bislang haben die Kommission und der Rat von dieser Ausnahme für die Steinkohle[302] und den Schiffbau[303] Gebrauch gemacht.

---

300 EuGH 15.10.1996, C-311/94, *IJssel-Vliet* Rn 27.

301 EuGH 18.05.1993, C-356/90 u C-180/91, *Belgien/Kommission* Rn 34.

302 Verordnung (EG) 1407/2002 des Rates vom 23. Juli 20002 über staatliche Beihilfen für den Steinkohlenbergbau, ABl L 2002/205, 1.

303 Verordnung (EG) 1540/98 des Rates vom 29. Juni 1998 zur Neuregelung der Beihilfen für den Schiffbau, ABl L 1998/202, 1.

# C. Dienstleistungen von allgemeinem wirtschaftlichem Interesse (DAWI)

**Literatur:** *Autengruber*, Überarbeitung der Regeln für DAWI-Beihilfen im Gesundheits- und Sozialbereich, in Haslinger/Jaeger (Hrsg), Jahrbuch Beihilferecht (2020) 287; *Badura*, Das öffentliche Unternehmen im Binnenmarkt, ZGR 1997, 291; *Baier*, Die Finanzierung von (öffentlichen) Krankenhäusern in Deutschland. Eine EU-beihilfenrechtliche Untersuchung (2020); *Bartosch*, Die Kommissionspraxis nach dem Urteil des EuGH in der Rechtssache Altmark – Worin liegt das Neue?, EuZW 2004, 295; *ders*, Sozialer Wohnungsbau und europäische Beihilfenkontrolle, EuZW 2007, 559; *ders*, EU-Beihilfenrecht[3] (2020); *Berger/Dimova/Terko*, Zum Achemos-Urteil des EuG: Eine lang erwartete Konkretisierung des angemessenen Gewinns im Sinne des Art 5 Abs 5 des DAWI-Freistellungsbeschlusses, BRZ 2020, 195; *Buendia Sierra/Muñoz de Juan*, Some legal reflections on the Almunia Package, EStAL 2012, 63; *Bulla*, Der Defizitausgleich bei Krankenhäusern der öffentlichen Hand bleibt beihilfekonform – Zu den Voraussetzungen und Grenzen der Krankenhausversorgung als DAWI, KommJur 2015, 245; *Burgi*, Die öffentlichen Unternehmen im Gefüge des primären Gemeinschaftsrechts, EuR 1997, 261; *Busson/Kirchhof/Müller-Kabisch*, Beihilfenrechtskonforme Finanzierung der kommunalen Daseinsvorsorge, KommJur 2014, 88; *Coppi*, SGEI compensation in the Almunia Package – an economic's view, EStAL 2012, 37; *Cremer*, Europäisches Beihilfenrecht und seine Auswirkungen auf das deutsche Krankenhauswesen, ZIAS 2008, 198; *Heinbuch/Käppel/Wittig*, Beihilfen an Krankenhäuser in öffentlicher Trägerschaft vor dem Aus? Teil 1, KommJur 2014, 205; *dies*, Beihilfen an Krankenhäuser in öffentlicher Trägerschaft vor dem Aus? Teil 2, KommJur 2014, 245; *Heinrich*, Anforderungen an eine beihilfenrechtskonforme Finanzierung von Krankenhausleistungen aus staatlichen Mitteln, BRZ 2013, 119; *Heise*, Krankenhausfinanzierung und Beihilferecht – das Krankenhauswesen zwischen Gemeinwohlverpflichtung und Wettbewerb, EuZW 2015, 736; *Hirsbrunner/Litzenberger*, Ein bisschen Almunia im Monti-Kroes-Paket (die Reform der beihilferechtlichen Vorschriften betreffend Dienstleistungen von allgemeinem wirtschaftlichem Interesse), EuZW 2011, 742; *Huber/Schwabl*, Bedarfsprüfung bei DAWI?, in Haslinger/Jaeger (Hrsg), Jahrbuch Beihilferecht (2014) 501; *Jaeger/Haslinger/Kopetzki/Reitbauer*, Daseinsvorsorge und Beihilfen für sozial- und umweltpolitische Ziele, in Haslinger/Jaeger (Hrsg), Jahrbuch Beihilferecht (2020) 171; *Jennert*, Finanzierung und Wettbewerb in der Daseinsvorsorge nach Altmark Trans, NVwZ 2004, 425; *Jung/Deuster*, Einfacher, klarer, verhältnismäßiger? Das neue EU-Beihilfen-Paket für Dienstleistungen von allgemeinem wirtschaftlichem Interesse, BRZ 2012, 24; *Kahl*, Die Bedeutung der „Dienstleistungen von allgemeinem wirtschaftlichen Interesse" durch den Vertrag von Amsterdam, wbl 1999, 189; *ders*, Der weiterentwickelte Ausgleichsansatz in der Daseinsvorsorge – zugleich Analyse der Auswirkungen des Urteils EuGH C-280/00, Altmark Trans („Magdeburger Verfahren"), auf Österreich, wbl 2003, 401; *ders*, Öffentliche Unternehmen[4] (2019); *Kahl/Müller*, Die aktuelle DAWI-Debatte in Haslinger/Jaeger (Hrsg) Jahrbuch Beihilferecht (2012) 455; *dies*, Die umfassende Reform des EU-wettbewerbsrechtlichen Rahmens für Dienstleistungen von allgemeinem wirtschaftlichem Interesse, ÖZW 2012, 82; *dies*, Der neue Daseinsvorsorgerahmen – aktuelle Entwicklungen, in Haslinger/Jaeger (Hrsg), Jahrbuch Beihilferecht (2013) 421; *Kämmerer*, Strategien zur Daseinsvorsorge – Dienste im allgemeinen Interesse nach der „Altmark"-Entscheidung des EuGH, NVwZ 2004, 28; *Kaufmann/Bertels*, Staatliche Finanzierung von Krankenhäusern in öffentlicher Trägerschaft im Kreuzfeuer des EU-Beihilferechts, WPg 2015, 824; *Keßler/Dahlke*, Der soziale Wohnungsbau in Deutschland im Lichte des europäischen Beihilferechts, EuZW 2007, 103; *dies*, Der soziale Wohnungsbau in Deutschland und die europäische Beihilfekontrolle (Replik auf Bartosch, EuZW 2007, 559), EuZW 2008, 68; *F.Koppensteiner*, Das Durchführungsverbot und Dienstleistungen allgemeinen wirtschaftlichen Interesses, EuZW 2021, 425; *Koenig/Paul*, Die Krankenhausfinanzierung im Kreuzfeuer der EG-Beihilfenkontrolle, EuZW 2008, 359; *Kühling/Wachinger*, Das Altmark Trans-Urteil des EuGH – Weichenstellung für oder Bremse gegen mehr Wettbewerb im deutschen ÖPNV?, NVwZ 2003, 1202; *Leeb/Scherzer*, Sozialer Wohnungsbau und Beihilferecht, in Haslinger/Jaeger (Hrsg), Jahrbuch Beihilferecht (2014) 417; *Maziarz*, Services of General Economic Interest. Towards Common Values, EStAL 2016, 16; *Merola/Ubaldi*, The 2011 Almunia Package and the Challenges ahead: Are the new rules flexible enough to fit the wide variety of SGEI, EStAL 2012, 17; *Nordmann*, Die neue de-minimis Verordnung im EG-Beihilfenrecht, EuZW 2007, 752; *Pauly/Jedlitschka*, Die Reform der EU-Beihilferegeln für Dienstleistungen von allgemeinem wirtschaftlichem Interesse und ihre Auswirkungen auf die kommunale Praxis, DVBl 2012, 1269; *Potocnik-Manzouri/Safron*, Rezente Entwicklungen in der Daseinsvorsorge, in Haslinger/Jaeger (Hrsg), Jahrbuch Beihilferecht (2018) 335; *Righini*, The Reform of the State aid Rules on Financing of Public Services – paving the way towards a clearer, simpler and more diversified framework, EStAL 2012, 3; *Sandmann*, Kommunale Unternehmen im Spannungsfeld von Daseinsvorsorge und europäischem Wettbewerbsrecht (2005); *Scholz*, Soziale Dienstleistungen von allgemeinem Interesse – der beihilferechtliche Rahmen nach dem neuen „DAWI-Paket" der Europäischen Kommission in Haslinger/Jaeger (Hrsg), Jahrbuch Beihilferecht (2012) 479; *Schröder* in Wurzel/Schraml/Gaß (Hrsg), Rechtspraxis der kommunalen Unternehmen[4] (2021); *Schwabl/Stangl*, DAWI – Beihilfen für die Regionalversorgung am Beispiel der Post, in Haslinger/Jaeger (Hrsg), Jahrbuch Beihilferecht (2016) 359; *Sinnaeve*, What's New in SGEI in 2012? – An Overview of the Commission's SGEI Package, EStAL 2/2012, 347; *Storr*, Wohnungsgemeinnützigkeit im Binnenmarkt, JRP 2012, 397; *ders*, Zwischen überkommener Daseinsvorsorge und Diensten von allgemeinem wirtschaftlichem Interesse, DÖV 2002, 253; *Szyszczak*, The Altmark Case Revisited: Local and Regional Subsidies to Public Services, EStAL 2017, 395; *von Wilmowsky*, Mit besonderen Aufgaben betraute Unternehmen unter dem EWG-Vertrag, ZHR 155/1991, 545; *Weiß*, Öffentliche Unternehmen und EGV, EuR 2003, 165; *Wiedenbauer*, Beihilfenrechtssichere Finanzierung von Tourismusorganisationen, ecolex 2018, 261; *Wolf* in Säcker (Hrsg), Münchner Kommentar. Europäisches und Deutsches Wettbewerbsrecht V: Beihilfenrecht[2] (2018).

**Judikatur:** EuGH 10.12.1991, C-179/90, *Merci Conventionali Porto di Genova/Siderurgica Gabrielli*; EuGH 17.07.1997, C-242/95, *GT-Link/De Danske Statsbaner (DSB)*; EuG 15.06.2000, T-298/97 ua, *Mauro/Kommission*; EuGH 24.07.2003, C-280/00, *Altmark Trans*; EuGH 27.11.2003, verb Rs C-34/01 bis C-38/01, *Enirisorse/Ministero delle Finanze*; EuG 15.06.2005, T-17/02, *Fred Olsen/Kommission*; EuGH 30.03.2006, C-451/03, *Servizi Ausiliari Dottori Commercialisti*; KOM 16.05.2006, C (2006) 1847 (N 604/2005), *Busbetreiber im Landkreis Wittenberg*; EuG 26.06.2008, T-442/03, *SIC/Kommission*; EuG 12.02.2008, T-289/03, *BUPA ua/Kommission*; EuG 22.10.2008, T-309/94, *TV2/Danmark A/S ua/Kommission*; EuG 04.03.2009, verb Rs T-265/04, T-292/04 u T-504/04, *Tirrenia di Navigazione, Caremar ua/Kommission*; EuG 09.06.2009, T-152/06, *NDSHT Nya Destination Stockholm Hotell & Teaterpaket AB/Kommission*; EuG 11.06.2009, T-189/03, *ASM Brescia/Kommission*; KOM 02.07.2009, NN 8/2009, *Naturschutzflächen (Deutschland)*; KOM 15.12.2009, E 2/2005 und N 642/2009, *Existing and special project aid to housing corporation*; KOM 28.03.2012, SA.33054, *Post Office Limited*; KOM 25.04.2012, SA.25051, *Tierbeseitigungsabgabe*; EuG 10.07.2012, T-520/09, *TFI und M6/Kommission*; EuG 07.11.2012, T-137/10, *CBI/Kommission*; KOM 20.11.2012, SA.33989, *Poste Italiane*; KOM 02.05.2013, SA.22843, *SNCM und CMN*, ABl L 2013/220, 20; KOM 02.05.2013, SA.31006, *bpost*; EuGH 08.05.2013, verb Rs C-197/11 u C-203/11, *Libert*; EuG 16.09.2013, T-79/10, *Colt Télécommunications France/Kommission*; EuG

16.09.2013, T-258/10, *Orange/Kommission*; LG Tübingen 23.12.2013, 5 O 72/13; KOM 22.01.2014, SA.32014, SA.32015 und SA.32016, *Tirrenia-Gruppe ua*, ABl L 2018/49, 22; OLG Stuttgart 20.11.2014, 2 U 11/14; EuGH 11.02.2015, C-621/13 P, *Orange/Kommission*; EuG 12.05.2015, T-202/10, *Stichting Woonlinie ua/Kommission*; KOM 05.06.2015, SA.37904, *Ärztehaus Durmersheim*; KOM 05.06.2015, SA.38035, *Landgrafenklinik*; KOM 19.06.2015, SA.37432, *Hradec Králové*; EuG 24.09.2015, T-674/11, *TV2/Danmark/Kommission*; KOM 19.01.2016, SA.38757, *Skelleftea Airport*; BGH 24.03.2016, I ZR 263/14; KOM 05.07.2016, SA.19864, *IRIS-Krankenhäuser*; EuGH 15.03.2017, C-414/15 P, *Stichting Woonlinie ua/Kommission*; EuGH 26.09.2018, C-660/15 P, *Viasat Broadcasting UK/TV2/Danmark*; KOM 02.03.2020, C 64/99 (ex NN 68/99), (EU) 2020/1411, *Tirrenia-Gruppe*, ABl L 2020/332, 1.

Beihilfen zugunsten von Leistungen im Bereich der öffentlichen Daseinsvorsorge können unter bestimmten Voraussetzungen mit dem Binnenmarkt vereinbar sein. Maßgebliche Rechtsgrundlage dafür ist Art 106 Abs 2 AEUV.

> **Art 106 AEUV:**
>
> [...]
>
> (2) Für **Unternehmen**, die **mit Dienstleistungen von allgemeinem wirtschaftlichem Interesse betraut** sind oder den Charakter eines Finanzmonopols haben, gelten die Vorschriften der Verträge, insbesondere die Wettbewerbsregeln, soweit die Anwendung dieser Vorschriften nicht die Erfüllung der ihnen übertragenen besonderen Aufgabe rechtlich oder tatsächlich verhindert. Die Entwicklung des Handelsverkehrs darf nicht in einem Ausmaß beeinträchtigt werden, das dem Interesse der Union zuwiderläuft.
>
> [...]

Auf Grundlage von Art 106 Abs 2 AEUV haben sich in der Spruchpraxis der Kommission und der Rechtsprechung des EuGH **zwei** unterschiedliche rechtliche **Lösungen** entwickelt:

In der Rs *Altmark Trans* hat der EuGH entschieden, dass Zuwendungen an ein DAWI-Unternehmen unter bestimmten Voraussetzungen schon tatbestandlich **keine Beihilfe** darstellen. Dafür entscheidend ist, dass die Zuwendungen nicht höher liegen dürfen als die Kosten eines „durchschnittlich, gut geführten Unternehmens." (sog **Tatbestandslösung**)

Mit dem sog „**DAWI-Freistellungsbeschluss**"[304] können **Beihilfen** an DAWI-Erbringer ohne Anmeldung bei der Kommission gewährt werden. Entscheidendes Kriterium ist das Vorliegen eines Betrauungsaktes, mit dem einem

---

304 Beschluss der Kommission vom 20. Dezember 2011 über die Anwendung von Artikel 106 Absatz 2 des Vertrags über die Arbeitsweise der Europäischen Union auf staatliche Beihilfen in Form von Ausgleichsleistungen zugunsten bestimmter Unternehmen, die mit der Erbringung von Dienstleistungen von allgemeinem wirtschaftlichem Interesse betraut sind (2012/21/EU), ABl L 2012/7, 3.

Unternehmen die besonderen gemeinschaftlichen Verpflichtungen verbindlich auferlegt werden (sog **Rechtfertigungslösung**).

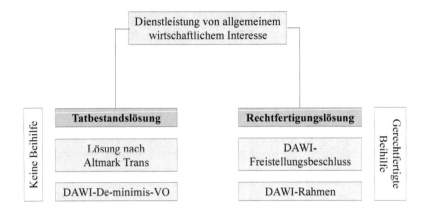

## 1. Der Begriff „DAWI"

**Literatur:** *Bartosch*, EU-Beihilfenrecht[3] (2020); *Busson/Kirchhof/Müller-Kabisch*, Beihilfenrechtskonforme Finanzierung der kommunalen Daseinsvorsorge, KommJur 2014, 88; *F. Koppensteiner*, Das Durchführungsverbot und Dienstleistungen allgemeinen wirtschaftlichen Interesses, EuZW 2021, 425; *Kühling* in Streinz (Hrsg), EUV/AEUV[3] (2018); *Wolf* in Säcker (Hrsg), Münchner Kommentar. Europäisches und Deutsches Wettbewerbsrecht V: Beihilfenrecht[2] (2018).

**Judikatur:** EuGH 10.12.1991, C-179/90, *Merci Conventionali Porto di Genova/Siderurgica Gabrielli*; EuGH 17.07.1997, C-242/95, *GT-Link A/S/De Danske Statsbaner (DSB)*; EuGH 27.11.2003, verb Rs C-34/01 bis C-38/01, *Enirisorse/Ministero delle Finanze*; EuG 15.06.2005, T-17/02, *Fred Olsen/Kommission*; EuG 12.02.2008, T-289/03, *BUPA ua/Kommission*; EuG 22.10.2008, T-309/94, *TV2/Danmark A/S ua/Kommission*; KOM 25.04.2012, SA.25051, *Tierbeseitigungsabgabe*; EuG 16.09.2013, T-79/10, *Colt Télécommunications France/Kommission*; EuG 16.09.2013, T-258/10, *Orange/Kommission*; EuGH 11.02.2015, C-621/13 P, *Orange/Kommission*.

*Beispiel: Die Gemeinde X möchte den Wohnraum auch für Geringverdiener erschwinglich machen. Dafür errichtet sie einen Wohnpark für den sozialen Wohnbau. Die Wohnungen werden zu vergünstigten Preisen an Geringverdiener vermietet.*

Der Begriff „**Dienstleistung von allgemeinem wirtschaftlichem Interesse**" (**DAWI**) ist weder im europäischen Primärrecht noch im Sekundärrecht der Union legal definiert.

Der Begriff DAWI ist in Art 14 AEUV und Art 106 AEUV, sowie im Protokoll (Nr 26) zum AEUV lediglich erwähnt. Dienstleistungen von allgemeinem wirtschaftlichem Interesse erwachsen aus den gemeinsamen Werten der Union und spielen bei der Förderung des sozialen und territorialen Zusammenhalts eine wichtige Rolle. Die Union und die Mitgliedstaaten müssen im Rahmen ihrer jeweiligen Befugnisse dafür Sorge tragen, dass die Grundsätze und Bedingungen für die Erbringung dieser Dienstleistungen so gestaltet sind, dass diese Aufgaben erfüllt werden können.[305]

Die Kommission definiert den Begriff „DAWI" in ihrem Qualitätsrahmen als wirtschaftliche Tätigkeiten, die dem Allgemeinwohl dienen und ohne staatliche Eingriffe am Markt überhaupt nicht oder in Bezug auf Qualität, Sicherheit, Bezahlbarkeit, Gleichbehandlung oder universaler Zugang nur zu anderen Standards durchgeführt würden.[306]

Die Mitgliedstaaten definieren sohin selbst eine bestimmte Dienstleistung als DAWI. Die Mitgliedstaaten verfügen bei der Festlegung, was sie als DAWI ansehen über einen weiten Ermessensspielraum.[307]

In den einzelnen Mitgliedstaaten gibt es unterschiedliche Vorstellungen, welche Aufgaben der öffentlichen Daseinsvorsorge zuzuordnen sind. Dies resultiert bereits aus den jeweils unterschiedlichen Staats- und Rechtstraditionen der einzelnen Mitgliedstaaten, denn das Ausmaß staatlicher Tätigkeit ist historisch und kulturell unterschiedlich ausgeprägt.[308]

Die Europäische Kommission und der Gerichtshof der Europäischen Union beschränken sich bei der Prüfung, ob eine DAWI vorliegt auf eine **Missbrauchskontrolle**.

Untersucht wird nur, ob der Mitgliedstaat einen offensichtlichen Beurteilungsfehler bei der Qualifikation einer bestimmten Dienstleistung als DAWI begangen hat. Der Beurteilungsspielraum der Kommission ist jedoch sehr weit, weshalb ein sehr kritischer und zurückhaltender Umgang mit DAWI angezeigt ist.[309]

**Beispiel:** *Die Einordnung des Breitbandzugangs als DAWI, der sich ausschließlich auf Wirtschaftsparks beschränkt und nicht der breiten Bevölkerung zugutekommt, stellt einen offensichtlichen Beurteilungsfehler dar.[310] Hafendienstleistungen, dh die Be-, Ent- und Umladung sowie allgemein der Umschlag von Waren oder anderen Gütern in natio-*

---

305 Mitteilung der Kommission über die Anwendung der Beihilfevorschriften der Europäischen Union auf Ausgleichsleistungen für die Erbringung von Dienstleistungen von allgemeinem wirtschaftlichem Interesse, ABl C 2012/8, 4.

306 S dazu Mitteilung der Kommission an das Europäische Parlament, den Rat, den Europäischen Wirtschafts- und Sozialausschuss und den Ausschuss der Regionen: Ein Qualitätsrahmen für Dienstleistungen von allgemeinem Interesse in Europa vom 20.12.2011, KOM(2011) 900 endg, 3 f; vgl auch den Leitfaden zur Anwendung der Vorschriften der Europäischen Union über staatliche Beihilfen, öffentliche Aufträge und den Binnenmarkt auf Dienstleistungen von allgemeinem wirtschaftlichem Interesse und insbesondere auf Sozialdienstleistungen von allgemeinem Interesse, SWD(2013) 53 final/2, 20.

307 EuG 15.06.2005, T-17/02, *Fred Olsen/Kommission* Rn 216; EuG 12.02.2008, T-289/03, *BUPA ua/Kommission* Rn 166 ff; EuG 22.10.2008, T-309/94, *TV2/Danmark A/S ua/Kommission* Rn 113 ff; vgl auch DAWI-Mitteilung Rn 46; DAWI-Anwendungsleitfaden, Frage 4, 22; s zuletzt auch Beschluss der Kommission (EU) 2020/1411 vom 02.03.2020, C 64/99 (ex NN 68/99), *Italien Seeverkehrsgesellschaften Adriatica, Caremar, Siremar, Saremar und Toremar (Tirrenia-Gruppe)*, ABl L 2020/332, 1 Rn 230.

308 DAWI-Anwendungsleitfaden, 22 (Frage 5).

309 Vgl dazu die Beihilfepraxis in Deutschland *BMWi*, Handbuch über staatliche Beihilfen. Handreichung für die Praxis von BMWi-EA6 (2016) 75.

310 KOM 08.03.2006, N 284/2005, *Irland – Metropolitan Area Networks*, C(2006) 436 fin; KOM 10.07.2007, N 890/2006, *Frankreich – SICOVAL*, C(2007) 3235 fin; weitere Beispiele s DAWI-Anwendungsleitfaden, 24 (Frage 7).

*nalen Häfen ist nicht zwangsläufig ein allgemeines wirtschaftliches Interesse, das sich an dem Interesse von anderen Tätigkeiten des Wirtschaftslebens besonders unterscheidet.[311]*

Mit der Betrauung von DAWI wird regelmäßig eine „besondere Aufgabe" übertragen.

Bei DAWI handelt es sich grds um **öffentliche Dienstleistungen** (Strom, Gas, Postdienstleistungen, öffentlich-rechtlicher Rundfunk, Gesundheitsversorgung, öffentlicher Verkehr).

Als DAWI eingestuft werden können grds der Bau einer Infrastruktur,[312] bestimmte Finanzdienstleistungen,[313] nicht aber die Schaffung und Erhaltung von Arbeitsplätzen in einem Unternehmen mit dem Ziel eines Ausbaus seiner Forschungs- und Entwicklungstätigkeit, zumal DAWI Dienstleistungen sind, die zum Wohle der Bürger bzw im Interesse der Gesellschaft als Ganzes erbracht werden.[314]

Für die Qualifikation als DAWI haben sich in der Praxis **drei Kriterien** herausgebildet, die **kumulativ** erfüllt sein müssen:

Die Dienstleistung muss,

– mit einem zu beobachtenden **Marktversagen** verbunden sein,

Ein Marktversagen liegt regelmäßig dann vor, wenn die jeweilige Leistung ohne einem Eingreifen des Staates nicht in ausreichender Qualität und nur unzureichendem Umfang erbracht werden kann.

**Beispiel:** *Kein Marktversagen liegt bei Fährverbindungen zwischen zwei Städten vor, wenn der Beihilfegeber auch den touristischen Verkehr in der Hauptreisezeit bezuschusst.[315]*

– eine **wirtschaftliche Tätigkeit** darstellen, und

Nicht wirtschaftliche Tätigkeiten können keine DAWI darstellen. Sie unterliegen grds nicht dem Anwendungsbereich des EU-Beihilferechts (zB Schul- oder Hochschulbildung, soziale Fürsorge).

– im **Allgemeininteresse** liegen.

Ein Allgemeininteresse liegt dann vor, wenn bestimmte Leistungen im öffentlichen Interesse liegen und für eine gleichmäßige Versorgung der Bevölkerung unverzichtbar sind. Ein Unternehmen, das nur im eigenen wirtschaftlichen Interesse handelt, würde diese Dienstleistungen nicht oder zumindest nicht im gleichen Umfang bzw zu den gleichen Bedingungen übernehmen. Mit DAWI sind demnach regelmäßig Leistungen verbunden, die von der Allgemeinheit stark nachgefragt werden, aber nur geringe bis keine Renditeerwartungen für die Anbieter erwarten lassen (zB sozialer Wohnbau, Betrieb von Sport- und Freizeiteinrichtungen).

---

311 EuGH 10.12.1991, C-179/90, *Merci Conventionali Porto di Genova/Siderurgica Gabrielli* Rn 27; EuGH 17.07.1997, C-242/95, *GT-Link A/S/De Danske Statsbaner (DSB)* Rn 53; EuGH 27.11.2003, verb Rs C-34/01 bis C-38/01, *Enirisorse/Ministeo delle Finanze* Rn 33 f.
312 DAWI-Anwendungsleitfaden, 25 (Frage 9).
313 DAWI-Anwendungsleitfaden, 24 (Frage 8).
314 DAWI-Anwendungsleitfaden, 25 (Frage 10).
315 KOM 02.05.2013, SA.22843, *SNCM und CMN*, ABl L 2013/220, 20.

*Beispiel:* *Kein Allgemeininteresse liegt bei der Bereitstellung eines Breitbandausbaus vor, der nicht der breiten Bevölkerung zugutekommt, sondern sich ausschließlich auf Gewerbeparks beschränkt.*[316]

Eine DAWI setzt drei kumulative Kriterien voraus:
1) Marktversagen, 2) wirtschaftliche Tätigkeit und 3) Allgemeininteresse.

Da der Staat ein Unternehmen finanziell unterstützt und mit der Dienstleistung betraut, wird dieses Unternehmen selektiv begünstigt und die beihilferechtlichen Vorschriften finden prinzipiell Anwendung. Die Kommission hat im Rahmen von drei Regelwerken unterschiedliche Formen der DAWI-Unterstützung möglich gemacht (**Rechtfertigungslösungen**).

## 2. Tatbestandslösung nach Altmark Trans

**Literatur:** *Bartosch*, Die Kommissionspraxis nach dem Urteil des EuGH in der Rechtssache Altmark – Worin liegt das Neue?, EuZW 2004, 295; *Jennert*, Finanzierung und Wettbewerb in der Daseinsvorsorge nach Altmark Trans, NVwZ 2004, 425; *Kämmerer*, Strategien zur Daseinsvorsorge – Dienste im allgemeinen Interesse nach der „Altmark"-Entscheidung des EuGH, NVwZ 2004, 28; *Kahl*, Der weiterentwickelte Ausgleichsansatz in der Daseinsvorsorge – zugleich Analyse der Auswirkungen des Urteils EuGH C-280/00, Altmark Trans („Magdeburger Verfahren"), auf Österreich, wbl 2003, 401; *Kühling/Wachinger*, Das Altmark Trans-Urteil des EuGH – Weichenstellung für oder Bremse gegen mehr Wettbewerb im deutschen ÖPNV?, NVwZ 2003, 1202; *Szyszczak*, The Altmark Case Revisited: Local and Regional Subsidies to Public Services, EStAL 2017, 395.

**Judikatur:** EuGH 10.12.1991, C-179/90, *Porto di Genova*; EuGH 22.11.2001, C-53/00, *Ferring*; EuGH 24.07.2003, C-280/00, *Altmark Trans*; EuGH 30.03.2006, C-451/03, *Servizi Ausiliari Dottori Commercialisti*; EuG 12.02.2008, T-289/03, *BUPA/Kommission*; EuG 09.07.2008, T-301/01, *Alitalia/Kommission*; EuG 11.06.2009, T-189/03, *ASM Brescia/Kommission*; EuG 07.11.2012, T-137/10, *CBI/Kommission*; EuG 24.09.2015, T-674/11, *TV2/Danmark/Kommission*; EuGH 26.09.2018, C-660/15 P, *Viasat Broadcasting UK/TV2/Danmark*.

In der viel beachteten Entscheidung *Altmark Trans* hat der EuGH im Bereich der Daseinsvorsorge Grundsätze aufgestellt, bei deren Vorliegen staatliche Zuwendungen an Unternehmen nicht als Begünstigung und folglich **nicht als Beihilfe** zu qualifizieren sind.

Sind diese Grundsätze erfüllt, liegt bereits auf der Tatbestandsebene keine Beihilfe vor, weil die staatliche Zuwendung nicht als Begünstigung angesehen wird.

**Keine Beihilfe** liegt nach der Entscheidung *Altmark Trans* nämlich dann vor, wenn folgende Voraussetzungen **kumulativ** vorliegen:
– Betrauungsakt,
– Ausgleichsmechanismus,

---

316 KOM 10.07.2007, N 890/2006, *Frankreich – SICOVAL*, C(2007) 3235 fin.

– Überkompensationsverbot, und
– Effizienzgebot.

### a. Betrauungsakt

Das Unternehmen muss tatsächlich mit der Erfüllung einer Dienstleistung von allgemeinem wirtschaftlichem Interesse betraut sein, und diese Verpflichtungen müssen klar definiert sein.[317] Diese Verpflichtungen können sich aus den nationalen Rechtsvorschriften und/oder Genehmigungen ergeben.

### b. Ausgleichsmechanismus

Die Parameter, anhand deren der Ausgleich berechnet wird, sind zuvor objektiv und transparent aufzustellen.[318]

Damit soll verhindert werden, dass der Ausgleich einen wirtschaftlichen Vorteil mit sich bringt, der das Unternehmen, dem er gewährt wird, gegenüber konkurrierenden Unternehmen begünstigt.[319]

### c. Überkompensationsverbot

Der Ausgleich darf nicht über das hinausgehen, was erforderlich ist, um die Kosten der Erfüllung der gemeinwirtschaftlichen Verpflichtungen unter Berücksichtigung der dabei erzielten Einnahmen und eines angemessenen Gewinns aus der Erfüllung dieser Verpflichtungen ganz oder teilweise zu decken.[320]

### d. Effizienzgebot

Das mit der DAWI betraute Unternehmen ist entweder im Rahmen eines **transparenten öffentlichen Vergabeverfahrens** als das wirtschaftlich Günstigste ausgewählt worden, **oder**

Diese Anforderungen können durch ein offenes Vergabeverfahren oder nicht offenes Vergabeverfahren iSd Vergaberichtlinie 2014/24/EU gewährleistet werden, während ein Verhandlungsverfahren diese Anforderungen grds nicht erfüllt.[321]

die Höhe des erforderlichen Ausgleichs ist auf der Grundlage einer **Kostenanalyse** bestimmt worden, die ein durchschnittliches, gut geführtes Unternehmen, bei Erfüllung der betreffenden Verpflichtungen hätte.[322]

---

317 EuGH 24.07.2003, C-280/00, *Altmark Trans* Rn 89.
318 EuGH 24.07.2003, C-280/00 Rn 90.
319 EuGH 24.07.2003, C-280/00 Rn 90.
320 EuGH 24.07.2003, C-280/00 Rn 92.
321 Vgl dazu die s dazu DAWI-Anwendungsleitfaden, 54 (Frage 67).
322 EuGH 24.07.2003, C-280/00 Rn 93.

> **Keine Beihilfe iSd Art 107 Abs 1 AEUV liegt vor, wenn kumulativ vorliegen:**
> 1. Betrauungsakt
> 2. Ausgleichsmechanismus
> 3. Überkompensationsverbot
> 4. Effizienzgebot

Diese vom EuGH festgelegten Altmark-Grundsätze bildeten später den Ausgangspunkt für die DAWI-Pakete. Einzelne Kriterien sind sich dabei sehr ähnlich, weshalb zwischen der **Tatbestandsebene** und der **Rechtfertigungsebene** zu **unterscheiden** ist.

Liegen sämtliche Altmark-Kriterien vor, handelt es sich bei der Finanzierungsmaßnahme bereits auf Tatbestandsebene um keine Beihilfe. Das DAWI-Paket (mit Ausnahme der DAWI-De-minimis-VO) setzt hingegen eine Beihilfe voraus und legt fest, unter welchen Umständen eine Beihilfe gerechtfertigt (mit dem Binnenmarkt vereinbar) und folglich nicht bei der Kommission anzumelden ist (Rechtfertigungslösung).

### 3. Rechtfertigungslösung nach dem DAWI-Paket

**Literatur:** *Bartosch*, Die Kommissionspraxis nach dem Urteil des EuGH in der Rechtssache Altmark – Worin liegt das Neue?, EuZW 2004, 295; *Buendia Sierra/ Muñoz de Juan*, Some legal reflections on the Almunia Package, EStAL 2012, 63; *Coppi*, SGEI compensation in the Almunia Package – an economic's view, EStAL 2012, 37; *Hirsbrunner/Litzenberger*, Ein bisschen Almunia im Monti-Kroes-Paket (die Reform der beihilferechtlichen Vorschriften betreffend Dienstleistungen von allgemeinem wirtschaftlichem Interesse), EuZW 2011, 742; *Jennert*, Finanzierung und Wettbewerb in der Daseinsvorsorge nach Altmark Trans, NVwZ 2004, 425; *Jung/Deuster*, Einfacher, klarer, verhältnismäßiger? Das neue EU-Beihilfen-Paket für Dienstleistungen von allgemeinem wirtschaftlichem Interesse, BRZ 2012, 24; *Kämmerer*, Strategien zur Daseinsvorsorge – Dienste im allgemeinen Interesse nach der „Altmark"-Entscheidung des EuGH, NVwZ 2004, 28; *Kahl/Müller*, Die aktuelle DAWI-Debatte in Haslinger/Jaeger (Hrsg) Jahrbuch Beihilferecht (2012) 455; *dies*, Die umfassende Reform des EU-wettbewerbsrechtlichen Rahmens für Dienstleistungen von allgemeinem wirtschaftlichem Interesse, ÖZW 2012, 82; *dies*, Der neue Daseinsvorsorgerahmen – aktuelle Entwicklungen, in Haslinger/Jaeger (Hrsg), Jahrbuch Beihilferecht (2013) 421; *Maziarz*, Services of General Economic Interest. Towards Common Values, EStAL 2016, 16; *Merola/Ubaldi*, The 2011 Almunia Package and the Challenges ahead: Art the new rules flexible enough to fit the wide variety of SGEI, EStAL 2012, 17; *Pauly/Jedlitschka*, Die Reform der EU-Beihilferegeln für Dienstleistungen von allgemeinem wirtschaftlichem Interesse und ihre Auswirkungen auf die kommunale Praxis, DVBl 2012, 1269; *Sinnaeve*, What's New in SGEI in 2012? – An Overview of the Commission's SGEI Package, EStAL 2/2012, 347.

**Judikatur:** EuGH 24.07.2003, C-280/00, *Altmark Trans*; EuGH 30.03.2006, C-451/03, *Servizi Ausiliari Dottori Commercialisti*; EuG 12.02.2008, T-289/03, *BUPA/ Kommission*; EuG 11.06.2009, T-189/03, *ASM Brescia/Kommission*; EuG 07.11.2012, T-137/10, *CBI/Kommission*.

Die EU-Kommission hat auf der Grundlage der Altmark Trans-Entscheidung des EuGH erstmals ein Paket von Regelungen verabschiedet, mit dem Grundsätze festgelegt wurden, wann finanzielle Zuwendungen an ein Unternehmen im Bereich der Daseinsvorsorge mit dem Binnenmarkt vereinbar sind.

Dieses Paket wurde nach dem damals zuständigen Wettbewerbskommissar Joaquin *Almunia* benannt: Man spricht folglich vom sog „**Almunia Paket**".

Es beinhaltet vier Instrumente:

– **DAWI-Freistellungsbeschluss,**

Liegen die Voraussetzungen des DAWI-Beschlusses vor, sind die Mitgliedstaaten von der Anmeldepflicht bei der Kommission befreit. Sie müssen folglich die Ausgleichszahlungen für die Erfüllung der DAWI-Verpflichtungen nicht mehr notifizieren.

– **DAWI-Mitteilung,**[323]

In der DAWI-Mitteilung werden die für DAWI relevanten Begriffe erläutert und die einschlägige Rechtsprechung der EU-Gerichte und die Beschlusspraxis der Kommission im DAWI-Bereich zusammengefasst.

– **DAWI-Rahmen** und

Fällt eine Ausgleichsleistung für DAWI nicht mehr unter den Freistellungsbeschluss, sind DAWI bei der Kommission anzumelden. Die Regeln für die Prüfung, ob Ausgleichsleistungen mit dem Binnenmarkt vereinbar sind, enthält der DAWI-Rahmen, den die Kommission anwendet.

– **DAWI-De-minimis-Verordnung.**

Ausgleichsleistungen für DAWI sind bis zu einem bestimmten Schwellenwert (€ 500.000) unter gewissen Voraussetzungen aufgrund ihres geringen Umfangs nicht als Beihilfen anzusehen.

### a. DAWI-Freistellungsbeschluss

**Literatur:** *Bartosch*, EU-Beihilfenrecht[3] (2020); *Berger/Dimova/Terko*, Zum Achemos-Urteil des EuG: Eine lang erwartete Konkretisierung des angemessenen Gewinns im Sinne des Art 5 Abs 5 des DAWI-Freistellungsbeschlusses, BRZ 2020, 195; *Righini*, The Reform of the State aid Rules on Financing of Public Services – paving the way towards a clearer, simpler and more diversified framework, EStAL 2012, 3; *Schröder* in Wurzel/Schraml/Gaß (Hrsg), Rechtspraxis der kommunalen Unternehmen[4] (2021); *Sinnaeve*, What's new in SGEI in 2012? – an overview of the Commission's SGEI package, EStAL 2012, 347; *Wolf* in Säcker (Hrsg), Münchner Kommentar. Europäisches und Deutsches Wettbewerbsrecht V: Beihilfenrecht[2] (2018).

**Judikatur:** KOM 16.05.2006, C (2006) 1847 (N 604/2005), *Busbetreiber im Landkreis Wittenberg*; EuG 26.06.2008, T-442/03, *SIC/Kommission*; KOM 02.07.2009, NN 8/2009, *Naturschutzflächen (Deutschland)*; KOM 15.12.2009, E 2/2005 und N 642/2009, *Existing and special project aid to housing corporation.*

---

323 Mitteilung der Kommission über die Anwendung der Beihilfevorschriften der Europäischen Union auf Ausgleichsleistungen für die Erbringung von Dienstleistungen von allgemeinem wirtschaftlichem Interesse, ABl C 2012/8, 4.

Der DAWI-Freistellungsbeschluss[324] legt Voraussetzungen fest, unter denen Ausgleichsleistungen für die Erfüllung gemeinschaftlicher Verpflichtungen als mit dem Binnenmarkt vereinbar anzusehen sind.[325] Sie müssen nicht mehr bei der Kommission angemeldet werden.

Der Anwendungsbereich umfasst verschiedene Fallgruppen:

– Ausgleichsleistungen von nicht mehr als € 15 Mio pro Jahr für die Erbringung von DAWI,[326]

Der Höchstbetrag gilt für jede einzelne DAWI, mit der ein bestimmtes Unternehmen betraut wurde,[327] und ist ein Bruttowert.[328]

– Ausgleichsleistungen (schwellenwertunabhängig)[329] für die Erbringung von **DAWI im sozialen Bereich**, durch Krankenhäuser, die medizinische Versorgung leisten;[330] sowie Sozialdienstleistungen im Hinblick auf Gesundheitsdienste und Langzeitpflege,[331] Kinderbetreuung,[332] Arbeitsmarktdienstleistungen,[333] sozialen Wohnungsbau,[334] die Betreuung und soziale Einbindung soziale schwacher Bevölkerungsgruppen.[335]

– Ausgleichsleistungen für die Erbringung von **DAWI im Verkehrsbereich** für Flug- oder Schiffsverkehr (Verkehrsbereich) zu Inseln von nicht mehr als 300.000 Passagieren jährlich,[336] für Flughäfen von nicht mehr als 200.000 Passagieren pro Jahr,[337] und für Seehäfen von nicht mehr als 300.000 Passagieren pro Jahr (Verkehrsinfrastruktur).[338]

---

324 Beschluss der Kommission vom 20. Dezember 2011 über die Anwendung von Artikel 106 Absatz 2 des Vertrags über die Arbeitsweise der Europäischen Union auf staatliche Beihilfen in Form von Ausgleichsleistungen zugunsten bestimmter Unternehmen, die mit der Erbringung von Dienstleistungen von allgemeinem wirtschaftlichem Interesse betraut sind (2012/21/EU), ABl L 2012/7, 3.

325 Vgl auch Art 1 DAWI-Freistellungbeschluss.

326 Art 2 Abs 1 lit a DAWI-Freistellungbeschluss.

327 DAWI-Anwendungsleitfaden, 61 (Frage 91).

328 DAWI-Anwendungsleitfaden, 61 (Frage 90).

329 ErwGr 11 zum DAWI-Freistellungsbeschluss; vgl auch *Bartosch*, EU-BeihilfenR[3] Beschluss 2012/12/EU Art 2 Rz 3 f; *Wolf* in MüKoWettbR V[2] DAWI Rz 170.

330 Art 2 Abs 1 lit b DAWI-Freistellungbeschluss.

331 Art 2 Abs 1 lit c DAWI-Freistellungbeschluss.

332 Art 2 Abs 1 lit c DAWI-Freistellungbeschluss. Weiterführend s dazu DAWI-Anwendungsleitfaden, 63 (Frage 96).

333 Art 2 Abs 1 lit c DAWI-Freistellungbeschluss. Weiterführend s dazu DAWI-Anwendungsleitfaden, 64 (Frage 99).

334 Art 2 Abs 1 lit c DAWI-Freistellungbeschluss.

335 Art 2 Abs 1 lit c DAWI-Freistellungbeschluss. Weiterführend s dazu DAWI-Anwendungsleitfaden, 64 (Frage 98).

336 Art 2 Abs 1 lit d DAWI-Freistellungbeschluss.

337 Art 2 Abs 1 lit e DAWI-Freistellungbeschluss.

338 Art 2 Abs 1 lit e DAWI-Freistellungbeschluss.

Für die Bereiche Verkehr- und Verkehrsinfrastruktur gilt die Begrenzung auf € 15 Mio pro Jahr nicht.[339]

Finanzielle staatliche Zuwendungen, die einem dieser Bereiche angehören, können unter Einhaltung der Voraussetzungen des DAWI-Freistellungsbeschlusses ohne Anmeldung bei der Kommission gewährt werden. Sie sind als **mit dem Binnenmarkt vereinbar** anzusehen.[340]

Der DAWI-Freistellungsbeschluss gilt auch für Unternehmen in Schwierigkeiten.[341]

Weitere Voraussetzung für eine Freistellung auf Basis des DAWI-Freistellungsbeschlusses ist eine **Betrauung des Beihilfeempfängers**.

Der DAWI-Erbringer darf grds höchstens 10 Jahre mit der DAWI betraut sein.[342] Die nähere Ausgestaltung dieser Betrauung regelt Art 4 DAWI-Freistellungsbeschluss. Die Form kann vom jeweiligen Mitgliedstaat bestimmt werden, muss aber bestimmte Mindestanforderungen erfüllen.[343]

Die **Höhe der Ausgleichsleistungen** darf unter Berücksichtigung eines angemessenen Gewinns nicht über das hinausgehen, was erforderlich ist, um die durch die Erfüllung der gemeinwirtschaftlichen Verpflichtungen verursachten Nettokosten abzudecken.[344]

Die Mitgliedstaaten stellen zudem sicher, dass die DAWI-Ausgleichsleistungen die Vorschriften des DAWI-Beschlusses erfüllen und, dass die Unternehmen keinen höheren Ausgleich erhalten.[345]

Der DAWI-Freistellungsbeschluss enthält ferner **Transparenz- und Berichterstattungspflichten**.[346]

So muss etwa jeder Mitgliedstaat der Kommission alle zwei Jahre einen Bericht über die Umsetzung des DAWI-Freistellungsbeschlusses übermitteln.[347]

Die Altmark-Lösung (Tatbestandslösung) und der DAWI-Freistellungsbeschluss (Rechtfertigungslösung) unterscheiden sich lediglich im vierten Altmark-Kriterium. Der wichtigste inhaltliche Unterschied liegt in der Höhe bzw Berechnung der Ausgleichsleistung.

Nach dem vierten Altmark-Kriterium darf die Ausgleichsleistung den Betrag nicht übersteigen, den ein effizientes Unternehmen (das in einer Ausschreibung den Zuschlag erhalten könnte oder über einen Leistungsvergleich ermittelt wird) benötigen würde. Der

---

339 Art 2 Abs 1 lit a DAWI-Freistellungbeschluss.
340 Art 3 DAWI-Freistellungbeschluss.
341 S dazu DAWI-Anwendungsleitfaden, 67 (Frage 108); vgl auch *Bartosch*, EU-BeihilfenR³ Beschluss 2012/12/EU Art 2 Rz 1.
342 Art 2 Abs 2 DAWI-Freistellungbeschluss.
343 Art 4 DAWI-Freistellungbeschluss.
344 Weiterführend s dazu Art 5 DAWI-Freistellungbeschluss.
345 Art 6 DAWI-Freistellungbeschluss.
346 Art 7-9 DAWI-Freistellungbeschluss.
347 Art 9 DAWI-Freistellungbeschluss.

DAWI-Freistellungsbeschluss enthält dagegen keine Effizienzkriterien. Die Höhe der Ausgleichsleistung muss nicht zwangsläufig durch ein Vergabeverfahren oder mittels eines Vergleichs mit den Kosten eines durchschnittlichen, gut geführten Unternehmens ermittelt werden. Die Behörde muss aber nachweisen, dass die Ausgleichsleistung nicht zur Überkompensation führt.[348]

*Beispiel:[349] Die Gemeinde X beschließt, den Dienstleister Y mit der Erbringung einer DAWI zu betrauen und gewährt Y eine Ausgleichsleistung. Wird die betreffende DAWI im Wege einer Ausschreibung (viertes Altmark-Kriterium) zu einem Preis von € 100.000 erbracht, stellt eine Ausgleichsleitung iHv € 100.000 keine staatliche Beihilfe dar, vorausgesetzt die übrigen Altmark-Kriterien sind erfüllt. Wird Y nicht nach dem vierten Altmark-Kriterium (zB keine Ausschreibung) ausgewählt und sind die Nettokosten höher als € 100.000, scheidet die Altmark-Lösung aus. Die Ausgleichsleistung wäre nach dem DAWI-Freistellungsbeschluss möglich, wenn der Ausgleich unter Berücksichtigung eines angemessenen Gewinns nicht über das hinausgeht, was Y tatsächlich benötigt, um die durch die Erbringung der DAWI verursachten Nettokosten abzudecken.[350]*

Wird eine Leistung als DAWI eingestuft und nach dem DAWI-Freistellungsbeschluss ausgestaltet, bedeutet das nicht, dass die Vorschriften für öffentliches Auftragswesen (Vergabevorschriften) nicht mehr eingehalten werden müssen.[351] Die Vergabevorschriften müssen zwar beachtet werden, sind aber keine Voraussetzung für die Anwendung des DAWI-Freistellungsbeschlusses.[352]

### b. DAWI-De-minimis-VO

**Literatur:** *Bartosch*, EU-Beihilfenrecht[3] (2020); *Nordmann*, Die neue de-minimis Verordnung im EG-Beihilfenrecht, EuZW 2007, 752; *Wolf* in Säcker (Hrsg), Münchner Kommentar. Europäisches und Deutsches Wettbewerbsrecht V: Beihilfenrecht[2] (2018).

**Judikatur:** EuG 15.06.2000, T-298/97 ua, *Mauro/Kommission.*

Für den DAWI-Bereich sieht die **DAWI-De-minimis-Verordnung**[353] auch für Ausgleichsleistungen für die Erbringung von DAWI einen Schwellenwert vor, bei dem staatliche Zuwendungen bereits auf Tatbestandsebene keine Beihilfe darstellen.

---

348 S dazu DAWI-Anwendungsleitfaden, 68 (Frage 110).

349 Das Beispiel ist angelehnt an das im DAWI-Anwendungsleitfaden unter Frage 110 angeführte Fallbeispiel.

350 Vgl dazu Art 5 DAWI-Freistellungsbeschluss.

351 Vgl dazu ErwGr 29 zum DAWI-Freistellungsbeschluss: „*Dieser Beschluss sollte ferner unbeschadet der Vorschriften der Union für das öffentliche Auftragswesen gelten.*"

352 Vgl DAWI-Anwendungsleitfaden, 70 (Frage 114).

353 Verordnung (EU) 360/2012 der Kommission vom 25. April 2012 über die Anwendung der Artikel 107 und 108 des Vertrags über die Arbeitsweise der Europäischen Union auf De-minimis-Beihilfen an Unternehmen, die Dienstleistungen von allgemeinem wirtschaftlichem Interesse erbringen, ABl L 2012/114, 8.

Die DAWI-De-minimis-VO ist das Äquivalent zur allgemeinen De-minimis-VO[354] für den DAWI-Bereich.

Nach der DAWI-De-minimis-VO dürfen Ausgleichsleistungen für DAWI-Erbringer innerhalb von drei aufeinanderfolgenden Wirtschaftsjahren (Steuerjahren) den **Höchstbetrag** von € **500.000** nicht übersteigen.

Aus der Erfahrung mit der Anwendung von DAWI-Vorschriften sieht die Kommission den, im Vergleich zur allgemeinen De-minimis-VO, deutlich abweichenden Betrag für DAWI-Leistungen gerechtfertigt. Darin liegt weder eine Handelsbeeinträchtigung noch eine (drohende) Wettbewerbsverfälschung.[355]

**Beispiel:**[356] *A möchte einen Beratungsdienst für Langzeitarbeitslose einrichten und braucht dafür einen Zuschuss in der Höhe von € 180.000. Liegen die Voraussetzungen der DAWI-De-minimis-VO vor, kann der Zuschuss als DAWI-De-minimis-Beihilfe gewährt werden. Die Maßnahme gilt folglich nicht als staatliche Beihilfe iSd Art 107 Abs 1 AEUV und muss bei der Kommission nicht angemeldet werden.*

Die Vorschriften über DAWI-De-minimis-Beihilfen gelten ausschließlich für die **Erbringer von DAWI-Dienstleistungen**.[357] Aus diesem Grund muss das begünstigte Unternehmen mit einer speziellen DAWI **betraut** sein.[358]

Der Betrauungsakt muss zwar nicht sämtliche Details enthalten, die nach dem DAWI-Freistellungsbeschluss oder dem DAWI-Unionsrahmen erforderlich sind. Aus Gründen der Rechtssicherheit muss das begünstigte Unternehmen jedoch schriftlich mit der Erbringung der DAWI, für die die Beihilfe gewährt wird, betraut werden.[359]

Ausgenommen vom Anwendungsbereich sind die Bereiche Landwirtschaft,[360] Kohle, Spedition, sowie Unternehmen in Schwierigkeiten[361].

Die DAWI-De-minimis-VO gilt nur für sog „**transparente Beihilfen**", also Beihilfen, deren Bruttosubventionsäquivalent im Voraus genau berechnet werden kann, ohne dass eine Risikobewertung erforderlich ist.

Barzuschüsse gelten von vorherein als transparente Beihilfen, da der gesamte Zuschussbetrag auch die Beihilfe darstellt. Risikokapitalmaßnahmen und Kapitalzuführungen gelten unter bestimmten Voraussetzungen als transparent.[362] Darlehen gelten dann als transparent, wenn das Bruttosubventionsäquivalent auf Basis des zum Bewilligungszeit-

---

354 Verordnung (EU) 1407/2013 der Kommission vom 18. Dezember 2013 über die Anwendung der Artikel 107 und 108 des Vertrags über die Arbeitsweise der Europäischen Union auf De-minimis-Beihilfe, ABl L 2013/352, 1.

355 ErwGr 3 zur DAWI-De-minimis-VO.

356 Das Beispiel ist angelehnt an das im DAWI-Anwendungsleitfaden unter Frage 82 angeführte Fallbeispiel.

357 Art 1 Abs 1 DAWI-De-minimis-VO.

358 DAWI-Anwendungsleitfaden, 57 (Frage 76).

359 ErwGr 6 zur DAWI-De-minimis-VO; s auch DAWI-Anwendungsleitfaden, 57 (Frage 76).

360 Zu den Ausnahmebestimmungen s Art 1 Abs 2 DAWI-De-minimis-VO.

361 Wohl aber nicht vom Anwendungsbereich des DAWI-Freistellungsbeschluss ausgenommen: s DAWI-Anwendungsleitfaden, 67 (Frage 108).

362 Art 2 Abs 4 lit b und c DAWI-De-minimis-VO.

punkt geltenden Referenzzinssatzes ermittelt wurde.[363] Unter bestimmten Voraussetzungen gelten auch Bürgschaften als transparent.[364]

## Auch die DAWI-De-minimis-VO sieht Kumulierungsbeschränkungen vor:

De-minimis-Beihilfen können mit DAWI-De-minimis-Beihilfen bis zum Höchstbetrag von € 500.000 kumuliert werden.[365] € 500.000 sind damit der absolute Höchstbetrag für alle Arten von De-minimis-Beihilfen. DAWI-De-minimis-Beihilfen können auch nicht mit Ausgleichsleistungen für dieselbe DAWI kumuliert werden, unabhängig davon, ob der Ausgleich als Beihilfe oder Nicht-Beihilfe gewährt wird.[366]

Die DAWI-De-minimis-VO enthält Vereinfachungen im Hinblick auf die Anforderungen an den Betrauungsakt und erfordert keine Überkompensationsprüfung.[367]

Gewährt eine Förderstelle einem Unternehmen eine DAWI-Beihilfe, sind schriftlich die voraussichtliche Höhe und die konkrete Dienstleistung von allgemeinem wirtschaftlichem Interesse, mit der das Unternehmen betraut wird, mit ausdrücklichem Verweis auf die DAWI-Verordnung, zu benennen. Dem Unternehmen ist mitzuteilen, dass es sich bei der finanziellen Zuwendung um eine DAWI-De-minimis-Beihilfe handelt.

### c. DAWI-Rahmen

**Literatur:** *Bartosch*, EU-Beihilfenrecht³ (2020); *Berger/Dimova/Terko*, Zum Achemos-Urteil des EuG: Eine lang erwartete Konkretisierung des angemessenen Gewinns im Sinne des Art 5 Abs 5 des DAWI-Freistellungsbeschlusses, BRZ 2020, 195; *Wolf* in Säcker (Hrsg), Münchner Kommentar. Europäisches und Deutsches Wettbewerbsrecht V: Beihilfenrecht² (2018).

**Judikatur:** EuG 04.03.2009, verb Rs T-265/04, T-292/04 u T-504/04, *Tirrenia di Navigazione, Caremar ua/Kommission*; KOM 28.03.2012, SA.33054, *Post Office Limited*; EuG 10.07.2012, T-520/09, *TFI und M6/Kommission*; KOM 20.11.2012, SA.33989, *Poste Italiane*; KOM 02.05.2013, SA.22843, *SNCM und CMN*, ABl L 2013/220, 20; KOM 02.05.2013, SA.31006, *bpost*; KOM 22.01.2014, SA.32014, SA.32015 und SA.32016, *Tirrenia-Gruppe ua*, ABl L 2018/49, 22; KOM 19.01.2016, SA.38757, *Skelleftea Airport*; KOM 02.03.2020, C 64/99 (ex NN 68/99), (EU) 2020/1411, *Tirrenia-Gruppe*, ABl L 2020/332, 1.

Sind weder die vier Altmark-Kriterien für eine tatbestandsmäßige Ausnahme, noch die Voraussetzungen des DAWI-Freistellungsbeschlusses oder der DAWI-De-minimis-Verordnung erfüllt, ist die Beihilfe für die Erbringung einer DAWI vor der Gewährung bei der Kommission anzumelden. Dabei wendet die Kommission den **DAWI-Rahmen**[368] an.

---

363 Art 2 Abs 4 lit a DAWI-De-minimis-VO.
364 Art 2 Abs 4 lit d DAWI-De-minimis-VO.
365 Art 2 Abs 7 DAWI-De-minimis-VO.
366 Art 2 Abs 8 DAWI-De-minimis-VO.
367 DAWI-Anwendungsleitfaden, 58 (Frage 77).
368 Mitteilung der Kommission — Rahmen der Europäischen Union für staatliche Beihilfen in Form von Ausgleichsleistungen für die Erbringung öffentlicher Dienstleistungen (2011), ABl C 2012/8, 15.

Der DAWI-Rahmen wurde in Form einer Mitteilung erlassen und enthält Kriterien, welche die Kommission prüft, um festzustellen, wann eine bei ihr notifizierte Beihilfe für die Erbringung einer DAWI als **mit dem Binnenmarkt vereinbar** anzusehen ist.

Die Mitteilung ist zwar rechtlich unverbindlich, die Kommission wendet den DAWI-Rahmen jedoch im Wege der Selbstbindung ihrer Verwaltungspraxis an (Soft Law).

Der Anwendungsbereich des DAWI-Rahmens umfasst Beihilfen für die Erbringung einer DAWI, die nicht unter den DAWI-Freistellungsbeschluss oder die DAWI-De-minimis-Verordnung fallen.

Die Voraussetzungen wonach eine Beihilfe für die Erbringung einer DAWI als mit dem Binnenmarkt vereinbar anzusehen ist, bestimmt sich nach Art 2 des DAWI-Rahmens:

Die Kriterien ähneln sehr stark jenen des DAWI-Freistellungsbeschlusses, gehen aber dennoch darüber hinaus.

– Die Beihilfe muss für eine **echte** und genau abgesteckte **DAWI** bestimmt sein;[369]

Es muss nachgewiesen werden, dass der Bedarf an der DAWI (Allgemeininteresse) durch öffentliche Konsultation oder andere angemessene Mittel genau ermittelt wurde.[370]

– ein **Betrauungsakt** muss vorliegen;[371]

Die Dauer des Betrauungsakts ist nicht auf 10 Jahre begrenzt, sie kann nach objektiven Gesichtspunkten verlängert werden.[372]

Die **Höhe der Ausgleichsleistungen** darf unter Berücksichtigung eines angemessenen Gewinns nicht über das hinausgehen, was erforderlich ist, um die durch die Erfüllung der gemeinwirtschaftlichen Verpflichtungen verursachten Nettokosten abzudecken;[373]

– Die „**Transparenzrichtlinie**" und die Vergabevorschriften sind einzuhalten;[374]
– eine mögliche Überkompensation ist zu kontrollieren.[375]

Der DAWI-Rahmen sieht für jene Bereiche, für die der DAWI-Freistellungsbeschluss zur Anwendung kommt, bestimmte Privilegien vor.

*Beispiel: Der Mitgliedstaat S betraut die Regionalflughafen-GmbH mit der Sicherstellung einer ausreichenden Flugverbindung in entlegene, dünnbesiedelte Regionen. S gewährt dem Unternehmen für die jährlichen Betriebsverluste Ausgleichsleistungen in Millionenhöhe. Die DAWI-Beihilfe wird bei der Kommission angemeldet. Sie prüft das Vorhaben am Maßstab des DAWI-Rahmens. Im Rahmen der Notifizierung prüft die Kom-*

---

369 Tz 12 ff DAWI-Rahmen.
370 Tz 14 DAWI-Rahmen.
371 Tz 15 ff DAWI-Rahmen.
372 Tz 17 DAWI-Rahmen.
373 Tz 21 ff DAWI-Rahmen.
374 Tz 18 und 19 DAWI-Rahmen.
375 Tz 47 ff DAWI-Rahmen.

*mission, ob es sich dabei um eine echte DAWI handelt und ob die gewährten Ausgleichs-leistungen auch nicht über das hinausgehen, was erforderlich ist, um die durch die Erfül-lung der gemeinwirtschaftlichen Verpflichtungen versachten Nettokosten abzudecken. Ist aufgrund der Randlage die Wahrscheinlichkeit groß, dass der Flughafen ohne finanzielle Unterstützung nicht überleben kann, wird es sich beim Betrieb des Flughafens um eine echte DAWI handeln.*[376] *Weitere Voraussetzung für die Vereinbarkeit mit dem Binnenmarkt ist, dass der Betrauungsakt ausreichende Regelungen zur Vermeidung einer Überkompen-sation beinhaltet.*

## 4. DAWI-Praxisbeispiele im Bereich der Gemeinden

Im Rahmen dieses Abschnitts werden einige ausgewählte Beispiele aus der Praxis dargestellt, die im Bereich der Dienstleistungen von allgemeinem wirt-schaftlichem Interesse häufiger vorkommen:

### a. Tourismusförderung

**Literatur:** *Wiedenbauer*, Beihilfenrechtssichere Finanzierung von Tourismusorgani-sationen, ecolex 2018, 261.

**Judikatur:** EuG 09.06.2009, T-152/06, *NDSHT Nya Destination Stockholm Hotell & Teaterpaket AB/Kommission.*

Im Tourismus setzen viele Regionen und Gemeinden zur Unterstützung tourismuspolitischer Maßnahmen Tourismusorganisationen ein. Tourismus-organisationen erhalten regelmäßig geldwerte Mittel, um ihre Tätigkeiten zu finanzieren.[377] Bestimmte Tourismusinfrastrukturen unterliegen nicht dem An-wendungsbereich des EU-Beihilferechts, sofern sie nichtwirtschaftlich tätig sind und allgemeines Destinationsmanagement betreiben.[378]

Tourismusorganisationen können aber auch auf Grundlage der DAWI-Rege-lungen finanziert werden, sofern die wirtschaftliche Tätigkeit dem Allgemein-wohl dient und ein Marktversagen vorliegt.[379]

Die Kommission hat etwa die Bereitstellung von touristischen Informationen und die Förderung der touristischen Regionsentwicklung als DAWI anerkannt.[380] So können die klassische Prospektwerbung, entsprechende Websites oder die Netzwerkbildung der Tou-rismusanbieter in einer Region als DAWI finanziert werden.

---

376 Vgl KOM 19.01.2016, SA.38757, *Skelleftea Airport.*

377 *Wiedenbauer*, ecolex 2018, 261.

378 KOM 24.04.2014, SA.37755, *Kommunale wirtschaftsnahe Infrastruktur – Tourismus*; vgl auch *Wiedenbauer*, ecolex 2018, 263.

379 *Wiedenbauer*, ecolex 2018, 263.

380 Vgl EuG 09.06.2009, T-152/06, *NDSHT Nya Destination Stockholm Hotell & Teaterpaket AB/Kommission* Rn 8 und das darin zitierte Schreiben der GD Wettbewerb, in dem sie die Bereitstellung touristischer Informationen usw als DAWI qualifiziert.

*Beispiel: Die Gemeinde A in der Region Salzkammergut verfügt über eine eigene Tourismusorganisation T, die für die touristische Vermarktung in der Region zuständig ist. T gibt eine eigene Broschüre mit Unterkunftsmöglichkeiten in Waldgebieten in der näheren Umgebung heraus. Die Unterkünfte können über die Website von T auch gebucht werden. Das Angebot einer Buchungsmöglichkeit für regionale kleinere und entlegenere Unterkünfte könnte man als DAWI qualifizieren, da große Buchungsplattformen regelmäßig Hotels und größere Unterkünfte bewerben. Die Gemeinde A müsste T diese Aufgabe durch Betrauungsakt übertragen und die Voraussetzungen des DAWI-Freistellungsbeschlusses beachten. Bis € 500.000 könnte A dieses Vorhaben auch im Rahmen der DAWI-De-minimis-VO abwickeln.*

## b. Wirtschaftsförderungsgesellschaften

**Literatur:** *Schröder* in Wurzel/Schraml/Gaß (Hrsg), Rechtspraxis der kommunalen Unternehmen[4] (2021); *Wiedenbauer*, Beihilfenrechtssichere Finanzierung von Tourismusorganisationen, ecolex 2018, 261.

Zur Unterstützung des Wirtschaftsstandorts setzen Bund, Länder und Gemeinden auch auf Wirtschaftsförderungsgesellschaften.[381] Die mit der Wirtschaftsförderung beauftragten Gesellschaften haben dabei regelmäßig die Aufgabe, die Wirtschaftskraft in der jeweiligen Region zu fördern, bzw den Wirtschafts- und Arbeitsplatzstandort zu stärken.

Die Tätigkeiten der Wirtschaftsagenturen umfassen dabei die Netzwerkpflege der am Standort ansässigen Unternehmen, Veranstaltungen, Unterstützung bei der Betriebsansiedelung und der Ausweitung bestehender Betriebe, die Bereitstellung von Informationen über Geschäftsflächen bis hin zur allgemeinen Standortwerbung.

Die Abgrenzung welche Tätigkeiten (noch) im Allgemeininteresse liegen bzw diejenigen Tätigkeiten zu identifizieren, die überwiegend den rein unternehmerischen Interessen dienen, ist beihilferechtlich für die Einordnung als DAWI entscheidend.

*Beispiel: Das Bundesland S verfügt über eine Wirtschaftsagentur Z. Die Aufgabe von Z besteht darin, den Wirtschafts- und Arbeitsplatzstandort von S zu stärken und weiterzuentwickeln und die Betriebsansiedelung und Ausweitung bestehender Betriebe zu fördern. Z erzielt keine Einnahmen und ist auf Zuschüsse durch das Bundesland S angewiesen.*

## c. Sozialer Wohnbau

**Literatur:** *Bartosch*, Sozialer Wohnungsbau und europäische Beihilfenkontrolle, EuZW 2007, 559; *Keßler/Dahlke*, Der soziale Wohnungsbau in Deutschland im Lichte des europäischen Beihilferechts, EuZW 2007, 103; *dies*, Der soziale Wohnungsbau in

---

381 S dazu zB ecoplus – Niederösterreichs Wirtschaftsagentur GmbH, Business Upper Austria GmbH, Wirtschaftsagentur Wien, Austria Wirtschaftsservice Gesellschaft (aws), Kärntner Wirtschaftsförderungs Fonds (KWF).

Deutschland und die europäische Beihilfekontrolle (Replik auf Bartosch, EuZW 2007, 559), EuZW 2008, 68; *Leeb/Scherzer*, Sozialer Wohnungsbau und Beihilferecht, in Haslinger/Jaeger (Hrsg), Jahrbuch Beihilferecht (2014) 417; *Storr*, Wohnungsgemeinnützigkeit im Binnenmarkt, JRP 2012, 397.

**Judikatur:** EuGH 08.05.2013, verb Rs C-197/11 u C-203/11, *Libert*; EuG 12.05.2015, T-202/10, *Stichting Woonlinie ua/Kommission*; EuGH 15.03.2017, C-414/15 P, *Stichting Woonlinie ua/Kommission*.

Die Errichtung und Vermietung von Wohnraum zu Preisen, die auch sozial verträglich sind, ist für Städte und Gemeinden von großer Bedeutung. Der soziale Wohnbau kann auch als Dienstleistung von allgemeinem wirtschaftlichem Interesse in Betracht kommen. Bereits im DAWI-Freistellungsbeschluss werden Ausgleichsleistungen für solche Dienstleistungen zur Deckung des sozialen Bedarfs im Hinblick auf den sozialen Wohnungsbau anerkannt und als freistellungsfähig betrachtet.[382]

Schwierigkeiten kann mitunter die Abgrenzung zu anderen wirtschaftlichen Tätigkeiten im Immobiliensektor bereiten, wenn Wohnraum nicht nur zu vergünstigten sondern auch zu marktüblichen Preisen angeboten wird.

*Beispiel: **Variante 1:** Die Sozialerwohnen-GmbH steht im Alleineigentum der Stadt W. Der Unternehmensgegenstand der Sozialerwohnen-GmbH liegt in der Schaffung und Verwaltung von Wohnraum für die Allgemeinheit, sowie das Immobilienmanagement für die Stadt W zu übernehmen. Die Sozialerwohnen-GmbH errichtet einen Wohnkomplex mit 80 Wohnungen, die sie gänzlich als Sozialwohnungen an Geringverdiener vermietet, um das Wohnen leistbar zu machen. **Variante 2:** Das internationale IT-Unternehmen A ist auf der Suche nach einem Logistikstandort. Die Sozialerwohnen-GmbH erhält über die Stadt W den Auftrag, ein neues Gewerbegebiet nahe der Stadtgrenze zu entwickeln, damit sich A dort ansiedelt und Arbeitsplätze geschaffen werden können. Die Vermietung zu vergünstigten Preisen wird sich ohne weitere Probleme als DAWI einordnen lassen (Variante 1), nicht jedoch die Erschließung eines Gewerbegebiets (Variante 2). Im letztgenannten Fall wird man ein Marktversagen verneinen müssen, zumal die Bereitstellung ausreichender Fläche auch ohne ein staatliches Eingreifen möglich ist.*

### d. Krankenhäuser

**Literatur:** *Autengruber*, Überarbeitung der Regeln für DAWI-Beihilfen im Gesundheits- und Sozialbereich, in Haslinger/Jaeger (Hrsg), Jahrbuch Beihilferecht (2020) 287; *Baier*, Die Finanzierung von (öffentlichen) Krankenhäusern in Deutschland. Eine EU-beihilfenrechtliche Untersuchung (2020); *Bulla*, Der Defizitausgleich bei Krankenhäusern der öffentlichen Hand bleibt beihilfekonform – Zu den Voraussetzungen und Grenzen der Krankenhausversorgung als DAWI, KommJur 2015, 245; *Cremer*, Europäisches Beihilfenrecht und seine Auswirkungen auf das deutsche Krankenhauswesen, ZIAS 2008, 198; *Heinbuch/Käppel/Wittig*, Beihilfen an Krankenhäuser in öffentlicher Trägerschaft vor dem Aus? Teil 1, KommJur 2014, 205; *dies*, Beihilfen an Krankenhäuser in öffentlicher Trägerschaft vor dem Aus? Teil 2, KommJur 2014, 245; *Heinrich*, Anforderungen an

---

382 Art 2 Abs 1 lit c DAWI-Freistellungsbeschluss.

eine beihilfenrechtskonforme Finanzierung von Krankenhausleistungen aus staatlichen Mitteln, BRZ 2013, 119; *Heise*, Krankenhausfinanzierung und Beihilferecht – das Krankenhauswesen zwischen Gemeinwohlverpflichtung und Wettbewerb, EuZW 2015, 736; *Kaufmann/Bertels*, Staatliche Finanzierung von Krankenhäusern in öffentlicher Trägerschaft im Kreuzfeuer des EU-Beihilferechts, WPg 2015, 824; *Koenig/Paul*, Die Krankenhausfinanzierung im Kreuzfeuer der EG-Beihilfenkontrolle, EuZW 2008, 359.

**Judikatur:** EuG 07.11.2012, T-137/10, *CBI/Kommission*; LG Tübingen 23.12.2013, 5 O 72/13; OLG Stuttgart 20.11.2014, 2 U 11/14; KOM 05.06.2015, SA.37904, *Ärztehaus Durmersheim*; KOM 05.06.2015, SA.38035, *Landgrafenklinik*; KOM 19.06.2015, SA.37432, *Hradec Králové*; BGH 24.03.2016, I ZR 263/14; KOM 05.07.2016, SA.19864, *IRIS-Krankenhäuser*.

Öffentliche und private Krankenhäuser werden regelmäßig staatlich finanziert. Öffentliche Krankenhäuser bleiben dabei oftmals defizitär. Diese Unterdeckungen werden regelmäßig durch eine Reihe an staatlichen Zuwendungen ausgeglichen.

Die staatliche Förderung rein lokal ausgerichteter Krankenhäuser stellt oftmals keine Handelsbeeinträchtigung zwischen den Mitgliedstaaten dar und kann bereits auf Tatbestandsebene mangels Vorliegen einer Beihilfe zulässig sein.[383]

Umgekehrt kann eine als Beihilfe qualifizierte staatliche Zuwendung aber auch als Ausgleichsleistung für die Erbringung einer DAWI gerechtfertigt sein. Der DAWI-Freistellungsbeschluss nennt Krankenhäuser ausdrücklich als Erbringer von Dienstleistungen von allgemeinem wirtschaftlichem Interesse.[384] Eine Betragsobergrenze sieht der DAWI-Freistellungsbeschluss für Krankenhäuser nicht vor, sofern sie medizinische Versorgung leisten.[385]

Ausgleichsleistungen an öffentliche Krankenhäuser sind nur insoweit zulässig, als sie auf eine „besondere Gemeinwohlverpflichtung" abzielen, die von privaten Krankenhäusern so nicht erbracht wird.[386] Jede einzelne Leistung eines Krankenhauses ist dabei separat hinsichtlich der Kostendeckung, Förderungsfähigkeit und Gemeinwohlverpflichtung zu bewerten.[387]

Die Kommission qualifizierte etwa die Defizitausgleichszahlungen für DAWI der IRIS-Krankenhäuser als mit dem Binnenmarkt vereinbar. Die ergänzenden Verpflichtun-

---

383 KOM 05.06.2015, SA.37904, *Ärztehaus Durmersheim*; KOM 05.06.2015, SA.38035, *Landgrafenklinik*; KOM 19.06.2015, SA.37432, *Hradec Králové*.

384 Art 2 Abs 1 lit b DAWI-Freistellungsbeschluss.

385 Art 2 Abs 1 lit b DAWI-Freistellungsbeschluss; ErwGr 11 zum DAWI-Freistellungsbeschluss; *Heinrich*, BRZ 2013, 119 (123).

386 EuG 07.11.2012, T-137/10, *CBI/Kommission*. In der deutschen Beihilfepraxis ist eine globale Betrauung der gesamten medizinischen Versorgungstätigkeit eines Krankenhauses weiterhin möglich. Hier wird darauf abgestellt, ob die angebotenen Tätigkeiten außerhalb der allgemeinen Krankenversorgung liegen.

387 KOM 05.07.2016, SA.19864, *IRIS-Krankenhäuser* Rn 159 ff; *Heinbuch/Käppel/Wittig*, KommJur 2014, 205 (209).

gen der IRIS-Krankenhäuser und die grundlegende Krankenhausaufgabe sind zusammen de facto als DAWI der sozialen Gesundheitsvorsorge zu betrachten.[388]

**Beispiel:** *Die Stadtklinikum-GmbH steht im Eigentum der Stadt X. Neben der grundlegenden Krankenhausaufgabe, ist sie im Vergleich zur Privatkliniken-AG zur allgemeinen Behandlung und zu weiteren umfangreichen sozial-medizinischen Aufgaben verpflichtet und muss zudem die Krankenhausvollversorgung an mehreren Standorten anbieten.[389] Die Stadtklinikum-GmbH erfüllt ihre Gemeinwohlaufgaben im Bereich der sozialen Gesundheitsfürsorge, indem sie über ihre Aufgabe der Grundversorgung hinaus weitere Verpflichtungen erfüllt, sodass sichergestellt ist, dass der soziale Bedarf im Bereich der Krankenhausversorgung gedeckt ist und hochwertige Gesundheitsdienstleistungen in Krankenhäusern für alle, insb bedürftige Personen, zugänglich ist. Keine dieser Verpflichtungen gilt für die Privatkliniken-AG, die nur die grundlegende Krankenhausaufgabe erfüllt.*

# D. Die Allgemeine Gruppenfreistellungsverordnung (AGVO)

**Literatur:** *Bartosch*, Die neuen Gruppenfreistellungsverordnungen im EG-Beihilfenrecht, NJW 2001, 921; *ders*, Die neue Allgemeine Gruppenfreistellungsverordnung im EG-Beihilfenrecht, NJW 2008, 3612; *ders*, EU-Beihilfenrecht[3] (2020); *Berghofer*, The General Block Exemption Regulation: A Giant on Feet of Clay, EStAL 2009, 323; *Brandtner/Vidoni*, State Aid Evaluation – State of Play and Ways Forward, EStAL 2018, 475; *Deliberova/Nyssens*, The General Block Exemption Regulation (GBER): What changed?, EStAL 2009, 27; *Egger/Barrett*, Neue Freistellungsmöglichkeiten im Beihilfenrecht: Neue Ermächtigungsverordnung und Überarbeitung der AGVO, in Haslinger/Jaeger (Hrsg), Jahrbuch Beihilferecht (2014) 317; *Fort/Nyssens*, General Framework and Block Exemption Regulations, in EU Competition Law (Volume 2) Part 4, 729; *Frenz*, F&E&I-Beihilfen, GewA 2019, 143; *ders*, Beihilfen für Ausbildung und Beschäftigung, GewA 2019, 181; *ders*, Umweltbeihilfen nach der AGVO, NuR 2019, 361; *Freund/Bary*, Beihilfen im Breitbandsektor – Vorteile und Probleme der überarbeiteten Allgemeinen Gruppenfreistellungsverordnung (AGVO) der Europäischen Kommission, MMR 2015, 230; *Holtmann*, Die unterschiedliche Wertigkeit (kommunaler) Infrastrukturen in der Allgemeinen Gruppenfreistellungsverordnung für staatliche Beihilfen, EuZW 2016, 927; *Hummelbrunner/Prickartz*, Rezente Ergänzungen und Änderungen der AGVO, in Haslinger/Jaeger (Hrsg), Jahrbuch Beihilferecht (2018) 183; *Jaeger*, Die neue Allgemeine Gruppenfreistellungsverordnung für Beihilfen, ecolex 2008, 873; *König/Kühling*, Beihilfen an kleine und mittlere Unternehmen (KMU) unter Berücksichtigung der geplanten EG-Verordnung für KMU, DVBl 2000, 1025; *Maillo*, Balancing Environment Protection, Competitiveness and Competition: A Critical Assessment of the GBER and the EEAG, EStAL 2017, 4; *Mehta*, Is JESSICA the Holy Grail of Urban Regeneration, EPPPL 2010, 147; *Muñoz de Juan*, Monitoring of State Aid – From Ex Ante to Ex Post Control, EStAL 2018, 483; *Petzold/Raguse/Stöbener de Mora*, Die Reform der AGVO zu Flughäfen und Häfen – ein Ende der Rechtsunsicherheit?, EuZW 2017, 717; *Robbins/Geldof*, Ex Post Assessment of the Impact of State Aid on Competition, EStAL 2018, 494, *Rüchardt*, Dilly's Wellnesshotel und der Transparenzgrundsatz im Beihilfenrecht – mehr als ein Lippenbekenntnis (Teil 1), BRZ 2017, 63; *ders*, Dilly's Wellnesshotel und der Transparenzgrund-

---

388 KOM 05.07.2016, SA.19864, *IRIS-Krankenhäuser* Rn 169, 214.
389 Das Beispiel ist angelehnt an die Entscheidung KOM 05.07.2016, SA.19864, *IRIS-Krankenhäuser.*

satz im Beihilfenrecht – mehr als ein Lippenbekenntnis (Teil 2), BRZ 2017, 111; *Sinnaeve*, Block Exemptions for State aid: More Scope for State Aid Control by Member States and Competitors, CMLR 2001, 1479; *Sinnaeve/Slot*, The New Regulation on State Aid Procedures, CMLR 1999, 1153; *Stöbener de Mora*, Beihilferecht: Konsultation zu AGVO-Änderungsentwurf, EuZW 2019, 580; *dies*, Beihilferecht: Verlängerung der AGVO, De-minimis-Verordnung und Leitlinien sowie gezielte Anpassungen aufgrund der Covid-19-Krise, EuZW 2020, 635; *Sygusch*, Die ersten Entwürfe zur neuen Allgemeinen Gruppenfreistellungsverordnung der Kommission – Revolution oder Evolution?, BRZ 2013, 179; *Traupel*, Football and State Aid; Really the Greatest Pastime in the World? 414; *von Wendland*, R & D & I – State Aid Rules at the Crossroads – taking Stock and Preparing the Revision, EStAL 2012, 389; *Wittig*, Die neue AGVO und Infrastrukturfinanzierung am Beispiel von Sportstadien, EuZW 2015, 53.

**Judikatur:** EuGH 15.05.1997, C-355/95 P, *Textilwerke Deggendorf/Kommission*; EuGH 21.07.2016, C-493/14, *Dilly's Wellnesshotel*; EuGH 27.06.2017, C-74/16, *Congregación de Escuelas Pías Provincia Betanie/Ayuntamiento de Getafe*; EuG 12.09.2017, T-671/14, *Bayrische Motoren Werke/Kommission*; EuGH 05.03.2019, C-349/17, *Eesti Pagar*; EuGH 29.07.2019, C-654/17 P, B*ayrische Motoren Werke AG und Freistaat Sachsen/Kommission*; EuG 09.09.2020, T-745/17, *Kerkosand/Kommission*.

Die Kommission hat aufgrund einer Ermächtigungsverordnung das Recht, bestimmte Gruppen von Beihilfen von der Notifizierungspflicht generell auszunehmen („freizustellen").[390] Auch dem Rat kommt aufgrund von Art 109 AEUV eine solche Ermächtigung zu.

Gruppenfreistellungsverordnungen und die darin verbundenen Regelungen für die Freistellung bestimmter Beihilfen sollen die Rechtssicherheit und die Flexibilität der Mitgliedstaaten bei der Planung und Durchführung bestimmter Beihilfen erhöhen und die Arbeitsbelastung der Kommission senken.[391]

Im Jahr 2014 machte die Europäische Kommission von diesem Recht Gebrauch und stellte mit der Verabschiedung der Allgemeinen Gruppenfreistellungsverordnung (AGVO) bestimmte Gruppen von Beihilfen frei. Im Jahr 2017 erweiterte sie den Anwendungsbereich der AGVO (**AGVO-Novelle 2017**).[392] Im Jahr 2021 erweiterte die Kommission erneut den Anwendungsbereich der AGVO (**AGVO-Novelle 2021**).[393]

---

390 S dazu die Verordnung (EG) 994/98 des Rates vom 7. Mai 1998 über die Anwendung der Artikel 92 und 93 des Vertrags zur Gründung der Europäischen Gemeinschaft auf bestimmte Gruppen horizontaler Beihilfen, ABl L 1998/142, 1; sowie die Änderungsverordnung (EU) 733/2013.

391 *Jaeger*, ecolex 2008, 873.

392 Verordnung (EU) 2017/1084 der Kommission vom 14. Juni 2017 zur Änderung der Verordnung (EU) Nr 651/2014 in Bezug auf Beihilfen für Hafen- und Flughafeninfrastrukturen, in Bezug auf Anmeldeschwellen für Beihilfen für Kultur und die Erhaltung des kulturellen Erbes und für Beihilfen für Sportinfrastrukturen und multifunktionale Freizeitinfrastrukturen sowie in Bezug auf regionale Betriebsbeihilferegelungen für Gebiete in äußerster Randlage und zur Änderung der Verordnung (EU) Nr 702/2014 in Bezug auf die Berechnung der beihilfefähigen Kosten, ABl L 2017/156, 1. Zu den Änderungen s *Hummelbrunner/Prickartz*, in Jahrbuch Beihilferecht 2018, 183.

393 Verordnung (EU) 2021/1237 der Kommission vom 23. Juli 2021 zur Änderung der Verordnung (EU) 651/2014 zur Feststellung der Vereinbarkeit bestimmter Gruppen von Bei-

Die zweite Novellierung (**AGVO-Novelle 2021**) erfasst insb Beihilfen nationaler Behörden für Projekte, die im Rahmen des neuen mehrjährigen Finanzrahmens über bestimmte zentral von der EU verwaltete Programme finanziert werden, sowie bestimmte staatliche Beihilfemaßnahmen, die für den ökologischen und digitalen Übergang und gleichzeitig die Erholung von den wirtschaftlichen Auswirkungen der Coronavirus-Pandemie relevant sind.[394] Der Fokus der AGVO-Novelle 2021 liegt auf der Vereinfachung der Beihilfevorschriften zur **Förderung des digitalen und ökologischen Übergangs** sowie der **Bewältigung der Coronavirus-Pandemie**. Die Kommission straffte einerseits die Beihilfevorschriften für die Gewährung nationaler Mittel für Vorhaben oder Finanzprodukte bestimmter erst kürzlich beschlossener EU-Programme. Die AGVO erfasst neuerdings 1) durch den Fonds „Invest EU" unterstützte Finanzierungen und Investitionen,[395] 2) Forschungs-, Entwicklungs- und Innovationsprojekte (FuEuI), die im Rahmen von Horizont 2020 oder Horizont Europa ein Exzellenzsiegel erhalten haben, kofinanzierte Forschungs- und Entwicklungsvorhaben oder Teaming-Maßnahmen im Rahmen von Horizont 2020 oder Horizont Europa, sowie 3) Projekte der Europäischen territorialen Zusammenarbeit (ETZ), der sog „Interreg-Politik". Außerdem sollen bestimmte Kategorien von Beihilfen der Abfederung wirtschaftlicher Auswirkungen der Coronavirus-Krise dienen und sicherstellen, dass diese Erholung zum Übergang zu einer grünen und digitalen Wirtschaft beiträgt: Die AGVO umfasst nun auch: 4) Beihilfen für Vorhaben zur Verbesserung der Energieeffizienz von Gebäuden, 5) Beihilfen für die Lade- und Tankinfrastruktur für emissionsarme Straßenfahrzeuge sowie 6) Beihilfen für feste Breitband-Netze, 4G- und 5G-Mobilfunknetze, bestimmte transeuropäische Infrastrukturprojekte für digitale Konnektivität und bestimmte Gutscheine.

Die AGVO enthält allgemeine Voraussetzungen, die für alle Beihilfegruppen gelten. Zusätzlich sieht die AGVO für jede Beihilfengruppe besondere Bestimmungen vor, die gemeinsam mit den allgemeinen Voraussetzungen erfüllt sein müssen, um von der Notifizierungspflicht freigestellt zu sein. Staatliche Beihilfen, die diese Kriterien erfüllen, dürfen von den Mitgliedstaaten in weiterer Folge unmittelbar durchgeführt werden.[396]

Beihilferechtliche Maßnahmen, die nicht AGVO-freistellungsfähig bzw von der AGVO nicht umfasst sind, müssen weiterhin bei der Kommission angemeldet werden.

> Einzelbeihilfen auf Grundlage von Beihilferegelungen sowie Ad-hoc-Beihilfen sind gemäß AGVO von der Anmeldepflicht nach Art 108 Abs 3 AEUV freigestellt, wenn sie die allgemeinen Voraussetzungen und die speziell für die betreffende Beihilfengruppe geltenden besonderen Voraussetzungen erfüllen.

---

hilfen mit dem Binnenmarkt in Anwendung der Artikel 107 und 108 des Vertrags über die Arbeitsweise der Europäischen Union, ABl L 2021/270, 39.

394 Vgl dazu KOM, Pressemitteilung vom 23.07.2021, IP/21/3804. Vorbereitet wurde die zweite Novellierung der AGVO durch die Änderungsverordnung (EU) 2018/1911 zur Ermächtigungsverordnung (EU) 2015/1588.

395 S dazu die Art 56d AGVO, Art 56e AGVO und Art 56f AGVO.

396 *Hummelbrunner/Prickartz*, in Jahrbuch Beihilferecht 2018, 183 (185).

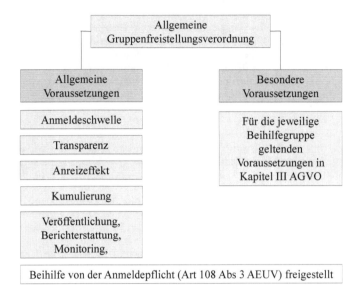

Beihilfe von der Anmeldepflicht (Art 108 Abs 3 AEUV) freigestellt

## 1. Anwendungsbereich

Die AGVO **gilt** für Regionalbeihilfen, Beihilfen für KMU in Form von Investitionsbeihilfen, Betriebsbeihilfen und Beihilfen zur Erschließung von KMU-Finanzierungen; Start-up-Beihilfen; für Umweltbeihilfen; FuEuI-Beihilfen, Ausbildungsbeihilfen, Einstellungs- und Beschäftigungsbeihilfen für benachteiligte Arbeitnehmer und Arbeitnehmer mit Behinderung, (Natur-)Katastrophenbeihilfen, Sozialbeihilfen für die Beförderung von Einwohnern entlegener Gebiete, Breitbandbeihilfen, Kulturbeihilfen, Beihilfen für Sportinfrastruktur- bzw Freizeitinfrastruktur, lokale Infrastrukturbeihilfen, Regionalflughafenbeihilfen, Hafenbeihilfen, ua.

Bestimmte Bereiche schließt die AGVO von ihrem Anwendungsbereich aus.[397] So **gilt** die AGVO **nicht** für Unternehmen in Schwierigkeiten, Beihilfen für exportbezogene Tätigkeiten[398] oder bestimmte Sektoren.[399]

### a. Unternehmen in Schwierigkeiten

Die AGVO gilt nicht für Unternehmen in Schwierigkeiten. Der Begriff Unternehmen in Schwierigkeiten ist in der AGVO legal definiert.[400]

---

397 Art 1 Abs 2 bis 7 AGVO.
398 Art 1 Abs 2 lit c AGVO.
399 Art 1 Abs 3 AGVO.
400 Art 2 Z 18 AGVO.

Als Unternehmen in Schwierigkeiten werden angesehen: Eine GmbH, bei der mehr als die Hälfte des gezeichneten Stammkapitals infolge aufgelaufener Verluste verlorengegangen ist.[401] Ein Unternehmen das Gegenstand eines Insolvenzverfahrens ist oder die im österreichischen Recht vorgesehenen Voraussetzungen für die Eröffnung eines Insolvenzverfahrens auf Antrag seiner Gläubiger erfüllt.[402]

Für Großunternehmen wird die Zuordnung nach dem buchwertbasierten Verschuldungsgrad des Unternehmens und des nach EBITDA berechneten Zinsdeckungsverhältnisses des Unternehmens bestimmt.[403]

**Nicht** als Unternehmen in Schwierigkeiten gelten KMU in den ersten drei Jahren nach ihrer Gründung.[404] Bei Risikofinanzierungen gelten KMU zudem in den sieben Jahren nach ihrem ersten kommerziellen Verkauf,[405] die nach einer Due-Diligence-Prüfung durch den ausgewählten Finanzintermediär für Risikofinanzierungen in Frage kommen, nicht als Unternehmen in Schwierigkeiten.

*Beispiel: Die Gebietskörperschaft A gewährt dem Start-Up-Unternehmen G im Jahr 2021 eine nach Art 17 AGVO freigestellte Investitionsbeihilfe für KMU. Das Unternehmen G wurde im Jahr 2019 gegründet und wurde finanziell von der Covid-19-Krise stark getroffen. Die Jahresbilanz weist aus, dass 70% des gezeichneten Stammkapitals infolge aufgelaufener Verluste verlorengegangen ist. Das Start-Up-Unternehmen G ist bis 2020 nicht als Unternehmen in Schwierigkeiten zu qualifizieren, da es in den ersten 3 Jahren nach der Gründung nicht als Unternehmen in Schwierigkeiten gilt.*

In einer AGVO freigestellten Beihilferegelung muss daher ausdrücklich festgelegt werden, dass an „Unternehmen in Schwierigkeiten" keine Beihilfen gewährt werden.

### b. Deggendorf-Rechtsprechung

Die AGVO gilt nur für Beihilferegelungen, die die sog „**Deggendorf-Klausel**" enthalten. Die Deggendorf-Klausel besagt, dass Unternehmen, die einer früheren Rückforderungsentscheidung nicht nachkommen, keine Einzelbeihilfen gewährt werden dürfen.[406]

Mit der Deggendorf-Klausel wird die Rsp in der Rs Textilwerke Deggendorf umgesetzt. Danach darf die Kommission bei der Prüfung der Vereinbarkeit einer Maßnahme mit dem Binnenmarkt, sowohl die mögliche kumulierende Wirkung bereits früher ge-

---

401 Art 2 Z 18 lit a AGVO.

402 Art 2 Z 18 lit c AGVO.

403 Art 2 Z 18 lit e AGVO.

404 Art 2 Z 18 lit a AGVO.

405 Als „erster kommerzieller Verkauf" gilt laut Art 2 Z 75 AGVO der erste Verkauf eines Unternehmens auf einem Produkt- oder Dienstleistungsmarkt, mit Ausnahme der begrenzten Zahl von Verkäufen im Rahmen der Markterprobung.

406 Dies ist dann der Fall, wenn sich nach Abzug der aufgelaufenen Verluste von den Rücklagen und allen sonstigen Elementen, die im Allgemeinen den Eigenmitteln des Unternehmens zugerechnet werden) ein negativer kumulativer Betrag ergibt, der mehr als der Hälfte des gezeichneten Stammkapitals entspricht.

währter Beihilfen als auch den Umstand berücksichtigen, dass die alten und als rechtswidrig klassifizierten Beihilfen noch nicht zurückgezahlt worden sind.[407]

Art 1 Abs 4 lit a AGVO ist konstitutiv formuliert und somit eine verbindliche Voraussetzung für die Freistellungsfähigkeit, die im Einzelfall geprüft werden muss.

**Beispiel:** *Die KMU-Förderungs-RL wurde nach der AGVO ausgestaltet und freigestellt. Die Richtlinie enthält eine Klausel, derzufolge Unternehmen, die einer früheren Rückforderungsentscheidung nicht nachkommen, Beihilfen gewährt werden können.*

Eine nach der AGVO freigestellte Beihilferegelung muss die Deggendorf-Klausel enthalten.

## 2. Allgemeine Voraussetzungen

Um Beihilfen auf der Grundlage der AGVO von der Anmeldepflicht gemäß Art 108 Abs 3 AEUV freizustellen, müssen zunächst die allgemeinen Voraussetzungen erfüllt sein. Dabei dürfen die Anmeldeschwellen nicht überschritten werden, es muss sich um eine transparente Beihilfe handeln, ein Anreizeffekt muss vorliegen, die Kumulierungsvorschriften müssen eingehalten und bestimmte Informationen veröffentlicht werden.

### a. Anmeldeschwellen

Eine Beihilfe ist nach der AGVO freistellungsfähig, wenn sie die für die jeweilige Beihilfengruppe in Art 4 leg cit festgelegten Anmeldeschwellen nicht überschreitet. Die Anmeldeschwellen dürfen auch nicht durch künstliche Aufspaltung der Beihilferegelungen oder des Fördervorhabens umgangen werden.

Überschreiten Beihilfen die Anmeldeschwellen werden sie aufgrund eines höheren Risikos einer Wettbewerbsverfälschung gesondert geprüft und sind bei der Kommission anzumelden.

**Beispiel:** *Die Anmeldeschwelle für KMU-Beihilfen beträgt für die Teilnahme an Messen € 2 Mio pro Unternehmen und Jahr. Wird diese Schwelle überschritten, ist die AGVO nur bis zur Höhe der Anmeldeschwelle anwendbar. Der die Anmeldeschwelle übersteigende Betrag muss bei der Kommission gemäß Art 108 Abs 3 AEUV angemeldet werden.*

### b. Transparenz

Eine Beihilfe nach der AGVO muss transparent sein. Im Interesse der Transparenz, Gleichbehandlung und wirksamen Überwachung gilt die AGVO nur für Beihilfen, deren Bruttosubventionsäquivalent sich im Voraus genau berechnen

---

407 EuGH 15.05.1997, C-355/95 P, *Textilwerke Deggendorf/Kommission.*

lässt, ohne dass eine Risikobewertung erforderlich ist (sog „**transparente Beihilfen**"). Die AGVO legt für bestimmte spezifische Beihilfeinstrumente wie Kredite, Garantien, steuerliche Maßnahmen, Risikofinanzierungsmaßnahmen und rückzahlbare Vorschüsse Voraussetzungen fest, unter denen sie als transparent angesehen werden können.

Unter einem Bruttosubventionsäquivalent versteht man die Höhe der Beihilfe vor Abzug von Steuern und sonstigen Abgaben.

Insbesondere als **transparent** gelten Beihilfen in Form von Zuschüssen und Zinszuschüssen sowie Darlehen, sofern das Bruttosubventionsäquivalent auf Grundlage jenes Referenzzinssatzes berechnet wurde, der zum Gewährungszeitpunkt galt oder auch steuerliche Maßnahmen, wenn darin eine Obergrenze vorgesehen ist, damit die maßgeblichen Schwellenwerte nicht überschritten werden.

### c. Anreizeffekt

Beihilfen, die auf Basis der AGVO freigestellt werden, müssen einen Anreizeffekt haben (Art 6 Abs 1 AGVO).

Der Anreizeffekt soll sicherstellen, dass nur Beihilfegruppen freigestellt werden, die einen unternehmerischen Mehrwert erzielen. Er soll auch verhindern, dass Beihilfeempfänger keine Beihilfen für Tätigkeiten erhalten, die sie auch ohne Beihilfen unter Marktbedingungen durchgeführt hätten.

Ein Anreizeffekt liegt bei einer Beihilfe vor, wenn der Beihilfeempfänger **vor Beginn der Arbeiten** für das Vorhaben oder die Tätigkeit einen schriftlichen Beihilfeantrag in dem betreffenden Mitgliedstaat gestellt hat.

Beginnt der Beihilfeempfänger mit dem Vorhaben vor Beginn der Arbeiten, so würde das Vorhaben unabhängig von der Beihilfegewährung durchgeführt werden. In diesem Fall unterliegt die Beihilfe nicht mehr der AGVO und müsste angemeldet werden.

Der Anreizeffekt gemäß Art 6 Abs 1 AGVO liegt für eine Beihilfe vor, wenn mit dem Vorhaben erst begonnen wird, nachdem der Beihilfeempfänger einen schriftlichen Beihilfeantrag gestellt hat.

Der Beihilfeempfänger muss vor Beginn der Arbeiten für das Vorhaben oder die Tätigkeit einen schriftlichen Beihilfeantrag im betreffenden Mitgliedsstaat stellen.

Als Projektbeginn gilt entweder der Beginn der Bauarbeiten für die Investition oder die erste rechtsverbindliche Verpflichtung zur Bestellung von Ausrüstung oder eine andere Verpflichtung, die eine Investition unumkehrbar macht, wobei der früheste dieser Zeitpunkte maßgebend ist.[408]

Der Beihilfeantrag muss **Mindestinhalte** aufweisen.

---

408 Art 2 Z 23 AGVO.

Der Antrag hat mindestens folgende Angaben zu enthalten:[409] Name und Größe des Unternehmens, Beschreibung des Vorhabens mit Angabe des Beginns und des Abschlusses, Standort des Vorhabens, die Kosten des Vorhabens, Art der Beihilfe (zB Zuschuss, Kredit, Garantie, rückzahlbarer Vorschuss oder Kapitalzuführung) und Höhe der für das Vorhaben benötigten öffentlichen Finanzierung.

**Kein Anreizeffekt** wird verlangt bzw vom Vorliegen eines Anreizeffektes wird ausgegangen bei Beihilfen für Kultur und die Erhaltung des kulturellen Erbes, Sozialbeihilfen für die Beförderung von Einwohnern entlegener Gebiete, Beihilfen zur Bewältigung der Folgen bestimmter Naturkatastrophen, Beihilfen zur Erschließung von KMU-Finanzierungen, Beihilfen in Form von Lohnkostenzuschüssen für die Einstellung benachteiligter Arbeitnehmer und Beihilfen in Form von Lohnkostenzuschüssen für die Beschäftigung von Arbeitnehmern mit Behinderungen.

Maßnahmen in Form von Steuervergünstigungen gelten als Beihilfen mit Anreizeffekt, wenn die Maßnahme einen Anspruch begründet, der auf objektiven Kriterien beruht und sie vor Beginn der Arbeiten für das geförderte Vorhaben eingeführt und in Kraft getreten ist.

Besondere Vorschriften bestehen zudem für Großunternehmen und Steuervergünstigungen bestimmter Beihilfegruppen (zB regionale Betriebsbeihilfen).

Bei Ad-hoc-Beihilfen für Großunternehmen wird der Anreizeffekt gemäß Art 6 Abs 3 AGVO an zusätzliche Kriterien geknüpft.

*Beispiel: Das Großunternehmen X ist im Automotivsektor tätig und verfügt über einen Industriestandort in der Region R im Mitgliedstaat D. Auf diesem Standort beschäftigt X über 3000 Mitarbeiter. In der Wirtschaftskrise möchte D zur Sicherung von Arbeitsplätzen X mit einer Subvention unterstützen. Es wird vereinbart, dass die Subvention für den Werksausbau gewährt wird. In diesem Fall ist der Anreizeffekt gemäß Art 6 Abs 3 AGVO gesondert zu prüfen.*

### d. Kumulierung

Um eine **Überkompensation** zu vermeiden, ist in Art 8 AGVO geregelt, wann Beihilfen kumuliert, also nebeneinander gewährt werden dürfen. Die Kumulierungsvorschriften sind verbindlich einzuhalten. Die Gewährung von mehrfachen Beihilfen für dieselben förderfähigen Kosten ist grds nicht gestattet.

Bei der Prüfung, ob die Anmeldeschwellen und die Beihilfehöchstintensitäten eingehalten sind, werden sämtliche dem Beihilfeempfänger für die jeweilige Tätigkeit oder das jeweilige Vorhaben gewährten Beihilfen berücksichtigt.

Dabei ist der Gesamtbetrag der öffentlichen Förderung zu berücksichtigen und zwar unabhängig davon, wer dem Beihilfeempfänger eine Beihilfe gewährt (regionale, nationale oder europäische Förderung).

---

409 Art 6 Abs 2 AGVO.

Die AGVO normiert **unterschiedliche Kumulierungsregelungen**.

AGVO-freigestellte Beihilfen können mit anderen nach der AGVO-freigestellten Beihilfen kumuliert werden, sofern diese Maßnahmen **unterschiedliche**, jeweils bestimmbare beihilfefähige **Kosten** betreffen.

*Beispiel: Die Kumulierung von regionalen Investitionsbeihilfen nach Art 14 AGVO mit Ausbildungsbeihilfen gemäß Art 31 AGVO.*

Handelt es sich um Beihilfen, die **überschneidende Kosten** betreffen, können **AGVO-freigestellte Beihilfen mit** anderen **AGVO-freigestellte Beihilfen**, für dieselben, sich teilweise oder vollständig überschneidenden beihilfefähigen Kosten, kumuliert werden, sofern die Kumulierung nicht zu einer Überschreitung der höchsten Beihilfeintensität bzw des entsprechenden Beihilfebetrags nach der AGVO führt.

AGVO-freigestellte Beihilfen dürfen nicht mit De-minimis-Beihilfen für dieselben beihilfefähigen Kosten kumuliert werden, wenn die in Kapitel III festgelegten Beihilfeintensitäten bzw Beihilfehöchstbeträge überschritten werden.[410]

AGVO-freigestellte Beihilfen können **mit anderen** freigestellten oder von der Kommission genehmigten **Beihilfen** kumuliert werden, solange diese Maßnahmen unterschiedliche erkennbare Kosten betreffen.

Besondere Regeln gelten ferner für die Kumulierung von Beihilfen, deren beihilfefähige Kosten nicht bestimmbar sind.[411]

*Beispiel: Die Anmeldeschwelle beträgt bei Beihilfen für Breitbandinfrastrukturen gemäß Art 4 Abs 1 lit y AGVO € 70 Mio pro Vorhaben. Plant ein Mitgliedstaat einen Breitbandausbau mit einem Investitionsvolumen von € 130 Mio, könnte er meinen, ein solches Vorhaben zu splitten und jeweils auf Grundlage der AGVO in zwei Etappen freizustellen. Die Kumulierungsvorschriften gemäß Art 8 AGVO betrachten dies allerdings als ein Vorhaben. Aufgrund des Überschreitens der Anmeldeschwelle wäre die Beihilfe für den Breitbandausbau bei der Kommission zu notifizieren.*

### e. Veröffentlichung, Berichterstattung und Monitoring

Die AGVO unterscheidet zwischen einer Veröffentlichungs- bzw Informationspflicht und der Berichterstattungspflicht.

Der Mitgliedstaat hat der Kommission über jede freigestellte Maßnahme zu berichten. Dafür hat sie innerhalb von 20 Arbeitstagen nach dem Inkrafttreten der Beihilfe eine Kurzbeschreibung der Maßnahme, die nach der AGVO freigestellt wurde, über das elektronische Anmeldesystem der Kommission (SANI-System) zu übermitteln (**Berichterstattungspflicht**).

Diese Kurzbeschreibung erfolgt in einem festgelegten Format gemäß Anhang II zusammen mit einem Link, der Zugang zum vollen Wortlaut der Beihilfemaßnahme bietet.

*Beispiel: Der Mitgliedstaat B gestaltet eine Beihilferegelung AGVO-konform aus und diese soll am 01.01.2021 in Kraft treten. Der Mitgliedstaat hat nun 20 Arbeitstage Zeit,*

---

410 Art 8 Abs 6 AGVO.
411 Art 8 Abs 4 AGVO.

*um diese Beihilfemaßnahme über das SANI-System einzumelden (Samstage, Sonn- und Feiertage sind für den Fristenlauf nicht zu berücksichtigen).*

Der betreffende Mitgliedstaat stellt sicher, dass folgende Informationen auf nationaler oder regionaler Ebene auf einer ausführlichen Beihilfe-Website veröffentlicht werden (**Veröffentlichungs- bzw Informationspflicht**):

– Kurzbeschreibung nach Art 11 im Standardformat nach Anhang II (oder Zugangslink);
– voller Wortlaut jeder Beihilfemaßnahme nach Art 11 (oder Zugangslink);
– die in Anhang III genannten Informationen über jede Einzelbeihilfe über € 500.000.

Die Informationen erfolgen über die sog "TAM-Meldung" innerhalb von sechs Monaten nach dem Tag der Gewährung der Beihilfe. Für Beihilfen in Form von Steuervergünstigungen gelten Sonderbestimmungen.[412]

**Beispiel:** *Das österreichische Bundesland S gewährt dem Unternehmen A eine Einzelbeihilfe iHv € 1 Mio auf Basis der Breitbandausbaurichtlinie. Diese Richtlinie wurde AGVO-konform ausgestaltet und über das SANI-System eingemeldet. Da die Einzelbeihilfe über € 500.000 liegt, muss das Bundesland S die Einzelbeihilfe innerhalb von sechs Monaten ab dem Tag der Gewährung über eine sog TAM-Meldung in das SARI-System einmelden.*

Die Mitgliedstaaten müssen über die Gewährung von Beihilfen nach der AGVO ausführliche Aufzeichnungen führen und diese 10 Jahre aufbewahren (**Monitoring**).

Die Aufzeichnungen müssen Informationen und einschlägige Unterlagen umfassen, die notwendig sind, um feststellen zu können, dass alle Voraussetzungen der AGVO erfüllt sind.[413]

Gewährt ein Mitgliedstaat angeblich nach dieser Verordnung von der Anmeldepflicht befreite Beihilfen, ohne dass die Voraussetzungen der Kapitel I bis III erfüllt sind, so kann die Kommission mittels Beschluss dem jeweiligen Mitgliedstaat einen **Entzug der Freistellung** anordnen (Art 10 AGVO).

### 3. Besondere Voraussetzungen

Eine Freistellung von der Anmeldepflicht gemäß Art 108 Abs 3 AEUV setzt neben der Einhaltung der allgemeinen Voraussetzungen voraus, dass auch die für die betreffende Gruppe von Beihilfen geltenden besonderen Voraussetzungen erfüllt sind. Nur wenn beide Voraussetzungen erfüllt sind, ist die Beihilfe von der

---

412 Art 9 Abs 4 AGVO.
413 Art 12 AGVO.

Anmeldepflicht gemäß Art 108 Abs 3 AEUV ausgenommen und freistellungsfähig.[414]

### a. Start-up-Beihilfen

**Literatur**: *Bartosch*, Die neue Allgemeine Gruppenfreistellungsverordnung im EG-
Beihilfenrecht, NJW 2008, 3612; *Frenz*, KMU-Beihilfen, GewA 2019, 49; *Immenga/
Mestmäcker*, Wettbewerbsrecht III: Beihilferecht[5] (2016); *Grabitz/Hilf/Nettesheim*, Das
Recht der Europäischen Union: EUV/AEUV[72] (2021); *von Wendland*, New Rules for Sta-
te Aid for Research, Development and Innovation, EStAl 2015, 25.

Gemäß Art 22 AGVO können Anlaufbeihilfen von der Anmeldepflicht freigestellt sein.[415] Diese Regelung soll auf Beihilferegelungen beschränkt sein.[416]

Die Anlaufbeihilfe darf nur **kleinen Unternehmen** gewährt werden. Das sind
Unternehmen, die weniger als 50 Mitarbeiter beschäftigen und dessen Jahresumsatz bzw Jahresbilanz maximal € 10 Mio beträgt. Es darf sich außerdem um **kein
börsenotiertes Unternehmen** handeln. Das Unternehmen darf weder die Tätigkeit eines anderen Unternehmens übernommen, noch Gewinne ausgeschüttet
haben oder durch einen Zusammenschluss gegründet worden sein.

Beihilfefähig ist ein ins Firmenbuch eintragungspflichtiges Unternehmen,
wenn es höchstens 5 Jahre ab Firmenbucheintragung besteht. Ins Firmenbuch
nicht eintragungspflichtige Unternehmen (zB Einzelunternehmer), dürfen höchstens 5 Jahre nach der Aufnahme der Wirtschaftstätigkeit oder alternativ ab Steu-
erpflicht bestehen.

***Beispiel:*** *Ein Mitgliedstaat der Europäischen Union möchte auf Basis der AGVO
heimische Start-Ups ab dem Jahr 2020, mit einer Förderung in der Höhe von € 50.000
unterstützen. Die Eintragung ins Firmenbuch oder die Aufnahme der Wirtschaftstätigkeit
der Start-Ups darf höchstens in das Jahr 2015 zurückreichen.*

Anlaufbeihilfen können in Form von **Krediten**, einer **Garantie**, als **Zuschuss einschließlich Beteiligungen, beteiligungsähnlicher Investitionen,
Zinssenkungen oder Verringerungen des Garantieentgelts** gewährt werden.

Anlaufbeihilfen können als **Kredite** zu nicht marktüblichen Zinssätzen mit
einer Laufzeit von zehn Jahren und einem Nennbetrag von maximal € 1 Mio (au-

---

414 Nachfolgend werden ausgewählte Beihilfekategorien dargestellt. Ausführlich zu den besonderen Bestimmungen einzelner Beihilfegruppen s Kapitel III AGVO (EU) 651/2014.

415 Die frühere AGVO stellte Beihilfen zur Unternehmensgründung nur dann von der Anmeldepflicht frei, wenn die Gründer Frauen waren. In der geltenden Fassung der AGVO können Anlaufbeihilfen für Unternehmensgründungen unabhängig des Geschlechts gewährt
werden.

416 Vgl die englischsprachige Fassung des Art 22 Abs 1 AGVO, wo die Rede von „Start-up
aid schemes" ist; in der französischen Fassung heißt es „Les régimes d'aides en faveur des
jeunes pousses"; *Nowak* in Immenga/Mestmäcker, WettbR III: BeihilfenR[5] Art 22 AGVO
Rz 4.

ßerhalb von Fördergebieten) gewährt werden. Der Betrag kann bei Unternehmen mit Sitz in einem C-Fördergebiet (bis zu € 1,5 Mio) oder A-Fördergebiet (bis zu € 2 Mio) wesentlich höher sein.

Anlaufbeihilfen können als **Garantien** zu nicht marktüblichen Entgelten mit einer Laufzeit von zehn Jahren und einer Garantiesumme von maximal € 1,5 Mio (außerhalb von Fördergebieten) gewährt werden. Der Betrag kann bei Unternehmen mit Sitz in einem C-Fördergebiet (bis zu € 2,25 Mio) oder A-Fördergebiet (bis zu € 3 Mio) wesentlich höher sein. Die Garantie darf 80 % des zugrundeliegenden Kredits nicht überschreiten.

Anlaufbeihilfen können als **Zuschüsse einschließlich Beteiligungen, beteiligungsähnliche Investitionen, Zinssenkungen oder Verringerungen des Garantieentgelts** von höchstens € 400.000 gewährt werden (außerhalb von Fördergebieten). Der Höchstbetrag fällt in einem C-Fördergebiet (bis zu € 600.000) oder A-Fördergebiet (bis zu € 800.000) wesentlich höher aus.

Bei kleinen und innovativen Unternehmen können die Höchstbeträge verdoppelt werden. Anlaufbeihilfen in Form von Zuschüssen können demnach bis zu € 800.000 betragen. Bei Unternehmen mit einem Sitz in einem Fördergebiet gemäß Art 107 Abs 3 lit c AEUV sogar bis zu € 1,6 Mio.

*Beispiel: Im Zuge der Corona-Krise richtete Österreich den sog Corona-Start-up-Hilfsfonds ein. Mit diesem Fonds wurden private Investments in innovative Kleinunternehmen (Start-ups) in Zeiten der Corona-Krise durch einen Zuschuss bis maximal € 800.000 verdoppelt. Diese Förderungen wurden als Start-up-Beihilfen auf Grundlage von Art 22 AGVO gewährt.*

## b. Regionalbeihilfen

**Literatur:** *Bartosch,* Die neue Allgemeine Gruppenfreistellungsverordnung im EG-Beihilfenrecht, NJW 2008, 3612; *Immenga/Mestmäcker,* Wettbewerbsrecht III: Beihilferecht[5] (2016); *Junginger-Dittel,* New Rules for the Assessment of Notifiable Regional Aid to (Large) Investments Projects under the Regional Aid Guidelines 2014-2020, EStAL 4/2014, 677; *Grabitz/Hilf/Nettesheim,* Das Recht der Europäischen Union: EUV/AEUV[72] (2021); *Lukits,* Die Reform der Leitlinien für Regionalbeihilfen: Vertiefung ausgewählter Themen, in Haslinger/Jaeger (Hrsg), Jahrbuch Beihilferecht (2014) 333; *Otter/Glavanovits,* Regional Aid Guidelines 2014-2020 – Implication for Large Enterprises, EStAL 1/2014, 1; *Staviczky,* Sensitive Issues in the Regulation of Regional Aid and Its Application, EStAL 4/2017, 559; *Todion/Zanazo,* New Guidelines on Regional Aid – Is the Party Over for Large Investment Projects? EStAL 2013, 676.

Regionale Investitions- und Betriebsbeihilfen (Art 13 und 14 AGVO) sowie regionale Stadtentwicklungsbeihilfen (Art 16 AGVO) können unter Einhaltung der allgemeinen und besonderen Voraussetzungen von der Anmeldepflicht freigestellt sein.

Regionalbeihilfen verfolgen das Ziel, die Entwicklung benachteiligter Gebiete in der EU zu fördern. Dieses Ziel soll einerseits durch die Förderung von Erstinvestitionen, andererseits durch die Bereitstellung von Betriebsbeihilfen erreicht werden.

Man unterscheidet zwischen **A-Fördergebieten** (Regionen gemäß Art 107 Abs 3 lit a AEUV) und **C-Fördergebieten** (Regionen gemäß Art 107 Abs 3 lit c AEUV).

Die Fördergebiete sind in den jeweiligen Fördergebietskarten ausgewiesen. Österreich und Deutschland verfügen über keine A-Fördergebiete.[417]

Für bestimmte Sektoren können keine Regionalbeihilfen auf der Grundlage der AGVO gewährt werden.

Dazu gehören die Stahlindustrie, der Steinkohlenbergbau, der Schiffbau, die Kunstfaserindustrie, der Verkehrssektor und damit verbundene Infrastrukturen, ua.

**Regionale Investitionsbeihilfen** sind von der Notifikationspflicht freigestellt, soweit die Voraussetzungen in Art 14 AGVO erfüllt sind.

*Beispiel: Im Zuge einer Regionalförderoffensive möchte der Mitgliedstaat F die Unternehmen X und Y mit regionalen Investitionsbeihilfen finanziell unterstützen. Das Unternehmen X befindet sich in einem A-Fördergebiet, das Unternehmen Y in einem C-Fördergebiet.*

Regionale Investitionsbeihilfen können nur in einem **Fördergebiet** gewährt werden. Es wird zudem zwischen der Behandlung von KMU und Großunternehmen differenziert.

In A-Fördergebieten können Beihilfen für Erstinvestitionen unabhängig der Größe des Beihilfeempfängers gewährt werden.[418] In C-Fördergebieten sind Beihilfen für KMU für Erstinvestitionen jeder Art freistellungsfähig. Bei Großunternehmen sind nur Erstinvestitionen in eine neue Wirtschaftstätigkeit in dem betreffenden Gebiet freigestellt.

Beihilfefähige Kosten sind die Kosten einer Investition in materielle und immaterielle Vermögenswerte,[419] die für einen Zeitraum von zwei berechneten voraussichtlichen Lohnkosten für die durch eine Erstinvestition geschaffenen Arbeitsplätze,[420] oder eine Kombination der beiden erstgenannten Varianten, wobei der höhere in Betracht kommende Betrag nicht überschritten werden darf.[421]

---

417 S dazu die österreichische Fördergebietskarte für Regionalbeihilfen für den Zeitraum 2014-2020, abrufbar unter <https://www.oerok.gv.at/fileadmin/user_upload/Bilder/3.Reiter-Regionalpolitik/5._EU-Beihilfenrecht/14-20/NRFG-Karte_2014-2020_genehmigt_OEROK-Atlas.pdf>. Die Europäische Kommission hat die nationale Regionalfördergebietskarte für Österreich mit Beschluss C(2020) 6451 fin bis einschließlich 31. Dezember 2021 – bei gleichbleibendem Gebietsstand und höchstzulässigen Beihilfeintensitäten – verlängert.

418 *Otter/Rohde/Weise* in Säcker, MüKoWettbR: BeihilfenR V² VO (EU) 651/2014 Art 14 Rz 32.

419 Art 14 Abs 4 lit a AGVO.

420 Art 14 Abs 4 lit b AGVO.

421 Art 14 Abs 4 lit c AGVO.

Die Investition muss im betreffenden Fördergebiet mindestens fünf Jahre erhalten bleiben.[422] Bei KMU verkürzt sich dieser Zeitraum auf drei Jahre.

Die erworbenen Vermögenswerte müssen zudem neu sein. Für den Erwerb einer Betriebsstätte oder bei KMU allgemein gilt diese Einschränkung nicht.[423]

Der Beihilfeempfänger muss entweder aus eigenen oder aus fremden Mitteln einen **Eigenbeitrag** von **mindestens 25 %** der beihilfefähigen Kosten leisten. Dieser Eigenbeitrag darf keinerlei öffentliche Finanzierung enthalten.[424]

Darüber hinaus enthält Art 14 AGVO zahlreiche Sondervorschriften für Großunternehmen, sowie für Regionalbeihilfen für den Ausbau der Breitbandversorgung und für Forschungsinfrastrukturen.[425]

Bei großen Investitionsvorhaben darf die Beihilfe nicht über den angepassten Beihilfehöchstsatz hinausgehen, der nach dem in Art 2 Z 20 AGVO definierten Mechanismus berechnet wird.[426] Ein großes Investitionsvorhaben wird als Erstinvestition mit beihilfefähigen Kosten über € 50 Mio definiert, berechnet nach der Grundlage der zum Tag der Gewährung geltenden Preise und Wechselkurse.[427]

*Beispiel: Der Mitgliedstaat F will das im Automotivsektor tätige heimische Unternehmen Y mit einer regionalen Investitionsbeihilfe unterstützen. Y plant das in einem C-Fördergebiet liegende Werk zu erweitern. Mit dem Ausbau des Werks ist eine neue Wirtschaftstätigkeit verbunden. Die Kosten des Ausbaus betragen € 90 Mio. Es handelt sich folglich um ein großes Investitionsvorhaben. In diesem Fall ist der angepasste Beihilfehöchstsatz heranzuziehen.[428]*

**Regionale Betriebsbeihilferegelungen** in Gebieten in äußerster Randlage, Gebieten mit sehr geringer Bevölkerungsdichte und Gebieten mit geringer Bevölkerungsdichte sind von der Anmeldepflicht befreit, sofern sie die allgemeinen Voraussetzungen und die besonderen Voraussetzungen in Art 15 AGVO erfüllen.[429]

Erfasst sind nur Beihilferegelungen (zB Richtlinien). Ad-hoc Beihilfen können nicht auf der Grundlage von Art 15 AGVO gewährt werden.

---

422 Art 14 Abs 5 AGVO.
423 Art 14 Abs 6 AGVO.
424 Art 14 Abs 14 AGVO.
425 S dazu Art 14 Abs 10 und Abs 11 AGVO.
426 Art 14 Abs 12 letzter Satz AGVO.
427 Art 2 Z 52 AGVO.
428 Beihilfehöchstsatz = R x (A + 0,5 x B + 0 x C). Dabei entspricht R der in dem betreffenden Gebiet geltenden und in einer genehmigten Fördergebietskarte festgelegten Beihilfehöchstintensität (ohne Anhebung der Beihilfeintensität für KMU). A steht für den Teil der beihilfefähigen Kosten, der sich auf € 50 Mio. beläuft, B für den zwischen € 50 Mio. und € 100 Mio. liegenden Teil der beihilfefähigen Kosten und C für den über € 100 Mio. liegenden Teil.
429 S dazu ausführlich *Otter/Rohde/Weise* in Säcker, MüKoWettbR: BeihilfenR V[2] VO (EU) 651/2014 Art 15 Rz 1.

**Regionale Stadtentwicklungsbeihilfen** sind von der Anmeldepflicht freigestellt, sofern die allgemeinen und die in Art 16 AGVO festgelegten Voraussetzungen erfüllt sind. Es wird dabei zwischen Stadtentwicklungsprojekten, Stadtentwicklungsmaßnahmen und Stadtentwicklungsfonds unterschieden.

### c. KMU-Beihilfen

*Literatur: Bartosch*, Die neue Allgemeine Gruppenfreistellungsverordnung im EG-Beihilfenrecht, NJW 2008, 3612; *ders*, EU-Beihilfenrecht³ (2020); *Frenz*, KMU-Beihilfen, GewA 2019, 49; *Werner* in Säcker (Hrsg), Münchner Kommentar Europäisches und Deutsches Wettbewerbsrecht V: Beihilfenrecht² (2018).

Ein zentrales Anliegen der Europäischen Union ist die Förderung von KMU.[430] Durch die Freistellung von KMU-Beihilfen soll den Schwierigkeiten begegnet werden, denen KMU aufgrund ihrer geringen Größe und Marktversagen ausgesetzt sind.[431]

Maßgeblich für die Inanspruchnahme von KMU-Beihilfen ist die Frage, ob ein Unternehmen ein KMU ist. Diese Frage richtet sich nach der Empfehlung der Europäischen Union zur KMU-Definition aus 2003.[432]

Auf der Grundlage der AGVO können KMU-Beihilfen als **Investitionsbeihilfen**,[433] **für die Inanspruchnahme von Beratungsdiensten**,[434] für die **Teilnahme an Messen**[435] oder **für Kooperationskosten**, die an **ETZ Projekten** teilnehmen,[436] gewährt werden.

**Investitionsbeihilfen für KMU** können bis zu einer Höhe von € 7,5 Mio auf Basis der AGVO freigestellt,[437] und für bis zu 20 % der beihilfefähigen Kosten bei kleinen Unternehmen (bis zu 10 % bei mittleren Unternehmen) für Investitionen in materielle und immaterielle Vermögenswerte und die voraussichtlichen Lohnkosten über zwei Jahre für die Arbeitsplätze, die durch eine Erstinvestition geschaffen worden sind, gewährt werden.[438]

---

430 S dazu die Mitteilung der Kommission an das Europäische Parlament, den Rat, den Europäischen Wirtschafts- und Sozialausschuss und den Ausschuss der Regionen, Überprüfung des „Small Business Act" für Europa, KOM(2011) 78 endg; *Werner* in MüKoWettbR V: BeihilfenR² VO (EU) 651/2014 Vor Art 17 Rz 1.

431 *Werner* in MüKoWettbR V: BeihilfenR² VO (EU) 651/2014 Vor Art 17 Rz 1.

432 S auch Anhang I zur AGVO; weiterführend auch den Benutzerleitfaden zur Definition von KMU (KMU-Leitfaden), abrufbar unter <https://publications.europa.eu/resource/cellar/79c0ce87-f4dc-11e6-8a35-01aa75ed71a1.0004.01/DOC_1> (Stand 15.07.2021).

433 Art 17 AGVO.

434 Art 18 AGVO.

435 Art 19 AGVO.

436 Art 20 AGVO.

437 Art 4 Abs 1 lit c AGVO.

438 S ausführlich Art 17 Abs 2 AGVO.

*Beispiel: Der Mitgliedstaat B gewährt heimischen Biotech-Unternehmen, die sich an der Forschung zur Entwicklung von Coronamedikamenten beteiligen, eine finanzielle Zuwendung iHv € 3 Mio, um entsprechende Testlabore zu errichten. Zudem wird der dazu benötigte Personalaufwand in Form eines Zuschusses zu den Lohnkosten für zwei Jahre für jene Arbeitsplätze gefördert, der durch den Aufbau entsprechender Labore zusätzlich benötigt wird.*

**KMU-Beihilfen für die Inanspruchnahme von Beratungsdiensten** können bis zu einer Höhe von € 2 Mio pro Unternehmen und Investitionsvorhaben auf Basis der AGVO freigestellt werden.[439] Die Beihilfen können dabei für bis zu 50 % der Kosten für Beratungsleistungen von externen Beratern gewährt werden.[440]

**KMU-Beihilfen für die Teilnahme an Messen** können bis zu einer Höhe von € 2 Mio pro Unternehmen und Investitionsvorhaben auf Basis der AGVO freigestellt werden.[441] Beihilfen können dabei bis zu 50 % der Kosten für Miete, Aufbau und Betrieb eines Stands bei Teilnahme eines Unternehmens an einer bestimmten Messe oder Ausstellung gewährt werden.[442]

*Beispiel: Der Bund möchte Start-Up-Unternehmen dabei unterstützen, an Messen teilzunehmen, um ihre Produkte und Dienstleistungen der Öffentlichkeit präsentieren und ihren Bekanntheitsgrad über die Region hinaus vorantreiben zu können. Dabei verabschiedet das zuständige Bundesministerium eine Richtlinie für Kleinstunternehmen der Start-Up-Szene und fördert 50 % der Kosten für Miete, Aufbau und Betrieb eines Stands, wenn Kleinstunternehmen an der Start-up-Messe 2021 in der Stadt W teilnehmen.*

### d. Risikofinanzierungsbeihilfen

**Literatur:** *Bartosch*, Die neue Allgemeine Gruppenfreistellungsverordnung im EG-Beihilfenrecht, NJW 2008, 3612; *ders*, EU-Beihilfenrecht³ (2020); *Wiktora*, Beihilfen zur Förderung von Risikofinanzierungen: praktische Bemerkungen zum Anwendungsbereich (Teil 1), BRZ 2016, 67; *ders*, Beihilfen zur Förderung von Risikofinanzierungen: praktische Bemerkungen zum Anwendungsbereich (Teil 2), BRZ 2016, 111.

Gemäß Art 21 AGVO können Risikofinanzierungsbeihilferegelungen zugunsten von KMU unter bestimmten Kriterien von der Anmeldepflicht freigestellt sein.[443] Dabei sind drei Ebenen zu unterscheiden:
- die Ebene des unabhängigen privaten Investors (**Investorenebene**),
- die **Ebene der Finanzintermediäre**,
- die Ebene der beihilfefähigen Unternehmen (**Unternehmensebene**).

---

439 Art 4 Abs 1 lit d AGVO.
440 Art 18 Abs 2 und 3 AGVO
441 Art 4 Abs 1 lit e AGVO.
442 Art 19 Abs 2 und 3 AGVO.
443 Art 21 Abs 1 AGVO.

Beihilfefähige Unternehmen sind Unternehmen, die zu Beginn der Bereitstellung einer Risikofinanzierung nicht börsenotiert und noch auf keinem Markt sind[444] oder seit ihrem ersten kommerziellen Verkauf noch keine 7 Jahre gewerblich tätig sind[445] oder eine erste Risikofinanzierung benötigen, die ausgehend von einem mit Blick auf den Eintritt in einen neuen sachlich oder räumlich relevanten Markt erstellten Geschäftsplan mehr als 50% ihres durchschnittlichen Jahresumsatzes in den vorangegangenen fünf Jahren beträgt.

Auf **Ebene der unabhängigen privaten Investoren** können Risikofinanzierungsbeihilfen für private Investoren gewährt werden, bei denen es sich um natürliche Personen handelt und Risikofinanzierungen für beihilfefähige Unternehmen direkt oder indirekt bereitstellen.[446]

Risikofinanzierungsbeihilfen können dabei in Form von Beteiligungen, beteiligungsähnlichen Investitionen, Krediten, Garantien, einer Kombination oder auch in Form von Steueranreizen für private Investoren gewährt werden.[447]

Auf **Ebene der Finanzintermediäre** können Risikofinanzierungsbeihilfen für unabhängige private Investoren in Form der in Art 21 Abs 2 AGVO niedergelegten Formen gewährt werden.

Risikofinanzierungsbeihilfen können in Form von Beteiligungen, beteiligungsähnlichen Investitionen, Dotationen zur unmittelbaren oder mittelbaren Bereitstellung von Risikofinanzierungen für beihilfefähige Unternehmen,[448] Krediten zur direkten oder indirekten Bereitstellung von Risikofinanzierungen für beihilfefähige Unternehmen[449] oder Garantien zur Deckung von Verlusten aus direkten oder indirekten Risikofinanzierungen für beihilfefähige Unternehmen gewährt werden.[450]

Eine Risikofinanzierungsmaßnahme darf keine unterschiedliche Behandlung der Finanzintermediäre aufgrund ihres Sitzes oder ihrer Eintragung im Handelsregister eines Mitgliedstaats vorsehen. Finanzintermediäre müssen gegebenenfalls durch die Art der Investition objektiv gerechtfertigte, vorab festgelegte Kriterien erfüllen.[451]

Auf **Ebene der beihilfefähigen Unternehmen** können Risikofinanzierungsbeihilfen bis zu einer Höhe von € 15 Mio pro beihilfefähigem Unternehmen gewährt werden.[452]

Risikofinanzierungsbeihilfen können dabei Beteiligungen, beteiligungsähnliche Investitionen, Kredite, Garantien oder eine Kombination sein.[453] Bei Beteiligungen und beteiligungsähnlichen Investitionen in beihilfefähige Unternehmen darf die Risikofinanzierungsmaßnahme die Bereitstellung von Ersatzkapital nur fördern, wenn dem beihilfefähigen Unternehmen auch frisches Kapital zugeführt wird, das mindestens 50% jeder Investitionsrunde entspricht.[454]

---

444 Art 21 Abs 5 lit a AGVO.
445 Art 21 Abs 5 lit b AGVO.
446 Art 21 Abs 3 AGVO.
447 Art 21 Abs 3 AGVO.
448 Art 21 Abs 2 lit a AGVO.
449 Art 21 Abs 2 lit b AGVO.
450 Art 21 Abs 2 lit c AGVO.
451 Art 21 Abs 12 AGVO.
452 Art 21 Abs 9 AGVO.
453 Art 21 Abs 4 AGVO.
454 Art 21 Abs 7 AGVO.

Bei Risikofinanzierungsmaßnahmen in Form von Beteiligungen, beteiligungsähnlichen Investitionen oder Krediten zugunsten von beihilfefähigen Unternehmen muss die Risikofinanzierungsmaßnahme auf Ebene der Finanzintermediäre oder der beihilfefähigen Unternehmen zusätzliche Finanzmittel von unabhängigen privaten Investoren mobilisieren, sodass die private Beteiligung mindestens einen der in Art 21 AGVO vorgegebenen Sätze (10%, 40% oder 60%) erreicht.

Risikofinanzierungsmaßnahmen müssen zudem bestimmte **Voraussetzungen** erfüllen:

Risikofinanzierungsmaßnahmen müssen von einem oder mehreren Finanzintermediären durchgeführt werden, es sei denn, es handelt sich um Steueranreize für direkte Investitionen privater Investoren in beihilfefähige Unternehmen;[455] Finanzintermediäre, Investoren und Fondsmanager werden im Rahmen einer offenen, transparenten und diskriminierungsfreien Ausschreibung gewählt, die geltendem Unionsrecht und nationalem Recht entspricht und mit Blick auf den Abschluss geeigneter Vereinbarungen über die Risiko-Nutzen-Teilung durchgeführt wird. Dabei wird bei Investitionen, die keine Garantien sind, einer asymmetrischen Gewinnverteilung der Vorzug gegeben;[456] bei einer asymmetrischen Verlustteilung zwischen öffentlichen und privaten Investoren ist der Erstverlust, den der öffentliche Investor übernimmt, auf 25% der Gesamtinvestition zu begrenzen;[457] Risikofinanzierungsmaßnahmen müssen gewinnorientierte Finanzierungsentscheidungen sicherstellen;[458] die Finanzintermediäre müssen nach wirtschaftlichen Grundsätzen verwaltet werden;[459] für Risikofinanzierungsmaßnahmen, mit der Garantien oder Kredite für beihilfefähige Unternehmen bereitgestellt werden, gelten weitere spezifische Vorschriften.[460]

Risikofinanzierungsbeihilfen für KMU können **jedenfalls freigestellt** werden, wenn die Beihilfe auf Ebene der KMU die Voraussetzungen der De-minimis-VO[461] erfüllt, alle Voraussetzungen des Art 21 AGVO, mit Ausnahme der Art 21 Abs 5, 6 und 9 AGVO, erfüllt sind und Risikofinanzierungsmaßnahmen in Form von Beteiligungen, beteiligungsähnlichen Investitionen oder Investitionskrediten zugunsten von beihilfefähigen Unternehmen auf Ebene der Finanzintermediäre oder der KMU zusätzliche Finanzmittel von unabhängigen privaten Investoren mobilisieren, so dass die private Beteiligung insgesamt mindestens 60% der für die KMU bereitgestellten Risikofinanzierungen entspricht.[462]

---

455 Art 21 Abs 13 lit a AGVO.
456 Art 21 Abs 13 lit b AGVO.
457 Art 21 Abs 13 lit c AGVO.
458 Art 21 Abs 14 AGVO.
459 Art 21 Abs 15 AGVO.
460 Art 21 Abs 13 lit d AGVO; Art 21 Abs 16 AGVO.
461 VO (EU) 1407/2013.
462 Art 21 Abs 18 AGVO.

## e. FuE-Beihilfen

**Literatur**: *Bartosch*, Die neue Allgemeine Gruppenfreistellungsverordnung im EG-Beihilfenrecht, NJW 2008, 3612; *von Wendland*, Das Auftreten staatlicher Beihilfen in Forschung, Entwicklung und Innovation, Der Beihilfebegriff nach dem neuen Unionsrahmen für staatliche Beihilfen zur Förderung von Forschung, Entwicklung und Innovation, BRZ 2015, 203; *von Wendland*, Wirtschaftliche Nebentätigkeiten von Forschungseinrichtungen und Forschungsinfrastrukturen – ein sicherer Hafen?, BRZ 2019, 9; *ders* in Säcker (Hrsg), Münchner Kommentar Europäisches und Deutsches Wettbewerbsrecht V: Beihilfenrecht[2] (2018).

**Judikatur**: EuG 24.03.2011, verb Rs T-443/08 u T-455/08, *Leipzig Halle*; EuGH 19.12.2012, C-288/11 P, *Leipzig Halle/Kommission*; EuGH 27.06.2017, C-74/16, *Congregación de Escuelas Pías Provincia Betanie/Ayuntamiento de Getafe*.

Beihilfen für Forschung und Entwicklung können für **Forschungs- und Entwicklungsvorhaben** und im Rahmen von **Investitionsbeihilfen für Forschungsinfrastrukturen** auf Basis der AGVO freigestellt werden.

Voraussetzung für die Freistellung nach der AGVO ist das Vorliegen einer Beihilfe. Bestimmte Maßnahmen werden jedoch nicht als staatliche Beihilfen betrachtet und sind für eine Freistellung nach der AGVO mangels Vorliegen einer Beihilfe somit unbedeutend.

Übt ein und dieselbe Einrichtung sowohl wirtschaftliche als auch nichtwirtschaftliche Tätigkeiten aus, fällt die öffentliche Finanzierung der nichtwirtschaftlichen Tätigkeiten nicht unter Artikel 107 Absatz 1 AEUV, wenn die nichtwirtschaftlichen und die wirtschaftlichen Tätigkeiten und ihre Kosten, Finanzierung und Erlöse klar voneinander getrennt werden können, sodass keine Gefahr der Quersubventionierung der wirtschaftlichen Tätigkeit besteht. Der Nachweis der korrekten Zuordnung der Kosten, Finanzierung und Erlöse kann dabei im Jahresabschluss der betreffenden Einrichtung geführt werden.[463]

Keine Beihilfe liegt außerdem vor, wenn die wirtschaftlichen Tätigkeiten mit dem Betrieb einer Forschungseinrichtung oder Forschungsinfrastruktur unmittelbar verbunden sind und dafür erforderlich ist oder die in untrennbarem Zusammenhang mit der nichtwirtschaftlichen Haupttätigkeit steht, und deren Umfang begrenzt ist.[464] Der Umfang ist begrenzt, wenn die der wirtschaftlichen Tätigkeit zugewiesene Kapazität nicht mehr als 20 % der jährlichen Kapazität der Einrichtung beträgt.[465]

**Beihilfen für Forschungs- und Entwicklungsvorhaben** müssen einer oder mehreren Kategorien (FuE-Kategorien) zugeordnet werden. Man unter-

---

463 S dazu Tz 18 des FuE-Unionsrahmens.
464 S dazu Tz 20 des FuE-Unionsrahmens.
465 Vgl Tz 20 des FuE-Unionsrahmens sowie ErwGr 49 zur AGVO; kritisch Schlussanträge der GA *Kokott* 16.02.2017, C-74/16, *Congregación de Escuelas Pias Provincia Betania/Ayuntamiento de Getafe* Rz 56 f; *Bartosch*, EU-BeihilfenR[3] Einl Rz 35.

scheidet dabei zwischen **Grundlagenforschung**[466], **industrielle Forschung**[467], **experimentelle Entwicklung**[468] **und Durchführbarkeitsstudien**[469].

Auch eine Kombination verschiedener FuE-Kategorien ist möglich. Die Zuordnung muss aber nicht den chronologischen Ablauf des Vorhabens widerspiegeln. Im Fall einer Kombination verschiedener FuE-Kategorien bestimmt sich der anzuwendende Schwellenwert nach der überwiegenden FuE-Kategorie.[470] Die für die verschiedenen FuE-Kategorien festgelegten Beihilfeintensitäten bleiben davon unberührt.

Je nach Forschungskategorie unterscheiden sich die Anmeldeschwellen und die höchstzulässige Beihilfeintensität.

Die genannten Höchstwerte (Anmeldeschwellen) beziehen sich auf die gewährten Beihilfen, nicht etwa auf die Kosten des jeweiligen Vorhabens.[471]

---

466 „Grundlagenforschung" sind experimentelle oder theoretische Arbeiten, die in erster Linie dem Erwerb neuen Grundlagenwissens ohne erkennbare direkte kommerzielle Anwendungsmöglichkeiten dienen (Art 2 Z 84 AGVO).

467 „Industrielle Forschung" ist planmäßiges Forschen oder kritisches Erforschen zur Gewinnung neuer Kenntnisse und Fertigkeiten mit dem Ziel, neue Produkte, Verfahren oder Dienstleistungen zu entwickeln oder wesentliche Verbesserungen bei bestehenden Produkten, Verfahren oder Dienstleistungen herbeizuführen. Hierzu zählen auch die Entwicklung von Teilen komplexer Systeme und unter Umständen auch der Bau von Prototypen in einer Laborumgebung oder in einer Umgebung mit simulierten Schnittstellen zu bestehenden Systemen wie auch von Pilotlinien, wenn dies für die industrielle Forschung und insbesondere die Validierung von technologischen Grundlagen notwendig ist. (Art 2 Z 85 AGVO).

468 „Experimentelle Entwicklung" ist der Erwerb, die Kombination, die Gestaltung und Nutzung vorhandener wissenschaftlicher, technischer, wirtschaftlicher und sonstiger einschlägiger Kenntnisse und Fertigkeiten mit dem Ziel, neue oder verbesserte Produkte, Verfahren oder Dienstleistungen zu entwickeln. zB Tätigkeiten zur Konzeption, Planung und Dokumentation neuer Produkte, Verfahren und Dienstleistungen. Auch die Entwicklung von Prototypen, Demonstrationsmaßnahmen, Pilotprojekte sowie die Erprobung und Validierung neuer oder verbesserter Produkte, Verfahren und Dienstleistungen in einem für die realen Einsatzbedingungen repräsentativen Umfeld kann experimentelle Entwicklung sein, wenn das Hauptziel dieser Maßnahmen darin besteht, im Wesentlichen noch nicht feststehende Produkte, Verfahren oder Dienstleistungen weiter zu verbessern. Auch die Entwicklung von kommerziell nutzbaren Prototypen und Pilotprojekten kann umfasst sein, wenn es sich dabei zwangsläufig um das kommerzielle Endprodukt handelt und dessen Herstellung allein für Demonstrations- und Validierungszwecke zu teuer wäre. Nicht darunter zu verstehen sind routinemäßige oder regelmäßige Änderungen an bestehenden Produkten, Produktionslinien, Produktionsverfahren, Dienstleistungen oder anderen laufenden betrieblichen Prozessen, selbst wenn diese Änderungen Verbesserungen darstellen sollten (Art 2 Z 86 AGVO).

469 „Durchführbarkeitsstudien" bezeichnen die Bewertung und Analyse des Potenzials eines Vorhabens mit dem Ziel, die Entscheidungsfindung durch objektive und rationale Darlegung seiner Stärken und Schwächen sowie der mit ihm verbundenen Möglichkeiten und Gefahren zu erleichtern und festzustellen, welche Ressourcen für seine Durchführung erforderlich wären und welche Erfolgsaussichten das Vorhaben hätte (Art 2 Z 87 AGVO).

470 *von Wenland* in MüKoWettbR V: BeihilfenR² Art 25 VO (EU) 651/2014 Rz 18.

471 *Bartosch*, EU-BeihilfenR³ Art 107 Abs 3 AEUV Rz 150.

Für **Grundlagenforschung** können bis zu **100 %** der beihilfefähigen Kosten und höchstens **€ 40 Mio** pro Unternehmen und Vorhaben gewährt werden.

Für **industrielle Forschung** können bis zu **50 %** der beihilfefähigen Kosten und höchstens **€ 20 Mio** pro Unternehmen und Vorhaben gewährt werden.

Unter bestimmten Voraussetzungen können Beihilfen für industrielle Forschung und experimentelle Entwicklung auf bis zu 80 % der beihilfefähigen Kosten erhöht werden.[472] Die AGVO kennt zB den sog „Kooperationszuschlag" für Kooperationsprojekte zwischen Unternehmen (Vorhaben, die eine wirksame Zusammenarbeit zwischen den Unternehmen und mindestens einem KMU, beinhalten).[473]

Für **experimentelle Entwicklung** können bis zu **25 %** der beihilfefähigen Kosten und höchstens **€ 15 Mio** pro Unternehmen und Vorhaben gewährt werden.

Für **Durchführbarkeitsstudien** zur Vorbereitung von Forschungstätigkeiten können bis zu **50 %** der beihilfefähigen Kosten und höchstens **€ 7,5 Mio** pro Studie gewährt werden.

Bei Durchführbarkeitsstudien kleiner und mittlerer Unternehmen können Beihilfen für bis zu 60 % (Kleinunternehmen) bzw 70 % (mittlere Unternehmen) der beihilfefähigen Kosten gewährt werden.

Beihilfefähige Kosten von FuE-Vorhaben umfassen die Personalkosten,[474] Kosten für Instrumente und Ausrüstung, Gebäude und Grundstücke, soweit und solange sie für das Vorhaben genutzt werden,[475] Kosten für Auftragsforschung,[476] zusätzliche Gemeinkosten und sonstige Betriebskosten, die unmittelbar durch das Vorhaben entstehen[477] und bei Durchführbarkeitsstudien die Kosten der Studie.[478]

*Beispiel: Der Bund gewährt der Universität U eine FuE-Beihilfe iHv € 600.000 für theoretische Forschungsarbeiten (Grundlagenforschung) im Zusammenhang mit der rechtlichen Aufarbeitung sog „Smart-Contracts" und Kryptowährungen. Mit der Beihilfe soll wissenschaftliches Personal, sowie Fachliteratur und Reisekosten iZm Tagungen zum Forschungsthema abgedeckt werden. Die Beihilfe kann als FuE-Beihilfe auf der Grundlage der AGVO freigestellt werden. Es handelt sich dabei um die FuE-Kategorie: Grundlagenforschung. Mit der Beihilfe können bis zu 100 % der beihilfefähigen Kosten gewährt werden.*

---

472 S Art 25 Abs 6 AGVO.

473 Der Kooperationszuschlag setzt voraus, dass bei Unternehmenskooperationen kein Unternehmen mehr als 70 % der beihilfefähigen Kosten trägt und mindestens ein Unternehmen ein KMU ist bzw bei Kooperationen mit Forschungseinrichtungen diese wenigstens 10 % der beihilfefähigen Kosten tragen und ihre eigenen Forschungsergebnisse veröffentlichen dürfen. Liegen diese Voraussetzungen vor, kann ein Zuschlag von 15 % der beihilfefähigen Kosten gewährt werden.

474 Art 25 Abs 3 lit a AGVO.

475 Art 25 Abs 3 lit b und c AGVO

476 Art 25 Abs 3 lit d AGVO

477 Art 25 Abs 3 lit e AGVO

478 Art 25 Abs 4 AGVO

Durch die **AGVO-Novellen 2017 und 2021** wurden auch Freistellungsmöglichkeiten für Beihilfen für mit einem Exzellenzsiegel ausgezeichnete Vorhaben (Art 25a AGVO), Beihilfen für Marie-Sklodowska-Curie-Maßnahmen und vom ERC geförderte Maßnahmen für den Konzeptnachweis (Art 25b AGVO), Beihilfen im Rahmen von kofinanzierten Forschungs- und Entwicklungsvorhaben (Art 25c AGVO) sowie Beihilfen für Teaming Maßnahmen (Art 25d AGVO) geschaffen.

**Investitionsbeihilfen für den Bau und Ausbau von Forschungsinfrastrukturen** können unter Einhaltung der allgemeinen und besonderen Voraussetzungen in Art 26 AGVO auf Basis der AGVO freigestellt sein.

Wenn die Infrastruktur fast ausschließlich für eine nichtwirtschaftliche Tätigkeit genutzt wird, kann ihre Finanzierung ganz aus dem Anwendungsbereich des Beihilferechts herausfallen, sofern die wirtschaftliche Nutzung eine reine Nebentätigkeit darstellt, dh eine Tätigkeit, die mit dem Betrieb der Infrastruktur unmittelbar verbunden und dafür erforderlich ist oder die in untrennbarem Zusammenhang mit der nichtwirtschaftlichen Haupttätigkeit steht und ihr Umfang begrenzt ist. Dies ist in der Regel der Fall, wenn für die wirtschaftlichen Tätigkeiten dieselben Inputs (wie Material, Ausrüstung, Personal und Anlagekapital) eingesetzt werden wie für die nichtwirtschaftlichen Tätigkeiten und wenn die für die betreffende wirtschaftliche Tätigkeit jährlich zugewiesene Kapazität nicht mehr als 20 % der jährlichen Gesamtkapazität der betreffenden Forschungsinfrastruktur beträgt.[479]

*Beispiel: Das Forschungsinstitut E hat Finanzierungsmittel aus dem EFRE (Europäischer Fonds für regionale Entwicklung) erhalten. Diese Mittel werden für Investitionen in die bauliche Infrastruktur verwendet. Die durch diese Mittel finanzierten Vorhaben werden als nicht wirtschaftlich eingestuft. Zudem werden getrennte Konten für die wirtschaftlichen Tätigkeiten und die nichtwirtschaftlichen Tätigkeiten geführt. Die für die wirtschaftliche Tätigkeit jährlich zugewiesene Kapazität beträgt außerdem 13 % und stellt eine reine Nebentätigkeit dar.*

Forschungsinfrastrukturen, die sowohl nichtwirtschaftliche als auch wirtschaftliche Tätigkeiten ausüben, müssen über ihre Finanzierung, Kosten und Erlöse aus diesen Tätigkeiten getrennt Buch führen.[480] Es ist eine **Trennungsrechnung** nach einheitlich angewandten und sachlich gerechtfertigten Kostenrechnungsgrundsätzen zu erstellen. Außerdem ist ein Monitoring- und Rückforderungsmechanismus einzurichten.[481]

Die Trennungsrechnung verfolgt das Ziel, dass jede Gefahr einer Quersubventionierung ihrer wirtschaftlichen Tätigkeiten mit den öffentlichen Geldern, die sie für ihre nicht wirtschaftlichen Tätigkeiten erhält, ausgeschlossen ist.[482]

Investitionsbeihilfen können bis zu € 20 Mio je Infrastruktur und für höchstens 50 % der Investitionen in materielle und immaterielle Vermögenswerte gewährt werden.

---

479 ErwGr 49 zur AGVO.
480 Art 2 Z 83 AGVO.
481 Art 26 Abs 7 AGVO.
482 EuGH 27.06.2017, C-74/16, *Congregación de Escuelas Pías Provincia Betanie/Ayuntamiento de Getafe* Rn 51.

Der für den Betrieb oder die Nutzung der Infrastruktur berechnete Preis muss dem Marktpreis entsprechen.[483] Die Infrastruktur muss mehreren Nutzern offenstehen und der Zugang zu transparenten und diskriminierungsfreien Bedingungen gewährt werden. Ein bevorzugter Zugang zu günstigeren Bedingungen kann Unternehmen gewährt werden, die mindestens 10 % der Investitionskosten der Infrastruktur finanziert haben. Die Bedingungen für diesen Zugang müssen öffentlich zugänglich sein.[484]

### f. Innovationsbeihilfen

**Literatur:** *Bartosch*, Die neue Allgemeine Gruppenfreistellungsverordnung im EG-Beihilfenrecht, NJW 2008, 3612; *ders*, EU-Beihilfenrecht³ (2020); *Cisneros*, The role of EU State Aid Law in promoting a Pro-innovation Policy 2014; *von Wendland*, Das Auftreten staatlicher Beihilfen in Forschung, Entwicklung und Innovation, Der Beihilfebegriff nach dem neuen Unionsrahmen für staatliche Beihilfen zur Förderung von Forschung, Entwicklung und Innovation, BRZ 2015, 203; *ders*, New Rules for State Aid for Research, Development and Innovation: „Not a Revolution but a Silent Reform", EStAL 1/2015, 25; *ders* in Säcker (Hrsg), Münchner Kommentar Europäisches und Deutsches Wettbewerbsrecht V: Beihilfenrecht² (2018).

Neben den Forschungs- und Entwicklungsbeihilfen können auch Innovationsbeihilfen zu nachhaltigem wirtschaftlichem Wachstum, größerer Wettbewerbsfähigkeit und mehr Beschäftigung beitragen.[485]

Auf der Grundlage der AGVO können **Beihilfen für Innovationscluster**,[486] **Innovationsbeihilfen für KMU**[487] oder auch **Beihilfen für Prozess- und Organisationsinnovationen**[488] gewährt werden.

**Beihilfen für Innovationscluster** können bis zu einer Höhe von € 7,5 Mio pro Innovationscluster auf Basis der AGVO freigestellt[489] und für bis zu 50 % der beihilfefähigen Kosten gewährt werden.[490]

Liegt das Innovationscluster in einem A-Fördergebiet, kann bis zu 65 % der beihilfefähigen Kosten, in einem C-Fördergebiet bis zu 55 % der beihilfefähigen Kosten gefördert werden.

Beihilfeempfänger ist ausschließlich die **juristische Person**, die das Innovationscluster betreibt (**Clusterorganisation**).

Innovationscluster sind Einrichtungen oder organisierte Gruppen von unabhängigen Partnern (zB innovative Unternehmensneugründungen, KMU, Forschungseinrichtungen), die durch entsprechende Förderung, die gemeinsame Nutzung von Anlagen, den

---

483 Art 26 Abs 3 AGVO.
484 Art 26 Abs 4 AGVO.
485 ErwGr 45 zur AGVO.
486 Art 27 AGVO.
487 Art 28 AGVO.
488 Art 29 AGVO.
489 Art 4 Abs 1 lit k AGVO.
490 Art 27 Abs 6 AGVO.

Austausch von Wissen und Know-how sowie durch einen wirksamen Beitrag zum Wissenstransfer, zur Vernetzung, Informationsverbreitung und Zusammenarbeit unter den Unternehmen und anderen Einrichtungen Innovationstätigkeiten anregen sollen.

Die Räumlichkeiten, Anlagen und Tätigkeiten des Clusters müssen mehreren Nutzern offenstehen und der Zugang muss zu transparenten und diskriminierungsfreien Bedingungen gewährt werden.[491]

Unter bestimmten Umständen ist ein bevorzugter Zugang möglich (Art 27 Abs 3 AGVO). Die Entgelte für die Nutzung der Anlagen und die Beteiligung an Tätigkeiten des Innovationsclusters müssen dem Marktpreis entsprechen oder die Kosten widerspiegeln.[492]

Möglich sind Investitionsbeihilfen für den Auf- oder Ausbau des Innovationsclusters,[493] aber auch Betriebsbeihilfen für den Betrieb des Innovationsclusters.[494]

Beihilfefähige Kosten von Betriebsbeihilfen für Innovationscluster sind bestimmte Kosten für Personal und Verwaltung (einschließlich Gemeinkosten) für die Betreuung des Innovationsclusters, Werbemaßnahmen zur Erhöhung der Sichtbarkeit und Erweiterung des Beteiligtenkreises sowie für die Verwaltung der Einrichtungen des Innovationsclusters, die Organisation von Aus- und Weiterbildungsmaßnahmen, Workshops und Konferenzen.[495] Betriebsbeihilfen können für einen Zeitraum von bis zu zehn Jahren gewährt werden.[496]

**Beispiel:** *Die Universität U gründet mit dem in der Wasserstofftechnologie führenden KMU Y und dem Energieinstitut E ein Wasserstofftechnologiezentrum. Durch die gemeinsame Nutzung der Anlagen, den Austausch von Wissen und Know-how und durch den Wissenstransfer soll die Innovationstätigkeit auf dem Gebiet des Wasserstoffs angeregt werden. Dazu gründen U, Y und E die Technologiezentrum-GmbH T, die mit der Clusterorganisation betraut wird. Das Land D möchte den Auf- bzw Ausbau des Innovationsclusters mit entsprechenden Investitions- und Betriebsbeihilfen finanziell unterstützen.*

*D könnte eine Innovationsbeihilfe auf der Grundlage von Art 27 AGVO bis zu € 7,5 Mio von der Anmeldungspflicht freistellen.*

**Innovationsbeihilfen für KMU** können bis zu einer Höhe von € 5 Mio je KMU und Vorhaben auf Basis der AGVO freigestellt[497] und für bis zu 50 % der beihilfefähigen Kosten gewährt werden.[498]

Im besonderen Fall von Beihilfen für Innovationsberatungsdienste oder innovationsunterstützende Dienstleistungen können unter bestimmten Voraussetzungen bis zu 100 % der beihilfefähigen Kosten gewährt werden.[499]

---

491 Art 27 Abs 3 AGVO.
492 Art 27 Abs 4 AGVO.
493 Art 27 Abs 5 AGVO.
494 Art 27 Abs 7 AGVO.
495 Art 27 Abs 8 AGVO.
496 Art 27 Abs 7 AGVO.
497 Art 28 AGVO iVm Art 4 Abs 1 lit l AGVO.
498 Art 28 Abs 3 AGVO.
499 Art 28 Abs 4 AGVO.

Beihilfefähige Kosten sind die Kosten für die Erlangung, Validierung und Verteidigung von Patenten und andere immaterielle Vermögenswerte, sowie die Kosten für die Abordnung hochqualifizierten Personals einer Einrichtung für Forschung und Wissensverbreitung oder eines großen Unternehmens für Tätigkeiten im Bereich Forschung, Entwicklung oder Innovation in einer neu geschaffenen Funktion innerhalb eines begünstigten KMU, wodurch jedoch kein anderes Personal ersetzt wird. Beihilfefähig sind zudem die Kosten für Innovationsberatungsdienste und innovationsunterstützende Dienstleistungen.[500]

**Beihilfen für Prozess- und Organisationsinnovationen** können bis zu einer Höhe von € 7,5 Mio pro Unternehmen und Vorhaben auf Basis der AGVO freigestellt[501] und für bis zu 50 % der beihilfefähigen Kosten bei **KMU** gewährt werden.[502]

Organisationsinnovation ist die Anwendung neuer Organisationsmethoden in den Geschäftspraktiken, den Arbeitsabläufen oder Geschäftsbeziehungen eines Unternehmens.[503]

Prozessinnovation bezeichnet die Anwendung einer neuen oder wesentlich verbesserten Methode für die Produktion oder die Erbringung von Leistungen einschließlich wesentlicher Änderungen bei Techniken, Ausrüstungen oder Software.[504] Nicht ausreichend sind etwa geringfügige Änderungen oder Verbesserungen, Lokalisierungen, regelmäßige oder saisonale Veränderungen.

Beihilfen für Prozess- und Organisationsinnovationen für **Großunternehmen** können nur bis zu 15 % der beihilfefähigen Kosten gewährt werden und setzen eine Zusammenarbeit mit KMU und einen Kostenanteil von 30 % der beihilfefähigen Kosten durch die KMU voraus.[505]

Beihilfefähige Kosten sind die Personalkosten, Kosten für Instrumente, Ausrüstung, Gebäude und Grundstücke, soweit und solange sie für das Vorhaben genutzt werden, Kosten für Auftragsforschung, Wissen und in Lizenz erworbene Patente, zusätzliche Gemeinkosten und sonstige Betriebskosten (ua für Material, Bedarfsartikel udgl), die unmittelbar durch das Vorhaben entstehen.[506]

### g. Ausbildungsbeihilfen

**Literatur:** *Bartosch*, Die neue Allgemeine Gruppenfreistellungsverordnung im EG-Beihilfenrecht, NJW 2008, 3612; *Buttlar/Medghoul*, The principle of incentive effect applied to training aid – Some recent cases, CPN 2008, 85; *Grabitz/Hilf/Nettesheim*, Das Recht der Europäischen Union: EUV/AEUV[72] (2021); *Sygusch*, Der erste Entwurf zur Allgemeinen Gruppenfreistellungsverordnung der Kommission – Revolution oder Evo-

---

500 Art 28 Abs 2 AGVO.
501 Art 29 AGVO iVm Art 4 Abs 1 lit m AGVO.
502 Art 29 Abs 4 AGVO.
503 Art 2 Z 96 AGVO.
504 Art 2 Z 97 AGVO.
505 Art 29 Abs 4 AGVO.
506 Art 29 Abs 3 AGVO.

lution?, BRZ 2013, 179; *Halder/Barbist/Krisper*, Förderungsverträge in der Praxis: Vertiefung ausgewählter Themen, in Jahrbuch Beihilferecht (2013) 607; *Frenz*, Beihilfen für Ausbildung und Beschäftigung, GewA 2019, 181; *Immenga/Mestmäcker*, Wettbewerbsrecht III: Beihilfenrecht[5] (2016); *Winkelhüsener/Schmitz*, Von der Automobilindustrie zur Luftfracht: Strenge Prüfung der Erforderlichkeit von Ausbildungsbeihilfen durch die Kommission vom EuG als rechtmäßig erkannt, EuZW 2010, 897.

**Beispiel:** *Der Mitgliedstaat D beschließt in der Region R eine Ausbildungsoffensive im Bereich Digital Skills und gewährt den Unternehmen Zuschüsse für beabsichtigte Umschulungsmaßnahmen seiner Mitarbeiter.*

Bildung und Ausbildung sind von zentraler Bedeutung für eines der Ziele der Union, der wettbewerbsfähigste und dynamischste wissensbasierte Wirtschaftsraum der Welt zu werden. Die AGVO trägt diesem Gedanken dadurch Rechnung, indem Ausbildungsbeihilfen der Kommission nicht notifiziert werden müssen, wenn die Voraussetzungen in Art 31 AGVO erfüllt sind. [507]

Ausbildungsbeihilfen ermöglichen es, die Marktschwäche auszugleichen, die damit zusammenhängt, dass die Unternehmen in der Union im Allgemeinen zu wenig in die Ausbildung ihrer Beschäftigten investieren. Sie verbessern die Qualifikation der Beschäftigten und bezwecken nicht, die Standortwahl des Unternehmens zu beeinflussen. [508]

**Ausbildungsbeihilfen** können bis zu einer Höhe von € 2 Mio pro Ausbildungsvorhaben auf Basis der AGVO freigestellt werden. [509]

Fällt eine Ausbildungsbeihilfe unter die AGVO, ist die Beihilfe freigestellt und muss nicht angemeldet werden. Lässt sich eine Ausbildungsbeihilfe nicht unter die AGVO subsumieren, handelt es sich dabei um eine notifizierungspflichtige Beihilfe, die bei der Kommission grds anzumelden ist. Ausbildungsmaßnahmen, die etwa allen Unternehmen unabhängig der Branche zustehen, sind mangels Selektivitätsmerkmal keine Beihilfen und müssen auch nicht freigestellt werden.

Ausbildungsbeihilfen dürfen nicht dazu dienen, **verbindliche Ausbildungsnormen**[510] einzuhalten. Jene Ausbildungskosten, die ein Unternehmen für seine ArbeitnehmerInnen hätte vornehmen müssen, weil sie gesetzlich vorgeschrieben sind, dürfen daher nicht durch Ausbildungsbeihilfen finanziert werden. [511]

Ausbildungsbeihilfen können mit der geförderten Ausbildungsmaßnahme direkt und indirekt zusammenhängende Kosten finanzieren (**beihilfefähige Kosten**).

---

507 In diesem Fall prüft die Kommission die Ausbildungsbeihilfe nach den Kriterien, welche sie in der Mitteilung zu den Ausbildungsbeihilfen festlegt, ABl C 2009/188, 1.

508 EuGH 21.07.2011, C-459/10 P, *DHL Leipzig-Halle* Rn 42.

509 Art 4 Abs 1 lit n AGVO.

510 Der Begriff der Norm ist dabei weit zu verstehen: vgl *Nowak* in Immenga/Mestmäcker, WettbR III: BeihilfenR[5] AGVO Art 31 Rz 7.

511 So zB bei gesetzlich vorgeschriebenen Ausbildungsmaßnahmen, wie in Bezug auf die Einhaltung der Sicherheitsvorschriften am Arbeitsplatz, da das Unternehmen diese auch ohne Beihilfe vornehmen muss.

Mit der Ausbildungsmaßnahme **direkt** in Zusammenhang stehende beihilfefähige Kosten sind:
– Personalkosten für Ausbilder, die für die Stunden anfallen, in denen sie die Ausbildungsmaßnahme durchführen;
– Aufwendungen von Ausbildern und Ausbildungsteilnehmern;[512]
– Kosten für Beratungsdienste, die mit der Ausbildungsmaßnahme zusammenhängen;
– Notwendige Unterbringungskosten.[513]

Mit der Ausbildungsmaßnahme **indirekt** in Zusammenhang stehende beihilfefähige Kosten sind:
– Personalkosten für Ausbildungsteilnehmer;
– allgemeine indirekte Kosten, die für Stunden anfallen, in denen die Ausbildungsteilnehmer an der Ausbildungsmaßnahme teilnehmen.[514]

Ausbildungsbeihilfen können grds **höchstens 50 % der beihilfefähigen Kosten** finanzieren, womit sich die Beihilfeempfänger mit der Hälfte selbst beteiligen müssen. Betrifft die Ausbildungsbeihilfe **Arbeitnehmer mit Behinderung** oder **benachteiligte Arbeitnehmer** können **60 %** der beihilfefähigen Kosten ersetzt werden. Ausbildungsbeihilfen für **mittlere Unternehmen** können **bis zu 60 %**, für **kleine Unternehmen bis zu 70 %** der beihilfefähigen Kosten betragen. Maximal können jedoch 70 % der beihilfefähigen Kosten finanziert werden, womit die Erhöhung der ursprünglich festgelegten 50 % mit **maximal 70 % gedeckelt** ist.

*Beispiel: Eine Gemeinde will die Digital Skills von benachteiligten ArbeitnehmerInnen in Kleinunternehmen durch eine Förderung iHv 75 % der Ausbildungskosten pro Arbeitnehmer unterstützen und beruft sich dabei auf die AGVO. Bei der Maßnahme handelt es sich um eine Beihilfe, da durch den Zuschuss der Ausbildungskosten für die Verbesserung der Digital Skills die IT-Branche begünstigt wird. Zunächst dürfte die Beihilfeintensität höchstens 50 % betragen. Sie darf bei benachteiligten Arbeitnehmern aber um 10 % und bei kleinen Unternehmen um 20 % erhöht werden. Da die Beihilfeintensität gemäß Art 31 Abs 4 AGVO aber in jedem Fall mit 70 % der beihilfefähigen Kosten gedeckt ist, darf die Förderung höchstens 70 % der Ausbildungskosten betragen.*

Für den **Seeverkehr** kann die Beihilfeintensität **bis auf 100 %** der beihilfefähigen Kosten erhöht werden, wenn mit der Ausbildungsmaßnahme keine aktiven, sondern zusätzliche Besatzungsmitglieder ausgebildet werden und die Ausbildung an Bord eines Schiffs durchgeführt wird, das im Unionsregister eingetragen ist.

---

512 Reisekosten, Materialien und Bedarfsartikel wie etwa Ausbildungsunterlagen und Büromaterial; die Abschreibung von Werkzeugen und Ausrüstungsgegenständen, soweit sie ausschließlich für die Ausbildungsmaßnahme verwendet werden.
513 Nach der Ansicht von *Nowak* in Immenga/Mestmäcker, WettbR III: BeihilfenR[5] AGVO Art 31 Rz 9 sind lediglich die Unterbringungskosten für auszubildende Arbeitnehmer mit Behinderung beihilfefähig und beruft sich dabei auf Art 31 Abs 3 lit b Satz 2 AGVO.
514 Verwaltungskosten, Miete, Gemeinkosten.

### h. Beschäftigungsbeihilfen

**Literatur**: *Bartosch*, Die neue Allgemeine Gruppenfreistellungsverordnung im EG-Beihilfenrecht, NJW 2008, 3612; *ders*, EU-Beihilfenrecht[3] (2020); *Grabitz/Hilf/Nettesheim* (Hrsg), Das Recht der Europäischen Union: EUV/AEUV[72] (2021); *Frenz*, Beihilfen für Ausbildung und Beschäftigung, GewA 2019, 181; *Immenga/Mestmäcker*, Wettbewerbsrecht: III: Beihilfenrecht[5] (2016); *Säcker*, Münchner Kommentar Europäisches und Deutsches Wettbewerbsrecht V: Beihilfenrecht[2] (2018); *Werner* in Säcker (Hrsg), Münchner Kommentar Europäisches und Deutsches Wettbewerbsrecht V: Beihilfenrecht[2] (2018).

Unter bestimmten Voraussetzungen sind Beschäftigungsbeihilfen für **benachteiligte Arbeitnehmer** und **Arbeitnehmer mit Behinderungen** von der Anmeldepflicht nach Art 108 Abs 3 AEUV freigestellt.

Die in Art 32 und 35 AGVO enthalten Regelungen für **Beschäftigungsbeihilfen für benachteiligte Arbeitnehmer**.

*Beispiel: Das in der Region O ansässige Großunternehmen G beschäftigt ca 4000 Mitarbeiter. Das Großunternehmen verkündet einen Jobabbau, da es vor einem Branchenumbruch steht. Von der Kündigung wären 300 MitarbeiterInnen, vor allem über 50 Jährige betroffen, da nach Ansicht von G die zunehmende Digitalisierung junges Personal erfordere und älteres Personal daher abgebaut werden müsse. Der Staat plant, G mit einem Beschäftigungspaket finanziell von der Entscheidung abzubringen und will G eine Beschäftigungsbeihilfe iHv € 3 Mio gewähren, die vor allem auf Weiterbeschäftigung der über 50 Jährigen abzielt. Welche Möglichkeiten im Rahmen der AGVO stehen dem Staat zur Verfügung?*

Beschäftigungsbeihilfen für benachteiligte Arbeitnehmer sollen die Hemmnisse beseitigen, diese Arbeitnehmer zu beschäftigen und zusätzliche Kosten, die aus der Unterstützung benachteiligter Arbeitnehmer resultieren, kompensieren.[515]

Beschäftigungsbeihilfen für benachteiligte Arbeitnehmer können bis zu einer Höhe von € 5 Mio pro Unternehmen und Jahr auf Basis der AGVO freigestellt werden.[516]

Der Begriff „**benachteiligter Arbeitnehmer**" ist in Art 2 Z 4 AGVO legal definiert.

Darunter fallen zB Personen, die in den vorangegangenen 6 Monaten keiner regulären bezahlten Beschäftigung nachgegangen sind; Personen zwischen 15 und 24 Jahre; über 50 Jährige; Alleinerzieher mit mindestens einer unterhaltsberechtigten Person; Angehörige einer ethnischen Minderheit in einem Mitgliedstaat, die ihre sprachlichen oder beruflichen Fertigkeiten bzw mehr Berufserfahrung sammeln müssen, um eine bessere Aussicht auf eine dauerhafte Beschäftigung zu haben.

Die AGVO kennt noch eine weitere Abstufung, nämlich die in Art 2 Z 5 AGVO legal definierten „stark benachteiligten Arbeitnehmer".

---

515 *Werner* in MüKoWettbR V: BeihilfenR[2] Art 35 VO (EU) 651/2014 Rz 1.
516 Art 4 Abs 1 lit o AGVO bzw Art 4 Abs 1 lit r AGVO.

Für benachteiligte Arbeitnehmer können Beihilfen in Form von Lohnkosten-zuschüssen für die Einstellung (Art 32 AGVO) und Beihilfen zum Ausgleich der Kosten für die Unterstützung benachteiligter Arbeitnehmer (Art 35 AGVO) gewährt werden.

Beihilfen nach Art 32 AGVO bedürfen einer Beihilferegelung. Diese Bestimmung zielt auf die **Einstellung** (nicht aber die Beschäftigung) von benachteiligten Arbeitneh-mern ab, Beihilfefähig sind die Lohnkosten über einen Zeitraum von höchstens 12 Mona-ten (24 Monaten) nach der Einstellung eines (stark) benachteiligten Arbeitnehmers.

Beihilfen nach Art 35 AGVO können für Ad-hoc-Beihilfen und Beihilferegelungen gewährt werden. Beihilfefähig sind etwa die Kosten für die Beschäftigung von Perso-nal für die für die Unterstützung benachteiligter Arbeitnehmer aufgewandte Zeit und die Kosten für die Ausbildung dieses Personals für die Unterstützung benachteiligter Arbeit-nehmer. Die Unterstützung muss dabei Maßnahmen umfassen, die die Autonomie des benachteiligten Arbeitnehmers fördern und ihn an das Arbeitsumfeld anpassen oder zur Begleitung des Arbeitnehmers bei sozialen Maßnahmen und Verwaltungsverfahren sowie zur Erleichterung der Kommunikation mit dem Unternehmer.

Beschäftigungsbeihilfen für benachteiligte Arbeitnehmer können **höchstens 50 % der beihilfefähigen Kosten** finanzieren.

In den Art 33 und 34 AGVO sind Regelungen für **Beschäftigungsbeihilfen für Arbeitnehmer mit Behinderungen** enthalten.

***Beispiel:*** *Eine Gemeinde möchte Unternehmen in der Region dazu bewegen, verstärkt auf die Beschäftigung von ArbeitnehmerInnen mit Behinderungen in der Region zu setzen und möchte die Unternehmen dabei finanziell unterstützen. Welche Möglichkeiten stehen der Gemeinde im Rahmen der AGVO an Beschäftigungsbeihilfen zur Verfügung?*

Beschäftigungsbeihilfen für Arbeitnehmer mit Behinderungen sollen einer-seits die Mehrkosten, die Unternehmen infolge der Beschäftigung von Arbeitneh-mern mit Behinderungen entstehen, ausgleichen und andererseits es Unterneh-mern attraktiver machen, diese Gruppe von Arbeitnehmern zu beschäftigen.[517]

Beschäftigungsbeihilfen für Arbeitnehmer mit Behinderungen können bis zu einer Höhe von € 10 Mio pro Unternehmen und Jahr auf Basis der AGVO frei-gestellt werden.[518]

Der Begriff „**Arbeitnehmer mit Behinderungen**" ist in Art 2 Z 3 AGVO legal definiert:

Unter den Begriff fallen Personen, die nach nationalem Recht als Arbeitnehmer mit Behinderungen anerkannt sind oder langfristige, körperliche, seelische, geistige oder Sin-nesbeeinträchtigungen haben, die sie in Wechselwirkung mit verschiedenen Barrieren an der vollen, wirksamen und gleichberechtigten Teilhabe am Arbeitsleben hindern können.

Für Arbeitnehmer mit Behinderung können Beihilfen in Form von Lohn-kostenzuschüssen für die Beschäftigung von Arbeitnehmern mit Behinderungen (Art 33 AGVO) und Beihilfen zum Ausgleich der durch die Beschäftigung von

---

517 *Werner* in MüKoWettbR V: BeihilfenR[2] Art 34 VO (EU) 651/2014 Rz 1.
518 Art 4 Abs 1 lit p AGVO bzw Art 4 Abs 1 lit q AGVO.

Arbeitnehmern mit Behinderungen verursachten Mehrkosten (Art 34 AGVO) gewährt werden.

Beihilfen nach Art 33 AGVO können für Ad-hoc-Beihilfen und Beihilferegelungen gewährt werden. Beihilfefähig sind die Lohnkosten, die während der Beschäftigung des Arbeitnehmers mit Behinderungen anfallen. Die Beihilfeintensität darf 75 % der beihilfefähigen Kosten nicht überschreiten.

Beihilfen nach Art 34 AGVO können für Ad-hoc-Beihilfen und Beihilferegelungen gewährt werden. Beihilfefähig sind Kosten für eine behinderten gerechte Umgestaltung der Räumlichkeiten; die Kosten für die Beschäftigung von Personal in Bezug auf die für die Unterstützung der Arbeitnehmer mit Behinderungen aufgewandte Zeit; die Kosten für die Anschaffung und Validierung von Software für die Nutzung durch Arbeitnehmer mit Behinderungen, einschließlich adaptierter oder unterstützender Technologien; die Kosten, die direkt mit der Beförderung von Arbeitnehmern mit Behinderungen zum Arbeitsplatz und für die arbeitsbezogene Tätigkeiten verbunden sind sowie die Lohnkosten für die Stunden, die Arbeitnehmer mit Behinderungen für Rehabilitation verwendet.

Die Beihilfeintensität darf 100 % der beihilfefähigen Kosten nicht überschreiten.

Beschäftigungsbeihilfen für Arbeitnehmer mit Behinderungen können **maximal 75 % bzw 100 % der beihilfefähigen Kosten** finanzieren.

Für Beschäftigungsbeihilfen benachteiligter Arbeitnehmer und Arbeitnehmer mit Behinderungen gelten unterschiedliche Schwellenwerte.[519]

### i. Umweltschutzbeihilfen

**Literatur:** *Bartosch*, Die neue Allgemeine Gruppenfreistellungsverordnung im EG-Beihilfenrecht, NJW 2008, 3612; *ders*, EU-Beihilfenrecht[3] (2020); *Falke*, Neue Entwicklungen im Europäischen Umweltrecht, ZUR 2008, 218; *Frenz*, Das Ineinandergreifen von nationalem Steuerrecht und gemeinschaftlichem Beihilfeverbot am Beispiel einer partiellen Befreiung von der Mineralölsteuer, DStR 2000, 137; *Geipel/Heinrich*, Der Fall Hinkley Point C – Sonderbehandlung für Atomenergie?, in Haslinger/Jaeger (Hrsg), Jahrbuch Beihilferecht (2016) 313; *Grabitz/Hilf/Nettesheim* (Hrsg), Das Recht der Europäischen Union: EUV/AEUV[72] (2021); *Haslinger* in Säcker (Hrsg), Münchner Kommentar Europäisches und Deutsches Wettbewerbsrecht V: Beihilfenrecht[2] (2018); *Immenga/Mestmäcker*, Wettbewersrecht III: Beihilfenrecht[5] (2016); *Jaeger*, Die neue Allgemeine Gruppenfreistellungsverordnung für Beihilfen, ecolex 2008, 873; *Pieper*, Europarechtlicher Ordnungsrahmen für Umweltsubventionen, NVwZ 1999, 1093; *Säcker* (Hrsg), Münchner Kommentar Europäisches und Deutsches Wettbewerbsrecht V: Beihilfenrecht[2] (2018); *Sánchez Rydelski*, Umweltschutzbeihilfen, EuZW 2001, 458.

Damit die Investitionen in den Umweltschutz nicht am Argument der Rentabilität scheitern, enthält die AGVO in **Abschnitt 7** zahlreiche Freistellungstat-

---

519 S dazu Art 4 Abs 1 lit p und q AGVO (Arbeitnehmer mit Behinderungen) und Art 4 Abs 1 lit o und r AGVO (benachteiligte Arbeitnehmer).

bestände, die der Verbesserung des Umweltschutzes dienen (**Umweltschutzbeihilfen**).

Beihilferegelungen können dazu beitragen, um ein etwaiges Marktversagen im Bereich des Umweltschutzes zu überwinden. Staatliche Beihilfen sind nicht dazu geeignet, Investitionen zu fördern, die notwendig sind, um geltendes EU-Recht einzuhalten. Beihilfen können allerdings dazu beitragen, Unternehmen in die Lage zu versetzen, nationale Anforderungen zu erfüllen, wenn dadurch ein höherer Umweltschutz, als das Unionsrecht vorsieht, erreicht werden kann.

Umweltschutzbeihilfen sind in erster Linie dazu gedacht, die Wettbewerbsgleichheit wiederherzustellen, sodass nur jene Kosten beihilfefähig sind, die mit einem höheren Umweltschutz assoziiert werden können. Sie dürfen zudem nur Investitionen fördern, die auch zu einer direkten Verbesserung des Umweltschutzes eines Beihilfeempfängers führen.[520]

*Beispiel: Umweltschutzbeihilfen können für den Kauf einer Elektrofahrzeugflotte verwendet werden, nicht aber um die Herstellung dieser Fahrzeuge zu fördern. Die beihilfefähigen Kosten für ein Elektrofahrzeug bestimmen sich etwa dadurch, indem die Kosten für ein gleichwertiges, mit einem Verbrennungsmotor betriebenes Fahrzeug, von den Kosten für das Elektrofahrzeug in Abzug gebracht werden.*[521]

Durch die **AGVO-Novelle 2021** wurden weitere ökologische Freistellungstatbestände in die AGVO aufgenommen.

Mit der Ausweitung der AGVO wurden Gruppenfreistellungen in Bereichen überarbeitet bzw neu eingeführt, die für den Übergang zu einer grünen Wirtschaft von entscheidender Bedeutung sind. Dazu zählen Beihilfen für Energieeffizienzmaßnahmen in Gebäuden und Beihilfen für öffentlich zugängliche Lade- und Tankinfrastruktur für emissionsfreie und emissionsarme Straßenfahrzeuge.[522]

**Beihilfen für öffentlich zugängliche Lade- oder Tankinfrastruktur für emissionsfreie und emissionsarme Straßenfahrzeuge** können unter Einhaltung der allgemeinen und besonderen Voraussetzungen in Art 36a AGVO freigestellt werden.

Dadurch werden Beihilfen für öffentlich zugängliche Lade- oder Tankinfrastruktur für die Strom- bzw Wasserstoffversorgung von emissionsfreien und emissionsarmen Straßenfahrzeugen für Verkehrszwecke verfolgt. Es soll dadurch nun möglich sein, Beihilfen für die Gesamtnetze solcher Infrastrukturen in den Mitgliedstaaten in weit größerem Umfang zu gewähren, als dies bisher möglich war. Bislang fielen nur Beihilfen für lokale Maßnahmen unter die AGVO und Beihilfen für größere Netze von Lade- und Tankinfrastrukturen mussten bei der Kommission notifiziert werden.[523]

---

520 Umweltschutzbeihilfen dürfen hingegen nicht für die Herstellung umweltfreundlicherer Erzeugnisse gewährt werden.

521 Das Beispiel wurde angelehnt an *BMWi*, Handbuch über staatliche Beihilfen, 63.

522 KOM, Staatliche Beihilfen: Kommission weitet Anwendungsbereich der Allgemeinen Gruppenfreistellungsverordnung aus – häufig gestellte Fragen, QANDA/21/3805.

523 KOM, Staatliche Beihilfen: Kommission weitet Anwendungsbereich der Allgemeinen Gruppenfreistellungsverordnung aus – häufig gestellte Fragen, QANDA/21/3805.

Ebenfalls freistellungsfähig sind **Investitionsbeihilfen für gebäudebezogene Energieeffizienzprojekte in Form von Finanzinstrumenten**, sofern die allgemeinen und besonderen Voraussetzungen in Art 39 AGVO eingehalten werden.

Durch den Freistellungstatbestand in Art 39 AGVO wurde zunächst die Berechnung der beihilfefähigen Kosten für bestimmte Gebäudekategorien, einschließlich Wohngebäude, vereinfacht. Es wurde weiters eine neue Möglichkeit geschaffen, Beihilfen für Energieeffizienzmaßnahmen in solchen Gebäuden mit Beihilfen für am Standort des Gebäudes befindlichen Anlagen zur Erzeugung erneuerbarer Energie, für Ausrüstung zur Speicherung der erzeugten erneuerbaren Energie, für Ausrüstung und Infrastruktur für das Laden von Elektrofahrzeugen sowie für Investitionen in die Digitalisierung des Gebäudes zu kombinieren. Schließlich wurde mit dieser Regelung eine neue Bestimmung eingeführt, dass Beihilfemaßnahmen auch die Begünstigung von Energieleistungsverträgen zum Gegenstand haben können.[524]

Neben diesen neu eingeführten Freistellungstatbeständen für Umweltschutzbeihilfen enthält die AGVO **nachfolgende Kategorien von Umweltschutzbeihilfen**, die unter Einhaltung der allgemeinen und jeweils festgelegten besonderen Voraussetzungen freigestellt werden können:

– Investitionsbeihilfen, die Unternehmen in die Lage versetzen, über die Unionsnormen für den Umweltschutz hinauszugehen oder bei Fehlen solcher Normen den Umweltschutz zu verbessern (Art 36 AGVO);
– Investitionsbeihilfen zur frühzeitigen Anpassung an künftige Unternehmen (Art 37 AGVO);
– Investitionsbeihilfen für Energieffizienzmaßnahmen (Art 38 AGVO);
– Investitionsbeihilfen für hocheffiziente Kraft-Wärme-Kopplung (Art 40 AGVO);
– Investitionsbeihilfen zur Förderung erneuerbarer Energien (Art 41 AGVO);
– Betriebsbeihilfen zur Förderung von Strom aus erneuerbaren Energien (Art 42 AGVO);
– Betriebsbeihilfen zur Förderung der Erzeugung erneuerbarer Energien in kleinen Anlagen (Art 43 AGVO);
– Beihilfen in Form von Umweltsteuerermäßigungen nach der Richtlinie 2003/96/EG (Art 44 AGVO);
– Investitionsbeihilfen für die Sanierung schadstoffbelasteter Standorte (Art 45 AGVO);
– Investitionsbeihilfen für energieeffiziente Fernwärme und Fernkälte (Art 46 AGVO);
– Investitionsbeihilfen für das Recycling und die Wiederverwendung von Abfall (Art 47 AGVO);
– Investitionsbeihilfen für Energieinfrastrukturen (Art 48 AGVO) und
– Beihilfen für Umweltstudien (Art 49 AGVO).

---

524 KOM, Staatliche Beihilfen: Kommission weitet Anwendungsbereich der Allgemeinen Gruppenfreistellungsverordnung aus – häufig gestellte Fragen, QANDA/21/3805.

## j. Breitbandbeihilfen

**Literatur**: *Bartosch*, Die neue Allgemeine Gruppenfreistellungsverordnung im EG-Beihilfenrecht, NJW 2008, 3612; *ders*, EU-Beihilfenrecht[3] (2020); *Chirico*, A Decade of State Aid Control in the Field of Broadband, EStAL 2014, 28; *Freund/Bary*, Beihilfen im Breitbandsektor – Vorteile und Probleme der überarbeiteten Allgemeinen Gruppenfreistellungsverordnung (AGVO) der Europäischen Kommission, MMR 2015, 230; *Holtmann*, Beihilfenrechtliche Aspekte des DigiNetzG, EuZW 2017, 589; *Holznagel/Deckers/Schramm*, Erschließung des ländlichen Raums mit Breitband: Die Leitlinien der Kommission zum Breitbandausbau, NVwZ 2010, 1059; *Holznagel/Beine*, Rechtsrahmen staatlicher Breitbandförderung, MMR 2015, 567; *Immenga/Mestmäcker*, Wettbewerbsrecht III: Beihilfenrecht[5] (2016); *Kliemann*, EU State Aid Control in the Broadcast Sector, EStAL 2013, 493; *König/Prior*, Zu den EU-beihilfenrechtlichen Anforderungen an Eigenausbauansagen im Markterkundungsverfahren bei der Förderung des Breitbandausbaus, NuR 2019, 77; *Rabl/Mrvosevic*, Praxisstudie: Breitbandförderung in Österreich, in Jahrbuch Beihilferecht (2016) 523; *Rosenfeld/Holtmann* in *Säcker* (Hrsg), Münchner Kommentar Europäisches und Deutsches Wettbewerbsrecht V: Beihilfenrecht[2] (2018); *Sonder/Hübner*, Rechtliche Herausforderungen für Kommunen beim Breitbandausbau, KommJur 2015, 441; *Vejseli*, Beihilferechtliche Rahmenbedingungen für den Breitbandausbau – Eine Analyse der AGVO, BRZ 2016, 3.

Im Zuge der AGVO-Novelle 2021 wurden neben dem Freistellungstatbestand in Art 52 AGVO weitere Tatbestände geschaffen, um das Ziel einer digitalen Wirtschaft sicherstellen und auch die Auswirkungen, welche die COVID-19-Pandemie für die digitale Wirtschaft mitbringt, abfedern zu können.

Gemäß Art 52 AGVO können **Beihilfen für feste Breitbandnetze** bis zu einer Höhe von € 100 Mio pro Unternehmen und Vorhaben von der Anmeldepflicht bei der Kommission ausgenommen sein.[525]

Beihilfefähig sind alle Kosten für Bau, Verwaltung und Betrieb eines festen Breitbandnetzes.[526] Bestimmte in Art 52 Abs 3 AGVO aufgezählte alternative Arten von Investitionen sind zudem beihilfefähig.[527]

Der Beihilfehöchstbetrag für ein Vorhaben wird auf der Grundlage eines wettbewerblichen Auswahlverfahrens nach Art 52 Abs 6 AGVO festgesetzt.[528] Erfolgt eine Investition ohne ein wettbewerbliches Auswahlverfahren, darf der Beihilfebetrag nicht höher sein als die Differenz zwischen den beihilfefähigen Kosten und dem Betriebsgewinn aus der Investition.[529]

Die Kartierung und öffentliche Konsultation nach Art 52 Abs 3 AGVO müssen die in Art 52 Abs 4 AGVO genannten Voraussetzungen erfüllen.

Das geförderte Vorhaben muss zudem zu einer **wesentlichen Verbesserung** gegenüber vorhandenen Netzen oder Netzen, deren Ausbau innerhalb von drei

---

525 S Art 4 Abs 1 lit sa AGVO. Bei Regelungen bis zu einer durchschnittlichen jährlichen Mittelausstattung von bis zu € 150 Mio.
526 Art 52 Abs 2 erster Satz AGVO.
527 Art 52 Abs 3 AGVO.
528 Art 52 Abs 2 zweiter Satz AGVO.
529 Art 52 Abs 2 dritter Satz AGVO.

Jahren nach der Veröffentlichung der geplanten Beihilfemaßnahme glaubhaft geplant ist.[530]

Eine wesentliche Verbesserung liegt vor, wenn die geförderte Maßnahme bewirkt, dass eine erhebliche neue Investition in das Breitbandnetz erfolgt und das geförderte Netz gegenüber dem vorhandenen bzw glaubhaft geplanten Netz zu erheblichen Verbesserungen in Bezug auf Verfügbarkeit, Kapazitäten, Geschwindigkeiten und Wettbewerb im Bereich der Breitband-Internetzugangsdienste führt.[531] Das Vorhaben muss zudem eine erhebliche Investition in passive Infrastruktur umfassen und muss über eine marginale Investition hinausgehen, wobei lediglich die Modernisierung aktiver Netzelemente nicht ausreichend ist.[532]

Die Beihilfe kann den Anbietern elektronischer Kommunikationsnetze und -dienste auf der Grundlage wettbewerblichen **Auswahlverfahrens** oder ohne ein solches Verfahrens einer Behörde gewährt werden damit diese direkt oder über eine interne Einheit ein festes Breitbandnetz ausbaut und verwaltet.[533]

Das wettbewerbliche Auswahlverfahren muss offen, transparent und diskriminierungsfrei unter Wahrung der Grundsätze der Vergabevorschriften und des Grundsatzes der Technologieneutralität erfolgen, wobei das wirtschaftlich günstigste Angebot den Zuschlag erhält.[534] Wird die Beihilfe an die Behörde gewährt, so erbringt sie ausschließlich Vorleistungsdienste über das geförderte Netz und gewährleistet eine getrennte Buchführung.[535]

Der Betrieb des geförderten Netzes hat **zu fairen und diskriminierungsfreien Bedingungen** einen **möglichst umfassenden aktiven und passiven Zugang** auf Vorleistungsebene einschließlich physischer Entbündelung zu gewährleisten.[536] Der Preis für den Zugang auf Vorleistungsebene muss auf einer in Art 52 Abs 8 AGVO festgelegten Benchmark beruhen.[537] Überschreitet der Beihilfebetrag für das Vorhaben € 10 Mio, ist ein Monitoring- und Rückforderungsmechanismus zwingend einzurichten.[538]

Mit der **AGVO-Novelle 2021** wurden weitere Freistellungstatbestände im Bereich der Breitbandinfrastrukturen geschaffen:

Gemäß Art 52a AGVO können **Beihilfen für den Ausbau von 4G- und 5G-Mobilfunknetzen** bis zu einer Höhe von € 100 Mio Gesamtkosten pro Vorhaben von der Anmeldepflicht freigestellt sein,[539] wenn die allgemeinen und besonderen Voraussetzungen in Art 52a AGVO erfüllt sind.[540]

---

530 Art 52 Abs 5 AGVO.
531 Art 52 Abs 5 AGVO.
532 Art 52 Abs 5 AGVO.
533 Art 52 Abs 6 AGVO.
534 Art 52 Abs 6 lit a AGVO.
535 Art 52 Abs 6 lit b AGVO.
536 Art 52 Abs 7 AGVO.
537 Art 52 Abs 8 AGVO.
538 Art 52 Abs 9 AGVO.
539 Bei Beihilfen für 4G- oder 5G-Mobilfunknetze, die in Form eines Finanzinstruments gewährt werden, darf der Nominalbetrag der Gesamtmittel, die einem Endempfänger pro Vorhaben gewährt werden, gemäß Art 4 Abs 1 lit ya AGVO € 150 Mio nicht überschreiten.
540 Art 4 Abs 1 lit ya AGVO.

Freistellungsfähig können ferner auch **Beihilfen für Vorhaben von gemeinsamem Interesse im Bereich transeuropäischer digitaler Vernetzungsinfrastruktur** sein, sofern sie die allgemeinen und besonderen Voraussetzungen in Art 52b AGVO erfüllen.

Beihilfen in Form einer **Konnektivitätsgutschein**-Regelung für Verbraucher zur Erleichterung von Telearbeit, allgemeinen und beruflichen Bildungsleistungen sowie für KMU können unter Einhaltung der allgemeinen und der besonderen Voraussetzungen in Art 52c AGVO bis zu einer Höhe von € 50 Mio von der Anmeldepflicht befreit sein.[541]

Die Laufzeit einer Gutscheinregelung darf dabei höchstens 24 Monate betragen.[542] Zudem sind nur bestimmte Gutscheinregelungen förderfähig: Einerseits förderfähig sind Gutscheinregelungen für Verbraucher, mit denen sie einen neuen Breitbandinternetzugangsdienst abonnieren oder ihr derzeitiges Abonnement unter bestimmten Voraussetzungen auf einen Dienst mit einer Download-Geschwindigkeit von mindestens 30 Mbit/s aufstocken können; und andererseits Gutscheinregelungen für KMU, mit denen diese einen neuen Breitbandinternetzugangsdienst abonnieren oder ihr derzeitiges Abonnement unter bestimmten Voraussetzungen auf einen Dienst mit einer Download-Geschwindigkeit von mindestens 100 Mbit/s aufstocken können.[543] Die Konnektivitätsgutscheine können bis zu 50 % der gesamten Einrichtungskosten und der monatlichen Gebühr für das Abonnement eines Breitbandinternetzugangsdienstes abdecken.[544] Der Gutscheinbetrag wird dabei direkt an die Endnutzer oder an den gewählten Diensteanbieter ausgezahlt, wobei bei letztgenannter Variante der Betrag des Gutscheins von der Rechnung des Endnutzers abgezogen wird.[545] Die Gutscheine stehen Verbrauchern oder KMU ausschließlich in Gebieten zur Verfügung, in denen mindestens ein Netz vorhanden ist, das die geforderten Geschwindigkeiten (30 Mbit/s bzw 100 Mbit/s) zuverlässig liefern kann.[546] Ferner muss die Gutscheinregelung dem Grundsatz der Technologieneutralität gemäß Art 52c Abs 6 AGVO entsprechen.

### k. Kulturbeihilfen

**Literatur:** *Bartosch*, Die neue Allgemeine Gruppenfreistellungsverordnung im EG-Beihilfenrecht, NJW 2008, 3612; *ders*, EU-Beihilfenrecht[3] (2020); *Immenga/Mestmäcker*, Wettbewerbsrecht III: Beihilfenrecht[5] (2016); *Orssich*, State Aid for Films and Other – Audiovisual Works – Current Affairs and New Developments, EStAL 2012, 49; *dies*, State Aid for Films and Other – Audiovisual Works: The 2013 Cinema Communication, EStAL 2014, 698; *Reindl*, Risiken wegen nicht notifizierter Filmförderungen nach Beihilfenrecht, MR 2010, 219; *Säcker* (Hrsg), Münchner Kommentar Europäisches und

---

541 Gemäß Art 4 Abs 1 lit yc AGVO darf die Gesamtmittelausstattung für staatliche Beihilfen für alle Konnektivitätsgutscheinregelungen in einem Mitgliedstaat in einem Zeitraum von 24 Monaten € 50 Mio (Gesamtbetrag einschließlich nationaler und regionaler bzw lokaler Guscheinregelungen) nicht übersteigen.

542 Art 52c Abs 2 AGVO.

543 Art 52c Abs 3 AGVO.

544 Art 52c Abs 4 AGVO.

545 Art 52c Abs 4 AGVO.

546 Art 52c Abs 5 AGVO.

Deutsches Wettbewerbsrecht V: Beihilfenrecht[2] (2018); *Sygusch*, Die ersten Entwürfe zur neuen Allgemeinen Gruppenfreistellungsverordnung der Kommission, Revolution oder Evolution?, BRZ 2013, 179.

**Beihilfen für Kultur und die Erhaltung des kulturellen Erbes** können unter Einhaltung der allgemeinen und der besonderen Voraussetzungen in Art 53 AGVO freigestellt werden.

Beihilfen sind in Form von Ad-hoc-Beihilfen und Beihilferegelungen möglich.[547]

Freistellungsfähig sind nur Beihilfen für **bestimmte kulturelle Zwecke und Aktivitäten**.

Museen, Archive, Bibliotheken, Kunst- und Kulturzentren oder -stätten, Theater, Kinos, Opernhäuser, Konzerthäuser, sonstige Einrichtungen für Live-Aufführungen, Einrichtungen zur Erhaltung und zum Schutz des Filmerbes und ähnliche Infrastrukturen, Organisationen und Einrichtungen im Bereich Kunst und Kultur;[548] bestimmtes materielles Kulturerbe (zB Denkmäler, historische Stätten und Gebäude);[549] immaterielles Kulturerbe in jeder Form einschließlich Brauchtum und Handwerk;[550] Veranstaltungen und Aufführungen im Bereich Kunst und Kultur, Festivals, Ausstellungen und ähnliche kulturelle Aktivitäten;[551] bestimmte Tätigkeiten im Bereich der kulturellen und künstlerischen Bildung;[552] sowie die Verfassung, Bearbeitung, Produktion, Vertrieb, Digitalisierung und Veröffentlichung von Musik- oder Literaturwerken.[553]

Ausgeschlossen sind Beihilfen für Zeitungen und Zeitschriften (unabhängig davon, ob sie in gedruckter physischer oder elektronischer Form) erscheinen.[554]

Beihilfen können in Form von **Investitionsbeihilfen** und **Betriebsbeihilfen** gewährt werden.

Investitionsbeihilfen sind auch für Beihilfen für den Bau oder die Modernisierung von Kulturinfrastruktur möglich.[555] Bei Investitionsbeihilfen sind die Kosten von Investitionen in materielle und immaterielle Vermögenswerte beihilfefähig.[556] Bei Betriebsbeihilfen sind nur bestimmte Kosten beihilfefähig.[557]

**Investitionsbeihilfen** für Kultur und die Erhaltung des kulturellen Erbes können bis zu einer Höhe von € 150 Mio pro Projekt gewährt werden.[558] Der

---

547 *Bartosch*, EU-BeihilfenR[3] VO 651/2014 Art 53 Rz 1.
548 Art 53 Abs 2 lit a AGVO.
549 Art 53 Abs 2 lit b AGVO.
550 Art 53 Abs 2 lit c AGVO.
551 Art 53 Abs 2 lit d AGVO.
552 Art 53 Abs 2 lit e AGVO.
553 Art 53 Abs 2 lit f AGVO.
554 Art 53 Abs 10 AGVO.
555 Art 53 Abs 3 lit a AGVO.
556 Art 53 Abs 4 AGVO.
557 Art 53 Abs 5 AGVO. Beihilfefähig sind etwa die Kosten für den Erwerb, einschließlich Leasing, Besitzübertragung und Verlegung von kulturellem Erbe (lit b), oder die Kosten für die Verbesserung des Zugangs der Öffentlichkeit zum Kulturerbe (lit d).
558 Art 4 Abs 1 lit z AGVO.

Beihilfebetrag darf dabei aber nicht höher sein als die Differenz zwischen den beihilfefähigen Kosten und dem Betriebsgewinn der Investition.[559]

Der Betreiber der Infrastruktur darf einen angemessenen Gewinn für den betreffenden Zeitraum einbehalten.[560]

**Betriebsbeihilfen** für Kultur und die Erhaltung des kulturellen Erbes können bis zu einer Höhe von € 75 Mio pro Unternehmen und Jahr gewährt werden.[561] Der Beihilfebetrag darf dabei nicht höher sein als der Betrag, der erforderlich ist, um Betriebsverluste und einen angemessenen Gewinn für den betreffenden Zeitraum zu decken.[562]

Dies ist vorab, auf der Grundlage realistischer Projektionen oder über einen Rückforderungsmechanismus zu gewährleisten.[563]

*Beispiel: Die Stadt L möchte die Restaurierung seines in der Zwischenzeit in die Jahre gekommenen Theaters finanziell unterstützen und beabsichtigt eine Beihilfe zur Erneuerung des Theaters zu gewähren. L gewährt eine Investitionsbeihilfe iHv € 7 Mio.*

Außerdem können **Beihilferegelungen für audiovisuelle Werke** unter Einhaltung der allgemeinen und der besonderen Voraussetzungen bis zu einer Höhe von € 50 Mio pro Regelung und Jahr freigestellt werden.[564]

Mit der Beihilfe muss jedenfalls ein kulturelles Projekt gefördert werden.[565]

Zur Vermeidung offensichtlicher Fehler bei der Einstufung eines Produkts als kulturell legt jeder Mitgliedstaat wirksame Verfahren fest, etwa die Auswahl der Vorschläge durch eine oder mehrere Personen, die mit der Auswahl oder der Überprüfung anhand einer vorab festgelegten Liste kultureller Kriterien betraut sind.[566]

Beihilfen können dabei für die Produktion audiovisueller Werke, für die Vorbereitung solcher Produktionen und für den anschließenden Vertrieb gewährt werden.

Beihilfen für die Produktion und den anschließenden Vertrieb von audiovisuellen Werken können bis zu 50 % der beihilfefähigen Kosten,[567] Beihilfen für die Vorbereitung solcher Produktion können bis zu 100 % der beihilfefähigen Kosten gewährt werden.[568]

---

559 Art 53 Abs 6 AGVO.
560 Art 53 Abs 6 letzter Satz AGVO.
561 Art 4 Abs 1 lit z AGVO.
562 Art 53 Abs 7 AGVO.
563 Art 53 Abs 7 letzter Satz AGVO.
564 Art 4 Abs 1 lit aa AGVO.
565 Art 54 Abs 2 AGVO.
566 Art 54 Abs 2 AGVO.
567 Art 54 Abs 6 und 8 letzter Satz AGVO.
568 Art 54 Abs 8 AGVO.

## I. Beihilfen für Sport- und Freizeitinfrastruktur

**Literatur:** *Barbist/Haschke*, Praxisstudie: Sportförderung in Österreich, in Haslinger/ Jaeger (Hrsg), Jahrbuch Beihilferecht (2015) 531; *Bartosch*, Die neue Allgemeine Gruppenfreistellungsverordnung im EG-Beihilfenrecht, NJW 2008, 3612; *ders*, EU-Beihilfenrecht[3] (2020); *Barbist/Haschke*, Sportförderung in Österreich, in Jahrbuch Beihilferecht (2015) 531; *Fiebelkorn/Petzold*, Sportförderung und EU-Beihilfenrecht, BRZ 2018, 163; *Immenga/Mestmäcker*, Wettbewerbsrecht III: Beihilfenrecht[5] (2016); *Kornbeck*, Freistellungsfähige Rechtspersonen? Zugang zu Sportanlagen als Kanon EU-beihilferechtlicher Zulässigkeit (Teil 1), BRZ 2019, 155; *Reiter*, Das Europäische Beihilferecht im Bereich des Sports. Rechtsfragen der staatlichen Finanzierung im Sportsektor (2021); *Säcker*, Münchner Kommentar Europäisches und Deutsches Wettbewerbsrecht V: Beihilfenrecht[2] (2018); *Sygusch*, Die ersten Entwürfe zur neuen Allgemeinen Gruppenfreistellungsverordnung der Kommission, Revolution oder Evolution?, BRZ 2013, 179; *van der Hout/ Wagner*, Neue Möglichkeiten beihilferechtskonformer Finanzierung von Sportinfrastrukturen, Causa Sport 2015, 344.

**Judikatur:** EuG 24.03.2011, verb Rs T-443/08 u T-455/08, *Leipzig Halle*; EuGH 19.12.2012, C-288/11 P, *Leipzig Halle/Kommission.*

**Beihilfen für Sport- und Freizeitinfrastrukturen** können unter Einhaltung der allgemeinen und der besonderen Voraussetzungen in Art 55 AGVO freigestellt werden.

Sportinfrastrukturen und multifunktionale Freizeitinfrastrukturen müssen mehreren Nutzern zu transparenten und diskriminierungsfreien Bedingungen offenstehen.

Ein bevorzugter Zugang zu günstigeren Bedingungen kann Unternehmen gewährt werden, die mindestens 30% der Investitionskosten der Infrastruktur finanziert haben. Die Bedingungen für diesen Zugang müssen öffentlich bekanntgemacht worden sein.[569]

**Multifunktionale Freizeitinfrastrukturen** können nur mit Investitionsbeihilfen gefördert werden.

Multifunktionale Freizeiteinrichtungen sind Freizeiteinrichtungen mit multifunktionalem Charakter, die insb Kultur- und Freizeitdienstleistungen anbieten, nicht aber Freizeitparks und Hotels.[570] Die Investitionsbeihilfen können für bis zu € 30 Mio bzw € 100 Mio für die Gesamtkosten pro Projekt gewährt werden.[571] Gefördert werden können materielle und immaterielle Vermögenswerte. Der für Investitionsbeihilfen aufgewendete Beihilfebetrag darf dabei nicht höher sein als die Differenz zwischen den beihilfefähigen Kosten und dem Betriebsgewinn der Investition.[572]

Eine **Sportinfrastruktur** kann mit Investitionsbeihilfen und Betriebsbeihilfen gefördert werden, sofern sie nicht ausschließlich von einem einzigen Profisportler genutzt wird.

---

569 Art 55 Abs 4 AGVO.
570 Art 55 Abs 3 AGVO.
571 Art 4 Abs 1 lit bb AGVO.
572 Art 55 Abs 10 AGVO.

Die Sportinfrastruktur muss jährlich mindestens 20 % der verfügbaren Nutzungszeiten durch andere Profi- oder Amateursportnutzer genutzt werden.[573] Wenn eine Sportinfrastruktur von Profisportvereinen genutzt wird, müssen die Mitgliedstaaten sicherstellen, dass die Nutzungspreise und -bedingungen öffentlich bekanntgemacht werden.[574]

Gefördert werden können materielle und immaterielle Vermögenswerte. Bei Betriebsbeihilfen für Sportinfrastrukturen sind die Betriebskosten für die Erbringung der Dienstleistung durch die Infrastruktur beihilfefähig (zB Personal-, Material-, Fremdleistungs-, Miet- und Verwaltungskosten).[575] Betriebsbeihilfen können bis zu € 2 Mio gewährt werden.[576] Der für Betriebsbeihilfen aufgewendete Beihilfebetrag darf die Betriebsverluste in dem betreffenden Zeitraum nicht übersteigen.[577] Die Investitionsbeihilfen können bis zu € 30 Mio bzw € 100 Mio für die Gesamtkosten pro Projekt gewährt werden.[578] Der für Investitionsbeihilfen aufgewendete Beihilfebetrag darf die Differenz zwischen den beihilfefähigen Kosten und dem Betriebsgewinn der Investition nicht überschreiten.[579]

*Beispiel: Die Stadtgemeinde R möchte für ihren ortsansässigen Fußballverein anlässlich seines Aufstiegs in die Spitzenklasse des Weltfußballs beim Ausbau ihres derzeitigen Fußballstadions unterstützen. Mit einem finanziellen Zuschuss iHv € 15 Mio von Seiten der Gemeinde soll eine moderne Fußballarena entstehen, die auch für zukünftige Länderspiele des Nationalteams genutzt werden soll. G steuert dem Ausbau ihres Fußballvereins € 1,5 Mio bei.*

Bleibt die Beihilfe unter € 2 Mio können Beihilfen bis zu 80 % der beihilfefähigen Kosten gewährt werden.[580]

### m. Lokale Infrastrukturen

**Literatur**: *Bartosch*, Die neue Allgemeine Gruppenfreistellungsverordnung im EG-Beihilfenrecht, NJW 2008, 3612; *ders*, EU-Beihilfenrecht³ (2020); *Fiebelkorn/Petzold*, Zum Begriff des „Lokalen" im EU-Beihilfenrecht – Ist ein beihilferechtlicher Kompass in Sicht?, BRZ 2017, 3; *Grabitz/Hilf/Nettesheim*, Das Recht der Europäischen Union: EUV/AEUV⁷² (2021); *Hahn/Ziegelbecker*, Schwerpunkt Infrastruktur II: U-Bahn-Bau und Beihilferecht in Haslinger/Jaeger (Hrsg) Jahrbuch Beihilferecht (2019) 389; *Holtmann*, Die unterschiedliche Wertigkeit (kommunaler) Infrastrukturen in der Allgemeinen Gruppenfreistellungsverordnung für staatliche Beihilfen, EuZW 2016, 927; *Petzold*, Kommunale Infrastrukturen und Europäisches Beihilfenrecht, KommJur 2017, 401; *Säcker*, Münchner Kommentar Europäisches und Deutsches Wettbewerbsrecht V: Beihilfenrecht² (2018).

**Beihilfen für** den Bau oder die Modernisierung **lokaler Infrastrukturen**, die auf lokaler Ebene einen Beitrag zur Verbesserung der Rahmenbedingungen für Unternehmen und Verbraucher und zur Modernisierung und Weiterentwicklung

---

573 Art 55 Abs 2 AGVO.
574 Art 55 Abs 5 AGVO.
575 Art 55 Abs 9 AGVO.
576 Art 4 Abs 1 lit bb AGVO.
577 Art 55 Abs 11 AGVO.
578 Art 4 Abs 1 lit bb AGVO.
579 Art 55 Abs 10 AGVO.
580 Art 55 Abs 12 AGVO.

der industriellen Basis leisten, können bis zu einer Höhe von € 10 Mio bzw über € 20 Mio pro Infrastruktur freigestellt werden.[581]

Darunter fallen zB Verkehrsinfrastrukturen oder Abwassermanagement, Forschungsinfrastrukturen, Innovationscluster. Flughafen- und Hafeninfrastrukturen fallen hingegen nicht unter Art 56 AGVO.[582]

***Beispiel:*** *Die Gemeinde R will € 7 Mio in die Modernisierung eines Technologiegründerzentrums investieren. Die Qualifikation eines Technologiezentrums als Innovationscluster scheidet mangels Vorliegen aller besonderen Voraussetzungen in Art 27 AGVO aus. Wenn die Infrastruktur auf lokaler Ebene einen Beitrag zur Verbesserung der Rahmenbedingungen für Unternehmen und zur Weiterentwicklung der industriellen Basis leisten kann, kommt eine Freistellung nach Art 56 AGVO in Betracht.*

Beihilfen können dabei für Investitionen in materielle und immaterielle Vermögenswerte gewährt werden.[583]

Zu den materiellen Vermögenswerten zählen Grundstücke, Gebäude und Anlagen sowie Maschinen und Ausrüstungen.[584] Immaterielle Vermögenswerte sind Vermögenswerte ohne physische oder finanzielle Verkörperung (zB Patentrechte, Lizenzen, Know-how oder sonstige Rechte des geistigen Eigentums).[585]

Der Beihilfebetrag darf nicht höher sein als die Differenz zwischen den beihilfefähigen Kosten und dem Betriebsgewinn der Investition.[586]

Ausdrücklich nicht freigestellt sind gewidmete Infrastrukturen.[587]

Hierunter fallen Infrastrukturen, die für im Voraus ermittelbare Unternehmen errichtet werden und auf deren Bedarf zugeschnitten sind.[588]


*n. Geringe Beihilfen für Unternehmen zur Teilnahme an Interreg-Projekten*

Beihilfen für Unternehmen für ihre Teilnahme an Projekten der europäischen territorialen Zusammenarbeit (**Interreg**), die unter die VO (EU) 1299/2013 oder die VO (EU) 2021/1059 fallen, können bis zu einer Höhe von € 20.000 pro Unternehmen und Projekt freigestellt werden.[589]

Der Gesamtbetrag der Beihilfe, die einem Unternehmen auf der Grundlage des Art 20a AGVO gewährt wird, darf nicht höher sein als € 20.000.

---

581 S dazu Art 4 Abs 1 lit cc AGVO.
582 Art 56 Abs 2 AGVO.
583 Art 56 Abs 5 AGVO.
584 Art 2 Z 29 AGVO.
585 Art 2 Z 30 AGVO.
586 Art 56 Abs 6 AGVO.
587 Art 56 Abs 7 AGVO.
588 Art 2 Z 33 AGVO.
589 Art 4 Abs 1 lit f AGVO iVm Art 20a Abs 2 AGVO.

# Exkurs: Bagatellbeihilfen („De-Minimis-Beihilfen")

**Literatur:** *Bartosch*, EU-Beihilfenrecht[3] (2020); *Berghofer*, The New De Minimis Regulation: Enlarging the Sword of Damocles, EStAL 2007, 11; *Birnstiel/Bungenberg/ Heinrich*, Europäisches Beihilfenrecht (2013); *Fort/Nyssens*, General Framework and Block Exemption Regulations, in EU Competition Law (Volume 2) Part 4, 729; *Grabitz/ Hilf/Nettesheim*, Das Recht der Europäischen Union: EUV/AEUV (2019); *Immgena/ Mestmäcker*, Wettbewerbsrecht V: Beihilfenrecht[5] (2016); *Kanitz*, Der erste Entwurf der neuen De-minimis-Verordnung der Kommission, BRZ 2013, 67; *Lukits*, Entwicklungen im Europäischen Beihilfenrecht. Materielles Europarecht, in Jahrbuch Europarecht (2014) 171; *Müller/Kühnert*, Förderungen und Beihilfenrecht, in DORDA, Fragen und Antworten zur Coronakrise[2] (2020); *Nordmann*, Die neue de-minimis Verordnung im EG-Beihilfenrecht, EuZW 2007, 752; *Nyssens*, De-minimis, in EU Competition Law (Volume 1) Part 2, 409; *Sinnaeve*, Die ersten Gruppenfreistellungsverordnungen: Dezentralisierung der Beihilfenkontrolle, EuZW 2001, 69; *ders*, Block Exemptions for State aid: More Scope for State Aid Control by Member States and Competitors, CMLR 2001, 1479; *ders*, The Complexity of Simplification: The Commission's Review of the de minimis Regulation, EStAL 2014, 261; *Soltész*, Kein Freifahrtschein für nationale Subventionspolitik – die neuen Gruppenfreistellungsverordnungen im Europäischen Beihilfenrecht, ZIP 2001, 278; *Stöbener de Mora*, Beihilferecht: EU-Konsultationen zur De-minimis-Verordnung, Flughafenleitlinien und Regionalbeihilfen, EuZW 2019, 483; *dies*, Beihilferecht: Verlängerung der AGVO, De-minimis-Verordnung und Leitlinien sowie gezielte Anpassungen aufgrund der Covid-19-Krise, EuZW 2020, 635.

**Judikatur:** EuGH 28.10.2020, C-608/19, *INAIL*.

Vergleichsweise geringe Auswirkungen auf den Binnenmarkt haben sog „**De-minimis-Beihilfen**". Das sind kleinere Beihilfen bis zu einem bestimmten Schwellenwert, die einem bestimmten Unternehmen über einen Zeitraum von drei aufeinanderfolgenden Steuerjahren gewährt werden.

Diese „Bagatellbeihilfen" werden von der Europäischen Kommission aufgrund ihrer Geringfügigkeit als Maßnahmen angesehen, die weder Auswirkungen auf den innergemeinschaftlichen Handel haben, noch geeignet sind, den Wettbewerb zu verfälschen.[590] De-Minimis-Beihilfen müssen daher nicht gemäß Art 108 Abs 3 AEUV notifiziert werden.

Die Vorschriften über De-minimis-Beihilfen gelten grds für Unternehmen aller Wirtschaftsbereiche. Ausgenommen sind lediglich die Bereiche Fischerei oder Aquakultur, Primärerzeugung landwirtschaftlicher Tätigkeiten, Verarbeitung[591]

---

590 De-minimis-Beihilfen sind systematisch demnach als Tatbestandslösung zu betrachten, da sie weder eine Wettbewerbsverfälschung noch eine Handelsbeeinträchtigung bewirken. Sie werden jedoch der Übersicht wegen unter dem Abschnitt „Rechtfertigungsmöglichkeiten" abgebildet.

591 Die Verarbeitung eines landwirtschaftlichen Erzeugnisses wird legal definiert als jede Einwirkung auf ein landwirtschaftliches Erzeugnis, deren Ergebnis ebenfalls ein landwirtschaftliches Erzeugnis ist, ausgenommen Tätigkeiten eines landwirtschaftlichen Betriebs zur Vorbereitung eines tierischen oder pflanzlichen Erzeugnisses für den Erstverkauf (Art 2 Abs 1 lit b VO (EU) 1407/2013).

und Vermarktung[592] landwirtschaftlicher Erzeugnisse, sowie Exportbeihilfen und Beihilfen, die eingeführte Waren diskriminieren.

De-minimis-Beihilfen, die die Voraussetzungen der De-minimis-VO erfüllen, sind nicht als Beihilfen gemäß Art 107 Abs 1 AEUV einzustufen, da sie als Maßnahmen angesehen werden, die nicht alle Tatbestandsmerkmale des Art 107 Abs 1 AEUV erfüllen.[593]

## 1. Schwellenwert

Entscheidend für die Einstufung als „De-minimis-Beihilfe" ist, dass der maximal zulässige Höchstbetrag von € 200.000, über einen Zeitraum von drei aufeinanderfolgenden Steuerjahren betrachtet, nicht überschritten wird. Für Unternehmen des gewerblichen Straßengüterverkehrs gilt eine abweichende Höchstgrenze von € 100.000.

*Beispiel: Das Bundesland X gewährt dem Unternehmen C eine Förderung in der Höhe von € 20.000 und gestaltet die Förderung als De-minimis-Beihilfe aus.*

Bei der Berechnung sind nur **transparente Beihilfen** (Siehe Punkt 3.) maßgeblich, also Beihilfen, deren sog „Bruttosubventionsäquivalent" vorab – ohne Risikobewertung – berechnet werden kann.

## 2. Einziges Unternehmen

*Beispiel: Um die Entwicklung des Wasserstoffs auf Bundesebene voranzutreiben, entschließt sich der Bund, die W-Wasserstoff-GmbH im Jahr 2021 mit einer Förderung iHv € 200.000 finanziell zu unterstützen. An der W-Wasserstoff-GmbH sind die Mutter-W-GmbH und die Vater W-GmbH mit je 50% beteiligt. Die Mutter-W-GmbH hat im Jahr 2020 bereits eine De-minimis-Förderung iHv € 100.000 vom Bund erhalten.*

Die „De-minimis"-Vorschriften stellen bei der zulässigen Höchstgrenze auf den Gesamtbetrag jener gewährten De-minimis-Beihilfen ab, die **einem einzigen Unternehmen** im Zeitraum von drei aufeinanderfolgenden Steuerjahren **von einem Mitgliedstaat** gewährt wurden. So können etwa auch mehrere Unter-

---

592 Die Vermarktung eines landwirtschaftlichen Erzeugnisses wird legal definiert als der Besitz oder die Ausstellung eines Produkts im Hinblick auf den Verkauf, das Angebot zum Verkauf, die Lieferung oder jede andere Art des Inverkehrbringens, ausgenommen der Erstverkauf durch einen Primärerzeuger an Wiederverkäufer und Verarbeiter sowie jede Tätigkeit zur Vorbereitung eines Erzeugnisses für diesen Erstverkauf; der Verkauf durch einen Primärerzeuger an einen Endverbraucher gilt als Vermarktung, wenn er in gesonderten, eigens für diesen Zweck vorgesehenen Räumlichkeiten erfolgt (Art 2 Abs 1 lit c VO (EU) 1407/2013).

593 Art 3 Abs 1 De-minimis-VO.

nehmen im Rahmen eines Unternehmensverbundes als „einziges Unternehmen" im Rahmen der „De-minimis"-Vorschriften gelten.

Als „einziges Unternehmen" sind alle Unternehmen im Unternehmensverbund zu zählen, die zueinander in mindestens einer der folgenden Beziehungen stehen:

– Ein Unternehmen hält die Mehrheit der Stimmrechte der Anteilseigner oder Gesellschafter eines anderen Unternehmens;

– ein Unternehmen ist berechtigt, die Mehrheit der Mitglieder des Verwaltungs-, Leitungs- oder Aufsichtsgremiums eines anderen Unternehmens zu bestellen oder abzuberufen;

– ein Unternehmen ist gemäß einem mit einem anderen Unternehmen geschlossenen Vertrag oder aufgrund einer Klausel in einer Satzung berechtigt, einen beherrschenden Einfluss auf dieses Unternehmen auszuüben;

– ein Unternehmen, das Anteilseigner oder Gesellschafter eines anderen Unternehmens ist, übt gemäß einer mit anderen Anteilseignern oder Gesellschaftern dieses anderen Unternehmens getroffenen Vereinbarung die alleinige Kontrolle über die Mehrheit der Stimmrechte von dessen Anteilseignern aus;

Auch Unternehmen, die mittelbar über ein oder mehrere andere Unternehmen zueinander in vorgenannter Beziehung stehen, werden als ein einziges Unternehmen betrachtet.

*Beispiel: Beantragt eine Kapitalgesellschaft im Jänner 2021 eine „De-minimis"-Förderung, hat die Behörde zu ermitteln, in welcher Höhe der Antragsteller bereits „De-minimis"-Beihilfen erhalten hat. Dazu sind bereits erhaltene Vorförderungen des Antragstellers sowie mit diesem verflochtene Unternehmen (zum Unternehmensverbund gehörende Unternehmen) zu berücksichtigen.*

Für die Berechnung des De-minimis-Schwellenwerts im Konzerngeflecht ist außerdem auf die **KMU-Definition**[594] und den von der Kommission veröffentlichten KMU-Benutzerleitfaden[595] hinzuweisen.

### 3. Arten von De-minimis-Beihilfen

Die De-minimis-VO gilt nur für sog „**transparente Beihilfen**", also Beihilfen, deren Bruttosubventionsäquivalent im Voraus genau berechnet werden kann, ohne dass eine Risikobewertung erforderlich ist.

---

594 Empfehlung der Kommission vom 6. Mai 2003 betreffend die Definition der Kleinstunternehmen sowie der kleinen und mittleren Unternehmen, ABl L 2003/124, 36; sowie Anhang I der VO (EU) 651/2014.

595 KOM, Benutzerleitfaden zur Definition von KMU (2015), abrufbar unter: https://publications.europa.eu/resource/cellar/79c0ce87-f4dc-11e6-8a35-01aa75ed71a1.0004.01/DOC_1.

Als transparente Beihilfen gelten **Zuschüsse** oder **Zinszuschüsse, Kapitalzuführungen** sowie **Risikofinanzierungsmaßnahmen,** die **in Form von Beteiligungen oder beteiligungsähnlichen Finanzierungsinstrumenten** gewährt werden. Der De-minimis-Schwellenwert darf bei allen Arten nicht überschritten werden.

Unter bestimmten Voraussetzungen können auch **Bürgschaften, Garantien** und **Darlehen** als transparente Beihilfen gelten.

De-minimis-Beihilfen in Form von Darlehen und Garantien dürfen dann nicht gewährt werden, wenn sich der Beihilfeempfänger in einem Insolvenzverfahren befindet oder die Voraussetzungen für die Eröffnung eines Insolvenzverfahrens vorliegen.[596]

*Beispiel: Die Bio-Obst-OG ist ein in der Gemeinde X bekanntes Unternehmen. Im Jahr 2019 schreibt das Unternehmen rote Zahlen und steht kurz vor der Insolvenz. Um das für die Gemeinde ökonomisch wichtige Unternehmen zu unterstützen, gewährt sie der Bio-Obst-OG eine Förderung in der Höhe von € 75.000. Die Förderung wird als De-minimis-Beihilfe ausgestaltet. Aufgrund des drohenden Insolvenzverfahrens ist zu prüfen, ob noch von einer transparenten Beihilfe gesprochen werden kann. Liegen die Voraussetzungen für die Eröffnung eines Insolvenzverfahrens vor, ist die De-minimis-Beihilfe unzulässig und damit nicht gerechtfertigt. Es läge eine unzulässige Beihilfe vor.*

### 4. Weitere De-minimis-Verordnungen

Neben der allgemeinen De-minimis-VO (EU) 1407/2013 gibt es für bestimmte Wirtschaftsbereiche (Agrarsektor[597], Fischerei und Aquakultur[598]) weitere De-minimis-VO, auf deren Grundlage, De-Minimis-Beihilfen gewährt werden können. Ferner gibt es im DAWI-Bereich eine eigene DAWI-De-Minimis-VO[599]. Besonderheiten ergeben sich bei diesen De-Minimis-VO im Vergleich zur allge-

---

596 Um nach österreichischem Insolvenzrecht ein Insolvenzverfahren über ein Unternehmen zu eröffnen, muss der Schuldner insolvent sein. Dies bedeutet, dass materiellrechtlich ein Insolvenzgrund vorliegt. Damit ist die sog „materielle Insolvenz" angesprochen (Zahlungsunfähigkeit bzw Überschuldung). Zudem muss ein Antrag auf ein Insolvenzverfahren beim Insolvenzgericht gestellt werden. Weiterführend siehe *Kodek*, Insolvenzrecht[2] (2019) Rz 206.

597 Verordnung (EU) 1408/2013 der Kommission vom 18. Dezember 2013 über die Anwendung der Artikel 107 und 108 des Vertrags über die Arbeitsweise der Europäischen Union auf De-minimis-Beihilfen im Agrarsektor, ABl L 2013/352, 9.

598 Verordnung (EU) 717/2014 der Kommission vom 27. Juni 2014 über die Anwendung der Artikel 107 und 108 des Vertrags über die Arbeitsweise der Europäischen Union auf De-minimis-Beihilfen im Fischerei- und Aquakultursektor, ABl L 2014/190, 45.

599 Verordnung (EU) 360/2012 der Kommission vom 25. April 2012 über die Anwendung der Artikel 107 und 108 des Vertrags über die Arbeitsweise der Europäischen Union auf De-minimis-Beihilfen an Unternehmen, die Dienstleistungen von allgemeinem wirtschaftlichem Interesse erbringen, ABl L 2012/114, 8; verlängert durch VO (EU) 2020/1474, ABl L 2020/337, 1.

meinen De-minimis-VO vor allem im Hinblick auf den Anwendungsbereich und die jeweiligen Schwellenwerte.

Die VO (EU) 1408/2013 („**Agrar-De-minimis-VO**") gilt für Unternehmen, die in der Primärerzeugung landwirtschaftlicher Produkte tätig sind.[600] Dazu zählen die in Anhang I des AEUV angeführten landwirtschaftlichen Erzeugnisse. Die Verarbeitung und Vermarktung landwirtschaftlicher Erzeugnisse erfolgt hingegen im Anwendungsbereich der allgemeinen De-minimis-VO. Der Gesamtbetrag der einem einzigen Unternehmen gewährten Agrar-De-minimis-Beihilfen darf in einem Zeitraum von drei Steuerjahren € **15.000** nicht übersteigen.

Die VO (EU) 717/2014 („**Fischerei und Aquakultur-De-minimis-VO**") gilt für Unternehmen des Fischerei- und Aquakultursektors, also Unternehmen, die in der Erzeugung, Verarbeitung und Vermarktung von Erzeugnissen der Fischerei und Aquakultur tätig sind. Der Gesamtbetrag, der De-minimis-Beihilfen, die einem einzigen Unternehmen des Fischerei- und Aquakultursektors gewährt werden, darf in drei Steuerjahren € **30.000** nicht übersteigen.

Die VO (EU) 360/2012 („**DAWI-De-minimis-VO**") gilt für Unternehmen, die eine Dienstleistung von allgemeinem wirtschaftlichem Interesse erbringen. Der Gesamtbetrag einer De-minimis-Beihilfe, die einem Unternehmen, das Dienstleistungen von allgemeinem wirtschaftlichem Interesse erbringt, gewährt wird, darf in drei Steuerjahren € **500.000** nicht übersteigen.

### 5. Kumulierung

Die Kumulierungsvorschriften der De-minimis-VO regeln das Verhältnis zu weiteren De-minimis-Beihilfen und auch das Verhältnis zu anderen Beihilfen, die entweder nach einer Gruppenfreistellungsverordnung freigestellt sind oder von der EU-Kommission genehmigt wurden.

Allgemeine De-Minimis-Beihilfen bzw Agrar-De-minimis-Beihilfen bzw Fischerei und Aquakultur-De-minimis-Beihilfen dürfen mit DAWI-De-minimis-Beihilfen kumuliert werden, solange der Schwellenwert von € 500.000 nicht überschritten wird. Allgemeine De-minimis-Beihilfen dürfen mit Agrar-De-minimis-Beihilfen bzw Fischerei-De-minimis-Beihilfen kumuliert werden, solange der Schwellenwert von € 200.000 nicht überschritten wird. Agrar-De-minimis-

---

600 Davon ausgenommen sind Beihilfen, deren Höhe sich nach dem Preis oder der Menge vermarkteter Erzeugnisse richtet; Beihilfen für exportbezogene Tätigkeiten, die auf Drittländer oder Mitgliedstaaten ausgerichtet sind, dh Beihilfen, die unmittelbar mit den ausgeführten Mengen, mit der Errichtung und dem Betrieb eines Vertriebsnetzes oder mit anderen laufenden exportbezogenen Ausgaben in Zusammenhang stehen; Beihilfen, die davon abhängig sind, dass heimische Erzeugnisse Vorrang vor eingeführten Erzeugnissen erhalten.

Beihilfen dürfen mit Fischerei-De-minimis-Beihilfen kumuliert werden, solange der Schwellenwert von € 30.000 nicht überschritten wird.

## 6. Monitoring und Reporting

**Art 6 Abs 1 De-minimis-VO:**

„Beabsichtigt ein Mitgliedstaat, einem Unternehmen im Einklang mit dieser Verordnung eine De-minimis-Beihilfe zu bewilligen, so **teilt** er diesem **Unternehmen schriftlich die voraussichtliche Höhe der Beihilfe** (ausgedrückt als Bruttosubventionsäquivalent) **mit und weist** es **unter ausdrücklichem Verweis auf diese Verordnung mit Angabe ihres Titels und der Fundstelle im Amtsblatt** der Europäischen Union darauf **hin**, dass es sich um eine De-minimis-Beihilfe handelt."

Wird eine De-minimis-Beihilfe gewährt, so ist die Höhe der Beihilfe mitzuteilen und darauf hinzuweisen, dass es sich bei der Beihilfemaßnahme um eine „De-minimis-Beihilfe" handelt. Der Hinweis hat die Verordnung mit der Angabe des Titels und der Fundstelle im Amtsblatt der EU zu enthalten.

De-minimis-Beihilfen müssen in die sogenannte Evidenzdatenbank eingetragen werden, da der Mitgliedstaat Aufzeichnungen über 10 Jahre über gewährte De-minimis-Beihilfen führen muss.

So kann eine **Formulierung** zB lauten: „Die Förderung im Rahmen dieses Förderprogrammes beträgt € 5.000,00. Bei dieser Förderung handelt es sich um eine De-minimis-Beihilfe. Diese wird auf der Grundlage der Verordnung (EU) Nr 1407/2013 der Kommission vom 18. Dezember 2013 über die Anwendung der Artikel 107 und 108 des Vertrags über die Arbeitsweise der Europäischen Union auf De-minimis-Beihilfen gewährt, veröffentlicht im Amtsblatt der Europäischen Union L 352 vom 24.12.2013, S. 1."

Dritter Teil

# Beihilfeverfahrensrecht

## I. Grundlagen des EU-Beihilfeverfahrens

**Literatur:** *Bartosch*, Fünf Jahre Verfahrensverordnung in Beihilfesachen – Eine Zwischenbilanz, EuZW 2004; *ders*, Die Durchsetzung der Beihilferechtswidrigkeit staatlicher Maßnahmen vor nationalen Gerichten, EuZW 2005, 396; *ders*, Die Verfahrensverordnung in Beihilfesachen – Notwendigkeit und Chancen einer Generalüberholung, RJW 2007, 401; *ders*, EU-Beihilfenrecht[3] (2020); *Becker*, Die parallele Prüfung beihilferechtlicher Sachverhalte durch Kommission und nationale Gerichte – Entscheidungskompetenzen und -konflikte, EuZW 2012, 725; *Birnstiel/Bungenberg/Heinrich*, Europäisches Beihilfenrecht (2013); *Battista*, Is participation in the Commission's administrative procedure a necessary condition for legal standing? – Commentary on Case C-260/05 P, SNIACE v Commission, EStAL 2008, 91; *Calliess/Ruffert*, EUV/AEUV[5] (2016); *Dreher/Lübbig/Wolf-Posch*, Praxis des EU-Beihilferechts in Österreich (2017); *Einarsson/Kelekekis*, Time's up – Procedural Delays in State aid Cases, EStAL 2015, 130; *Fiebelkorn/Petzold*, Durchführungsverbot gemäß Art 88 III 3 EG, Rückforderungsverpflichtung und Nichtigkeitsfolge: Ist die BGH-Rechtsprechung praxisgerecht? EuZW 2009, 323; *dies*, Noch einmal: Beihilfenrechtliches Durchführungsverbot und Rechtsschutz des Wettbewerbers – Erwiderung zum Echo Martin-Ehlers/Strohmayr in EuZW 2009, 557, EuZW 2009, 598; *Franchi*, The Never Ending „Saga" of the Fallimento Traghetti del Mediterraneo – Annotation on the Judgment of the Court of Justice (First Chamber) of 23 January 2019 in Case C-387/17 Presidenza del Consiglio dei Mininistri v Fallimento Tragehtti del Mediteraneo, EStAL 2019, 391; *Frenz*, Handbuch Europarecht III: Beihilferecht[2] (2021); *Giesberts/Gayger*, Kein Akteneinsichtsrecht des Beihilfenempfängers?, EuZW 2019, 669; *Grabitz/Hilf/Nettesheim*, Das Recht der Europäischen Union: EUV/AEUV[72] (2021); *Harings*, Europäische Beihilfenkontrolle zwischen Konkurrentenschutz und Staatenbezogenheit, EWS 1999, 286; *Heidenhain*, Rechtsfolgen eines Verstoßes gegen das Durchführungsverbot des Art 88 III EG, EuZW 2005, 135; *Immenga/Mestmäcker*, Wettbewerbsrecht III: Beihilfenrecht[5] (2016); *Jaeger*, Wienstrom/BMWA: another request for a preliminary ruling on the scope of the standstill obligation, EStAL 2008, 3; *ders*, The CELF-Judgement: a precarious conception of the stand-still obligation, EStAL 2008, 279; *ders*, CELF II: Settling into Weak effet utile Standard for Private State Aid Enforcement, JECL&P 2010, 319; *ders*, Beihilfe- und Förderungsrecht, in Holoubek/Potacs (Hrsg), Öffentliches Wirtschaftsrecht I[4] (2019) 717; *Jaeger/Haslinger/Kopetzki/Reitbauer*, Grundsätze der Beihilfekontrolle und Verfahren, in Haslinger/Jaeger (Hrsg), Jahrbuch Beihilferecht (2020) 11; *Jeneral*, Anwendung der neuen Beihilfeverfahrensverordnung in der Kommissionspraxis, in Haslinger/Jaeger (Hrsg), Jahrbuch Beihilferecht (2018) 413; *Kruse*, Bemerkungen zur gemeinschaftlichen Verfahrensverordnung für die Beihilfenkontrolle – Erwägungen zu einzelnen Verfahrensregelungen und zu Rechtsschutzmöglichkeiten, NVwZ 1999, 1049; *Keppenne*, L´évolution dans les systémes communautaires de contrôle des aides d´état, RMUE 1998, 125; *Kuik*, State aid and the 2004 accession – overview of recent developments, EStAL 2004, 365; *Lentsch*, Der neue Verhaltenskodex für die Beihilfekontrolle, in Haslinger/Jaeger (Hrsg), Jahrbuch Beihilferecht (2019) 241; *Lindner*, Die EG-Verfahrensverordnung zur gemeinschaftlichen Beihilfenkontrolle – auf dem Weg zu einem allgemeinen Europäischen Verwaltungsrecht?, BayVBL 2002, 193; *Marmagioli*, State aid in the New Member States, in Rydelski (Hrsg), The EC State Aid Regime, 805;

*Martin-Ehlers/Strohmayr*, Nationaler Rechtsschutz im Beihilfenrecht – Erwiderung zum Aufsatz Fiebelkorn/Petzold in EuZW 2009, 323; *Nehl*, The imperfect procedural status of beneficiaries of aid in EC State aid proceedings, EStAL 2006, 57; *ders*, 2013 Reform of EU State Aid Procedures: How to Exacerbate the Imbalance between Efficiency and Individual Protection, EStAL 2014, 235; *ders*, Neue Regeln des Beihilfe – Beschwerdeverfahrens: Kodifikation eines Beschwerderechts oder Entlastung der Kommission, in Haslinger/Jaeger (Hrsg), Jahrbuch Beihilferecht (2015) 481; *ders*, Justizielle Grundrechte und Verfahrensgarantien (Abschnitt 12) in Heselhaus/Nowak (Hrsg), Handbuch Europäische Grundrechte[2] (2019); *Nemitz*, General Report, in FIDE 2006 National Reports, Stae aid: the effective application of EU State aid procedures: form a plan to grant aid to the recovery of illegal aid – the role of national law and practice, 287; *Ordóñez-Solís*, Waiting for National Judges in Infringement Proceedings on State Aid, EStAL 2017., 377; *Prickartz/Hummelbrunner*, Ist die Maximalintensität der Beihilfekontrolle erreicht? Zum Verhältnis von Kommission und Gerichtshof, in Haslinger/Jaeger (Hrsg), Jahrbuch Beihilferecht (2020) 475; *Plappert*, Die neue Beihilfeverfahrensverordnung unter besonderer Beachtung der Auskunftsersuchen der Marktteilnehmer, EuZW 2014, 216; *Rosenfeld*, Das Verfahrensrecht der gemeinschaftlichen Beihilfenaufsicht: Die primärrechtliche Regelung und ihre Ausgestaltung durch die Verfahrensverordnung (2000); *Roth*, Die Europäische Kommission als Amicus curiae im Beihilfeverfahren vor nationalen Gerichten, in Haslinger/Jaeger (Hrsg), Jahrbuch Beihilferecht (2018) 425; *Säcker*, Münchner Kommentar Europäisches und Deutsches Wettbewerbsrecht V: Beihilfenrecht[2] (2018); *Streinz*, EUV/AEUV Kommentar[3] (2018); *Sinnaeve*, Der Kommissionsvorschlag zu einer neuen Verfahrensverordnung für die Beihilfenkontrolle, EuZW 1998, 268; *dies*, The Ferriere Judgment of the CFI: no surprises in EC State aid procedures, EStAL 2005, 63; *dies*, State aid procedures: developments since the entry into force of the Procedural Regulation, CMLR 2007, 965; *Sinnaeve/Slot*, The New Regulation on State Aid Procedures, CMLR 1999, 1153; *Soltész*, Das prozedurale binnenmarktrechtliche Beihilfenaufsichtsrecht, in Hatje/Müller-Graff (Hrsg), Enzyklopädie Europarecht IV: Europäisches Binnenmarkt- und Wirtschaftsordnungsrecht[2] (2021); *Vajda/Stuart*, Effects of the Standstill Obligation in National Courts – all said after CELF? An English Perspective, EStAL 2010, 629; *Werner* in Säcker (Hrsg), Münchner Kommentar. Europäisches und Deutsches Wettbewerbsrecht V: Beihilfenrecht[2] (2018).

**Judikatur:** EuGH 11.12.1973, Rs 120/73, *Lorenz*; EuGH 22.03.1977, Rs 78/76, *Steinike & Weinlig*; EuGH 21.05.1987, Rs 133/85, *Walter Rau Lebensmittelwerke ua/Bundesanstalt für landwirtschaftliche Marktordnung*; EuGH 21.11.1991, C-354/90, *FNCE/Frankreich*; EuGH 09.03.1994, C-188/92, *Textilwerke Deggendorf*; EuGH 11.07.1996, C-39/94, *SFEI/Laposte*; EuGH 13.01.2005, C-174/02, *Streekgewest*; EuGH 05.10.2006, C-368/04, *Transalpine Ölleitung Österreich*; OLG Wien 05.02.2007, 2 R 150/06b; EuGH 12.02.2008, C-199/06, *CELF und Ministre de la Culture et de la Communication*; OGH 15.12.2008, 4 Ob 133/08z – Bank Burgenland; VfGH 01.07.2009, A 10/08, VfSlg 18.824/2009; OGH 19.01.2010, 4 Ob 154/09i – Landesforstrevier L; OGH 21.06.2011, 4 Ob 40/11b – Murpark; OGH 25.03.2014, 4 Ob 209/13h; EuGH 21.11.2013, C-284/12, *Lufthansa/Frankfurt Hahn*; OGH 03.05.2017, 4 Ob 236/16h; EuGH 25.07.2018, C-135/16, *Georgsmarienhütte/Deutschland*; EuGH 23.01.2019, C-387/17, *Traghetti del Mediterraneo SpA*; EuGH 05.03.2019, C-349/17, *Eesti Pagar*.

Um der Gefahr eines Subventionswettbewerbs zwischen den Mitgliedstaaten vorzubeugen, legte man die Beihilfeaufsicht in die Hände einer starken supranationalen Instanz. Im Primärrecht findet sich in Artikel 108 AEUV lediglich ein Grundgerüst für das beihilferechtliche Verfahren und nennt nur rudimentär einzelne Regelungen.

Lange Zeit wurde die beihilferechtliche Verfahrenspraxis ausschließlich durch die Kommissionspraxis und durch die Rsp der Unionsgerichte geprägt und fortentwickelt, bis die Verfahrensbedingungen schrittweise in Verfahrensverordnungen gegossen wurden.[1]

Die nähere Ausgestaltung des Beihilfeverfahrens folgt aktuell aus der Verfahrensordnung **VO (EU) 2015/1589 (Verf-VO)**. Sie bildet nun die Grundlage für das Beihilfeverfahren.

Zusätzlich legt die Durchführungsverordnung VO (EG) 794/2004[2] formale und inhaltliche Anforderungen an eine Anmeldung durch die Mitgliedstaaten sowie den bei der Rückforderung einer rechtswidrigen Beihilfe anzuwendenden Zinssatz, fest. Durch die Einführung von Standardformularen wurde versucht, das Verfahren zu vereinfachen und zu beschleunigen.

Weitere Vorschriften zum beihilferechtlichen Verfahren finden sich in den **Leitlinien für ein vereinfachtes Verfahren**,[3] dem **Verhaltenskodex** für das Beihilfeverfahren („Best Practice"),[4] sowie weitere **besondere Verfahrensvorschriften** in einzelnen Verordnungen.

So finden sich zB in der Allgemeinen Gruppenfreistellungsverordnung besondere Verfahrensvorschriften wie das Erfordernis einer Freistellungsmitteilung innerhalb von 20 Arbeitstagen nach deren Inkrafttreten über das elektronische Anmeldsystem der Kommission (SANI-System).[5]

# A. Zuständigkeit

**Literatur:** *Bartosch*, EU-Beihilfenrecht[3] (2020); *Becker*, Die parallele Prüfung beihilferechtlicher Sachverhalte durch Kommission und nationale Gerichte – Entscheidungskompetenzen und -konflikte, EuZW 2012, 725; *Frenz*, Handbuch Europarecht III: Beihilferecht[2] (2021); *Prickartz/Hummelbrunner*, Ist die Maximalintensität der Beihilfekontrolle erreicht? Zum Verhältnis von Kommission und Gerichtshof, in Haslinger/Jaeger (Hrsg), Jahrbuch Beihilferecht (2020) 475; *Säcker*, Münchner Kommentar Europäisches und Deutsches Wettbewerbsrecht V: Beihilfenrecht[2] (2018); *Streinz*, EUV/AEUV Kommentar[3] (2018); *Scott*, Co-Operation and Good Faith: State Aid Rules and National Courts – Procedural and Interpretative Consequences, EStAL 2017, 354; *Soltész*, Das prozedurale

---

1  Siehe dazu *Sinnaeve*, EuZW 1998, 268; *Keppenne*, RMUE 1998, 125 ff; *Bartosch*, BeihilfenR[3] VO 2015/1589 Rz 1.

2  VO (EG) 794/2004 der Kommission vom 21.4.2004 zur Durchführung der VO (EG) 659/1999 des Rates über besondere Vorschriften für die Anwendung von Artikel 93 des EG-Vertrags, ABL L 2004/140, 1, zuletzt geändert durch VO (EU) 2282/2015 der Kommission vom 27. November 2015 zur Änderung der VO (EG) 794/2004 hinsichtlich der Anmeldeformulare und Anmeldebögen, ABl L 2015/325, 1.

3  Mitteilung der Kommission über ein vereinfachtes Verfahren für die Würdigung bestimmter Kategorien staatlicher Beihilfen vom 29.04.2009, ABl C 2009/136, 3.

4  Mitteilung der Kommission. Verhaltenskodex für die Durchführung von Beihilfeverfahren vom 29.04.2009, ABl C 2009/136, 13.

5  Vgl dazu Art 11 AGVO.

binnenmarktrechtliche Beihilfenaufsichtsrecht, in Hatje/Müller-Graff (Hrsg), Enzyklopädie Europarecht IV: Europäisches Binnenmarkt- und Wirtschaftsordnungsrecht[2] (2021); *Werner* in Säcker (Hrsg), Münchner Kommentar Europäisches und Deutsches Wettbewerbsrecht V: Beihilfenrecht[2] (2018).

**Judikatur:** EuGH 11.12.1973, Rs 120/73, *Lorenz*; EuGH 22.03.1977, Rs 78/76, *Steinike & Weinlig*; EuGH 21.11.1991, C-354/90, *FNCE*; EuGH 11.07.1996, C-39/94, *SFEI ua*; EuGH 08.07.2004, T-198/01, *Technische Glaswerke Ilmenau*; EuGH 13.01.2005, C-174/02, *Streekgewest*; EuGH 06.09.2006, C-88/03, *Portugal/Kommission*; EuGH 18.07.2007, C-119/05, *Lucchini*; EuGH 08.12.2011, C-275/10, *Residex*.

Das Verfahren der Beihilfeaufsicht nach Art 108 AEUV ist ein **Verfahren zwischen dem jeweiligen Mitgliedstaat und der Kommission**. Die zentrale Beihilfekontrolle erfolgt dabei durch die Europäische Kommission. Die Beschlüsse der Kommission richten sich an den jeweiligen Mitgliedstaat. Zwischen dem Mitgliedstaat und der Kommission gilt eine unterschiedliche, aber klare Aufgabenverteilung.[6]

Im Rahmen der Kontrolle der Einhaltung der Verpflichtungen der Mitgliedstaaten aus den Art 107 und 108 AEUV fallen den nationalen Gerichten und der Kommission einander ergänzende und unterschiedliche Rollen zu.[7]

## 1. Kommission

Die **Kommission** besitzt das ausschließliche Monopol, eine Beihilfemaßnahme, die sämtliche Tatbestandsmerkmale in Art 107 Abs 1 AEUV erfüllt, auf ihre **Vereinbarkeit mit dem Binnenmarkt** zu **prüfen** und diese zu **genehmigen** (**Prüfungsmonopol der Kommission**).[8] Dabei unterliegt sie der Kontrolle des Gerichtshofes.[9] Die Kommission kann ferner auch die Aufhebung oder Umgestaltung einer Beihilfe anordnen.

Die Kommission entscheidet mit **Beschluss**. Der Beschluss ist dabei nicht an den Beihilfeempfänger, sondern **an den** jeweiligen **Mitgliedstaat adressiert**.

Auch wenn die Beihilfe von einer staatlichen Untergliederung gewährt wird (Bundesländer, Gemeinden), sind Beschlüsse an den Mitgliedstaat gerichtet.[10]

---

6   EuGH 08.12.2011, C-275/10, *Residex* Rn 25 ff; EuGH 18.07.2007, C-119/05, *Lucchini* Rn 50 ff.

7   EuGH 11.07.1996, C-39/94, *SFEI ua* Rn 41.

8   EuGH 22.03.1977, Rs 78/76, *Steinike & Weinlig* Rn 9; *Soltész* in Hatje/Müller-Graff, EnzEuR IV[2] § 15 Rz 1.

9   EuGH 11.07.1996, C-39/94, *SFEI ua* Rn 42; EuGH 21.11.1991, C-354/90, *FNCE* Rn 9.

10  Selbst bei autonomen staatlichen Untergliederungen: vgl EuGH 06.09.2006, C-88/03, *Portugal/Kommission*.

## 2. Mitgliedstaat

**Art 108 Abs 3 erster Satz AEUV:**

„Die Kommission wird von jeder beabsichtigten Einführung oder Umgestaltung von Beihilfen so rechtzeitig unterrichtet, dass sie sich dazu äußern kann."

Der jeweilige Mitgliedstaat muss der Kommission ihre Vorhaben zur Gewährung neuer Beihilfen rechtzeitig im Rahmen einer „vollständigen Anmeldung" mitteilen. Man spricht von der sog **„Notifizierung"**.

Der betreffende Mitgliedstaat übermittelt der Kommission in seiner Anmeldung alle sachdienlichen Auskünfte.[11] Nur der Mitgliedstaat und die Kommission sind Parteien des Beihilfeverfahrens.[12]

Die beihilferechtliche Kommunikation zwischen der Republik Österreich und der Europäischen Kommission (DG Wettbewerb) erfolgt grds bundeseinheitlich durch die zuständige Abteilung „EU-Beihilfenrecht" als koordinierende Stelle im Bundesministerium für Digitalisierung und Wirtschaftsstandort.

*Beispiel: Das Bundesland S beabsichtigt eine finanzielle Zuwendung an ein Großunternehmen zu gewähren. Die anmeldungspflichtige Beihilfemaßnahme muss bei der Kommission notifiziert werden. Das Bundesland S hat die Anmeldung über die koordinierende Stelle im Bundesministerium für Digitalisierung und Wirtschaftsstandort vorzunehmen.*

## 3. Aufgabenverteilung Kommission und nationale Gerichte

**Literatur:** *Becker*, Die parallele Prüfung beihilferechtlicher Sachverhalte durch Kommission und nationale Gerichte – Entscheidungskompetenzen und –konflikte, EuZW 2012, 725; *Prickartz/Hummelbrunner*, Ist die Maximalintensität der Beihilfekontrolle erreicht? Zum Verhältnis von Kommission und Gerichtshof, in Haslinger/Jaeger (Hrsg), Jahrbuch Beihilferecht (2020) 475; *Scott*, Co-Operation and Good Faith: State Aid Rules and National Courts – Procedural and Interpretative Consequences, EStAL 2017, 354.

**Judikatur:** EuGH 11.12.1973, Rs 120/73, *Lorenz*; EuGH 22.03.1977, Rs 78/76, *Steinike & Weinlig*; EuGH 21.11.1991, C-354/90, *FNCE*; EuGH 11.07.1996, C-39/94, *SFEI* ua.

Der jeweilige **Mitgliedstaat** ist verpflichtet, die **Rechte des Einzelnen** gegen eine mögliche Verletzung des Durchführungsverbots zu **schützen**, und zwar unabhängig davon, ob die Beihilfe mit dem Binnenmarkt vereinbar ist oder nicht.[13] Die nationalen Gerichte haben dabei festzustellen, ob eine fragliche Maßnahme eine Beihilfe iSd Art 107 Abs 1 AEUV darstellt. Die nationalen Gerichte sind

---

11  Art 2 Abs 2 Verf-VO.
12  Siehe dazu Dritter Teil Kapitel I Abschnitt D.
13  EuGH 21.11.1991, C-354/90, *FNCE* Rn 9.

dementsprechend befugt, eine fragliche Beihilfemaßnahme iSd **Art 107 Abs 1 AEUV anzuwenden** und **auszulegen**.

Ein nationales Gericht kann Veranlassung haben, den Begriff der Beihilfe auszulegen und anzuwenden, um zu bestimmen, ob die Kommission von diesen Maßnahmen hätte unterrichtet werden müssen.[14]

Die nationalen Gerichte sind jedoch nicht befugt, zu prüfen, ob eine Beihilfemaßnahme mit dem Binnenmarkt vereinbar ist. Die **Vereinbarkeitsprüfung** mit dem Binnenmarkt obliegt **ausschließlich** der **Kommission**.

Zweifelt ein nationales Gericht an der Vereinbarkeit einer Beihilfemaßnahme, kann es das Verfahren aussetzen und die Sache dem EuGH ggf nach Art 267 AEUV zur Vorabentscheidung vorlegen, wenn sich nicht schon zweifelsfrei aus der Rsp der Unionsgerichte ergibt, ob die Maßnahme als Beihilfe zu beurteilen ist.

> Das nationale Gericht kann überprüfen, ob es sich bei einer Maßnahme um eine Beihilfe nach Art 107 Abs 1 AEUV handelt. Es darf aber nicht prüfen, ob diese potenzielle Beihilfe mit dem Binnenmarkt vereinbar ist. Die Vereinbarkeitsprüfung fällt in die ausschließliche Zuständigkeit der Kommission, die dabei letztlich der Kontrolle des EuGH unterliegt.

# B. Das Durchführungsverbot

**Literatur:** *Bartosch*, EU-Beihilfenrecht[3] (2020); *ders*, Aktuelle letztinstanzliche Urteile zur beihilferechtlichen Stillhalteverpflichtung, EuZW 2013, 208; *Birnstiel/Bungenberg/Heinrich*, Europäisches Beihilfenrecht (2013); *Dreher/Lübbig/Wolf-Posch*, Praxis des EU-Beihilferechts in Österreich (2017); *Frenz*, Handbuch Europarecht III: Beihilferecht[2] (2021); *Fiebelkorn/Petzold*, Durchführungsverbot gemäß Art 88 III 3 EG, Rückforderungsverpflichtung und Nichtigkeitsfolge: Ist die BGH-Rechtsprechung praxisgerecht? EuZW 2009, 323; *dies*, Noch einmal: Beihilfenrechtliches Durchführungsverbot und Rechtsschutz des Wettbewerbers – Erwiderung zum Echo Martin-Ehlers/Strohmayr in EuZW 2009, 557, EuZW 2009, 598; *Geiger/Khan/Kotzur*, EUV/AEUV[6] (2017); *Gundel*, Die Rückabwicklung von nicht notifizierten, aber schließlich genehmigten Beihilfen vor den nationalen Gerichten: Vorgaben für die Bewahrung des Durchführungsverbots, EWS 2008, 161; *Heidenhain*, Rechtsfolgen eines Verstoßes gegen das Durchführungsverbot des Art 88 III EG, EuZW 2005, 135; *Immenga/Mestmäcker*, Wettbewerbsrecht III: Beihilfenrecht[5] (2016); *Jaeger*, Wienstrom/BMWA: another request for a preliminary ruling on the scope of the standstill obligation, EStAL 2008, 3; *ders*, The CELF-Judgement: a precarious conception of the standstill obligation, EStAL 2008, 279; *ders*, CELF II: Settling into Weak effet utile Standard for Private State Aid Enforcement, JECL&P 2010, 319; *ders*, Beihilfe- und Förderungsrecht, in Holoubek/Potacs (Hrsg), Öffentliches Wirtschaftsrecht I[4] (2019) 717; *Soltész*, Das prozedurale binnenmarktrechtliche Beihilfenaufsichtsrecht, in Hatje/Müller-Graff (Hrsg), Enzyklopädie Europarecht IV: Europäisches

---

14  EuGH 13.01.2005, C-174/02 Rn 17; EuGH 11.07.1996, C-39/94, *SFEI ua* Rn 53; EuGH 21.11.1991, C-354/90, *FNCE* Rn 9; EuGH 22.03.1977, Rs 78/76, *Steinike & Weinlig* Rn 14.

Binnenmarkt- und Wirtschaftsordnungsrecht[2] (2021); *Vajda/Stuart*, Effects of the Standstill Obligation in National Courts – all said after CELF? An English Perspective, EStAL 2010, 629; *Werner* in Säcker (Hrsg), Münchner Kommentar. Europäisches und Deutsches Wettbewerbsrecht V: Beihilfenrecht[2] (2018).

**Judikatur:** EuGH 07.11.1973, Rs 120/73 *Lorenz*; EuGH 21.11.1991, C-354/90, *FNCE*; EuGH 02.04.1998, C-367/95 P, *Sytraval*; EuGH 08.11.2001, C-143/99, *Adria-Wien Pipeline*; EuG 14.01.2004, T-109/01, *Fleuren Compost*; EuGH 11.03.2010, C-1/09, *CELF III*.

---

### Art 108 Abs 3 dritter Satz AEUV:

„Der betreffende Mitgliedstaat darf die beabsichtigte Maßnahme nicht durchführen, bevor die Kommission einen abschließenden Beschluss erlassen hat."

### Art 3 VO (EU) 2015/1589:

„Anmeldungspflichtige Beihilfen nach Artikel 2 Absatz 1 dürfen nicht eingeführt werden, bevor die Kommission einen diesbezüglichen Genehmigungsbeschluss erlassen hat oder die Beihilfe als genehmigt gilt."

---

Der Mitgliedstaat darf eine Beihilfe gemäß Art 108 Abs 3 S 3 AEUV vor der Anmeldung bei der Kommission (Notifizierung) und vor der Genehmigung durch die Kommission nicht gewähren. Man spricht vom sog „**Durchführungsverbot**".

Mit der Auszahlung der Beihilfe ist eine Beihilfemaßnahme als durchgeführt anzusehen.[15] Eine Durchführung liegt aber bereits auch dann vor, wenn der Mitgliedstaat rechtlich ohne weiteres zur Gewährung verpflichtet ist.[16]

Wird gegen das Durchführungsverbot verstoßen, handelt es sich um eine „**rechtswidrige Beihilfe**".

Wird gegen das Durchführungsverbot verstoßen, spricht man von der **formellen Rechtswidrigkeit**. Davon zu unterscheiden ist eine Beihilfe, die mit dem Binnenmarkt unvereinbar ist (**materielle Rechtswidrigkeit**).

## 1. Geltungsbereich

Das Durchführungsverbot gilt nur für **tatbestandsmäßige Beihilfen**. Es muss also eine Beihilfe iSd Art 107 Abs 1 AEUV vorliegen, damit das Durchführungsverbot Geltung erlangt.

Eine Maßnahme, die nicht sämtliche Tatbestandsmerkmale des Art 107 Abs 1 AEUV erfüllt, stellt folglich keine Beihilfe dar. Für sie gilt das Durchführungsverbot nicht.

---

15 *Werner* in MüKoWettbR V: BeihilfenR[2] Art 108 AEUV Rz 132.
16 EuGH 14.01.2004, T-109/01, *Fleuren Compost* Rn 74.

*Beispiel: Die COVID-19-Investitionsprämie des Bundes wurde als allgemeine Maß-nahme (keine Selektivität) beihilfefrei ausgestaltet.[17] Die Maßnahme kann somit unmit-telbar nach Inkrafttreten der zugrundeliegenden Rechtsgrundlage durchgeführt werden. Das Durchführungsverbot gilt für sie mangels Vorliegen einer Beihilfe nicht.*

Das Durchführungsverbot gilt nur für **anmeldepflichtige Beihilfen.**

Bestimmte Arten von Beihilfen können nämlich von der Kommission gemäß Art 108 Abs 4 AEUV durch Verordnung von der Anmeldepflicht ausgenommen werden. Dies ist etwa bei der AGVO, der De-minimis-VO oder im DAWI-Bereich der Fall.

Das Durchführungsverbot gilt solange, bis die Kommission einen **abschlie-ßenden Genehmigungsbeschluss** erlässt.[18]

Das Durchführungsverbot wirkt nicht nur bis zur Anmeldung, sondern auch während des Prüfverfahrens. Das Durchführungsverbot endet erst mit dem Abschluss des Verfah-rens. Es kann daher bereits mit Ende des vorläufigen Verfahrens enden oder aber nach der Eröffnung des förmlichen Prüfverfahrens bis zu dessen Ende gelten.[19]

> Das Durchführungsverbot gilt für tatbestandsmäßige und anmeldepflichti-ge Beihilfen. Ein abschließender Genehmigungsbeschluss durch die Kommis-sion beendet das Durchführungsverbot.

## 2. Folgen eines Verstoßes

**Literatur:** *Bartosch*, (Teil-)Nichtigkeit eines Kaufvertrages mit Beihilfenelemen-ten – CEPS Pipeline, EuZW 2013, 759; *Dreher/Lübbig/Wolf-Posch*, Praxis des EU-Beihilferechts in Österreich (2017); *Heidenhain*, Rechtsfolgen eines Verstoßes gegen das Durchführungsverbot des Art 88 III EG, EuZW 2005, 135; *Immenga/Mestmäcker*, Wettbewerbsrecht III: Beihilfenrecht[5] (2016); *Lotze/Smolinski*, Zur (Teil-)Nichtigkeit von Kaufverträgen bei Verstößen gegen das Beihilferecht – Besprechung von BGH, Urt v 5.12.2012 – IZR 92/11 – „CEPS-Pipeline", BRZ 2014, 12; *Zellhofer/Solek*, Nationaler Rechtsschutz gegen formell rechtswidrige Beihilfen in Österreich, in Haslinger/Jaeger (Hrsg), Jahrbuch Beihilferecht (2014) 539.

**Judikatur:** EuGH 07.11.1973, Rs 120/73 *Lorenz*; EuGH 21.11.1991, C-354/90, *FNCE*; OLG Wien 05.02.2007, 2 R 150/06b.

Art 108 Abs 3 AEUV enthält keine ausdrückliche Rechtsfolge für den Fall eines Verstoßes gegen das Durchführungsverbot. Die Verletzung des Durchfüh-rungsverbots beeinträchtigt nach der Rechtsprechung des EuGH jedenfalls die Gültigkeit der Rechtsakte zur Durchführung der Beihilfemaßnahmen.[20]

---

17  Maßnahmen von rein allgemeinem Charakter, die nicht bestimmte Unternehmen oder Produktionszweige begünstigen, fallen nicht unter Artikel 107 Absatz 1 AEUV, da es am Merkmal der Selektivität fehlt (vgl Bekanntmachung Beihilfenbegriff Rn 117).
18  EuGH 08.11.2001, C-143/99, *Adria-Wien Pipeline* Rn 24.
19  EuGH 07.11.1973, Rs 120/73 *Lorenz* Rn 4; EuGH 02.04.1998, C-367/95 P, *Sytraval* Rn 37.
20  EuGH 21.11.1991, C-354/90 Rn 12.

Die nationalen Gerichte müssen daraus zugunsten der einzelnen, die sich auf eine solche Verletzung berufen können, sämtliche Folgerungen sowohl bezüglich der Gültigkeit der Rechtsakte zur Durchführung der Beihilfemaßnahmen als auch bezüglich der Beitreibung der unter Verletzung dieser Bestimmung gewährten finanziellen Unterstützungen oder eventueller vorläufiger Maßnahmen ziehen.[21]

Welche Konsequenz ein Verstoß gegen das Durchführungsverbot auf den zugrundliegenden Beihilfevertrag hat, ließ der OGH in seinen Entscheidungen bislang offen. Nach einer Entscheidung des OLG Wien ist der zugrundeliegende Beihilfevertrag bei einem Verstoß gegen das Durchführungsverbot bis zur Genehmigung durch die Kommission als schwebend unwirksam anzusehen.[22]

In der österreichischen Lehre wird zT vertreten, dass ein Verstoß gegen das Durchführungsverbot zur Nichtigkeit des Vertrags führt.[23]

Hier stellt sich auch die Frage nach der Teil- oder Gesamtnichtigkeit des Vertrags.[24]

Dagegen wird vorgebracht, dass der Zweck der Norm darin besteht, nur genehmigte Beihilfen auszubezahlen und ein dadurch entstandener Wettbewerbsvorteil mit der Rechtsfolge der Nichtigkeit unverhältnismäßig sei.[25]

Nach der herrschenden Lehre ist der zugrundeliegende Beihilfevertrag bei einem Verstoß gegen das Durchführungsverbot bis zur Genehmigung durch die Kommission schwebend unwirksam.[26]

> Welche Rechtsfolge ein Verstoß gegen das Durchführungsverbot auf den zugrundeliegenden Rechtsakt hat, ließ der OGH bislang unbeantwortet. Die herrschende Lehre geht von einer schwebenden Unwirksamkeit des Vertrags bis zur Genehmigung durch die Kommission aus.

## C. Einzelne Beihilfeformen im Beihilfeverfahren

Literatur: *Bartosch*, EU-Beihilfenrecht[3] (2020); *Birnstiel/Bungenberg/Heinrich*, Europäisches Beihilfenrecht (2013); *Calliess/Ruffert*, EUV/AEUV[5] (2016); *Dilkova*, The New Procedural Regulation in State aid – Whether „Modernisation" is in the right direction? ECLR 2014, 35; *Frenz*, Handbuch Europarecht III: Beihilferecht[2] (2021); *Grabitz/ Hilf/Nettesheim*, Das Recht der Europäischen Union: EUV/AEUV[72] (2021); *Immenga/*

---

21 EuGH 21.11.1991, C-354/90 Rn 12.
22 OLG Wien 05.02.2007, 2 R 150/06b; so auch *Rüffler* in Studiengesellschaft WiR, BeihilfenR 158.
23 *Eilmannsberger* in Koppensteiner, Österreichisches und europäisches Wirtschaftsprivatrecht, Teil 8/2, 81; *Jaeger*, ÖZW 2007, 75;
24 Nach *Zellhofer/Solek* in Jahrbuch Beihilferecht (2014) 539 wäre eine Gesamtnichtigkeit überschießend, da eine Gesamtnichtigkeit die Vertragspartner vielmehr bestrafen würde, wenn sich die Beihilfeelemente eines Vertrags auch mithilfe der Teilnichtigkeit beseitigen ließen; vgl auch *Jaeger*, ÖZW 2007, 75.
25 *Wöllik* in Jahrbuch Beihilferecht 2008 351.
26 *Rüffler* in Studiengesellschaft WiR, BeihilfenR 158.

*Mestmäcker*, Wettbewerbsrecht III: Beihilfenrecht[5] (2016); *Jäger/Stöger* (Hrsg), EUV/ AEUV Art 108 AEUV (Stand 01.01.2014, rdb.at); *Kuik*, State aid and the 2004 accession – overview of recent developments, EStAL 2004, 365; *Roebling*, Existing aid and enlargement, CPN 1/2003, 33; *Säcker* (Hrsg), Münchner Kommentar. Europäisches und Deutsches Wettbewerbsrecht V: Beihilfenrecht[2] (2018); *Sinnaeve*, State Aid Procedures, Developments since the Entry into Force of the Procedural Regulation, CMLR 2007, 965; *dies*, Die neue Verfahrensordnung in Beihilfesachen, EuZW 1999, 270; *dies*, Der Kommissionsvorschlag zu einer Verfahrensverordnung für die Beihilfenkontrolle, in Heidenhain, European State Aid Law 2010, EuZW 1999, 270; *Sollgruber*, Grundzüge des europäischen Beihilfenrechts (2007); *Soltész*, Das prozedurale binnenmarktrechtliche Beihilfenaufsichtsrecht, in Hatje/Müller-Graff (Hrsg), Enzyklopädie Europarecht IV: Europäisches Binnenmarkt- und Wirtschaftsordnungsrecht[2] (2021); *Streinz*, EUV/AEUV[3] (2018); *Sutter* in Mayer/Stöger (Hrsg), EUV/AEUV Art 108 AEUV (Stand 01.01.2014, rdb.at); *Werner* in Säcker (Hrsg), Münchner Kommentar. Europäisches und Deutsches Wettbewerbsrecht V: Beihilfenrecht[2] (2018).

**Judikatur:** EuGH 07.11.1973, Rs 120/73, *Lorenz*; EuGH 15.05.1974, Rs 173/73, *Italien/Kommission*; EuGH 09.10.1984, verb Rs 91/83 u 127/83, *Heineken Brouwerijen*; EuGH 15.12.1988, verb Rs 166/86 u 220/86, *Irish Cement*; EuGH 09.08.1994, C-44/93, *Namur-Les assurances du crédit*; EuGH 02.04.1998, C-367/95 P, *Sytrava*; EuGH 24.03.1993, C-313/90, *CIRFS/Kommission*; EuGH 02.04.1998, C-198/91, *Cook*; EuGH 17.06.1999, C-295/97, *Piaggio*; EuGH 12.12.2000, T-128/98, *Aéroports de Paris*; EuGH 15.02.2001, C-99/98, *Österreich/Kommission*; EuGH 21.03.2002, C-36/00, *Spanien/Kommission*; EuGH 16.05.2002, C-321/99 P, *ARAP*; EuGH 11.07.2002, T-152/99, *Hijos de Andres Molina (HAMSA)*; EuGH 23.10.2002, verb Rs T-346/99 bis T-348/99, *Alava*; EuGH 24.10.2002, C-82/01 P, *Aéroports de Paris*; EuGH 21.10.2003, verb Rs C-261/01 u 262/01, *van Calster*; EuG 14.01.2004, T-109/01, *Fleuren Compost BV*; EuGH 15.07.2004, C-345/02, *Pearle*; EuGH 15.06.2005, T-171/02, *Sardinien/Kommission*; EuGH 10.06.2006, verb Rs C-442/05 P u C-471/05 P, *European Ferries*; EuGH 22.06.2006, verb Rs C-182/03 u C-217/03, *Belgien und Forum 187/Kommission*; EuG 21.03.2012, T-50/06, *RENV – Irland/Kommission*; EuGH 24.01.2013, C-73/11 P, *Frucona Košice/Kommission*; EuGH 21.11.2013, C-284/12, *Lufthansa/Flughafen Frankfurt-Hahn*; EuGH 07.12.2017, C-373/16 P, *Aughinish Alumina/Kommission*; EuG 11.07.2018, T-185/15, *Buonotourist/Kommission*; EuGH 29.07.2019, C-654/17 P, *BMW/Kommission*; EuGH 04.03.2020, C-586/18 P, *Buonotourist/Kommission*.

## 1. Bestehende Beihilfen

**Literatur:** *Kuik*, State aid and the 2004 accession – overview of recent developments, EStAL 2004, 365; *Roebling*, Existing aid and enlargement, CPN 1/2003, 33.

**Judikatur:** EuGH 07.11.1973, Rs 120/73, *Lorenz*; EuGH 15.05.1974, Rs 173/73, *Italien/Kommission*; EuGH 17.06.1999, C-295/97, *Piaggio*; EuGH 12.12.2000, T-128/98, *Aéroports de Paris*; EuGH 21.03.2002, C-36/00, *Spanien/Kommission*; EuGH 16.05.2002, C-321/99 P, *ARAP*; EuGH 11.07.2002, T-152/99, *Hijos de Andres Molina (HAMSA)*; EuGH 23.10.2002, verb Rs T-346/99 bis T-348/99, *Alava*; EuGH 24.10.2002, C-82/01 P, *Aéroports de Paris*; EuG 14.01.2004, T-109/01, *Fleuren Compost BV*; EuG 22.06.2006, verb Rs C-182/03 u C-217/03, *Belgien und Forum 187/Kommission*; EuG 13.02.2012, verb Rs T-80/06 u T-182/09, *Budapesti Erőmű/Kommission*; EuG 21.03.2012, T-50/06, *RENV – Irland/Kommission*; EuGH 24.01.2013, C-73/11 P, *Frucona Košice/Kommission*; EuGH 07.12.2017, C-373/16 P, *Aughinish Alumina/Kommission*; EuG 11.07.2018,

T-185/15, *Buonotourist/Kommission*; EuGH 29.07.2019, C-654/17 P, *BMW/Kommission*; EuGH 04.03.2020, C-586/18 P, *Buonotourist/Kommission*.

Art 1 lit b Verf-VO definiert den Begriff „bestehende Beihilfe" und unterscheidet dabei verschiedene Gruppen:

Bestehende Beihilfen gelten als nicht rechtswidrig und müssen selbst bei einer Unvereinbarkeit nicht zurückgefordert werden.[27]

– Beihilfen, die **vor Inkrafttreten des EWG-Vertrages** eingeführt wurden;

Beihilfen, die vor dem 1.1.1958 bestanden haben, sind grds als bestehende Beihilfen anzusehen. Für neue Mitgliedstaaten wird auf den Zeitpunkt des Beitritts abgestellt.[28] Die Rechtslage wurde diesb allerdings verschärft.[29]

Für **Österreich** folgt aus Art 144 und 172 der Akte über den Beitritt Österreichs, Finnlands und Schwedens, dass alle Beihilfen (Einzelbeihilfen und Beihilferegelungen) als bestehend gelten, wenn sie entweder vor dem 1.1.1994 (Inkrafttreten des EWR-Abkommens) eingeführt worden waren oder in der Zeit von 1.1.1994 bis 31.12.1994 von der EFTA-Überwachungsbehörde genehmigt wurden.

– **Genehmigte** Beihilfen;

Alle Einzelbeihilfen und Beihilferegelungen, die von der Kommission oder vom Rat nach Art 108 Abs 2 UAbs 3 AEUV als mit dem Binnenmarkt für vereinbar erklärt worden sind. Eine nach der AGVO freigestellte Beihilfe, die sämtliche in der AGVO aufgestellten Voraussetzungen erfüllt, ist nicht als "genehmigte Beihilfe" und somit "bestehende Beihilfe" anzusehen.[30]

– Beihilfen, die **als genehmigt gelten**;

Das ist etwa bei Beihilfen der Fall, die durch Fristablauf gemäß Art 4 Abs 6 Verf-VO als genehmigt gelten. Oder auch Beihilfen, die nach der "Lorenz-Rechtsprechung"[31] als bestehende Beihilfen einzustufen waren.[32]

– Maßnahmen, die durch die Binnenmarktentwicklung **zu Beihilfen werden**.

Dies trifft auf Maßnahmen zu, die erst aufgrund der Entwicklung des Binnenmarkts das Merkmal der Wettbewerbsverfälschung oder Handelsbeeinträchtigung erfüllen, weil es für das Produkt oder die Dienstleistung bislang noch keinen Markt und damit kein zwischenstaatliches Handeln gab.[33]

---

27  *Werner* in MüKoWettbR V: BeihilfenR[2] Art 1 VO (EU) 2015/1589 Rz 5.

28  Vgl dazu *Bacon*, European Union Law of State Aid[3] (2017) 18.15f; *Werner* in MüKoWettbR V: BeihilfenR[2] Art 1 VO (EU) 2015/1589 Rz 6.

29  Weiterführend: *Bartosch*, BeihilfenR[3] VO 2015/1589 Rz 3.

30  EuGH 29.07.2019, C-654/17 P, *BMW/Kommission*; vgl aber EuGH 04.03.2020, C-586/18 P, *Buonotourist/Kommission* Rn 52; EuG 11.07.2018, T-185/15, *Buonotourist/Kommission* Rn 120.

31  EuGH 07.11.1973, Rs 120/73 Rn 4 ff.

32  *Werner* in MüKoWettbR V: BeihilfenR[2] Art 1 VO (EU) 2015/1589 Rz 9 mwN.

33  *Kühling* in Streinz, EUV/AEUV[3] Art 108 Rn 6.

## 2. Neue Beihilfen

**Judikatur:** EuGH 09.10.1984, Rs 91/83 u 127/93, *Heineken*; EuGH 09.08.1994, C-44/93, *Namur-Les Assurances du Crédit*; EuGH 17.06.1999, C-295/97, *Piaggio*; EuG 30.04.2002, verb Rs T-195/01 u T-207/01, *Gibraltar/Kommission*; EuGH 21.07.2011, C-194/09 P, *Alcoa Trasformazioni/Kommission*; EuGH 22.03.2012, C-200/11 P, *Italien/Kommission*; EuGH 13.12.2018, C-492/17, *Südwestrundfunk/Rittinger*; EuGH 14.11.2019, C-585/17, *Dilly's Wellnesshotel II*.

> Alle Beihilfen, also Beihilferegelungen und Einzelbeihilfen, die keine bestehenden Beihilfen sind, einschließlich Änderungen bestehender Beihilfen (Art 1 lit c Verf-VO).

Der Begriff „neue Beihilfen" ist für den Umfang der Anmeldepflicht und des Durchführungsverbots von Bedeutung, da nur neue Beihilfen bei der Kommission angemeldet werden müssen und bis zur Genehmigung nicht durchgeführt werden dürfen.

Eine **Änderung** muss die ursprüngliche Regelung in ihrem Kern betreffen.[34] Sie muss zudem von der übrigen Regelung **klar abtrennbar** sein.[35]

Der Begriff Änderung ist gleichbedeutend mit dem Begriff „Umgestaltung" gemäß Art 108 Abs 3 Satz 1 AEUV.[36]

Eine Änderung liegt dann vor, wenn dadurch die Beurteilung der Vereinbarkeit beeinflusst werden könnte und eine gesonderte Prüfung erforderlich machen würde.[37] Dies kann etwa bei einer Änderung der Natur des Vorteils bzw des Tätigkeitsbereichs des begünstigten Unternehmens der Fall sein.[38]

Keine Änderung liegt gemäß Art 4 Abs 1 Verf-DVO vor, wenn sie rein formaler oder verwaltungstechnischer Art ist. Eine bloße Verringerung einer bestehenden Beihilfe bewirkt noch keine Änderung.[39] Eine Erhöhung der Ausgangsmittel der bestehenden Beihilfe bis höchstens 20% wird ebenso wenig als Änderung angesehen.[40]

Die **Abgrenzung** zwischen bestehenden und neuen Beihilfen hat nach objektiven Gesichtspunkten zu erfolgen.[41]

---

34 EuG 30.04.2002, verb Rs T-195/01 u T-207/01, *Gibraltar/Kommission* Rn 111; EuGH 09.08.1994, C-44/93, *Namur-Les Assurances du Crédit* Rn 28 ff.

35 EuGH 09.10.1984, Rs 91/83 u 127/93, *Heineken* Rn 21 f: Bei einer Änderung gilt nur der abtrennbare Teil als neue Beihilfe und unterliegt folglich der Anmeldepflicht.

36 *Bartosch*, EU-BeihilfenR³ VO 2015/1589 Art 1 Rz 13.

37 *Kühling* in Streinz, EUV/AEUV³ Art 108 Rn 7 mwN; EuGH 14.11.2019, C-585/17, *Dilly's Wellnesshotel II* Rn 61; Vgl auch Art 4 Abs 1 Verf-DVO.

38 EuGH 09.08.1994, C-44/93, *Namur-Les assurances du crédit* Rn 29.

39 *Kühling* in Streinz, EUV/AEUV³ Art 108 Rn 8; *Werner* in MüKoWettbR V: BeihilfenR² Art 1 VO (EU) 2015/1589 Rz 22.

40 Art 4 Abs 1 letzter Satz Verf-DVO; Diese Regel wurde vom EuGH ausdrücklich anerkannt: EuGH 13.12.2018, C-492/17, *Südwestrundfunk/Rittinger* Rn 55; EuGH 22.03.2012, C-200/11 P, *Italien/Kommission* Rn 30f.

41 EuGH 17.06.1999, C-295/97, *Piaggio* Rn 45; EuGH 21.07.2011, C-194/09 P, *Alcoa Trasformazioni/Kommission* Rn 125.

## 3. Rechtswidrige Beihilfen

**Judikatur:** EuGH 24.03.1993, C-313/90 *CIRFS/Kommission*; EuGH 21.03.2002, C-36/00, *Spanien/Kommission*; EuGH 21.11.2013, C-284/12, *Lufthansa/Flughafen Frankfurt-Hahn.*

Neue Beihilfen, die unter Verstoß gegen das Durchführungsverbot eingeführt werden, gelten als rechtswidrige Beihilfen und können von der Kommission vom betreffenden Mitgliedstaat zurückgefordert werden.

Rechtswidrig können nur neue Beihilfen sein. Das ist der Fall, wenn Beihilfen ohne Notifizierung bei der Kommission durchgeführt werden. Beihilfen sind auch dann rechtswidrig, wenn sie zwar bei der Kommission angemeldet, vor der Genehmigung durchgeführt werden.

Eine rechtswidrige Beihilfe liegt auch dann vor, wenn eine Beihilfe zwar auf der Grundlage einer genehmigten Beihilferegelung (Richtlinie) gewährt wird, aber gegen die Bedingungen der Beihilferegelung verstößt.[42]

**Beispiel:** *Ein Großunternehmen wird auf der Grundlage einer genehmigten KMU-Förderrichtlinie finanziell unterstützt.[43] Die Richtlinie ist nur auf KMU anwendbar. Da die KMU-Förderrichtlinie nicht auf Großunternehmen anwendbar ist, liegt bei der finanziellen Zuwendung an das Großunternehmen eine rechtswidrige Beihilfe vor.*

Rechtswidrige Beihilfen können von der Kommission zurückgefordert werden. Die Rückforderungskompetenz der Kommission ist dabei ausschließlich auf rechtswidrige Beihilfen beschränkt. Rechtswidrige Beihilfen spielen zudem für den Konkurrentenschutz der Wettbewerber eine entscheidende Rolle.

## 4. Missbräuchliche Beihilfen

**Judikatur:** EuGH 16.12.2010, C-537/08 P, *Kahla Thüringen Porzellan GmbH/Kommission.*

Bei einem Missbrauchsverdacht muss die Kommission das förmliche Prüfverfahren eröffnen. Sie kann aber – anders als bei rechtswidrigen Beihilfen – die Beihilfe gemäß Art 16 Verf-VO vom Mitgliedstaat nicht zurückfordern.[44] Insoweit ist die Differenzierung zwischen rechtswidrigen Beihilfen und missbräuchlich angewandten Beihilfen von besonderer Bedeutung.

Ein **Missbrauch** liegt vor, wenn der **Begünstigte** gegen einen (mit Auflagen oder Bedingungen versehenen) Genehmigungsbeschluss der Kommission

---

42  EuGH 21.03.2002, C-36/00 Rn 24 f.
43  Beispiel angelehnt an *Werner* in MüKoWettbR V: BeihilfenR[2] Art 1 VO (EU) 2015/1589 Rz 32.
44  *Werner* in MüKoWettbR V: BeihilfenR[2] Art 1 VO (EU) 2015/1589 Rz 34.

am Ende der vorläufigen Prüfung oder am Ende des förmlichen Prüfverfahrens verstößt.

Der Missbrauch von Beihilfen ist damit auf jene Fälle beschränkt, in denen eine Beihilfe zwar (evtl unter Bedingungen oder Auflagen) von der Kommission genehmigt worden ist, der **Beihilfeempfänger** aber **gegen** den **Beschluss verstößt**.[45]

Der Urheber bei der missbräuchlichen Anwendung von Beihilfen ist nicht der Mitgliedstaat, sondern der Begünstigte, der sich nicht an den Umfang der dem Mitgliedstaat erteilten Genehmigung hält.[46]

| | **Missbräuchliche Beihilfen** | **Rechtswidrige Beihilfen** |
|---|---|---|
| Verfahren | Förmliches Prüfverfahren zwingend einzuleiten | Förmliches Prüfverfahren nicht zwingend einzuleiten |
| Rückforderung | Nein | Ja |
| Urheber | Begünstigter | Mitgliedstaat |

# D. Parteien und Beteiligte

**Literatur:** *Bartosch*, The Procedural Regulation in State Aid Matters – A Case for Profound Reform, EStAL 2007, 474; *Gambaro/Mazzocchi*, Private Parties and State Aid Procedures: A Critical Analysis of the Changes Brought by Regulation 734/2013, CMLR 2016, 385; *Sinnaeve*, State aid procedures: Developments since the entry into force of the procedural regulation, CMLR 2007, 965; *Soltész*, Das prozedurale binnenmarktrechtliche Beihilfenaufsichtsrecht, in Hatje/Müller-Graff (Hrsg), Enzyklopädie Europarecht IV: Europäisches Binnenmarkt- und Wirtschaftsordnungsrecht[2] (2021); *Werner* in Säcker (Hrsg), Münchner Kommentar. Europäisches und Deutsches Wettbewerbsrecht V: Beihilfenrecht[2] (2018).

**Judikatur:** EuGH 13.03.1985, Rs 323/82, *Intermills*; EuGH 19.05.1993, C-198/91, *Cook*; EuGH 15.06.1993, C-225/91, *Matra*; EuGH 02.04.1998, C-367/95, *Kommission/ Sytraval*; EuGH 24.09.2002, C-74/00 P, *Falck*; EuGH 25.06.2003, T-41/01, *Rafael Perez Escolar*; EuG 08.07.2004, T-198/01, *Technische Glaswerke Ilmenau/Kommission*; EuGH 06.10.2005, C-276/03 P, *Scott*; EuG 07.06.2006, T-613/97, *UFEX/Kommission*; EuGH 09.07.2009, C-319/07 P, *3F/Kommission*; EuGH 29.06.2010, C-137/07 P, *Kommission/ Technische Glaswerke Ilmenau*; EuG 18.03.2011, T-457/09 R, *WLSGV/Kommission*; EuGH 24.05.2011, C-83/09 P, *Kommission/Kronoply und Kronotex*; EuG 12.05.2016, T-693/14, *Hamr-Sport/Kommission*; EuG 19.06.2019, T-373/15, *Ja zum Nürburgring/ Kommission*.

Die Verf-VO spricht nicht explizit von Parteien. Das beihilferechtliche Verfahren ist jedoch grds eines zwischen dem Mitgliedstaat und der Kommission.

---

45 *von der Groeben/Schwarze/Hatje/Mederer*, EU-Kommentar Art 108 AEUV Rn 69; vgl auch *Werner* in MüKoWettbR V: BeihilfenR[2] Art 1 VO (EU) 2015/1589 Rz 35.

46 *Bartosch*, BeihilfenR[3] VO 2015/1589 Rz 21.

**Parteien** des Beihilfeverfahrens sind nur die **Kommission** und der betroffene **Mitgliedstaat**.[47]

Darüber hinaus gibt es noch andere **Beteiligte**, die in der Verf-VO definiert werden.

Der **Beteiligtenbegriff** im Beihilfeverfahren ist weit zu verstehen und geht auf das Intermills-Urteil[48] zurück. Beteiligte sind die **Mitgliedstaaten, Personen, Unternehmen** oder Unternehmensvereinigungen, deren Interessen aufgrund der Gewährung einer Beihilfe beeinträchtigt sein können, insbesondere der **Beihilfeempfänger**, **Wettbewerber** und **Berufsverbände**. Beteiligte können außerdem **Gewerkschaften**,[49] oder **Interessensverbände**[50] sein.

„[…] *nicht nur das oder die Unternehmen, die durch die Beihilfe begünstigt werden, sondern in gleichem Maße die durch die Gewährung der Beihilfe eventuell in ihren Interessen verletzten Personen, Unternehmen oder Vereinigungen, insbesondere die konkurrierenden Unternehmen und die Berufsverbände. Es handelt sich in anderen Worten um eine unbestimmte Vielzahl von Adressaten.*"[51] (Intermills-Formel)

Der eigentlich begünstigte **Beihilfeempfänger** ist **nicht Partei** des Verfahrens.[52] Er hat auch keinen Anspruch auf rechtliches Gehör.

Der Beihilfebegünstigte hat lediglich das Recht, am Verwaltungsverfahren ggf angemessen beteiligt zu werden.[53]

**Beteiligte** sind weder unmittelbare Parteien des Verfahrens, haben im förmlichen Prüfverfahren aber bestimmte **Beteiligungs- und Informationsrechte**. Man spricht auch von eingeschränkten Verfahrensrechten.[54]

Die Beteiligten haben keinen Anspruch auf rechtliches Gehör[55] oder Akteneinsicht[56]. Beteiligte können auch nicht auf Basis der allgemeinen Transparenzverordnung einen solchen Anspruch auf Dokumentenzugang geltend machen.[57]

---

47  EuG 18.03.2011, T-457/09 R, *WLSGV/Kommission* Rn 72; *Soltész* in Hatje/Müller-Graff, EnzEuR IV² § 15 Rz 4.
48  EuGH 13.03.1985, Rs 323/82, *Intermills*.
49  EuGH 09.07.2009, C-319/07 P, *3F/Kommission* Rn 33.
50  EuG 19.06.2019, T-373/15, *Ja zum Nürburgring/Kommission*, Rn 84.
51  EuGH 13.03.1985, Rs 323/82, *Intermills* Rn 16.
52  In der Literatur wird gefordert, dem Beihilfeempfänger als dem eigentlich Begünstigten die Stellung als volle Partei im Beihilfeverfahren zuzuerkennen: *Bartosch*, EStAL 2007, 474 (479); *Sinnaeve*, CMLR 2007, 965 (1033); *Werner* in MüKoWettbR V: BeihilfenR² Art 108 Rz 11.
53  EuGH 24.09.2002, C-74/00 P, *Falck* Rn 81.
54  *Sinnaeve* in Heidenhain, Handbuch des Beihilferechts § 37 Rz 1 mwN.
55  EuGH 02.04.1998, C-367/95, *Kommission/Sytraval* Rz 58 f.
56  EuG 07.06.2006, T-613/97, *UFEX/Kommission* Rz 86 ff; EuG 08.07.2004, T-198/01, *Technische Glaswerke Ilmenau/Kommission*.
57  EuGH 29.06.2010, C-137/07 P Rz 69.

Beteiligte können nach dem Beschluss zur Eröffnung des förmlichen Prüfverfahrens eine Stellungnahme nach Art 6 Verf-VO abgeben.[58] Beteiligte können eine Beschwerde einbringen, um die Kommission über mutmaßliche rechtswidrige Beihilfen oder die mutmaßliche missbräuchliche Anwendung von Beihilfen zu informieren.[59] Beteiligte können auf Antrag eine Kopie eines Beschlusses über Beendigung der vorläufigen Prüfung gemäß Art 4 Verf-VO, eines Beschlusses über den Abschluss des förmlichen Prüfverfahrens[60] oder eines Beschlusses zur Anordnung zur Auskunftserteilung an den Mitgliedstaat gemäß Art 12 Abs 3 Verf-VO verlangen.

Der EuGH betrachtet Mitteilungen der Beteiligten wohl als Informationsquelle im Rahmen des Beihilfeverfahrens.[61]

## II. Überblick über das Beihilfeverfahren

**Literatur:** *Bartosch*, EU-Beihilfenrecht[3] (2020); *Birnstiel/Bungenberg/Heinrich*, Europäisches Beihilfenrecht (2013); *Calliess/Ruffert*, EUV/AEUV[5] (2016); *Dilkova*, The New Procedural Regulation in State aid – Whether „Modernisation" is in the right direction? ECLR 2014, 35; *Grabitz/Hilf/Nettesheim*, Das Recht der Europäischen Union: EUV/ AEUV[72] (2021); *Hancher/Ottervanger/Slot*, EU State Aids[5] (2016); *Immenga/Mestmäcker*, Wettbewerbsrecht III: Beihilfenrecht[5] (2016); *Jäger/Stöger* (Hrsg), EUV/AEUV Art 108 AEUV (Stand 01.01.2014, rdb.at); *Ortiz Blanco*, EU Competition Procedure[4] (2021); *Säcker* (Hrsg), Münchner Kommentar. Europäisches und Deutsches Wettbewerbsrecht V: Beihilfenrecht[2] (2018); *Sinnaeve*, State Aid Procedures, Developments since the Entry into Force of the Procedural Regulation, CMLR 2007, 965; *dies*, Die neue Verfahrensordnung in Beihilfesachen, EuZW 1999, 270; *dies*, Der Kommissionsvorschlag zu einer Verfahrensverordnung für die Beihilfenkontrolle, in Heidenhain, European State Aid Law 2010, EuZW 1999, 270; *Sollgruber*, Grundzüge des europäischen Beihilfenrechts (2007); *Soltész*, Das prozedurale binnenmarktrechtliche Beihilfeaufsichtsrecht, in Hatje/Müller-Graff (Hrsg), Enzyklopädie Europarecht IV: Europäisches Binnenmarkt- und Wirtschaftsordnungsrecht[2] (2021); *Streinz*, EUV/AEUV[3] (2018); *von Wallenberg/Schütte* in Grabitz/ Hilf/Nettesheim (Hrsg), Das Recht der Europäischen Union: EUV/AEUV (Werkstand: 71. EL 2020) Art 108 AEUV; *Werner* in Säcker (Hrsg), Münchner Kommentar. Europäisches und Deutsches Wettbewerbsrecht V: Beihilfenrecht[2] (2018).

**Judikatur:** EuGH 14.07.1972, Rs 52/69, *Geigy/Kommission*; EuGH 11.12.1973, Rs 120/73, *Gebrüder Lorenz/Deutschland*; EuGH 15.02.1978, Rs 96/77, *Bauche/Französische Zollverwaltung*; EuGH 30.09.1982, Rs 108/81, *Amylum/Rat*; EuGH 21.02.1984, Rs 86/82, *Hasselblad/Kommission*; EuGH 14.11.1984, C-323/82, *Intermills/Kommission*; EuGH 15.12.1988, verb Rs 166/86 u 220/86, *Irish Cement*; EuGH 21.03.1990, C-142/87, *Belgien/Kommission*; EuGH 14.02.1990, C-301/87, *Frankreich/Kommission (Boussac)*; EuGH 21.03.1991, C-303/88, *Italien/Kommission*; EuGH 04.02.1992, C-294/90, *British Aerospace/Kommission*; EuGH 24.03.1993, C-313/90, *CIRFS/Kommission*; EuGH 15.03.1994, C-387/92, *Banco Exterior de España/Ayuntamiento de Valencia*; EuGH 13.04.1994, verb Rs C-324/90 u C-342/90, *Deutschland und Pleuger/Kommission*; EuGH 04.04.1995, C-350/93, *Kommission/Italien*; EuGH 02.02.1998, Rs 293/85, *Kommission/*

---

58 Art 24 Abs 1 Verf-VO.
59 Art 24 Abs 2 Verf-VO.
60 Art 24 Abs 3 iVm Art 9 Verf-VO.
61 EuGH 02.04.1998, C-367/95, *Kommission/Sytraval* Rz 45.

*Belgien*; EuGH 02.04.1998, C-367/95 P, *Kommission/Sytraval*; EuG 15.09.1998, T-95/96, *Gestevision Telecino/Kommission*; EuG 15.09.1998, verb Rs T-126/96 u T-127/96, *Breda Fucine Meridionali SpA (BFM)/Kommission*; EuGH 17.06.1999, C-75/97, *Belgien/Kommission*; EuGH 15.02.2001, C-99/98, *Österreich/Kommission*; EuG 15.03.2001, T-73/98, *Prayon-Rupel*; EuGH 03.05.2001, C-204/97, *Portugal/Kommission*; KOM 22.08.2001, *Qualifizierungsbeihilfe für Landwirte im Allgäu*, ABl C 2001/236, 3; EuGH 30.04.2002, verb Rs T-195/01 u T-207/01, *Gibraltar/Kommission*; EuGH 13.06.2002, C-382/99, *Niederlande/Kommission*; EuGH 24.09.2002, verb Rs C-74/00 P u C-75/00 P, *Falck SpA und Acciaierie di Bolzano SpA/Kommission*; EuG 10.04.2003, T-360/00, *Scott/Kommission*; EuGH 03.07.2003, C-457/00, *Belgien/Kommission*; EuGH 27.11.2003, T-190/00, *Regione Siciliana/Kommission*; EuGH 29.04.2004, C-298/00 P, *Italien/Kommission*; EuGH 29.04.2004, C-372/97, *Italien/Kommission*; EuGH 15.07.2004, C-345/02, *Pearle*; EuG 11.05.2005, verb Rs T-111/01 u T-133/01, *Saxonia Edelmetalle/Kommission*; EuGH 15.06.2005, T-171/02, *Sardinien/Kommission*; EuGH 06.10.2005, C-276/03, *Scott/Kommission*; EuGH 23.02.2006, verb Rs C-346/03 u C-529/03, *Atzeni/Regione autonoma della Sardegna*; EuGH 31.05.2006, T-354/99, *Kuwait Petroleum/Kommission*; EuGH 10.06.2006, C-442/05 P u C-471/05 P, *European Ferries*; EuGH 22.06.2006, verb Rs C-182/03 u C-217/03, *Belgien und Forum 187 ASBL/Kommission*; EuGH 13.09.2006, T-210/02, *British Aggregates*; EuGH 22.04.2008, C-408/04 P, *Kommission/Salzgitter AG*; EuG 06.05.2008, T-318/00, *Freistaat Thüringen/Kommission*; EuG 10.02.2009, T-388/03, *Deutsche Post u DHL/Kommission*; EuGH 20.02.2009, C-369/08, *Kommission/Deutschland*; EuG 04.03.2009, T-445/05, *Associazione italiana del risparmio gestito and Fineco Asset Management SpA/Kommission*; EuG 11.06.2009, T-297/02, *ACEA SpA/Kommission*; EuGH 07.07.2009, C-369/07, *Kommission/Griechenland*; EuGH 16.12.2010, verb Rs T-231/06 u T-237/06, *Stichting/Kommission*; EuGH 28.07.2011, C-403/10 P, *Mediaset SpA/Kommission*; EuGH 13.10.2011, verb Rs C-463/10 P u C-475/10 P, *Deutsche Post/ Kommission*; EuGH 08.12.2011, C-275/10, *Residex Capital IV/Gemeente Rotterdam*; EuGH 19.12.2012, C-288/11 P, *Flughafen Leipzig-Halle/Kommission*; EuG 12.11.2013, T-570/08, *Deutsche Post AG/Kommission*; EuG 17.12.2015, T-242/12, *SNCF/Kommission*; EuGH 07.03.2018, C-127/16 P, *SNCF Mobilités/Kommission*; EuGH 05.03.2019, C-349/17, *Eesti Pagar*; EuG 20.06.2019, T-578/17, *a&o hostel and hotel Berlin GmbH*; EuGH 29.07.2019, C-654/17 P, *BMW/Kommission*.

Das EU-Beihilferecht unterscheidet grds **vier** unterschiedliche **Verfahrensarten**, die in Art 108 AEUV nur rudimentär geregelt sind. Die detaillierte Ausgestaltung einzelner Verfahrensarten erfolgt durch die Verf-VO. Das Beihilfeverfahren differenziert zwischen einem **präventiv**en und drei **repressiv**en Kontrollverfahren.[62]

- Verfahren bei **angemeldeten Beihilfen** (präventiv);
- Verfahren bei **rechtswidrigen Beihilfen** (repressiv);
- Verfahren bei **missbräuchlicher Anwendung von Beihilfen** (repressiv);
- Verfahren bei **bestehenden Beihilferegelungen** (repressiv).

Die Verfahren zur Beihilfeaufsicht sind dabei **zweistufig** ausgestaltet. Im ersten Schritt folgt eine vorläufige Prüfung (**Vorprüfungsverfahren**). Daran schließt im zweiten Schritt gegebenenfalls das förmliche Prüfverfahren (**Haupt-**

---

62  Zur Differenzierung zwischen Genehmigungsverfahren und Kontrollverfahren s ausführlich *Frenz*, Handbuch EuR III² Rz 2393 ff und 2476 ff.

**verfahren**). Die vier Verfahrensarten werden dabei jeweils unterschiedlich eingeleitet.

Das präventive Verfahren neuer oder umgestalteter Beihilfen beginnt mit der Notifizierung, das Verfahren bei rechtswidrigen oder missbräuchlichen Beihilfen mit einer Beschwerde oder von Amts wegen. Im repressiven Verfahren zur Überprüfung bestehender Beihilferegelungen überprüft die Kommission fortlaufend bestehende Beihilfen.

> Das Beihilfeverfahren kennt vier unterschiedliche Verfahrensarten. Ein Verfahren dient der präventiven Kontrolle: 1) Das Verfahren bei angemeldeten Beihilfen. Drei weitere Verfahrensarten dienen der Kontrolle von Beihilfen: 2) Verfahren bei rechtswidrigen Beihilfen, 3) Verfahren bei missbräuchlicher Anwendung von Beihilfen, und 4) Verfahren bei bestehenden Beihilferegelungen. Die Verfahren sind zweistufig ausgestaltet.

# A. Verfahren bei angemeldeten Beihilfen

**Literatur:** *Bartosch*, EU-Beihilfenrecht[3] (2020); *Birnstiel/Bungenberg/Heinrich*, Europäisches Beihilfenrecht (2013); *Calliess/Ruffert*, EUV/AEUV[5] (2016); *Dilkova*, The New Procedural Regulation in State aid – Whether „Modernisation" is in the right direction? ECLR 2014, 35; *Grabitz/Hilf/Nettesheim*, Das Recht der Europäischen Union: EUV/AEUV[72] (2021); *Hancher/Ottervanger/Slot*, EU State Aids[5] (2016); *Immenga/Mestmäcker*, Wettbewerbsrecht III: Beihilfenrecht[5] (2016); *Jäger/Stöger* (Hrsg), EUV/AEUV Art 108 AEUV (Stand 01.01.2014, rdb.at); *Ortiz Blanco*, EU Competition Procedure[4] (2021); *Säcker*, Münchner Kommentar. Europäisches und Deutsches Wettbewerbsrecht V: Beihilfenrecht[2] (2018); *Sinnaeve*, State Aid Procedures, Developments since the Entry into Force of the Procedural Regulation, CMLR 2007, 965; *dies*, Die neue Verfahrensordnung in Beihilfesachen, EuZW 1999, 270; *dies*, Der Kommissionsvorschlag zu einer Verfahrensverordnung für die Beihilfenkontrolle, in Heidenhain, European State Aid Law 2010, EuZW 1999, 270; *Sollgruber*, Grundzüge des europäischen Beihilfenrechts (2007); *Soltész*, Das prozedurale binnenmarktrechtliche Beihilfenaufsichtsrecht, in Hatje/Müller-Graff (Hrsg), Enzyklopädie Europarecht IV: Europäisches Binnenmarkt- und Wirtschaftsordnungsrecht[2] (2021); *Streinz*, EUV/AEUV[3] (2018); *Werner* in Säcker (Hrsg), Münchner Kommentar. Europäisches und Deutsches Wettbewerbsrecht V: Beihilfenrecht[2] (2018).

**Judikatur:** EuGH 11.12.1973, Rs 120/73, *Lorenz*; EuGH 21.02.1984, Rs 86/82, *Hasselblad/Kommission*; EuGH 14.11.1984, C-323/82, *Intermills/Kommission*; EuGH 15.12.1988, Rs 166/86 u 220/86, *Irish Cement*; EuGH 04.02.1992, C-294/90, *British Aerospace/Kommission*; EuGH 02.02.1998, Rs 293/85, *Kommission/Belgien*; EuGH 02.04.1998, C-367/95 P, *Kommission/Sytraval*; EuGH 15.02.2001, C-99/98, *Österreich/ Kommission*; EuG 15.03.2001, T-73/98, *Prayon-Rupel*; EuGH 03.05.2001, C-204/97, *Portugal/Kommission*; KOM 22.08.2001, *Qualifizierungsbeihilfe für Landwirte im Allgäu*, ABl C 2001/236, 3; EuGH 30.04.2002, verb Rs T-195/01 u T-207/01, *Gibraltar/Kommission*; EuGH 27.11.2003, T-190/00, *Regione Siciliana/Kommission*; EuGH 15.07.2004, C-345/02, *Pearle*; EuGH 15.06.2005, T-171/02, *Sardinien/Kommission*; EuGH 31.05.2006, T-354/99, *Kuwait Petroleum/Kommission*; EuGH 10.06.2006, C-442/05 P u C-471/05 P, *European Ferries*; EuGH 13.09.2006, T-210/02, *British Aggregates*; EuG 10.02.2009, T-388/03, *Deutsche Post u DHL/Kommission*; EuGH 16.12.2010, verb Rs T-231/06 u T-237/06, *Niederlande, Nederlandse Omroep Stichting/Kommission*; EuGH 13.10.2011, verb Rs C-463/10 P u C-475/10 P, *Deutsche Post/Kommission*; EuG 17.12.2015, T-242/12, *SNCF/Kommission*; EuG 20.06.2019, T-578/17, *a&o hostel and hotel Berlin GmbH*;

Das Verfahren bei angemeldeten oder umgestalteten Beihilfen ist das in der Praxis häufigste Verfahren. Es wird mit der Anmeldung der Beihilfe (**Notifizierung**) eingeleitet. Anschließend folgen **zwei Phasen**:

– die **vorläufige Prüfung** (Vorprüfungsverfahren) und
– das **förmliche Prüfverfahren** (Hauptprüfungsverfahren).

Das Verfahren anzumeldender Beihilfen wird durch die Notifizierung eröffnet. Die vorläufige Prüfung soll es der Kommission ermöglichen, sich eine **erste Meinungsbildung über** die teilweise oder völlige **Vereinbarkeit** der ihr angezeigten Vorhaben **mit dem Binnenmarkt** zu bilden.[63] Erst wenn sie in die Lage versetzt worden ist, sich diese Meinung zu bilden, hat sie unverzüglich das förmliche Prüfverfahren einzuleiten, falls sie das Vorhaben für mit dem Binnenmarkt unvereinbar hält.[64]

## 1. Notifizierungspflicht

**Literatur:** *Sinnaeve*, State aid procedures: developments since the entry into force of the Procedural Regulation, CMLR 2007, 965.

**Judikatur:** EuGH 15.05.1974, Rs 173/73, *Italien/Kommission*; EuGH 15.12.1988, verb Rs 166/86 u 220/86, *Irish Cement*; EuGH 05.10.1994, C-47/91, *Italien/Kommission*; EuGH 10.06.2006, verb Rs C-442/03 P u C-471/03 P, *European Ferries*.

### a. Voranmeldephase (Vorabkontakte, Pränotifikation)

Bevor die Mitgliedstaaten geplante Beihilfemaßnahmen bei der Kommission förmlich zur Genehmigung anmelden, können sie die Kommissiondienststellen

---

63 EuGH 11.12.1973, Rs 120/73, *Lorenz* Rn 3.
64 EuGH 11.12.1973, Rs 120/73, *Lorenz* Rn 3.

im Rahmen der Voranmeldephase informieren.[65] Diese Voranmeldephase wird auch als „**Pränotifikation**" bzw Vorabkontakte[66] bezeichnet. Dabei handelt es sich um eine informelle Abstimmung zwischen dem Mitgliedstaat und der Kommission.

Im Rahmen der Voranmeldephase kann erörtert werden, welche Informationen vorzulegen sind, damit eine Anmeldung als vollständig angesehen werden kann.[67] Deshalb führt eine Pränotifikation oftmals zu besseren und vollständigeren Anmeldungen.[68] Der Voranmeldezeitraum wird in der Praxis oft dazu genutzt, um von der Europäischen Kommission eine Rückmeldung zu offenen Fragen zu erhalten. Zudem können die rechtlichen und wirtschaftlichen Aspekte einer geplanten Beihilfemaßnahme vor der förmlichen Anmeldung informell und vertraulich erörtert werden.[69] Die Kommission bewertet die Voranmeldung und antwortet üblicherweise mit Fragen und Erläuterungsbitten (letter of request). Vorabkontakte sollen höchstens 6 Monate dauern.[70]

Ist die Voranmeldephase abgeschlossen, fordert die Europäische Kommission den Mitgliedstaat zur formalen Anmeldung (**Notifikation**) auf.

### b. Anmeldung neuer Beihilfen

Der Mitgliedstaat ist verpflichtet, die Kommission von einer beabsichtigten Beihilfemaßnahme zu informieren. Die beabsichtigte Einführung einer Beihilfe muss bei der Kommission angemeldet (notifiziert) werden. Durch die **Notifizierung** soll die Kommission in die Lage versetzt werden, sich eine erste Meinung zum Beihilfecharakter und zur Vereinbarkeit mit dem Binnenmarkt zu bilden. Gegebenenfalls leitet sie anschließend das förmliche Prüfverfahren ein.

Die Notifizierungspflicht erfasst alle Beihilfen (Einzelbeihilfen und Beihilferegelungen). Sie bezieht sich nur auf **Beihilfen**, also Maßnahmen, die sämtliche Tatbestandsmerkmale in Art 107 Abs 1 AEUV erfüllen. Es kann aber auch eine Maßnahme als „Nicht-Beihilfe" angemeldet werden. Einzelbeihilfen, die aufgrund einer genehmigten Beihilfenregelung (Richtlinie) gewährt werden, sind grds nicht anmeldepflichtig.[71]

Die Notifizierungspflicht trifft dabei den Mitgliedstaat, unabhängig welche nachgeordnete staatliche Stelle (Bundesländer, Regionen, Gemeinden), die Beihilfe gewährt.

Das Verfahren bei angemeldeten Beihilfen erfolgt in zwei Schritten: 1) Vorläufige Prüfung und 2) förmliches Prüfverfahren. Durch die Anmeldung des jeweiligen Mitgliedstaates bei der Kommission wird das Verfahren eingeleitet.

---

65  Verhaltenskodex für die Durchführung von Beihilfeverfahren, ABl C 2018/253, 14 Tz 9.
66  Verhaltenskodex Beihilfeverfahren, Tz 9.
67  Verhaltenskodex Beihilfeverfahren, Tz 10.
68  Verhaltenskodex Beihilfeverfahren, Tz 10.
69  Verhaltenskodex Beihilfeverfahren, Tz 11.
70  Verhaltenskodex Beihilfeverfahren, Tz 16.
71  EuGH 15.12.1988, Rs 166/86 u 220/86, *Irish Cement*.

### c. Inhalt und Form

Die genauen Einzelheiten über Inhalt und Form an eine anzumeldende Beihilfe sind in der Verf-DVO festgelegt.

Zum Anmeldeformular für neue Beihilfen siehe Anhang I Teil I der Verf-DVO. Die Anmeldung erfolgt über ein elektronisches System (State Aid Notification Interactive – SANI). In Österreich nimmt das Bundesministerium für Digitalisierung und Wirtschaftsstandort die Anmeldungen neuer Beihilfen vor. In Deutschland erfolgt dies durch das Bundesministerium für Wirtschaft (BMWi).

Das Verfahren anzumeldender Beihilfen beginnt in der Praxis oft mit Vorabkontakten und der Pränotifikation. Anschließend erfolgt dann die offizielle Anmeldung (Notifikation). Nach der formalen Anmeldung folgt das zweistufige Verfahren 1) vorläufige Prüfung und 2) förmliches Prüfverfahren.

## 2. Vorläufige Prüfung

**Literatur:** *Bartosch,* EU-Beihilfenrecht[3] (2020); *Birnstiel/Bungenberg/Heinrich,* Europäisches Beihilfenrecht (2013); *Calliess/Ruffert,* EUV/AEUV[5] (2016); *Grabitz/Hilf/ Nettesheim,* Das Recht der Europäischen Union: EUV/AEUV[72] (2021); *Hancher/Ottervanger/Slot,* EU State Aids[5] (2016); *Immenga/Mestmäcker,* Wettbewerbsrecht III: Beihilfenrecht[5] (2016); *Jäger/Stöger* (Hrsg), EUV/AEUV Art 108 AEUV (Stand 01.01.2014, rdb.at); *Lübbig/Martin-Ehlers,* Beihilfenrecht der EU[2] (2009); *Säcker,* Münchner Kommentar Europäisches und Deutsches Wettbewerbsrecht V: Beihilfenrecht[2] (2018); *Ortiz Blanco,* EU Competition Procedure[4] (2021); *Sinnaeve,* State aid procedures: developments since the entry into force of the Procedural Regulation, CMLR 2007, 965; *Streinz,* EUV/AEUV Kommentar[3] (2018).

**Judikatur:** EuGH 03.05.2001, C-204/97, *Portugal/Kommission;* EuGH 30.04.2002, T-195/01 u T-207/01, *Gibraltar/Kommission;* EuGH 13.09.2006, T-210/02, *British Aggregates;* EuG 10.02.2009, T-388/03, *Deutsche Post u DHL/Kommission.*

Die vorläufige Prüfung soll es der Kommission ermöglichen, sich eine **erste Meinungsbildung über** die teilweise oder völlige **Vereinbarkeit** der ihr angezeigten Vorhaben **mit dem Binnenmarkt** zu bilden.[72]

Die Kommission prüft die Anmeldung unmittelbar nach ihrem Eingang. Die Kommission setzt sich dabei mit der vollständigen Anmeldung der Beihilfemaßnahme auseinander und erlässt einen Beschluss.

Die Kommission kann die vorläufige Prüfung durch **drei Arten** von Beschlüssen **beenden**:
– durch Beschluss, dass die angemeldete Maßnahme **keine Beihilfe** darstellt;

---

72  EuGH 11.12.1973, Rs 120/73 Rn 3.

Gelangt die Kommission gemäß Art 4 Abs 2 Verf-VO nach einer vorläufigen Prüfung zu dem Schluss, dass die angemeldete Maßnahme keine Beihilfe darstellt, so stellt sie dies mittels Beschluss fest.

– durch Beschluss, **keine Einwände** zu erheben;

Stellt die Kommission nach einer vorläufigen Prüfung fest, dass die angemeldete Maßnahme, keinen Anlass zu Bedenken hinsichtlich ihrer Vereinbarkeit mit dem Binnenmarkt gibt, so beschließt sie, dass die Maßnahme mit dem Binnenmarkt vereinbar ist. Die materiellen Voraussetzungen müssen dabei offensichtlich erfüllt sein.[73]

Ein Beschluss, keine Einwände zu erheben, gilt nur für den Fall, dass die angemeldete Maßnahme auch in den Anwendungsbereich des Art 107 Abs 1 AEUV fällt. In diesem Beschluss ist anzugegeben, welche Ausnahmevorschrift des AEUV zur Anwendung gelangt.

– durch Beschluss über die **Eröffnung des förmlichen Prüfverfahrens**.

Stellt die Kommission nach einer vorläufigen Prüfung fest, dass die angemeldete Maßnahme Anlass zu Bedenken hinsichtlich ihrer Vereinbarkeit mit dem Binnenmarkt gibt, so beschließt sie, das förmliche Prüfverfahren nach Art 108 Abs 2 AEUV zu eröffnen. Die Kommission muss dabei ernsthafte Bedenken gegen die Vereinbarkeit haben.[74] In diesem Fall darf sich die Kommission nicht auf die vorläufige Prüfung beschränken.[75] Ein Hinweis auf solche Bedenken kann sich durch wiederholtes Fragen der Kommission,[76] aus offensichtlichen Widersprüchen zwischen dem Wortlaut des Beschlusses und den Informationen, die der Kommission zum Beschlusszeitpunkt vorlagen,[77] oder aus einer unzureichenden Begründung hinsichtlich eines zentralen Punktes der Beschwerde,[78] ergeben.

Alle drei Beschlussformen werden innerhalb von **zwei Monaten** erlassen. Die Frist beginnt dabei am Tag nach dem Eingang der vollständigen Anmeldung zu laufen. Fordert die Kommission innerhalb dieser Frist keine weiteren Informationen an, gilt die Anmeldung als vollständig.[79]

Mit Zustimmung der Kommission und des betreffenden Mitgliedstaats kann die Frist verlängert werden.[80] Zudem kann die Kommission auch bei Bedarf kürzere Fristen festlegen.[81]

Darüber hinaus sieht Art 4 Abs 6 Verf-VO auch eine **Genehmigungsfiktion** vor, wenn die Kommission innerhalb von zwei Monaten ab Eingang der vollständigen Anmeldung keinen Beschluss fasst.

In diesem Fall kann der Mitgliedstaat die betreffende Beihilfemaßnahme durchführen, nachdem er die Kommission hiervon in Kenntnis gesetzt hat. Die Kommission kann aber innerhalb von 15 Arbeitstagen nach Erhalt der Benachrichtigung der beabsichtigten Durchführung der Beihilfemaßnahme einen Beschluss erlassen.

---

73  *Werner* in MüKoWettbR V: BeihilfenR[2] Art 4 VO (EU) 2015/1589 Rz 8.
74  *Werner* in MüKoWettbR V: BeihilfenR[2] Art 108 Rz 44.
75  EuG 15.03.2001, T-73/98, *Prayon-Rupel* Rn 42 ff.
76  EuG 15.03.2001, T-73/98, *Prayon-Rupel* Rn 107.
77  EuG 15.03.2001, T-73/98, *Prayon-Rupel* Rn 78.
78  EuGH 03.05.2001, C-204/97, *Portugal/Kommission* Rn 36 ff.
79  Art 4 Abs 5 dritter Satz Verf-VO.
80  Art 4 Abs 5 vierter Satz Verf-VO.
81  Art 4 Abs 5 fünfter Satz Verf-VO.

**Vorläufige Prüfung**

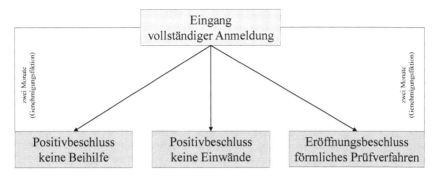

Die vorläufige Prüfung kann auf drei Arten beendet werden:

(1) Durch Positivbeschluss, keine Einwände zu erheben; (2) durch Positivbeschluss, dass keine Beihilfe vorliegt oder wenn ernsthafte Bedenken gegen die Vereinbarkeit mit dem Binnenmarkt bestehen, (3) durch Beschluss, das förmliche Prüfverfahren, zu eröffnen.

### 3. Förmliches Prüfverfahren

**Literatur:** *Bacon*, European Union Law of State Aid[3] (2017); *Bartosch*, EU-Beihilfenrecht[3] (2020); *Birnstiel/Bungenberg/Heinrich*, Europäisches Beihilfenrecht (2013); *Calliess/Ruffert*, EUV/AEUV[5] (2016); *Ehricke*, Auflagen, Bedingungen und Zusagen in Beihilfeentscheidungen der Europäischen Kommission, EWS 2006, 241; *Grabitz/Hilf/ Nettesheim*, Das Recht der Europäischen Union: EUV/AEUV[72] (2021); *Immenga/Mestmäcker*, Wettbewerbsrecht III: Beihilfenrecht[5] (2016); *Hancher/Ottervanger/Slot*, EU State Aids[5] (2016); *Heidenhain*, Handbuch des Europäischen Beihilfenrechts (2003); *Jäger/ Stöger* (Hrsg), EUV/AEUV Art 108 AEUV (Stand 01.01.2014, rdb.at); *Köster* in Säcker (Hrsg), Münchner Kommentar. Europäisches und Deutsches Wettbewerbsrecht V: Beihilfenrecht[2] (2018); *Laprevote*, A Missed Opportunity? State aid Modernization and Effective Third Parties Rights in State aid Proceedings, EStAL 2014, 426; *Lübbig/Martin-Ehlers*, Beihilfenrecht der EU[2] (2009); *Ortiz Blanco*, EU Competition Procedure[4] (2021); *Säcker*, Münchner Kommentar Europäisches und Deutsches Wettbewerbsrecht V: Beihilfenrecht[2] (2018); *Sinnaeve*, State aid procedures: developments since the entry into force of the Procedural Regulation, CMLR 2007, 965; *dies* in Heidenhain (Hrsg), Handbuch des Europäischen Beihilfenrechts (2003); *Streinz*, EUV/AEUV Kommentar[3] (2018); *Sinnaeve*, State aid procedures: developments since the entry into force of the Procedural Regulation, CMLR 2007, 965; *dies*, Der Kommissionsvorschlag zu einer Verfahrensverordnung für die Beihilfenkontrolle, in Heidenhain, European State Aid Law 2010; *Werner* in Säcker (Hrsg), Münchner Kommentar. Europäisches und Deutsches Wettbewerbsrecht V: Beihilfenrecht[2] (2018).

**Judikatur:** EuGH 11.12.1973, Rs 120/73, *Gebrüder Lorenz/Deutschland*; EuGH 21.02.1984, Rs 86/82, *Hasselblad/Kommission*; EuGH 04.02.1992, C-294/90, *British Aerospace/Kommission*; EuGH 02.02.1998, Rs 293/85, *Kommission/Belgien*; EuGH 15.02.2001, C-99/98, *Österreich/Kommission*; EuGH 27.11.2003, T-190/00, *Regione Siciliana/Kommission*; EuGH 15.06.2005, T-171/02, *Sardinien/Kommission*; EuGH 31.05.2006, T-354/99, *Kuwait Petroleum/Kommission*; EuGH 13.10.2011, verb Rs C-463/10 P u C-475/10 P, *Deutsche Post/Kommission*.

> Erst wenn die Kommission in die Lage versetzt worden ist, sich die erste Meinung im Rahmen der vorläufigen Prüfung zu bilden, hat sie unverzüglich das förmliche Prüfverfahren einzuleiten, falls sie das Vorhaben für mit dem Binnenmarkt unvereinbar hält.[82]

### a. Eröffnung des förmlichen Prüfverfahrens

Wenn die Kommission im Rahmen der vorläufigen Prüfung (Vorprüfungsverfahren) **ernsthafte Bedenken** hinsichtlich der Vereinbarkeit der Beihilfemaßnahme äußert, leitet sie mit Beschluss das förmliche Prüfverfahren ein (Beschluss über die Eröffnung des förmlichen Prüfverfahrens).

Der Eröffnungsbeschluss enthält eine **Zusammenfassung der wesentlichen Sach- und Rechtsfragen**, eine vorläufige Würdigung des Beihilfecharakters der geplanten Maßnahme und Ausführungen über die Bedenken der Kommission hinsichtlich der Vereinbarkeit mit dem Binnenmarkt.[83]

Im Eröffnungsbeschluss setzt die Kommission dem betreffenden Mitgliedstaat und den anderen Beteiligten eine Frist von normalerweise höchstens einem Monat, in welcher sie **zur Stellungnahme aufgefordert** werden.[84]

In ordnungsgemäß begründeten Fällen kann die Kommission die Frist zur Stellungnahme verlängern.[85] Ist die Frist zu kurz oder wird keine Frist gesetzt, liegt ein wesentlicher Verfahrensfehler vor.[86] Die Frist zur Stellungnahme beginnt für den Mitgliedstaat ab Zustellung,[87] für die anderen Beteiligten mit der Veröffentlichung im Amtsblatt.[88]

Die Stellungnahmen anderer Beteiligter, die die Kommission erhalten hat, sind dem betreffenden Mitgliedstaat zu übermitteln.[89] Die Kommission muss sich in ihrem abschließenden Beschluss zur Beendigung des förmlichen Prüfverfahrens (Art 9 Verf-VO) mit allen Stellungnahmen beschäftigen.[90]

---

82  EuGH 11.12.1973, Rs 120/73, *Lorenz* Rn 3.
83  Art 6 Abs 1 Verf-VO.
84  Art 6 Abs 1 Verf-VO
85  Art 6 Abs 1 letzter Satz Verf-VO.
86  EuGH 02.02.1998, Rs 293/85, *Kommission/Belgien*.
87  *Werner* in MüKoWettbR V: BeihilfenR[2] Art 6 VO (EU) 2015/1589 Rz 6.
88  EuGH 31.05.2006, T-354/99, *Kuwait Petroleum/Kommission* Rn 81.
89  Art 6 Abs 2 Verf-VO.
90  EuGH 21.02.1984, Rs 86/82, *Hasselblad/Kommission*; *Werner* in MüKoWettbR V: BeihilfenR[2] Art 6 VO (EU) 2015/1589 Rz 11.

Ein Recht zur Stellungnahme kommt ausschließlich dem Mitgliedstaat zu, selbst wenn die Beihilfe durch nachgeordnete staatliche Stellen (Bundesländer, Gemeinden) erfolgt. Im Rahmen des förmlichen Prüfverfahrens finden zT auch Treffen zwischen dem Mitgliedstaat, der Kommission und dem Beihilfeempfänger (Begünstigten) statt.[91]

## b. Auskunftsmöglichkeiten

Der Kommission stehen zur Einholung von Auskünften zwei Instrumente zur Verfügung:

Vertritt die Kommission die Auffassung, dass die ihr vom Mitgliedstaat vorgelegten Informationen über eine anzumeldende Beihilfemaßnahme unvollständig[92] sind, kann sie alle sachdienlichen ergänzenden **Auskünfte vom anzumeldenden Mitgliedstaat** anfordern.[93]

Wird eine vom Mitgliedstaat verlangte Auskunft innerhalb der von der Kommission gesetzten Frist nicht vollständig erteilt, übermittelt die Kommission ein Erinnerungsschreiben mit einer zusätzlichen Frist.[94] Kommt der Mitgliedstaat dieser Aufforderung trotz des Erinnerungsschreibens erneut nicht nach, gilt die Anmeldung der Beihilfemaßnahme als zurückgezogen (Vermutung der Anmeldungsrücknahme).[95] Der Eintritt der Vermutungsregel kann durch einvernehmliche Verlängerung zwischen Mitgliedstaat und Kommission verhindert werden.[96]

Die Kommission kann auch **Auskünfte an andere Auskunftsgeber** (Mitgliedstaaten, Unternehmen oder Unternehmensvereinigungen) stellen, um ihr erforderliche Marktauskünfte zur Verfügung zu stellen. Dieses Auskunftsersuchen ist an bestimmte Bedingungen geknüpft.

Die Kommission darf das Auskunftsersuchen nur im Rahmen eines förmlichen Prüfverfahrens, das sich ihrer Einschätzung nach bisher als wirkungslos[97] erwiesen hat, stellen.[98] Zudem muss der betreffende Mitgliedstaat, bei einem Ersuchen an den Beihilfeempfänger, sein Einverständnis erklären.[99] Marktauskünfte an Unternehmen oder Unternehmensvereinigungen können durch einfaches

---

91  *Hancher/Ottervanger/Slot*, EU State Aids⁵ (2016) 29-062.
92  Zum Vollständigkeitsbegriff siehe: EuGH 15.02.2001, C-99/98, *Österreich/Kommission* Rn 53 ff, Anm *Lübbig*, EuZW 2001, 174; *Werner* in MüKoWettbR V: BeihilfenR² Art 5 VO (EU) 2015/1589 Rz 8.
93  Art 5 Abs 1 Verf-VO.
94  Art 5 Abs 2 Verf-VO.
95  Art 5 Abs 3 Verf-VO.
96  Art 5 Abs 3 Verf-VO.
97  Die Wirkungslosigkeit soll nach der Rechtsprechung durch getrennten Beschluss festzustellen sein, der vom Mitgliedstaat auch angefochten werden kann: EuGH 13.10.2011, C-463/10 P u C-475/10 P, *Deutsche Post/Kommission*.
98  Art 7 Abs 2 lit a Verf-VO.
99  Art 7 Abs 2 lit b Verf-VO.

Ersuchen,[100] oder durch förmlichen Beschluss,[101] angefordert werden. Im letztgenannten Fall kann die Kommission auch Zwangsgelder und Geldbußen gegen das Unternehmen verhängen.[102]

### c. Abschluss des förmlichen Prüfverfahrens

> Die Kommission beendet das förmliche Prüfverfahren mit **Beschluss**.

Eröffnet die Kommission im Rahmen der vorläufigen Prüfung das förmliche Prüfverfahren, schließt sie es durch einen Beschluss gemäß Art 9 Verf-VO ab. Der Beschluss richtet sich dabei ausschließlich an den Mitgliedstaat und stellt eine zu begründende Entscheidung iSv Art 288, 296 AEUV dar.

Die Kommission kann das förmliche Prüfverfahren durch vier **Beschlussformen** beenden:

– durch Beschluss, dass die angemeldete Maßnahme **keine Beihilfe** darstellt;

Gelangt die Kommission gemäß Art 9 Abs 2 Verf-VO zu dem Schluss, dass die angemeldete Maßnahme keine Beihilfe darstellt, so stellt sie dies durch Beschluss fest.

– durch Beschluss, dass die Beihilfe mit dem Binnenmarkt vereinbar ist (**Positivbeschluss**);

Stellt die Kommission fest, dass die Bedenken hinsichtlich der Vereinbarkeit der angemeldeten Maßnahme ausgeräumt sind, so beschließt sie, dass die Beihilfe mit dem Binnenmarkt vereinbar ist.[103] Die Kommission stellt damit fest, dass die angemeldete Maßnahme eine Beihilfe ist, die mit dem Binnenmarkt vereinbar ist.[104] In diesem Beschluss wird auch angeführt, welche Ausnahmevorschrift des AEUV zur Anwendung gelangt.[105] Durch den Positivbeschluss wird die angemeldete Maßnahme zu einer bestehenden Beihilfe, die fortan nur im Verfahren für bestehende Beihilfen überprüft werden kann.[106]

– durch Beschluss, dass die Beihilfe unter Bedingungen und Auflagen mit dem Binnenmarkt vereinbar ist (**mit Bedingungen und Auflagen verbundener Positivbeschluss**);

Die Kommission kann einen Positivbeschluss mit Bedingungen und Auflagen verbinden, die ihr ermöglichen, die Beihilfe für mit dem Binnenmarkt vereinbar zu erklären bzw die Befolgung ihres Beschlusses zu überwachen.[107] Bei der Auswahl und Gestaltung der

---

100 Art 7 Abs 6 Verf-VO.
101 Art 7 Abs 7 Verf-VO.
102 Art 7 Abs 7 iVm Art 8 Abs 1 und Abs 2 Verf-VO.
103 Art 9 Abs 3 Verf-VO.
104 *Köster* in MüKoWettbR V: BeihilfenR² Art 9 VO (EU) 2015/1589 Rz 4
105 Art 9 Abs 3 letzter Satz Verf-VO.
106 *Köster* in MüKoWettbR V: BeihilfenR² Art 9 VO (EU) 2015/1589 Rz 4.
107 Art 9 Abs 4 Verf-VO.

Auflagen und Bedingungen verfügt die Kommission über ein weites Ermessen.[108] Es kann sich dabei um Einschränkungen hinsichtlich der Art, der Höhe, der berechtigten Empfänger, des Zwecks oder der Dauer der Beihilfe handeln.[109]

Wird gegen einen mit Bedingungen und Auflagen verbundenen Positivbeschluss verstoßen, ist die Kommission berechtigt, den EuGH anzurufen.[110] Durch einen Verstoß gegen Bedingungen oder Auflagen wird die gewährte Beihilfe zu einer rechtswidrigen Beihilfe, zumal die ursprünglich erteilte Genehmigung der Kommission die gewährte Beihilfe nicht mehr deckt.[111] Darüber hinaus ist auch das Vorliegen einer missbräuchlichen Anwendung einer Beihilfe denkbar, wenn der Verstoß gegen Bedingungen oder Auflagen auf das Verhalten des Beihilfeempfängers oder eines Dritten zurückzuführen ist.[112]

– durch Beschluss, dass die Beihilfe mit dem Binnenmarkt unvereinbar ist (**Negativbeschluss**).

Gelangt die Kommission zu dem Schluss, dass die angemeldete Beihilfe mit dem Binnenmarkt unvereinbar ist, so beschließt sie, dass diese Beihilfe nicht eingeführt werden darf.[113] Der Mitgliedstaat darf diese Beihilfe dann auch nicht gewähren.

Sämtliche Beschlussformen werden erlassen, sobald sämtliche Bedenken ausgeräumt wurden. Die Kommission sollte möglichst innerhalb von **18 Monaten** nach Eröffnung des Prüfverfahrens einen Beschluss erlassen.[114]

Die 18 Monate sind nicht zwingend sondern eine bloße Zielvorschrift.[115] Die Frist kann von der Kommission und dem betreffenden Mitgliedstaat einvernehmlich verlängert werden (verlängerbare Ordnungsfrist)[116].[117] Der Mitgliedstaat kann jedoch nach Ablauf der Frist verlangen, innerhalb von weiteren 2 Monaten auf Basis der Informationen, die der Kommission vorliegen, zu entscheiden.

Der Beschluss wird im **Amtsblatt** veröffentlicht.

Positivbeschlüsse werden im C-Teil des Amtsblatts, bedingte und Negativbeschlüsse im L-Teil des Amtsblatts veröffentlicht.

---

108 *Köster* in MüKoWettbR V: BeihilfenR² Art 9 VO (EU) 2015/1589 Rz 6.

109 *Sinnaeve* in Heidenhain (Hrsg), Handbuch des Europäischen Beihilfenrechts (2003) § 33 Rn 48.

110 Art 28 Verf-VO; EuGH 04.02.1992, C-294/90, *British Aerospace/Kommission* Rn 11 ff.

111 *Köster* in MüKoWettbR V: BeihilfenR² Art 9 VO (EU) 2015/1589 Rz 22.

112 *Köster* in MüKoWettbR V: BeihilfenR² Art 9 VO (EU) 2015/1589 Rz 22.

113 Art 9 Abs 5 Verf-VO.

114 Art 9 Abs 6 Verf-VO.

115 EuGH 27.11.2003, T-190/00, *Regione Siciliana/Kommission* Rn 138 f.

116 S *Rusche* in Immenga/Mestmäcker, WettbR III: BeihilfenR⁵ Beihilfenverfahrens-VO Art 9 Rn 3.

117 Art 9 Abs 6 letzter Satz Verf-VO.

## Förmliches Prüfverfahren

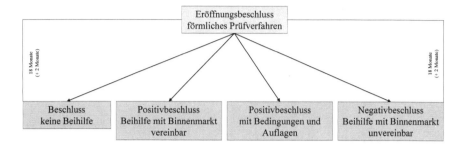

Das förmliche Prüfverfahren kann auf vier Arten beendet werden:
(1) Durch Beschluss, dass keine Beihilfe vorliegt, (2) durch Positivbeschluss, dass die Beihilfe mit dem Binnenmarkt vereinbar ist, (3) durch einen mit Auflagen oder Bedingungen versehenen Positivbeschluss oder (4) durch Negativbeschluss, dass die Beihilfe mit dem Binnenmarkt unvereinbar ist.

### 4. Rücknahme der Anmeldung

**Literatur:** *Heidenhain*, Handbuch des Europäischen Beihilfenrechts (2003); *Köster* in Säcker (Hrsg), Münchner Kommentar Europäisches und Deutsches Wettbewerbsrecht V: Beihilfenrecht[2] (2018); *Ortiz Blanco*, EU Competition Procedure[4] (2021); *Säcker*, Münchner Kommentar Europäisches und Deutsches Wettbewerbsrecht V: Beihilfenrecht[2] (2018); *Sinnaeve* in Heidenhain (Hrsg), Handbuch des Europäischen Beihilfenrechts (2003).

**Judikatur:** KOM 22.08.2001, *Qualifizierungsbeihilfe für Landwirte im Allgäu*, ABl C 2001/236, 3.

Der betreffende Mitgliedstaat kann die Anmeldung der Beihilfemaßnahme innerhalb einer angemessenen Frist, bevor die Kommission die vorläufige Prüfung oder das förmliche Prüfverfahren mit Beschluss beendet, zurücknehmen.[118]

Eine Rücknahme der Anmeldung ist in Fällen denkbar, in denen sich für den Mitgliedstaat die Eröffnung des förmlichen Prüfverfahrens oder ein Negativbeschluss durch die Kommission abzeichnet.[119]

Auf die Rücknahme der Anmeldung folgt in der Praxis häufig eine neue Anmeldung in abgeänderter Form. Durch die Rücknahme der Anmeldung und der Neuanmeldung kann das Beihilfeverfahren oft auch zügiger abgeschlossen werden.[120]

---

118 Art 10 Abs 1 Verf-VO.
119 *Köster* in MüKoWettbR V: BeihilfenR[2] Art 10 VO (EU) 2015/1589 Rz 1.
120 *Köster* in MüKoWettbR V: BeihilfenR[2] Art 10 VO (EU) 2015/1589 Rz 2.

Wird die Anmeldung vom betreffenden Mitgliedstaat erst nach Eröffnung des förmlichen Prüfverfahrens zurückgenommen, ist die Kommission verpflichtet das förmliche Prüfverfahren einzustellen.[121]

In einem solchen Fall veröffentlicht die Kommission gemäß Art 32 Abs 4 Verf-VO eine entsprechende Mitteilung im Amtsblatt.

> Der Mitgliedstaat kann eine angemeldete Beihilfemaßnahme bis zur Beschlussfassung im Rahmen der vorläufigen Prüfung oder des förmlichen Prüfverfahrens zurücknehmen. Im letztgenannten Fall ist das förmliche Prüfverfahren sogleich einzustellen.

## 5. Widerruf einer Entscheidung

**Literatur:** *Heidenhain*, Handbuch des Europäischen Beihilfenrechts (2003); *Köster* in Säcker (Hrsg), Münchner Kommentar Europäisches und Deutsches Wettbewerbsrecht V: Beihilfenrecht[2] (2018); *Ortiz Blanco*, EU Competition Procedure[4] (2021); *Säcker*, Münchner Kommentar Europäisches und Deutsches Wettbewerbsrecht V: Beihilfenrecht[2] (2018); *Sinnaeve* in Heidenhain (Hrsg), Handbuch des Europäischen Beihilfenrechts (2003).

**Judikatur:** KOM 22.08.2001, *Qualifizierungsbeihilfe für Landwirte im Allgäu*, ABl C 2001/236, 3.

Die Kommission kann Beschlüsse in Fällen widerrufen, in denen der Beschluss auf unrichtigen Informationen beruht. Die Unrichtigkeit des Beschlusses muss auf Umstände zurückzuführen sein, die außerhalb des Kontrollbereichs der Kommission liegen und die fraglichen falschen Informationen müssen **von ausschlaggebender Bedeutung** für den Beschluss gewesen sein.

Die Informationen müssen für den Beschluss erheblich sein und die Auslegung des Beschlusses muss ergeben, dass der Tenor des Beschlusses ohne die unrichtigen Informationen einen Begründungsmangel gemäß Art 296 AEUV aufweisen würde. Die Kommission hätte bei Kenntnis der richtigen Sachlage anders entschieden.[122]

Unrichtige Informationen sind nur die vom Mitgliedstaat im Beihilfeverfahren selbst übermittelten Informationen. Von anderen Beteiligten übermittelte Informationen setzen eine Stellungnahme des betreffenden Mitgliedstaats voraus.[123]

Nicht nur unrichtige Informationen, sondern auch irreführende Informationen sollen zum Widerruf berechtigen.[124]

Ein Beschluss kann nur dann von der Kommission widerrufen werden, wenn dem Mitgliedstaat Gelegenheit gegeben wurde, zu den falschen Informationen Stellung zu nehmen.[125]

---

121 Art 10 Abs 2 Verf-VO.
122 *Köster* in MüKoWettbR V: BeihilfenR[2] Art 11 VO (EU) 2015/1589 Rz 2 f.
123 *Köster* in MüKoWettbR V: BeihilfenR[2] Art 11 VO (EU) 2015/1589 Rz 4.
124 *Sinnaeve*, in Heidenhain (Hrsg), Handbuch des Europäischen Beihilfenrechts (2003) § 33 Rn 50; *Köster* in MüKoWettbR V: BeihilfenR[2] Art 11 VO (EU) 2015/1589 Rz 5.
125 Art 11 Verf-VO.

Vor dem Widerruf eines Beschlusses und dem Erlass eines neuen Beschlusses eröffnet die Kommission das förmliche Prüfverfahren.[126]

> Beruht ein Beschluss auf unrichtigen Angaben, kann die Kommission den Beschluss gemäß Art 11 Verf-VO widerrufen.

# B. Verfahren bei rechtswidrigen Beihilfen

**Literatur:** *Bartosch*, EU-Beihilfenrecht[3] (2020); *Bär-Bouyssiére* in Schwarze (Hrsg), EU-Kommentar[4] (2019) Art 108 AEUV; *Birnstiel/Bungenberg/Heinrich*, Europäisches Beihilfenrecht (2013); *Calliess/Ruffert*, EUV/AEUV[5] (2016); *Dilkova*, The New Procedural Regulation in State aid – Whether „Modernisation" is in the right direction? ECLR 2014, 35; *Frenz*, Handbuch Europarecht III: Beihilferecht[2] (2021); *Grabitz/Hilf/Nettesheim*, Das Recht der Europäischen Union: EUV/AEUV[72] (2021); *Hancher/Ottervanger/Slot*, EU State Aids[5] (2016); *Immenga/Mestmäcker*, Wettbewerbsrecht III: Beihilferecht[5] (2016); *Jäger/Stöger* (Hrsg), EUV/AEUV Art 108 AEUV (Stand 01.01.2014, rdb. at); *Ortiz Blanco*, EU Competition Procedure[4] (2021); *Sinnaeve*, State Aid Procedures, Developments since the Entry into Force of the Procedural Regulation, CMLR 2007, 965; *dies*, Die neue Verfahrensordnung in Beihilfesachen, EuZW 1999, 270; *dies*, Der Kommissionsvorschlag zu einer Verfahrensverordnung für die Beihilfenkontrolle, in Heidenhain, European State Aid Law (2010); *Säcker*, Münchner Kommentar. Europäisches und Deutsches Wettbewerbsrecht V: Beihilfenrecht[2] (2018); *Soltész*, Das prozedurale binnenmarktrechtliche Beihilfenaufsichtsrecht, in Hatje/Müller-Graff (Hrsg), Enzyklopädie Europarecht IV: Europäisches Binnenmarkt- und Wirtschaftsordnungsrecht[2] (2021).

**Judikatur:** EuGH 14.07.1972, Rs 52/69, *Geigy/Kommission*; EuGH 15.02.1978, Rs 96/77, *Bauche/Französische Zollverwaltung*; EuGH 30.09.1982, Rs 108/81, *Amylum/Rat*; EuGH 21.03.1990, C-142/87, *Belgien/Kommission*; EuGH 14.02.1990, C-301/87, *Frankreich/Kommission (Boussac)*; EuGH 21.03.1991, C-303/88, *Italien/Kommission*; EuGH 13.04.1994, verb Rs C-324/90 u C-342/90, *Deutschland und Pleuger/Kommission*; EuGH 04.04.1995, C-350/93, *Kommission/Italien*; EuG 15.09.1998, T-95/96, *Gestevision Telecino/Kommission*; EuG 15.09.1998, verb Rs T-126/96 u T-127/96, *Breda Fucine Meridionali SpA (BFM)/Kommission*; EuGH 17.06.1999, C-75/97, *Belgien/Kommission*; EuGH 24.09.2002, verb Rs C-74/00 P u C-75/00 P, *Falck SpA und Acciaierie di Bolzano SpA/Kommission*; EuGH 13.06.2002, C-382/99, *Niederlande/Kommission*; EuG 10.04.2003, T-360/00, *Scott/Kommission*; EuGH 03.07.2003, C-457/00, *Belgien/Kommission*; EuGH 29.04.2004, C-298/00 P, *Italien/Kommission*; EuGH 29.04.2004, C-372/97, *Italien/Kommission*; EuG 11.05.2005, T-111/01 u T-133/01, *Saxonia Edelmetalle/Kommission*; EuGH 06.10.2005, C-276/03, *Scott/Kommission*; EuGH 23.02.2006, verb Rs C-346/03 u C-529/03, *Atzeni/Regione autonoma della Sardegna*; EuGH 22.04.2008, C-408/04 P, *Kommission/Salzgitter AG*; EuGH 20.02.2009, C-369/08, *Kommission/Deutschland*; EuG 04.03.2009, T-445/05, *Associazione italiana del risparmio gestito and Fineco Asset Management SpA/Kommission*; EuG 11.06.2009, T-297/02; *ACEA SpA/Kommission*; EuGH 07.07.2009, C-369/07, *Kommission/Griechenland*; EuGH 28.07.2011, C-403/10 P, *Mediaset SpA/Kommission*; EuGH 08.12.2011, C-275/10, *Residex Capital IV/Gemeente Rotterdam*; EuGH 19.12.2012, C-288/11 P, *Flughafen Leipzig-Halle/Kommission*; EuG 12.11.2013, T-570/08, *Deutsche Post AG/Kommission*; EuGH 05.03.2019, C-349/17, *Eesti Pagar*; EuGH 29.07.2019, C-654/17 P, *BMW/Kommission*.

---

126 Art 11 vorletzter Satz Verf-VO.

Den Fall, dass Beihilfevorhaben von den betreffenden Mitgliedstaaten vor der Anmeldung der Kommission bereits gewährt wurden, regelt der AEUV nicht. Die Rückforderung von rechtswidrigen Beihilfen wurde als logische Folge der Rechtswidrigkeit angesehen.[127] Dabei gilt: Die Lage vor der Gewährung der rechtswidrigen Beihilfe ist wiederherzustellen.[128]

Das Verfahren für rechtswidrige Beihilfen orientiert sich an der Rsp[129] des EuGH und gliedert sich in eine **vorläufige Prüfung** und ein **förmliches Prüfverfahren**.[130]

Die Umsetzung der Rückforderung ist in einer eigenen Mitteilung (Rückforderungsmitteilung) näher geregelt.[131]

### Grafische Übersicht über das Verfahren

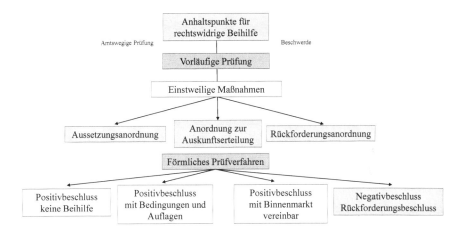

## 1. Vorläufige Prüfung

Die Kommission ist verpflichtet die Gewährung rechtswidriger Beihilfen aufgrund von **Beschwerden** oder **von Amts wegen** zu überprüfen.

Beschwerden können von Beteiligten gemäß Art 24 Abs 2 Verf-VO eingebracht werden. Dies geschieht mit Hilfe eines Beschwerdeformulars. Die Kommission kann aber

---

127 EuGH 14.02.1990, C-301/87, *Frankreich/Kommission* Rn 18.

128 EuGH 17.06.1999, C-75/97, *Belgien Kommission* Rn 64; EuGH 04.04.1995, C-350/93, *Kommission/Italien*; EuGH 07.07.2009, C-369/07, *Kommission/Griechenland*.

129 EuGH 14.02.1990, C-301/87, *Frankreich/Kommission*; EuGH 21.03.1990, C-142/87, *Belgien/Kommission*.

130 *Frenz*, Handbuch EuR III² Rz 2477.

131 Bekanntmachung der Kommission über die Rückforderung rechtswidriger mit dem Binnenmarkt unvereinbarer staatlicher Beihilfen, ABl C 2019/247, 1.

auch auf andere Weise auf rechtswidrige Beihilfen aufmerksam werden (zB Presseberichte, Anfragen durch nationale Gerichte)[132] und von Amts wegen tätig werden.

Die Kommission ist verpflichtet, die ihr vorliegenden Informationen über die Gewährung rechtswidriger Beihilfen sorgfältig und unvoreingenommen zu überprüfen.[133] Diese weitere Aufklärung des Sachverhaltes ist nur dann erforderlich, wenn die erste Prüfung der vorliegenden Informationen ergeben hat, dass zumindest aufgrund des ersten Anscheins hinreichende Anhaltspunkte für die Gewährung rechtswidriger Beihilfen gegeben sind, nicht aber bei offensichtlich unbegründeten Beschwerden oder nicht substantiierten Anschuldigungen eines Beteiligten.[134] Die Kommission stellt zudem sicher, dass der betreffende Mitgliedstaat in vollem Umfang über den Stand und das Ergebnis der Prüfung informiert wird.[135]

Sobald der Kommission tatsächlich **Anhaltspunkte** für die Gewährung einer rechtswidrigen Beihilfe vorliegen, leitet sie die **vorläufige Prüfung** ein. Im Rahmen der vorläufigen Prüfung richtet die Kommission regelmäßig Fragen an die Mitgliedstaaten und bittet den jeweiligen Mitgliedstaat um Auskünfte.[136]

Die Generaldirektion Wettbewerb (GD Wettbewerb) richtet in diesem Fall ein Schreiben an den Mitgliedstaat, in dem dieser binnen einer angemessenen Frist aufgefordert wird, bestimmte Auskünfte mitzuteilen. Der Mitgliedstaat ist verpflichtet diese Auskünfte zu erteilen, es sei denn, dadurch werden wesentliche Sicherheitsinteressen des betreffenden Mitgliedstaats berührt.[137] In der Praxis wird den Mitgliedstaaten üblicherweise eine Kopie der Beschwerde mit der Aufforderung um Stellungnahme übermittelt.[138]

Bei der Prüfung rechtswidriger Beihilfen kann die Kommission bereits vor der Eröffnung des förmlichen Prüfverfahrens mehrere **einstweilige Maßnahmen** erlassen, indem sie entweder:

– Auskünfte vom betreffenden Mitgliedstaat verlangt (**Anordnung zur Auskunftserteilung**),
– den rechtswidrigen Zustand aussetzt (**Aussetzungsanordnung**) oder
– die rechtswidrige Beihilfe einstweilig rückgängig macht (**Rückforderungsanordnung**).

Im Verfahren über mutmaßlich rechtswidrige Beihilfen unterliegt die Kommission grds **keinen** entsprechenden **Fristen**.[139]

> Die vorläufige Prüfung wird beendet, indem die Kommission mit Beschluss entscheidet, dass die Maßnahme 1) **keine Beihilfe** darstellt, 2) **keine Einwände** gegen die Beihilfe erhoben werden oder 3) das **förmliche Prüfverfahren zu eröffnen** ist.[140]

---

132 *Frenz*, Handbuch EuR III² Rz 2480.
133 EuGH 02.04.1998, C-367/95 P, *Kommission/Sytraval* Rn 57 ff.
134 *Köster* in MüKoWettbR V: BeihilfenR² Art 12 VO (EU) 2015/1589 Rz 3.
135 Art 12 Abs 1 zweiter Satz Verf-VO.
136 *Soltész* in Hatje/Müller-Graff, EnzEuR IV² § 15 Rz 38; *Frenz*, Handbuch EuR III² Rz 2479.
137 *Köster* in MüKoWettbR V: BeihilfenR² Art 12 VO (EU) 2015/1589 Rz 4 mwN.
138 *Soltész* in Hatje/Müller-Graff, EnzEuR IV² § 15 Rz 38.
139 Art 15 Abs 2 Verf-VO.
140 *Soltész* in Hatje/Müller-Graff, EnzEuR IV² § 15 Rz 41.

## 2. Einstweilige Maßnahmen

Die verschiedenen einstweiligen Maßnahmen vor der Eröffnung des förmlichen Prüfverfahrens dienen dazu, die Kommission in die gleiche Lage zu versetzen wie beim Verfahren bei angemeldeten Beihilfen.[141]

Diese einstweiligen Maßnahmen stehen der Kommission aber auch im weiteren Verlauf des Verfahrens (förmliches Prüfverfahren) noch zur Verfügung.[142]

Die Mitgliedstaaten sind verpflichtet die entsprechenden Maßnahmen auch zu ergreifen.[143]

### a. Anordnung zur Auskunftserteilung

Die Kommission kann bei Vorliegen von Anhaltspunkten über die Gewährung einer mutmaßlichen rechtswidrigen Beihilfe vom Mitgliedstaat, falls erforderlich, Auskünfte erteilen.

Werden vom betreffenden Mitgliedstaat trotz eines Erinnerungsschreibens die verlangten Auskünfte innerhalb einer von ihr festgesetzten angemessenen Frist nicht oder nicht vollständig erfüllt, so ist die Kommission berechtigt, Auskünfte durch Beschluss anzuordnen (**Anordnung zur Auskunftserteilung**).

Zu dieser Anordnung ist die Kommission verpflichtet, wenn die Auskünfte des betreffenden Mitgliedstaates fehlen oder unvollständig sind.[144]

### b. Aussetzungsanordnung

Mit einer **Aussetzungsanordnung** wird dem betreffenden Mitgliedstaat durch Beschluss von der Kommission aufgetragen, alle rechtswidrigen Beihilfen so lange auszusetzen, bis die Kommission einen Beschluss über die Vereinbarkeit der Beihilfe mit dem Binnenmarkt erlassen hat.

In der Aussetzungsanordnung muss die Kommission das Vorliegen einer Beihilfe begründen, die entgegen dem Durchführungsverbot gewährt wurde.[145] Dem betreffenden Mitgliedstaat muss in diesem Fall aber Gelegenheit zur Äußerung gegeben werden.[146] Es liegt dabei im Ermessen der Kommission eine solche Aussetzungsanordnung zu erlassen. Dazu verpflichtet ist sie aber nicht. Mit der Aussetzungsanordnung soll der Zustand

---

141 *Sinnaeve*, EuZW 1999, 273.
142 *Frenz*, Handbuch EuR III² Rz 2482.
143 EuGH 05.03.2019, C-349/17, *Eesti Pagar* Rn 89, 92, 100 und 130.
144 *von Wallenberg/Schütte* in Grabitz/Hilf/Nettesheim, Das Recht der Europäischen Union Art 108 AEUV Rn 105 (Werkstand: 71. EL August 2020).
145 *Soltész* in Hatje/Müller-Graff, EnzEuR IV² § 15 Rz 40.
146 Art 13 Abs 1 Verf-VO.

erreicht werden, der bestehen würde, wenn der betreffende Mitgliedstaat das Durchführungsverbot gemäß Art 108 Abs 3 AEUV beachtet hätte.[147]

Kommt der betreffende Mitgliedstaat einer Aussetzungsanordnung nicht nach, kann die Kommission die **Prüfung** aufgrund der ihr vorliegenden Informationen **fortsetzen** oder aber den **EuGH** mit der Angelegenheit **befassen** und dabei um Feststellung ersuchen, dass die Nichtbefolgung einen Verstoß gegen den AEUV darstellt.[148]

### c. Rückforderungsanordnung

Mit einer Rückforderungsanordnung wird dem betreffenden Mitgliedstaat durch Beschluss von der Kommission aufgetragen, alle rechtswidrigen Beihilfen einstweilig zurückzufordern, bis die Kommission einen Beschluss über die Vereinbarkeit der Beihilfe mit dem Binnenmarkt erlassen hat („**Rückforderungsanordnung**").

Dem betreffenden Mitgliedstaat muss in diesem Fall jedoch Gelegenheit zur Äußerung gegeben werden.[149]

Eine Rückforderungsanordnung kann nur erlassen werden wenn:
– nach geltender Praxis **hinsichtlich des Beihilfecharakters** der betreffenden Beihilfemaßnahme **keinerlei Zweifel** bestehen;[150]
– ein **Tätigwerden dringend geboten** ist,[151] **und**
– ein erheblicher und **nicht wiedergutzumachender Schaden für einen Konkurrenten ernsthaft zu befürchten** ist.[152]

> Eine Rückforderungsanordnung ist nur zulässig, wenn sämtliche Kriterien in Art 13 Abs 2 lit a bis c Verf-VO kumulativ erfüllt sind.

Die Anordnung zu einer einstweiligen Rückforderung kann vom betreffenden Mitgliedstaat etwa durch Zahlungen auf ein Treuhandkonto erreicht werden. Dadurch wird dem Unternehmen die Verfügungsgewalt über die Beihilfe entzogen, ohne zugleich haushaltsreichliche Konsequenzen auszulösen.[153] Im Fall MTW Schiffswerft wurde die Beihilfe freiwillig auf ein Treuhandkonto zurückgezahlt, was dazu führte, dass die Beihilfe später durch die Kommission genehmigt wurde.[154]

---

147 *von Wallenberg/Schütte* in Grabitz/Hilf/Nettesheim, Das Recht der Europäischen Union (71. EL August 2020) Art 108 AEUV Rn 107 (Werkstand: 71. EL August 2020).
148 Art 14 AEUV.
149 Art 13 Abs 1 Verf-VO.
150 Art 13 Abs 2 lit a Verf-VO.
151 Art 13 Abs 2 lit b Verf-VO.
152 Art 13 Abs 2 lit c Verf-VO.
153 *von Wallenberg/Schütte* in Grabitz/Hilf/Nettesheim, Das Recht der Europäischen Union (71. EL August 2020) Art 108 AEUV Rn 109.
154 *von Wallenberg/Schütte* in Grabitz/Hilf/Nettesheim, Das Recht der Europäischen Union (71. EL August 2020) Art 108 AEUV Rn 110 FN 1 mwN.

Kommt der betreffende Mitgliedstaat einer Rückforderungsanordnung nicht nach, kann die Kommission die **Prüfung** aufgrund der ihr vorliegenden Informationen **fortsetzen** oder den **EuGH** mit der Angelegenheit **befassen**.

Wird der EuGH angerufen, ersucht die Kommission um Feststellung, dass die Nichtbefolgung einen Verstoß gegen den AEUV darstellt.

Der Kommission stehen mehrere einstweilige Maßnahmen zur Verfügung: 1) Anordnung zur Auskunftserteilung, 2) Aussetzungsanordnung, 3) Rückforderungsanordnung.

Bei Nichtbefolgung einer Aussetzungs- oder Rückforderungsanordnung kann die Prüfung fortgesetzt werden oder aber der EuGH angerufen werden. Die Nichtbefolgung einer Anordnung zur Auskunftserteilung bleibt dagegen ohne Sanktion.

### 3. Förmliches Prüfverfahren

Gelangt die Kommission im Rahmen der vorläufigen Prüfung zum Ergebnis, dass es sich möglicherweise um eine rechtswidrige Beihilfe handelt, **führt** sie **das Verfahren wie bei angemeldeten Beihilfen fort**. Sie eröffnet das förmliche Prüfverfahren wenn sie ernsthafte Bedenken hinsichtlich der Vereinbarkeit der Beihilfemaßnahme äußert und beendet das förmliche Prüfverfahren durch Beschluss.

In den Entscheidungen der Kommission findet sich bis 2010 das Kürzel „NN"-Beihilfe (not notifié)

Eröffnet die Kommission im Rahmen der vorläufigen Prüfung das förmliche Prüfverfahren, schließt sie es durch einen an den Mitgliedstaat gerichteten Beschluss gemäß Art 9 Verf-VO ab.

Die Kommission kann das förmliche Prüfverfahren gemäß Art 15 Abs 1 erster Satz Verf-VO durch **vier Arten** von Beschlüssen beenden:
Durch Beschluss, dass
- die angemeldete Maßnahme **keine Beihilfe** darstellt;
- die Beihilfe mit dem Binnenmarkt vereinbar ist (**Positivbeschluss**);
- die Beihilfe unter Bedingungen und Auflagen mit dem Binnenmarkt vereinbar ist (**mit Bedingungen und Auflagen verbundener Positivbeschluss**);
- die Beihilfe mit dem Binnenmarkt unvereinbar ist (**Negativbeschluss**).

Kommt die Kommission im förmlichen Prüfverfahren zu dem Ergebnis, dass die Beihilfe mit dem Binnenmarkt unvereinbar ist, erlässt sie einen Negativbeschluss und ordnet den betreffenden Mitgliedstaat an, alle notwendigen Maßnahmen zu ergreifen, um die Beihilfe vom jeweiligen Empfänger zurückzufordern (**„Rückforderungsbeschluss"**).

Die Kommission darf nicht allein wegen einer unterbliebenen Anmeldung (**formelle Rechtswidrigkeit**) einen abschließenden Rückforderungsbeschluss erlassen.[155] Vielmehr muss sie auch die Unvereinbarkeit der Beihilfe mit dem Binnenmarkt (**materielle Rechtswidrigkeit**) in vollem Umfang prüfen.[156] Ein Rückforderungsbeschluss setzt somit eine materiell- und formell-rechtswidrige Beihilfe voraus.

Die Rückforderung darf nur in Ausnahmefällen unterbleiben, wenn gegen einen allgemeinen Grundsatz des Unionsrechts (Vertrauensschutz, Rechtssicherheit, Verhältnismäßigkeit)[157] verstoßen wird.[158]

Die Rückforderung der gesamten Beihilfe sieht der EuGH als logische Restitutionsfolge der Wettbewerbsverfälschung, die aus der rechtswidrigen Beihilfe resultiert.[159]

## 4. Rückforderung

Gelangt die Kommission im förmlichen Prüfverfahren zum Ergebnis, dass die Beihilfe mit dem Binnenmarkt unvereinbar ist, entscheidet sie mit einem Negativbeschluss, in dem sie den betreffenden Mitgliedstaat anordnet, alle notwendigen Maßnahmen zu ergreifen, um die Beihilfe vom jeweiligen Empfänger zurückzufordern (**„Rückforderungsbeschluss"**).

### a. Rückforderungsschuldner

**Judikatur:** EuGH 04.04.1995, C-350/93, *Kommission/Italien*; EuGH 03.07.2003, C-457/00, *Belgien/Kommission*; EuG 11.05.2005, verb Rs T-111/01 u T-133/01, *Saxonia Edelmetalle/Kommission*; EuG 04.03.2009, T-445/05, *Associazione italiana del risparmio gestito and Fineco Asset Management SpA Kommission*; EuG 11.06.2009, T-297/02; *ACEA SpA/Kommission*.

Der Rückzahlungsschuldner einer rechtswidrigen Beihilfe ist grds der **Beihilfeempfänger**.[160]

---

155 *Koenig/Ghazaria* in Streinz, EUV/AEUV³ Art 108 AEUV Rn 31.
156 EuGH 12.02.2008, C-199/06, *CELF*; EuGH 21.11.1991, C-354/90, *FNCE*; siehe dazu Art 16 Abs 1 Verf-VO.
157 EuGH 19.12.2012, C-288/11 P, *Mitteldeutsche Flughafen und Flughafen Leipzig-Halle/Kommission*; EuGH 30.09.1982, Rs 108/81, *Amylum/Rat*; EuGH 15.02.1978, Rs 96/77, *Bauche/Französische Zollverwaltung*.
158 Art 16 Abs 1 Verf-VO.
159 EuGH 08.12.2011, C-275/10, *Residex*; EuGH 28.07.2011, C-403/10 P, *Mediaset/Kommission*; EuGH 29.04.2004, C-277/00, *Deutschland/Kommission*; EuGH 12.12.2002, C-209/00, *Kommission/Deutschland*.
160 Art 14 Abs 1 Verf-VO.

Rückforderungsschuldner ist der Rechtsträger des tatsächlich begünstigten Unternehmens.[161] Rückzahlungsgläubiger ist diejenige staatliche Stelle im Staatsgefüge, die die Beihilfe gewährt hat.[162]

Der Adressatenkreis wurde durch die Entscheidungspraxis der Kommission über die Jahre auf Dritte ausgedehnt.

Erfasst wurden damit jene, die zwar selbst keine Beihilfe erhalten, jedoch einen wesentlichen Teil der Vermögensgegenstände vom Beihilfeempfänger erworben haben. Andernfalls hätte sich der Beihilfeempfänger durch eine Übertragung des wesentlichen Vermögens einer Rückzahlung der Beihilfe entziehen können.[163]

### b. Durchsetzung der Rückforderung

**Judikatur:** EuG 29.03.2007, T-369/00, *Département du Loire/Kommission*; EuGH 05.03.2019, C-349/17, *Eesti Pagar.*

Rechtswidrige Beihilfen werden nach dem nationalen Verfahren des jeweiligen Mitgliedstaates rückabgewickelt. Durch die Verf-VO wurde keine Harmonisierung der nationalen Vorschriften über die Rückforderung bewirkt.

Die Mitgliedstaaten sind zu einer sofortigen und effektiven Rückforderung verpflichtet. Um das zu erreichen, haben die Mitgliedstaaten im Falle eines Verfahrens vor einem nationalen Gericht alle erforderlichen (einstweiligen) Maßnahmen zu ergreifen.[164]

Rechtswidrige Beihilfen sind mit **Zinsen** zurückzuzahlen.

Die aufgrund eines Rückforderungsbeschlusses zurückzufordernde Beihilfe umfasst Zinsen, die nach einem von der Kommission festgelegten angemessenen Satz berechnet werden.[165] Auch Zinseszinsen sind vorgesehen.[166] Die Zinsen sind von dem Zeitpunkt, ab dem die rechtswidrige Beihilfe dem Empfänger zur Verfügung stand, bis zu ihrer tatsächlichen Rückzahlung zahlbar.[167] Welche Zinsen einzuheben und wie sie zu berechnen sind, regelt die Kommission in der Verf-DVO (EG) 794/2004.[168]

---

161 EuG 11.06.2009, T-297/02; *ACEA/Kommission*; EuG 04.03.2009, T-445/05, *Associazione italiana del risparmio gestito and Fineco Asset Management SpA Kommission*; EuGH 03.07.2003, C-457/00, *Belgien/Kommission*.

162 EuGH 04.04.1995, C-350/93, *Kommission/Italien* Rn 22; *Koenig/Ghazaria* in Streinz, EUV/AEUV³ Art 108 Rn 39.

163 *Cremer* in Calliess/Ruffert, EUV/AEUV⁵ Art 108 Rn 35.

164 Art 16 Abs 3 zweiter Satz Verf-VO.

165 Art 16 Abs 2 erster Satz Verf-VO.

166 Vgl EuG 29.03.2007, T-369/00, *Département du Loire/Kommission*.

167 Art 16 Abs 2 zweiter Satz Verf-VO.

168 S dazu auch die Mitteilung der Kommission über die aktuellen bei Beihilfe-Rückforderungen angewandten Zinssätze sowie Referenz- und Abzinsungssätze, anwendbar ab 1. September 2021, ABl L 2021/140, 3.

Die Durchsetzung von Rückforderungen hat die Kommission in einer eigenen **Mitteilung**[169] näher geregelt.

### c. Verjährung der Rückforderung

**Literatur:** *Lübbig/Martin-Ehlers*, Beihilfenrecht der EU[2] (2009); *Nehl*, The imperfect procedural status of beneficiaries of aid in EC State aid proceedings, EStAL 2006, 57; *Ortiz Blanco*, EU Competition Procedure[4] (2021); *Sinnaeve*, Die neue Verfahrensordnung in Beihilfesachen, EuZW 1999, 270.

**Judikatur:** EuGH 24.11.1987, Rs 223/85, *Rijn-Schelde-Verolme (RSV) Machinefabrieken en Scheepswerven NV/Kommission*; EuG 10.04.2003, T-360/00, *Scott/Kommission*; EuGH 06.10.2005, C-276/03, *Scott/Kommission*.

Eine rechtswidrige Beihilfe kann von der Kommission innerhalb einer Frist von **zehn Jahren** zurückverlangt werden.[170]

Diese Frist beginnt mit dem Tag zu laufen, an dem die rechtswidrige Beihilfe dem Beihilfeempfänger als Einzelbeihilfe oder auf der Grundlage einer Beihilferegelung gewährt wird.[171]

Maßgeblich ist jener Zeitpunkt, mit dem nach geltendem nationalem Recht ein Rechtsanspruch erworben wird.

Jede **Unterbrechung** der Frist löst den Fristenlauf erneut aus.[172]

Die Frist wird unterbrochen, wenn die Kommission oder der Mitgliedstaat auf Antrag der Kommission Maßnahmen ergreifen, die sich auf die rechtswidrige Beihilfe beziehen. So reicht bereits ein einfaches Auskunftsersuchen der Kommission aus, um den Fristenlauf zu unterbrechen.[173] Für die Unterbrechung der Frist ist es nicht von Belang, ob der Beihilfeempfänger Kenntnis von einem Auskunftsersuchen der Kommission hat.[174] Eine Beschwerde eines Beteiligten reicht für sich genommen noch nicht aus, um die Verjährung zu unterbrechen, da es an einer Maßnahme der Kommission fehlt.[175]

Mit **Ablauf** der Verjährungsfrist gilt die rechtswidrige Beihilfe als bestehende Beihilfe.

Bestehende Beihilfen können nicht mehr zurückgefordert werden.

Rechtswidrige Beihilfen können innerhalb von zehn Jahren von der Kommission zurückverlangt werden. Mit jeder Unterbrechung der Frist beginnt die 10 Jahresfrist erneut zu laufen. Mit Ablauf der 10 Jahre gilt die rechtswidrige Beihilfe als bestehende Beihilfe und kann von der Kommission nicht mehr zurückgefordert werden.

---

169 Rückforderungsmitteilung, ABl C 2019/247, 1.
170 Art 17 Abs 1 Verf-VO.
171 Art 17 Abs 2 Verf-VO.
172 Art 17 Abs 2 Verf-VO.
173 EuG 10.04.2003, T-360/00, *Scott/Kommission* Rn 57 ff.
174 *Köster* in MüKoWettbR V: BeihilfenR[2] Art 17 VO (EU) 2015/1589 Rz 5.
175 *Rusche* in Immenga/Mestmäcker, WettbR III: BeihilfenR[5] Beihilfeverf-VO Art 17 Rn 4.

# C. Verfahren bei missbräuchlichen Beihilfen

**Literatur:** *Bartosch*, EU-Beihilfenrecht (2020); *Birnstiel/Bungenberg/Heinrich*, Europäisches Beihilfenrecht (2013); *Calliess/Ruffert*, EUV/AEUV[5] (2016); *Dilkova*, The New Procedural Regulation in State aid – Whether „Modernisation" is in the right direction? ECLR 2014, 35; *Grabitz/Hilf/Nettesheim*, Das Recht der Europäischen Union: EUV/AEUV[72] (2021); *Hancher/Ottervanger/Slot*, EU State Aids[5] (2016); *Heidenhain*, European State Aid Law (2010); *ders*, Handbuch des Europäischen Beihilfenrechts (2003); *Immenga/Mestmäcker*, Wettbewerbsrecht III: Beihilfenrecht[5] (2016); *Jäger/Stöger* (Hrsg), EUV/AEUV Art 108 AEUV (Stand 01.01.2014, rdb.at); *Ortiz Blanco*, EU Competition Procedure[4] (2021); *Säcker*, Münchner Kommentar. Europäisches und Deutsches Wettbewerbsrecht V: Beihilfenrecht[2] (2018); *Sinnaeve* in Heidenhain (Hrsg), European State Aid Law (2010); *dies*, State Aid Procedures, Developments since the Entry into Force of the Procedural Regulation, CMLR 2007, 965; *dies* in Heidenhain (Hrsg), Handbuch des Europäischen Beihilfenrechts (2003) *dies*, Die neue Verfahrensordnung in Beihilfesachen, EuZW 1999, 270; *von Wallenberg/Schütte* in Grabitz/Hilf/Nettesheim (Hrsg), Das Recht der Europäischen Union: EUV/AEUV (Werkstand: 71. EL August 2020).

**Judikatur:** EuG 11.05.2005, verb Rs T-111/01 u T-133/01, *Saxonia Edelmetalle/Kommission*; EuG 06.05.2008, T-318/00, *Freistaat Thüringen/Kommission*; EuG 17.12.2015, T-242/12, *SNCF/Kommission*; EuGH 07.03.2018, C-127/16 P, *SNCF Mobilités/Kommission*.

> Art 20 Verf-VO sieht bei missbräuchlicher Anwendung von Beihilfen ein eigenes Verfahren vor. Es folgt dabei grds dem Verfahren über angemeldete und rechtswidrige Beihilfen.[176]

Bei einer missbräuchlichen Beihilfe ist nicht der Mitgliedstaat, sondern der Beihilfeempfänger für den Verstoß verantwortlich, während bei einer rechtswidrigen Beihilfe der betreffende Mitgliedstaat den Verstoß begeht.

Jeder Beteiligte kann der Kommission eine angeblich missbräuchliche Anwendung einer Beihilfe mitteilen.[177] Nach Erhalt dieser Informationen prüft die Kommission wie im Verfahren bei rechtswidrigen Beihilfen. Ergeben sich aus den vorliegenden Informationen tatsächlich Anhaltspunkte, dass eine missbräuchliche Anwendung einer Beihilfe vorliegt, kann die Kommission vom betreffenden Mitgliedstaat **Auskünfte** verlangen.[178]

Wie bei der Prüfung rechtswidriger Beihilfen kann die Kommission auch im Verfahren über die missbräuchliche Anwendung einer Beihilfe bereits vor der Eröffnung des förmlichen Prüfverfahrens mehrere einstweilige Maßnahmen erlassen, indem sie entweder:

– Auskünfte vom betreffenden Mitgliedstaat verlangt (**Anordnung zur Auskunftserteilung**)[179] oder

---

176 *Bartosch*, BeihilfeR[3] VO 2015/1589 Art 20 Rn 1.
177 *von Wallenberg/Schütte* in Grabitz/Hilf/Nettesheim, Das Recht der Europäischen Union (Werkstand: 71. EL August 2020) Art 108 AEUV Rn 133.
178 Art 20 iVm Art 12 Abs 2 Verf-VO.
179 Art 20 iVm Art 12 Abs 3 Verf-VO.

– den rechtswidrigen Zustand aussetzt (**Aussetzungsanordnung**).[180]

Im Verfahren bei missbräuchlicher Anwendung von Beihilfen kann **keine Rückforderungsanordnung** ergehen.[181]

Gelangt die Kommission im Kontrollverfahren zum Ergebnis, dass es sich möglicherweise um eine missbräuchliche Beihilfe handelt, hat die Kommission nach dem Wortlaut der Verf-VO zwei Handlungsmöglichkeiten:

– Einleitung eines **erleichterten Vertragsverletzungsverfahrens** (Art 28 Verf-VO); oder

– Einleitung eines **förmlichen Prüfverfahrens** (Art 20 Abs 1 iVm Art 4 Abs 4 Verf-VO)

Die Einleitung eines förmlichen Prüfverfahrens soll dabei im Ermessen der Kommission liegen.[182] Das Ermessen bezieht sich wohl aber auf die Wahlmöglichkeit zwischen der Einleitung eines erleichterten Vertragsverletzungsverfahrens und eines förmlichen Prüfverfahrens.[183]

Wenn die Kommission Kenntnis über eine angeblich missbräuchliche Beihilfe erlangt und sie kein erleichtertes Vertragsverletzungsverfahren einleitet, eröffnet sie das förmliche Prüfverfahren. Eine vorläufige Prüfung soll bei missbräuchlichen Beihilfen nicht vorgesehen sein.[184]

Der unmittelbare Eintritt in das förmliche Prüfverfahren erklärt sich aus der Notwendigkeit, bei Missbrauchsverdacht dem „beschuldigten" Beihilfeempfänger sofort rechtliches Gehör einzuräumen.[185]

Das förmliche Prüfverfahren folgt dabei den allgemeinen Regeln wie im Verfahren bei rechtswidrigen und angemeldeten Beihilfen. Die Kommission beendet das förmliche Prüfverfahren gemäß Art 20 Verf-VO iVm Art 9 Verf-VO mit einer in Art 9 Abs 2 bis 5 Verf-VO genannten Entscheidung.

---

180 Art 20 iVm Art 13 Abs 1 Verf-VO.

181 Art 20 Verf-VO verweist nur auf Art 13 Abs 1 Verf-VO nicht aber auf Art 13 Abs 2 Verf-VO. Ebenso *Bartosch*, BeihilfeR[3] VO 2015/1589 Art 20 Rn 3; so auch *von Wallenberg/Schütte* in Grabitz/Hilf/Nettesheim, Das Recht der Europäischen Union (71. EL August 2020) Art 108 AEUV Rn 132.

182 *Ehricke* in Immenga/Mestmäcker, WettbR[4] (2007) EGV Art 88 Art 16 Rn 176; Art 108 Abs 2 UAbs 1 AEUV macht es der Kommission vielmehr zu Pflicht ein förmliches Prüfverfahren zu eröffnen; so *Bartosch*, BeihilfeR[3] VO 2015/1589 Art 1 Rn 21.

183 *Bartosch*, BeihilfeR[3] VO 2015/1589 Art 20 Rn 1; *Sinnaeve* in Heidenhain (Hrsg), European State Aid Law (2010) § 33 Rn 5.

184 Art 20 Abs 1 Verf-VO verweist auf Art 4 Abs 4 Verf-VO und impliziert zwar eine vorläufige Prüfung, ein ausdrücklicher Verweis findet sich aber nicht; Vgl *Bartosch*, BeihilfeR[3] VO 2015/1589 Art 1 Rn 21; auch nach *Sutter* in Mayer/Stöger , EUV/AEUV Art 108 AEUV Rz 99 fehlen die Bestimmungen über das Vorprüfverfahren; dagegen von einem gleichen Verfahren wie bei rechtswidrigen Beihilfen sprechen *von Wallenberg/Schütte* in Grabitz/Hilf/Nettesheim, Das Recht der Europäischen Union (71. EL August 2020) Art 108 AEUV Rn 131.

185 *Sinnaeve* in Heidenhain (Hrsg), Handbuch des Europäischen Beihilfenrechts (2003) § 35 Rz 2; *Sutter* in Mayer/Stöger, EUV/AEUV Art 108 AEUV Rz 99.

Art 9 nennt zwar keinen Beschluss, dass keine missbräuchliche Beihilfe vorliegt, doch ist diese Entscheidungsmöglichkeit analog Art 20 Verf-VO iVm 9 Abs 2 Verf-VO anzunehmen.[186]

Als Ergebnis einer Prüfung einer missbräuchlichen Anwendung von Beihilfen ist gemäß Art 16 Verf-VO auch eine **Rückforderung** möglich.

Kommt die Kommission im förmlichen Prüfverfahren somit zum Ergebnis, dass die Beihilfe mit dem Binnenmarkt unvereinbar ist, erlässt sie einen Negativbeschluss und ordnet den betreffenden Mitgliedstaat an, alle notwendigen Maßnahmen zu ergreifen, um die Beihilfe vom jeweiligen Empfänger zurückzufordern („**Rückforderungsbeschluss**").

Im Verfahren über die missbräuchliche Anwendung einer Beihilfe ist auch der Widerruf einer Genehmigungsentscheidung möglich.[187]

# D. Verfahren bei bestehenden Beihilferegelungen

**Literatur:** *Bartosch*, EU-Beihilfenrecht[3] (2020); *Bär-Bouyssiére* in Schwarze (Hrsg), EU-Kommentar[4] (2019) Art 108 AEUV; *Birnstiel/Bungenberg/Heinrich*, Europäisches Beihilfenrecht (2013); *Calliess/Ruffert*, EUV/AEUV[5] (2016); *Dilkova*, The New Procedural Regulation in State aid – Whether „Modernisation" is in the right direction? ECLR 2014, 35; *Grabitz/Hilf/Nettesheim*, Das Recht der Europäischen Union: EUV/AEUV[72] (2021); *Hancher/Ottervanger/Slot*, EU State Aids[5] (2016); *Heidenhain*, European State Aid Law (2010); *ders*, Handbuch des Europäischen Beihilfenrechts (2003); *Immenga/ Mestmäcker*, Wettbewerbsrecht III: Beihilfenrecht[5] (2016); *Koenig/Roth/Schön*, Aktuelle Fragen des EG-Beihilferechts (2001); *Jäger/Stöger* (Hrsg), EUV/AEUV Art 108 AEUV (Stand 01.01.2014, rdb.at); *Ortiz Blanco*, EU Competition Procedure[4] (2021); *Säcker* (Hrsg), Münchner Kommentar. Europäisches und Deutsches Wettbewerbsrecht V: Beihilfenrecht[2] (2018); *Schwarze*, EU-Kommentar[4] (2019); *Sinnaeve* in Heidenhain (Hrsg), European State Aid Law (2010); *dies*, State Aid Procedures, Developments since the Entry into Force of the Procedural Regulation, CMLR 2007, 965; *dies* in Heidenhain (Hrsg), Handbuch des Europäischen Beihilfenrechts (2003) *dies*, Die neue Verfahrensordnung in Beihilfesachen, EuZW 1999, 270; *Sinnaeve/Slot*, The New Regulation on State Aid Procedures, CMLR 1999, 1153; *Soltész*, Das prozedurale binnenmarktrechtliche Beihilfenaufsichtsrecht, in Hatje/Müller-Graff (Hrsg), Enzyklopädie Europarecht IV: Europäisches Binnenmarkt- und Wirtschaftsordnungsrecht[2] (2021); *von Wallenberg/Schütte* in Grabitz/ Hilf/Nettesheim (Hrsg), Das Recht der Europäischen Union: EUV/AEUV (Werkstand 71. EL August 2020).

**Judikatur:** EuGH 24.03.1993, C-313/90, *CIRFS/Kommission*; EuGH 15.03.1994, C-387/92, *Banco Exterior de España/Ayuntamiento de Valencia*; EuGH 29.06.1995, C-135/93, *Spanien/Kommission*; EuGH 15.10.1996, C-311/94, *IJssel Vilet/Minister van Econimische Zaken*; EuGH 15.04.1997, C-292/95, *Spanien/Kommission*; EuGH 05.10.2000, C-288/96, *Deutschland/Kommission*; EuGH 18.06.2002, C-242/00, *Deutschland/Kommission*; EuGH 22.06.2006, verb Rs C-182/03 u C-217/03, *Belgien und Forum 187 ASBL/Kommission*.

---

186 *Bartosch*, BeihilfeR[3] VO 2015/1589 Art 20 Rn 3.
187 Art 20 Verf-VO iVm Art 11 Verf-VO.

Art 108 Abs 1 AEUV und Art 21-23 Verf-VO bilden die Grundlage für das Verfahren bei bestehenden Beihilferegelungen

Die Kommission ist verpflichtet, bestehende Beihilferegelungen fortlaufend in Zusammenarbeit mit den Mitgliedstaaten zu überprüfen. Diese Überprüfung gilt nur für Beihilferegelungen.

Bestehende Einzelbeihilfen können von der Kommission somit nicht mehr überprüft werden.

Zum Begriff der Beihilferegelung s Zweiter Teil Kapitel II Abschnitt A. Zum Begriff s Dritter Teil Kapitel I Abschnitt C Punkt 1.

Beihilferegelungen sind zB Richtlinien des Bundes oder der Länder, mit denen bestimmte Beihilfen gewährt werden (FFG-Richtlinie 2015,[188] Richtlinie für eine KMU-Digitalisierungsförderung „KMU.E-Commerce"[189]).

Das Verfahren über bestehende Beihilferegelungen kann etwa zur punktuellen Überprüfung einzelner Beihilferegelungen oder aber zur allgemeinen Überprüfung bestehender Beihilferegelungen eines bestimmten Themenkomplexes dienen.

So kommt es in der beihilferechtlichen Praxis vor, dass die Kommission im Anschluss an eine Änderung eines bestehenden Unionsrahmens gemäß Art 22 Verf-VO zweckdienliche Maßnahmen zur Anpassung oder Änderung der in diesem Bereich bestehenden Regelungen vorschlägt.[190]

Die Mitgliedstaaten sind verpflichtet, die Kommission bei ihrer Arbeit zu unterstützen. Die Mitgliedstaaten müssen jährlich über alle bestehenden Beihilferegelungen berichten.

In der Praxis geschieht dies durch das jährliche Reporting über das elektronische System (SARI), in das die Mitgliedstaaten alle erforderlichen Informationen über bestehende Beihilferegelungen einpflegen müssen.

---

188 Richtlinie für die Österreichische Forschungsförderungsgesellschaft mbH zur Förderung der angewandten Forschung, Entwicklung und Innovation (FFG-Richtlinie 2015), FFG-RL KMU des Bundesministeriums für Verkehr, Innovation und Technologie (GZ BMVIT-609.986/0012-III/I2/2014) und des Bundesministers für Wissenschaft, Forschung und Wirtschaft (GZ BMWFW-98.310/0102-C1/10/2015) mit Geltung ab 1.1.2015.

189 Richtlinie für eine KMU-Digitalisierungsförderung „KMU.E-Commerce" des Bundesministeriums für Digitalisierung und Wirtschaft gemäß Bundesgesetz über besondere Förderungen von kleinen und mittleren Unternehmen (KMU-Förderungsgesetz), BGBl 432/1996 idgF.

190 Vgl dazu etwa EuGH 15.04.1997, C-292/95, *Spanien/Kommission*; EuGH 29.06.1995, C-135/93, *Spanien/Kommission*; weiterführend *Bartosch*, BeihilfeR[3] VO 2015/1589 Art 20 Rn 4.

## 1. Kooperationsphase

Die Kommission prüft in Zusammenarbeit mit dem betreffenden Mitgliedstaat die bestehenden Beihilferegelungen. Art 21 Verf-VO sieht dafür ein sog **Kooperationsverfahren** zwischen der Kommission und dem betreffenden Mitgliedstaat vor.

Im ersten Schritt des Verfahrens holt die Kommission beim betreffenden Mitgliedstaat alle erforderlichen Auskünfte ein.[191]

Dafür ist ein Anfangsverdacht hinsichtlich einer unrechtmäßigen Anwendung notwendig.[192]

Wenn die Kommission aufgrund dieser Informationen zur vorläufigen Auffassung gelangt, dass eine bestehende Beihilferegelung nicht oder nicht mehr mit dem Binnenmarkt vereinbar ist, so setzt sie den betreffenden Mitgliedstaat davon in Kenntnis und gibt ihm Gelegenheit zur Stellungnahme innerhalb einer Frist von einem Monat.[193]

In ordnungsgemäß begründeten Fällen kann die Kommission diese Frist verlängern.[194]

---

191 Art 21 Abs 1 Verf-VO.
192 *Bartosch*, BeihilfeR[3] VO 2015/1589 Art 21 Rn 1; *Sinnaeve/Slot*, CMLR 1999, 1153 (1181).
193 Art 21 Abs 2 Verf-VO.
194 Art 21 Abs 2 letzter Satz Verf-VO.

## 2. Vorschlag zweckdienlicher Maßnahmen

**Judikatur:** EuG 17.11.1995, T-330/94, *Salt Union Ltd/Kommission.*

Wenn die Kommission auf der Grundlage, der ihr übermittelten Auskünfte zur Auffassung gelangt, dass die bestehende Beihilferegelung mit dem Binnenmarkt nicht oder nicht mehr vereinbar ist, schlägt sie dem betreffenden Mitgliedstaat zweckdienliche Maßnahmen vor.

Der Kommission stehen dabei mehrere Empfehlungen zur Verfügung:
– Vorschlag, die **Beihilferegelung inhaltlich zu ändern,**[195]
– Vorschlag, **Verfahrensvorschriften einzuführen**[196] oder
– Vorschlag, die bestehende **Beihilferegelung abzuschaffen.**[197]

Bei den vorgeschlagenen zweckdienlichen Maßnahmen handelt es sich um unverbindliche Empfehlungen.[198]

## 3. Rechtsfolgen

**Judikatur:** EuGH 24.03.1993, C-313/90, *CIRFS/Kommission*; EuGH 15.03.1994, C-387/92, *Banco Exterior de España/Ayuntamiento de Valencia*; EuGH 29.06.1995, C-135/93, *Spanien/Kommission*; EuGH 15.10.1996, C-311/94, *IJssel Vilet/Minister van Economische Zaken*; EuGH 15.04.1997, C-292/95, *Spanien/Kommission*; EuGH 05.10.2000, C-288/96, *Deutschland/Kommission*; EuGH 18.06.2002, C-242/00, *Deutschland/Kommission.*

Der betreffende Mitgliedstaat kann den **vorgeschlagenen Maßnahmen** entweder **zustimmen** oder sie **ablehnen.**

**Stimmt** der betreffende Mitgliedstaat den vorgeschlagenen Maßnahmen **zu**, setzt er die Kommission davon in Kenntnis. Die Kommission bestätigt dem Mitgliedstaat den Eingang der Zustimmung sodann durch ein entsprechendes Verwaltungsschreiben.[199] Der Mitgliedstaat ist aufgrund seiner Zustimmung verpflichtet, die zweckdienlichen Maßnahmen durchzuführen.[200]

Die Zustimmung des Mitgliedstaats verleiht der zweckdienlichen Maßnahme bindende Wirkung.[201]

---

195 Art 22 lit a Verf-VO.

196 Art 22 lit b Verf-VO.

197 Art 22 lit c Verf-VO.

198 *Soltész* in Hatje/Müller-Graff, EnzEuR IV² § 15 Rz 76; *Köster* in MüKoWettbR V: BeihilfenR² Art 22 VO (EU) 2015/1589 Rz 3; *Kühling/Rüchardt* in Streinz, EUV/AEUV³ Art 108 AEUV Rn 12.

199 Art 23 Abs 1 Verf-VO; *Köster* in MüKoWettbR V: BeihilfenR² Art 23 VO (EU) 2015/1589 Rz 1; *Soltész* in Hatje/Müller-Graff, EnzEuR IV² § 15 Rz 77.

200 Art 23 Abs 1 Verf-VO.

201 EuGH 18.06.2002, C-242/00, *Deutschland/Kommission* Rn 28; EuGH 05.10.2000, C-288/96, *Deutschland/Kommission* Rn 65; EuGH 15.10.1996, C-311/94, *IJssel Vilet/Minister van Economische Zaken* Rn 42 f.

**Stimmt** der betreffende Mitgliedstaat den vorgeschlagenen Maßnahmen **nicht zu**, und vertritt die Kommission nach wie vor die Auffassung, die Maßnahme sei notwendig, um die Vereinbarkeit der bestehenden Beihilferegelung mit dem Binnenmarkt sicherzustellen, eröffnet sie das förmliche Prüfverfahren.[202]

Die zweckdienliche Maßnahme wird dem betreffenden Mitgliedstaat damit quasi aufgezwungen.[203]

> Das Verfahren für bestehende Beihilferegelungen ist somit potenziell **zweistufig** aufgebaut: 1) In der Kooperationsphase holt die Kommission für die Überprüfung Auskünfte beim betreffenden Mitgliedstaat ein. Gelangt sie sodann zum Ergebnis, dass die bestehende Beihilfe nicht mehr mit dem Binnenmarkt vereinbar ist, gibt sie dem MS Gelegenheit zur Stellungnahme und schlägt gegebenenfalls **zweckdienliche Maßnahmen** vor. 2) Stimmt der MS den vorgeschlagenen zweckdienlichen Maßnahmen nicht zu, leitet die Kommission das **förmliche Prüfverfahren** ein.

# E. Überwachung

**Literatur:** *Bartosch*, EU-Beihilfenrecht[3] (2020); *Bär-Bouyssiére* in Schwarze (Hrsg), EU-Kommentar[4] (2019) Art 108 AEUV; *Birnstiel/Bungenberg/Heinrich*, Europäisches Beihilfenrecht (2013); *Calliess/Ruffert*, EUV/AEUV[5] (2016); *Dilkova*, The New Procedural Regulation in State aid – Whether „Modernisation" is in the right direction? ECLR 2014, 35; *Grabitz/Hilf/Nettesheim*, Das Recht der Europäischen Union: EUV/AEUV[72] (2021); *Hancher/Ottervanger/Slot*, EU State Aids[5] (2016); *Heidenhain*, European State Aid Law (2010); *ders*, Handbuch des Europäischen Beihilfenrechts (2003); *Immenga/Mestmäcker*, Wettbewerbsrecht III: Beihilfenrecht[5] (2016); *Köster* in Säcker (Hrsg), Münchner Kommentar. Europäisches und Deutsches Wettbewerbsrecht V: Beihilfenrecht[2] (2018); *Ortiz Blanco*, EU Competition Procedure[4] (2021); *Säcker*, Münchner Kommentar. Europäisches und Deutsches Wettbewerbsrecht V: Beihilfenrecht[2] (2018); *Schwarze*, EU-Kommentar[4] (2019); *Sinnaeve* in Heidenhain (Hrsg), European State Aid Law (2010); *dies* in Heidenhain (Hrsg), Handbuch des Europäischen Beihilfenrechts (2003) *dies*, Die neue Verfahrensordnung in Beihilfesachen, EuZW 1999, 270; *Sinnaeve/Slot*, The New Regulation on State Aid Procedures, CMLR 1999, 1153; *von Wallenberg/Schütte* in Grabitz/Hilf/Nettesheim (Hrsg), Das Recht der Europäischen Union: EUV/AEUV (Werkstand: 71. EL August 2020).

> Die Mitgliedstaaten unterbreiten der Kommission Jahresberichte über alle bestehenden Beihilferegelungen, für die keine besonderen Berichterstattungspflichten gelten.

---

202 Art 23 Abs 2 Verf-VO.

203 Vgl dazu etwa EuGH 15.04.1997, C-292/95, *Spanien/Kommission*; EuGH 29.06.1995, C-135/93, *Spanien/Kommission*.

Um alle bestehenden Beihilferegelungen effektiv überwachen zu können, normiert Art 26 Verf-VO eine **Berichterstattungspflicht** der Mitgliedstaaten. Kommt der betreffende Mitgliedstaat dieser Pflicht trotz Erinnerungsschreibens nicht nach, kann die Kommission zweckdienliche Maßnahmen vorschlagen.

Die Mitgliedstaaten kommen der Verpflichtung zur Vorlage der Jahresberichte oft nur verspätet nach.[204]

**Form und Inhalt** der Jahresberichte regelt die Verf-DVO.

Die Jahresberichte gemäß Art 26 Verf-VO sind in Form der im Anhang der Verf-DVO abgedruckten Standardberichtsformulare zu erstellen.

Die Jahresberichte enthalten vor allem Angaben allgemeiner Natur zu Beihilfebetrag und zur Art der Beihilfe.[205]

Die Jahresberichte sind von den Mitgliedstaaten in elektronischer Form **bis zum 30. Juni** des Folgejahres an die Kommission zu übermitteln.

Die Jahresberichte werden seit dem Jahr 2020 über das elektronische SARI System eingegeben und übermittelt. In Österreich ist jede Förderstelle für die Eingaben verantwortlich. Die Zusammenführung übernimmt die beihilferechtliche Abteilung im Bundesministerium für Digitalisierung und Wirtschaftsstandort als koordinierende Stelle.

Die Jahresberichte der Mitgliedstaaten können jedenfalls nicht eine Anmeldung einer Beihilfe ersetzen.[206]

# III. Rechtsschutz im EU-Beihilferecht

**Literatur:** *Arturo*, Zum Rechtsschutz im Beihilfenrecht – Gemeinschaftsrechtlicher und privatrechtlicher Rahmen staatlicher Beihilfen (1999); *Barbist/Halder*, Die Rückforderung staatlicher Beihilfen am Beispiel des Verkaufs der Bank Burgenland, BRZ 2010, 83; *Barbist/Halder/Schachl*, Praxisstudie: Bank Burgenland Vertiefung ausgewählter Themen, in Haslinger/Jaeger (Hrsg), Jahrbuch Beihilferecht (2012) 551; *Bartosch*, Beihilfenrechtliches Verfahren und gerichtlicher Rechtsschutz, ZIP 2000, 601; *ders*, EU-Beihilfenrecht[3] (2020); *Bär-Bouyssiére* in Schwarze (Hrsg), EU-Kommentar[4] (2019) Art 108 AEUV; *Birnstiel/Bungenberg/Heinrich*, Europäisches Beihilferecht (2013); ); *Bungenberg*, Rechtsschutz im Beihilfenrecht, in Immenga/Mestmäcker (Hrsg), Wettbewerbsrecht III: Beihilfenrecht[5] (2016); *Calliess/Ruffert*, EUV/AEUV[5] (2016); *Calliess/Ruffert*, EUV/AEUV[5] (2016); *Dorn*, Private und administrative Rechtsdurchsetzung im europäischen Beihilfenrecht (2017); *Dreher/Lübbig/Wolf-Posch*, Praxis des EU-Beihilferechts in Österreich (2017); *Eilmansberger*, Zivilrechtsfolgen gemeinschaftswidriger Beihilfegewährung in Koppensteiner (Hrsg), Österreichisches und europäisches Wirtschaftsprivatrecht 8/2 (2000) 209; *Eilmansberger/Jaeger*, Zum Begriff der Durchführung rechtswidriger

---

204 Vgl den Bericht des Europäischen Rechnungshof, Sonderbericht Nr 15/2011: Ist durch die Verfahren der Kommission eine wirksame Verwaltung der Kontrolle staatlicher Beihilfen gewährleistet (2011) abrufbar unter https://www.eca.europa.eu/de/Pages/NewsItem. aspx?nid=1475.

205 Weiterführend: *Köster* in MüKoWettbR V: BeihilfenR[2] Art 26 VO (EU) 2015/1589.

206 Vgl Art 7 Verf-DVO.

Beihilfen – Eine Untersuchung am Beispiel der österreichischen KWK-Förderung, wbl 2009, 482; *ders*, Zivilrechtsfolgen gemeinschaftswidriger Beihilfegewährung in Koppensteiner (Hrsg), Österreichisches und europäisches Wirtschaftsprivatrecht 8/2 (2000) 209; *Frenz*, Die Beihilfenkontrolle in der internationalen Wirtschaft, EWS 2017, 194; *Grabitz/Hilf/Nettesheim*, Das Recht der Europäischen Union: EUV/AEUV[72] (2021); *Griller*, Das Beihilfenrecht der WTO, in Studiengesellschaft für Wirtschaft und Recht (Hrsg), Beihilfenrecht (2004) 179; *Hahn*, Internationales Subventionsrecht, in *Birnstiel/ Bungenberg/Heinrich*, Europäisches Beihilfenrecht (2013); *Hancher/Ottervanger/Slot*, EU State Aids[5] (2016); *Heidenhain*, European State Aid Law (2010); *ders*, Handbuch des Europäischen Beihilfenrechts (2003); *Horak*, Kein Anspruch auf Rückabwicklung eines Vertrags bei Verstoß gegen Beihilfenrecht, ecolex 2014, 623; *Immenga/Mestmäcker*, Wettbewerbsrecht III: Beihilfenrecht[5] (2016); *Jaeger*, Die höchstrichterliche Beihilfejudikatur in Deutschland: Ein Vorbild für Österreich?, wbl 2012, 9; *ders*, Hürden der Durchsetzung von Wettbewerbsrecht vor den Zivilgerichten, ÖZW 2007, 73; *ders*, Durchführungsverbot und rückwirkende Beihilfengenehmigung: Eine Kritik der österreichischen Rechtsprechung zu rechtswidrig durchgeführten, mit dem Gemeinsamen Markt vereinbaren Beihilfen, ZfV 2003, 645; *Jäger/Stöger* (Hrsg), EUV/AEUV Art 108 AEUV (Stand 01.01.2014, rdb.at); *Kohl/Schwab*, Die nationalen Durchsetzungsinstrumente des Beihilfenrechts in Österreich, ecolex 2018, 439; *Krajewski*, Wirtschaftsvölkerrecht[5] (2021); *Lang*, Rechtsschutzfragen abgabenrechtlicher Beihilfengewährung, in Studiengesellschaft für Wirtschaft und Recht (Hrsg), Beihilfenrecht (2004) 69; *Laprévote/Kang*, Subsidies Issues in the WTO – An Update, EStAL 2011, 445; *Lintschinger*, Private Durchsetzung des Beihilfeverbots und neuere Judikatur österr und dt Gerichte, in Haslinger/Jaeger (Hrsg), Jahrbuch Beihilfenrecht (2012) 505; *ders*, Zur gerichtlichen Durchsetzung des Durchführungsverbots nach Art 108 Abs 3 AEUV in Österreich, BRZ 2010, 139; *Lotze*, Die zivilrechtliche Feststellungsklage als Instrument der Geltendmachung von Beihilfeverstößen durch Wettbewerber, BRZ 2011, 131; *Martin-Ehlers*, Die Bindungswirkung einer Eröffnungsentscheidung der Kommission im Beihilferecht, EuZW 2014, 247; *Ortiz Blanco*, EU Competition Procedure[4] (2021); *Pechstein*, EU-Prozessrecht[4] (2011); *Potacs*, Rechtsschutzfragen öffentlich-rechtlicher Beihilfengewährung, in Studiengesellschaft für Wirtschaft und Recht (Hrsg), Beihilfenrecht (2004) 91; *Rabl*, Private Enforcement: Unterlassung bei Verstoß gegen beihilferechtliches Durchführungsverbot, ecolex 2010, 1010; *Rabl/Mrvošević*, Private enforcement im Beihilfenrecht: Eine Standortbestimmung, BRZ 2018, 59; *N. Raschauer*, Rechtsmittel der Bank Burgenland zurückgewiesen, ZFR 2013, 312; *Rebhahn*, Beihilfen- und Subventionsrecht, in Raschauer (Hrsg), Grundriss des österreichischen Wirtschaftsrechts[2] (2003) 359; *Rennert*, Beihilferechtliche Konkurrentenklagen vor deutschen Verwaltungsgerichten, EuZW 2011, 576; *Rüffler*, Rechtsfolgen gesetzwidriger Beihilfengewährung, in Studiengesellschaft für Wirtschaft und Recht (Hrsg), Beihilfenrecht (2004) 141; *Säcker*, Münchner Kommentar. Europäisches und Deutsches Wettbewerbsrecht V: Beihilfenrecht[2] (2018); *Schwarze*, EU-Kommentar[4] (2019); *Senti*, Welthandelsorganisation WTO[2] (2021); *Soltész*, Private Enforcement im EU-Beihilferecht – Noch immer in den Kinderschuhen, NZKart 2018, 553; *ders*, Das prozedurale binnenmarktrechtliche Beihilfenaufsichtsrecht, in Hatje/Müller-Graff (Hrsg), Enzyklopädie Europarecht IV: Europäisches Binnenmarkt- und Wirtschaftsordnungsrecht[2] (2021); *Wiebe*, Wettbewerbs- und Immaterialgüterrecht[4] (2018); *Wiebe/Kodek*, UWG[2] (Stand 1.2.2020, rdb.at); *Zellhofer/Solek*, Nationaler Rechtsschutz gegen formell rechtswidrige Beihilfen in Österreich, in Haslinger/Jager (Hrsg), Jahrbuch Beihilfenrecht (2014) 539.

**Judikatur:** EuGH 11.12.1973, Rs 120/73, *Lorenz*; EuGH 15.07.1963, Rs 25/62, *Plaumann/Kommission*; EuGH 17.09.1980, Rs 730/79, *Philip Morris/Kommission*; EuGH 11.11.1981, C-60/81, *IBM/Kommission*; EuGH 17.01.1985, Rs 11/82, *SA Pirai-*

*ki-Patraiki ua/Kommission*; EuGH 28.01.1986, Rs 169/84, *Cofaz/Kommission*; EuGH 21.05.1987, Rs 133/85, *Walter Rau Lebensmittelwerke ua/Bundesanstalt für landwirt-schaftliche Marktordnung*; EuGH 02.02.1988, Rs 67/85, *van der Kooy BV ua/Kommission*; EuGH 11.05.1989, verb Rs 193/87 u 194/87, *Maurissen/Rechnungshof*; EuGH 14.02.1990, C-301/87, *Frankreich/Kommission*; EuGH 21.11.1991, C-354/90, *FNCE/Frankreich*; EuGH 30.06.1993, verb Rs C-181/91 u C-248/91, *Parlament/Rat und Kommission*; EuGH 09.03.1994, C-188/92, *Textilwerke Deggendorf*; EuG 27.04.1995, T-443/93, *Casillo Grani SNC/Kommission*; EuG 08.05.1995, T-2/93, *Air France/Kommission*; EuG 08.06.1995, T-459/93, *Siemens/Kommission*; EuGH 29.02.1996, C-56/93, *Belgien/Kommission*; EuGH 11.07.1996, C-39/94, *SFEI/Laposte*; EuGH 21.03.1997, C-95/97, *Wallonische Region/Kommission*; EuGH 01.10.1997, C-180/97, *Regione Toscana/Kommission*; EuGH 02.04.1998, C-321/95 P, *Stichting Greenpeace Council (Greenpeace International) ua/Kommission*; EuG 30.04.1998, T-214/95, *Vlaams Gewest/Kommission*; EuG 15.06.1999, T-288/97, *Regione autonoma Friuli Venezia Giulia/Kommission*; EuGH 17.06.1999, C-295/97, *Industrie Aeronautiche e Meccaniche Rinaldo Piaggio SpA/International Factors Italia SpA (Ifitalia), Dornier Luftfahrt GmbH und Ministero della Difesa*; EuG 15.12.1999, verb Rs T-132/96 u T-143/96, *Freistaat Sachsen und VW/Kommission*; EuG 13.06.2000, verb Rs T-204/97 u T-270/97, *EPAC/Kommission*; EuGH 03.05.2001, C-204/97, *Portugal/Kommission*; EuGH 07.03.2002, C-310/99, *Italien/Kommission*; EuG 03.05.2002, T-177/01, *Jégo-Quéré & Cie SA/Kommission*; EuGH 25.07.2002, C-50/00, *Unión de Pequeños Agricultores/Rat*; EuG 10.03.2003, T-353/00, *Jean-Marie Le Pen/Europäisches Parlament*; EuGH 30.09.2003, C-57/00 P, *Freistaat Sachsen und VW/Kommission*; EuGH 21.10.2003, verb Rs C-261/01 u C-262/01, *Belgien/Van Calster*; EuG 05.11.2003, T-130/02, *Kronoply GmbH & Co KG/Kommission*; EuG 17.11.2003, T-190/00, *Regione Siciliana/Kommission*; EuGH 29.04.2004, C-298/00 P, *Italien/Kommission*; EuG 21.10.2004, T-36/99, *Lenzing AG/Kommission*; EuGH 13.01.2005, C-174/02, *Streekgewest*; EuGH 10.05.2005, C-400/99, *Italien/Kommission*; EuGH 13.12.2005, C-78/03 P, *Kommission/Aktionsgemeinschaft Recht und Eigentum eV*; EuGH 23.03.2006, C-237/04, *Enirisorse/Sotacarbo*; EuG 05.04.2006, T-351/02, *Deutsche Bahn AG/Kommission*; EuGH 05.10.2006, C-368/04, *Transalpine Ölleitung Österreich*; OLG Wien 05.02.2007, 2 R 150/06b; EuGH 13.09.2007, *Land Oberösterreich/Kommission*; EuGH 22.11.2007, C-260/05 P, *Sniace/Kommission*; EuGH 22.11.2007, C-525/04 P, *Spanien/Kommission*; EuGH 12.02.2008, C-199/06, *CELF und Ministre de la Culture et de la Communication*; OGH 15.12.2008, 4 Ob 133/08z – Bank Burgenland; VfGH 01.07.2009, A 10/08, VfSlG 18.824/2009; EuGH 17.09.2009, C-519/07 P, *Kommission/Koninklijke FrieslandCampina NV*; OGH 19.01.2010, 4 Ob 154/09i – Landesforstrevier L; EuGH 18.11.2010, C-322/09 P, *NDSHT Nya Destination Stockholm Hotell & Teaterpaket AB/Kommission*; EuGH 16.12.2010, C-362/09 P, *Athinaïki Techniki AE/Kommission*; EuGH 08.09.2010, C-279/08 P, *Kommission/Niederlande*; EuGH 24.05.2011, C-83/09 P, *Kommission/Kronopoly*; OGH 21.06.2011, 4 Ob 40/11b – Murpark; EuGH 22.09.2011, C-148/09 P, *Belgien/Deutsche Post AG u DHL International*; EuGH 13.10.2011, verb Rs C-463/10 P u C-475/10 P, *Deutsche Post AG u Deutschland/Kommission*; EuGH 27.10.2011, C-47/10 P, *Österreich/Kommission*; EuGH 24.10.2013, C-77/12 P, *Deutsche Post AG/ Kommission*; EuGH 21.11.2013, C-284/12, *Deutsche Lufthansa AG/Flughafen Frankfurt-Hahn GmbH*; EuGH 13.02.2014, C-69/13, *Mediaset/Ministero dello Sviluppo economico*; OGH 25.03.2014, 4 Ob 209/13h; EuG 16.10.2014, T-517/12, *Alro SA/Kommission*; EuG 15.06.2016, T-76/14, *Morningstar/Kommission*; EuGH 26.10.2016, C-590/14 P, *DEI/Kommission*; OGH 03.05.2017, 4 Ob 236/16h; EuGH 06.03.2018, C-284/16, *Slowakische Republik/Achmea BV*; EuGH 25.07.2018, C-135/16, *Georgsmarienhütte/Deutschland*; EuGH 23.01.2019, C-387/17, *Traghetti del Mediterraneo SpA*; EuGH 05.03.2019, C-349/17, *Eesti Pagar*; Panel Report 02.12.2019, WT/DS316/RW2,

*European Communities and certain member states – measures affecting trade in large civil aircraft*; EuGH 19.05.2021, T-218/18, *Deutsche Lufthansa AG/Kommission*; EuGH 19.05.2021, T-628/20, *Ryanair DAC/Kommission*; EuGH 19.05.2021, T-643/20, *Ryanair DAC/Kommission*.

Für die beihilferechtlichen Akteure (Beihilfegeber, Beihilfeempfänger, Wettbewerber) bedarf es eines **gerichtlichen Rechtsschutz**es.[207] Im EU-Beihilferecht wirken die Unionsgerichte und die innerstaatlichen Gerichte zusammen.[208] Es bestehen somit teils parallele sowie teils einander überschneidende Rechtsschutzmöglichkeiten auf europäischer und nationaler Ebene.

Die Ausgestaltung dieses Zusammenwirkens resultiert mangels eigener beihilferechtlicher Regelungen aus dem Anwendungsvorrang des Unionsrechts.[209]

Der **Schwerpunkt** im Rechtsschutz liegt **auf europäischer Ebene**.[210] Daneben stehen auch auf **nationaler Ebene** bestimmte Rechtsschutzmöglichkeiten zur Verfügung.

Im EU-Beihilferecht besteht in erster Linie auf europäischer Ebene Rechtsschutz für die beihilferechtlichen Akteure. Daneben ist allerdings auch auf nationaler Ebene Rechtsschutz zu gewährleisten. Die Unionsgerichte und nationalen Gerichte wirken im EU-Beihilferecht zusammen.

---

207 *Frenz*, Handbuch EuR III² Rz 2766.
208 EuGH 21.11.2013, C-284/12, *Deutsche Lufthansa AG/Flughafen Frankfurt-Hahn GmbH*; EuGH 26.10.2016, C-590/14 P, *DEI/Kommission* Rn 96.
209 *Frenz*, Handbuch EuR III² Rz 2765.
210 EuGH 21.11.1991, C-354/90, *FNCE/Frankreich*; EuGH 11.07.1996, C-39/94, *SFEI/Laposte*.

# A. Unionsrechtsschutz

**Literatur:** *Bartosch*, EU-Beihilfenrecht[3] (2020); *ders*, Beihilfenrechtliches Verfahren und gerichtlicher Rechtsschutz, ZIP 2000, 601; *Bär-Bouyssiére* in Schwarze (Hrsg), EU-Kommentar[4] (2019) Art 108 AEUV; *Birnstiel/Bungenberg/Heinrich*, Europäisches Beihilfenrecht (2013); *Bungenberg*, Rechtsschutz im Beihilfenrecht, in Immenga/Mestmäcker (Hrsg), Wettbewerbsrecht III: Beihilfenrecht[5] (2016); *Calliess/Ruffert*, EUV/AEUV[5] (2016); *Dorn*, Private und administrative Rechtsdurchsetzung im europäischen Beihilfenrecht (2017); *Grabitz/Hilf/Nettesheim*, Das Recht der Europäischen Union: EUV/AEUV[72] (2021); *Hakenberg/Seyr*, Verfahren vor dem Gerichtshof der EU[4] (2020); *Hancher/Ottervanger/Slot*, EU State Aids[5] (2016); *Heidenhain*, European State Aid Law (2010); *ders*, Handbuch des Europäischen Beihilfenrechts (2003); *Immenga/Mestmäcker*, Wettbewerbsrecht III: Beihilfenrecht[5] (2016); *Jäger/Stöger* (Hrsg), EUV/AEUV Art 108 AEUV (Stand 01.01.2014, rdb.at); *Ortiz Blanco*, EU Competition Procedure[4] (2021); *Pechstein*, EU-Prozessrecht[4] (2011); *Säcker*, Münchner Kommentar. Europäisches und Deutsches Wettbewerbsrecht V: Beihilfenrecht[2] (2018); *Schwarze*, EU-Kommentar[4] (2019); *Sutter* in Mayer/Stöger (Hrsg), EUV/AEUV Art 108 AEUV (Stand 01.01.2014, rdb.at).

**Judikatur:** EuGH 15.07.1963, Rs 25/62, *Plaumann/Kommission*; EuGH 17.09.1980, Rs 730/79, *Philip Morris/Kommission*; EuGH 11.11.1981, C-60/81, *IBM/Kommission*; EuGH 17.01.1985, Rs 11/82, *SA Piraiki-Patraiki ua/Kommission*; EuGH 28.01.1986, Rs 169/84, *Cofaz/Kommission*; EuGH 02.02.1988, Rs 67/85, *van der Kooy BV ua/Kommission*; EuGH 11.05.1989, verb Rs 193/87 u 194/87, *Maurissen/Rechnungshof*; EuGH 14.02.1990, C-301/87, *Frankreich/Kommission*; EuGH 30.06.1993, verb Rs C-181/91 u C-248/91, *Parlament/Rat und Kommission*; EuGH 09.03.1994, C-188/92, *Textilwerke Deggendorf*; EuG 27.04.1995, T-443/93, *Casillo Grani SNC/Kommission*; EuG 08.05.1995, T-2/93, *Air France/Kommission*; EuG 08.06.1995, T-459/93, *Siemens/Kommission*; EuGH 29.02.1996, C-56/93, *Belgien/Kommission*; EuGH 21.03.1997, C-95/97, *Wallonische Region/Kommission*; EuGH 01.10.1997, C-180/97, *Regione Toscana/Kommission*; EuGH 02.04.1998, C-321/95 P, S*tichting Greenpeace Council (Greenpeace International) ua/Kommission*; EuG 30.04.1998, T-214/95, *Vlaams Gewest/Kommission*; EuG 15.06.1999, T-288/97, *Regione autonoma Friuli Venezia Giulia/Kommission*; EuGH 17.06.1999, C-295/97, *Industrie Aeronautiche e Meccaniche Rinaldo Piaggio SpA/International Factors Italia SpA (Ifitalia), Dornier Luftfahrt GmbH und Ministero della Difesa*; EuG 15.12.1999, verb Rs T-132/96 u T-143/96, *Freistaat Sachsen und VW/Kommission*; EuG 13.06.2000, verb Rs T-204/97 u T-270/97, *EPAC/Kommission*; EuGH 03.05.2001, C-204/97, *Portugal/Kommission*; EuGH 07.03.2002, C-310/99, *Italien/Kommission*; EuG 03.05.2002, T-177/01, *Jégo-Quéré & Cie SA/Kommission*; EuGH 25.07.2002, C-50/00, *Unión de Pequeños Agricultores/Rat*; EuG 10.03.2003, T-353/00, *Jean-Marie Le Pen/Europäisches Parlament*; EuGH 30.09.2003, C-57/00 P, *Freistaat Sachsen und VW/Kommission*; EuGH 21.10.2003, verb Rs C-261/01 u C-262/01, *Belgien/Van Calster*; EuG 05.11.2003, T-130/02, *Kronoply GmbH & Co. KG/Kommission*; EuG 17.11.2003, T-190/00, *Regione Siciliana/Kommission*; EuGH 29.04.2004, C-298/00 P, *Italien/Kommission*; EuG 21.10.2004, T-36/99, *Lenzing AG/Kommission*; EuGH 10.05.2005, C-400/99, *Italien/Kommission*; EuGH 13.12.2005, C-78/03 P, K*ommission/Aktionsgemeinschaft Recht und Eigentum eV*; EuGH 23.03.2006, C-237/04, *Enirisorse/Sotacarbo*; EuG 05.04.2006, T-351/02, *Deutsche Bahn AG/Kommission*; EuGH 05.10.2006, C-368/04, *Transalpine Ölleitung GmbH ua/Finanzlandesdirektion für Tirol ua*; EuGH 13.09.2007, *Land Oberösterreich/Kommission*; EuGH 22.11.2007, C-260/05 P, *Sniace/Kommission*; EuGH 22.11.2007, C-525/04 P, *Spanien/Kommission*; EuGH 12.02.2008, C-199/06, *Centre d'exportation du livre français (CELF) und Ministre de la Culture* *et de la Communication gegen Société internationale de diffusion et d'édition (SIDE)*; EuGH 17.09.2009, C-519/07 P, *Kommission/Koninklijke Friesland Campina NV*; EuGH 18.11.2010, C-322/09 P, *NDSHT Nya Destination Stockholm Hotell & Teaterpaket AB/ Kommission*; EuGH 16.12.2010, C-362/09 P, *Athinaïki Techniki AE/Kommission*; EuGH 08.09.2010, C-279/08 P, *Kommission/Niederlande*; EuGH 24.05.2011, C-83/09 P, *Kommission/Kronopoly*; EuGH 22.09.2011, C-148/09 P, *Belgien/Deutsche Post AG u DHL International*; EuGH 13.10.2011, verb Rs C-463/10 P u C-475/10 P, *Deutsche Post AG u Deutschland/Kommission*; EuGH 27.10.2011, C-47/10 P, *Österreich/Kommission*; EuGH 24.10.2013, C-77/12 P, *Deutsche Post AG/Kommission*; EuGH 21.11.2013, C-284/12, *Deutsche Lufthansa AG/Flughafen Frankfurt-Hahn GmbH*; EuGH 13.02.2014, C-69/13, *Mediaset/Ministero dello Sviluppo economico*; EuG 16.10.2014, T-517/12, *Alro SA/ Kommission*; EuG 15.06.2016, T-76/14, *Morningstar/Kommission*; EuGH 19.05.2021, T-218/18, *Deutsche Lufthansa AG/Kommission*; EuGH 19.05.2021, T-628/20, *Ryanair DAC/Kommission*; EuGH 19.05.2021, T-643/20, *Ryanair DAC/Kommission*.

Das Beihilferecht kann auf EU-Ebene durch die Kommission, den Beihilfegeber, den Beihilfeempfänger sowie seine Mitbewerber durchgesetzt werden.[211] Sämtliche Beschlüsse der Kommission unterliegen der Kontrolle des Gerichtshofs[212] der Europäischen Union.[213] Zuständig für diese Klagen sind der EuGH und das EuG.

Klagen durch die jeweiligen Mitgliedstaaten sind beim EuGH einzubringen. Für Klagen natürlicher oder juristischer Personen ist das EuG zuständig.[214]

> Auf Unionsebene wird der Rechtsschutz in Beihilfesachen durch Nichtigkeitsklagen, Untätigkeitsklagen und Schadenersatzklagen gewährleistet. Daneben können beihilferechtliche Fragen auch im Vertragsverletzungsverfahren oder Vorabentscheidungsverfahren Gegenstand sein.

Die häufigste Klage in Beihilfesachen stellt die **Nichtigkeitsklage** gemäß Art 263 AEUV dar. Sie richtet sich gegen die Beschlüsse der Kommission.

Daneben stehen der beihilfegewährenden Stelle, dem Beihilfeempfänger und den Wettbewerbern unter bestimmten Umständen auch die **Untätigkeitsklage** sowie die **Schadenersatzklage** offen.

Mit der Untätigkeitsklage gemäß Art 265 AEUV kann in beihilferechtlichen Angelegenheiten die Rechtmäßigkeit der Untätigkeit der Kommission überprüft werden. Mit der Schadenersatzklage gemäß Art 268, 340 Abs 2 AEUV können erlittene Schäden, die aufgrund eines rechtswidrigen Beschlusses oder des Unterlassens der Kommission entstanden sind, verlangt werden.

---

211 *Bungenberg* in Immenga/Mestmäcker, WettbR III: BeihilfenR[5] Rechtsschutz Rn 101.
212 Gemäß Art 19 Abs 1 EUV umfasst der Gerichtshof der Europäischen Union den Gerichtshof (EuGH), das Gericht (EuG) und Fachgerichte.
213 EuGH 17.06.1999, C-295/97, *Piaggio* Rn 31; EuGH 21.10.2003, verb Rs C-261/01 u C-262/01, *Van Calster*; EuGH 23.03.2006, C-237/04, *Enirisorse*; EuGH 05.10.2006, C-368/04, *Transalpine Ölleitung*; EuGH 12.02.2008, C-199/06, *CELF I*; EuGH 21.11.2013, C-284/12, *Deutsche Lufthansa* Rn 28; EuGH 13.02.2014, C-69/13, *Mediaset*.
214 Art 256 Abs 1 AEUV iVm Art 51 EuGH-Satzung.

Auslegungsfragen im Beihilferecht können zudem im Wege des **Vorabentscheidungsverfahrens** gemäß Art 267 AEUV dem EuGH vorgelegt werden.

Ist sich ein nationales Gericht bei einer möglichen Maßnahme nicht sicher, ob sie Beihilfeelemente enthält und damit den Beihilfebegriff erfüllt, kann ein vorlageberechtigtes (und muss ein vorlagepflichtiges) Gericht dem EuGH die Sache vorlegen.[215]

Darüber hinaus ist auch ein Vertragsverletzungsverfahren denkbar. In Beihilfesachen ist das allgemeine Vertragsverletzungsverfahren gemäß Art 258, 259 AEUV jedoch nicht anwendbar. Es gilt vielmehr ein **besonderes Vertragsverletzungsverfahren** gemäß Art 108 Abs 2 AEUV.

Die Kommission oder ein anderer Mitgliedstaat kann ggf den EuGH direkt anrufen, wenn ein Mitgliedstaat einer an ihn adressierten Entscheidung nicht nachkommt. Wird eine Vertragsverletzung vom EuGH festgestellt, hat der Mitgliedstaat sie unverzüglich abzustellen. Bei einer erneuten Missachtung der Anordnung der Kommission, ist der EuGH befugt ein Zwangsgeld zu verhängen.[216]

# 1. Nichtigkeitsklage

**Literatur:** *Bartosch*, Beihilfenrechtliches Verfahren und gerichtlicher Rechtsschutz, ZIP 2000, 601; *Bär-Bouyssiére* in Schwarze (Hrsg), EU-Kommentar⁴ (2019) Art 108 AEUV; *Birnstiel/Bungenberg/Heinrich*, Europäisches Beihilfenrecht (2013); *Bungenberg*, Rechtsschutz im Beihilfenrecht, in Immenga/Mestmäcker (Hrsg), Wettbewerbsrecht III: Beihilfenrecht⁵ (2016); *Dorn*, Private und administrative Rechtsdurchsetzung im europäischen Beihilfenrecht (2017); *Grabitz/Hilf/Nettesheim*, Das Recht der Europäischen Union: EUV/AEUV⁷² (2021); *Hakenberg/Seyr*, Verfahren vor dem Gerichtshof der EU⁴ (2020); *Immenga/Mestmäcker*, Wettbewerbsrecht III: Beihilfenrecht⁵ (2016); *Lorenz*, Weitere Stärkung der privaten Durchsetzung des Beihilfeverbots – „Athinaiki Techniki", EWS 2008, 505; *Ortiz Blanco*, EU Competition Procedure⁴ (2021); *Pechstein*, EU-Prozessrecht⁴ (2011); *Quardt*, Zur Abschaffung von Anstaltslast und Gewährträgerhaftung, EuZW 2002, 424; *Säcker*, Münchner Kommentar. Europäisches und Deutsches Wettbewerbsrecht V: Beihilfenrecht² (2018); *Schwarze*, EU-Kommentar⁴ (2019).

**Judikatur:** EuGH 15.07.1963, Rs 25/62, *Plaumann/Kommission*; EuGH 17.09.1980, Rs 730/79, *Philip Morris/Kommission*; EuGH 11.11.1981, C-60/81, *IBM/Kommission*; EuGH 17.01.1985, Rs 11/82, *SA Piraiki-Patraiki ua/Kommission*; EuGH 28.01.1986, Rs 169/84, *Cofaz/Kommission*; EuGH 10.07.1986, Rs 282/85, *DEFI*; EuGH 02.02.1988, Rs 67/85, *van der Kooy BV ua/Kommission*; EuGH 11.05.1989, verb Rs 193/87 u 194/87, *Maurissen/Rechnungshof*; EuGH 14.02.1990, C-301/87, *Frankreich/Kommission*; EuGH 30.06.1993, verb Rs C-181/91 u C-248/91, *Parlament/Rat u Kommission*; EuGH 09.03.1994, C-188/92, *Textilwerke Deggendorf*; EuG 27.04.1995, T-443/93, *Casillo Grani SNC/Kommission*; EuG 08.05.1995, T-2/93, *Air France/Kommission*; EuG 08.06.1995, T-459/93, *Siemens/Kommission*; EuGH 29.02.1996, C-56/93, *Belgien/Kommission*; EuGH 21.03.1997, C-95/97, *Wallonische Region/Kommission*; EuGH 01.10.1997, C-180/97, *Regione Toscana/Kommission*; EuGH 02.04.1998, C-321/95 P, *Stichting Greenpeace Council (Greenpeace International) ua/Kommission*; EuG 30.04.1998, T-214/95, *Vlaams*

---

215 Zu beachten ist eine mögliche Vorlagepräklusion: s EuGH 25.07.2018, C-135/16, *Georgsmarienhütte/Deutschland.*
216 Art 260 AEUV.

*Gewest/Kommission*; EuG 03.06.1999, T-17/96, *TF1/Kommission*; EuG 15.06.1999, T-288/97, *Regione autonoma Friuli Venezia Giulia/Kommission*; EuG 15.12.1999, verb Rs T-132/96 u T-143/96, *Freistaat Sachsen u VW/Kommission*; EuG 13.06.2000, verb Rs T-204/97 u T-270/97, *EPAC/Kommission*; EuGH 27.06.2000, C-404/97, *Kommission/Portugal*; EuGH 22.03.2001, C-261/99, *Kommission/Frankreich*; EuGH 03.05.2001, C-204/97, *Portugal/Kommission*; EuGH 07.03.2002, C-310/99, *Italien/Kommission*; EuG 03.05.2002, T-177/01, *Jégo-Quéré & Cie SA/Kommission*; EuGH 25.07.2002, C-50/00, *Unión de Pequeños Agricultores/Rat*; EuG 10.03.2003, T-353/00, *Jean-Marie Le Pen/ Europäisches Parlament*; EuGH 30.09.2003, C-57/00 P, *Freistaat Sachsen und VW/ Kommission*; EuG 05.11.2003, T-130/02, *Kronoply GmbH & Co. KG/Kommission*; EuG 17.11.2003, T-190/00, *Regione Siciliana/Kommission*; EuGH 29.04.2004, C-298/00 P, *Italien/Kommission*; EuG 21.10.2004, T-36/99, *Lenzing AG/Kommission*; EuGH 10.05.2005, C-400/99, *Italien/Kommission*; EuGH 13.12.2005, C-78/03 P, *Kommission/Aktionsgemeinschaft Recht und Eigentum eV*; EuG 05.04.2006, T-351/02, *Deutsche Bahn AG/ Kommission*; EuGH 13.09.2007, *Land Oberösterreich/Kommission*; EuGH 22.11.2007, C-260/05 P, *Sniace/Kommission*; EuGH 22.11.2007, C-525/04 P, *Spanien/Kommission*; EuGH 17.09.2009, C-519/07 P, *Kommission/Koninklijke FrieslandCampina NV*; EuGH 18.11.2010, C-322/09 P, *NDSHT Nya Destination Stockholm Hotell & Teaterpaket AB/ Kommission*; EuGH 16.12.2010, C-362/09 P, *Athinaïki Techniki AE/Kommission*; EuGH 08.09.2010, C-279/08 P, *Kommission/Niederlande*; EuGH 24.05.2011, C-83/09 P, *Kommission/Kronopoly*; EuGH 22.09.2011, C-148/09 P, *Belgien/Deutsche Post AG u DHL International*; EuGH 13.10.2011, verb Rs C-463/10 P u C-475/10 P, *Deutsche Post AG u Deutschland/Kommission*; EuGH 27.10.2011, C-47/10 P, *Österreich/Kommission*; EuGH 24.10.2013, C-77/12 P, *Deutsche Post AG/Kommission*; EuG 16.10.2014, T-517/12, *Alro SA/Kommission*; EuG 15.06.2016, T-76/14, *Morningstar/Kommission*; EuGH 19.05.2021, T-218/18, *Deutsche Lufthansa AG/Kommission*; EuGH 19.05.2021, T-628/20, *Ryanair DAC/Kommission*; EuGH 19.05.2021, T-643/20, *Ryanair DAC/Kommission*.

Die häufigste und relevanteste Klageform auf EU-Ebene ist in Beihilfesachen die Nichtigkeitsklage gemäß Art 263 AEUV.

### a. Zuständigkeit

**Sachlich** zuständig ist für Nichtigkeitsklagen nach Art 263 Abs 1 AEUV – auch in Beihilfesachen – der Gerichtshof der Europäischen Union.

Für Klagen natürlicher oder juristischer Personen (nichtprivilegierte Kläger) ist funktionell das EuG zuständig. Der EuGH hingegen ist **funktionell** für Klagen der Mitgliedstaaten oder der Unionsorgane (privilegierte bzw teilprivilegierte Kläger) und damit auch der Kommission zuständig.[217]

*Beispiel: Die Republik Österreich gewährt eine Beihilfe an ein österreichisches Luftfahrtunternehmen. Die Kommission erklärt die Beihilfe mit dem Binnenmarkt für unvereinbar und erlässt einen Negativbeschluss. Will die Republik Österreich eine Nichtigkeitsklage gegen den Negativbeschluss der Kommission einbringen, so ist der EuGH sachlich und funktionell zuständig. Entschließt sich hingegen das Luftfahrtunternehmen selbst als Beihilfeempfänger mit Nichtigkeitsklage vorzugehen, ist das EuG sachlich und funktionell zuständig.*

---

217 Art 256 Abs 1 AEUV iVm Art 51 EuGH-Satzung.

### b. Klagefrist

Nichtigkeitsklagen sind gemäß Art 263 Abs 6 AEUV binnen **zwei Monaten** zu erheben.

Diese Frist beginnt mit der Bekanntgabe der betreffenden Handlung, ihrer Mitteilung an den Kläger oder von dem Zeitpunkt an, zu dem der Kläger von dieser Handlung Kenntnis erlangt hat, zu laufen.

In Beihilfesachen ist die Nichtigkeitsklage binnen zwei Monaten nach Zustellung der angefochtenen Entscheidung zu erheben. Wettbewerbern wird der Kommissionsbeschluss regelmäßig nicht zugestellt, wodurch die Gefahr eines Fristversäumnisses entstehen kann.[218] Dieser Gefahr kann jedoch durch Blick ins Amtsblatt der EU und der Wahrnehmung der zur Verfügung stehenden Informations- und Beteiligungsrechte[219] wirksam begegnet werden.

Wird ein Beschluss nicht innerhalb der zweimonatigen Frist angefochten, wird er bestandskräftig.

Wird ein Beschluss von einem Wettbewerber nicht mehr angefochten, kann dieser Beschluss auch vor einem nationalen Gericht nicht mehr angefochten werden, zumal nationale Gerichte an die Entscheidung der Kommission gebunden sind (Präklusionswirkung).[220]

### c. Klagegegenstand

Nichtigkeitsklage kann gegen alle Handlungen von Organen oder Einrichtungen der Union erhoben werden. Nach der Rechtsprechung des Gerichtshofs sind darunter alle Maßnahmen zu verstehen, die **verbindlich**en Charakter haben und **Rechtswirkungen nach außen** entfalten. Ausgeschlossen sind Empfehlungen und Stellungnahmen.

Tauglicher Klagegegenstand ist grds **jeder rechtsverbindliche Beschluss der Kommission**, der geeignet ist, die Rechtsstellung des Klägers qualifiziert zu verändern.[221]

Zulässige Klagegegenstände sind Positiv- und Negativbeschlüsse, die die vorläufige Prüfung oder das förmliche Prüfverfahren beenden.[222] Nichtigkeitsklage kann gegen Aus-

---

218 *Bungenberg* in Immenga/Mestmäcker, WettbR III: BeihilfenR[5] Rechtsschutz Rn 178.

219 Dazu Art 24 Abs 1 Verf-VO wonach jeder Beteiligte, nach dem Beschluss zur Eröffnung des förmlichen Prüfverfahrens eine Stellungnahme nach Art 6 abgeben und dadurch eine Kopie des von der Kommission gemäß Art 9 erlassenen Beschlusses verlangen kann.

220 EuGH 09.03.1994, C-188/92, *Textilwerke Deggendorf*; *Streinz*, Europarecht[10] (2016) Rz 671.

221 EuGH 11.11.1981, C-60/81, *IBM/Kommission* Rn 9; EuG 05.04.2006, T-351/02, *Deutsche Bahn AG/Kommission* Rn 35; EuG 10.03.2003, T-353/00, *Jean-Marie Le Pen/Europäisches Parlament*; demgegenüber EuG 05.11.2003, T-130/02, *Kronoply GmbH & Co. KG/Kommission* Rn 42 ff;

222 EuG 17.11.2003, T-190/00, *Regione Siciliana/Kommission*; EuGH 24.10.2013, C-77/12 P, *Deutsche Post AG/Kommission*; EuG 16.10.2014, T-517/12, *Alro SA/Kommission*.

setzungsanordnungen[223], Rückforderungsanordnungen[224] und auch gegen eine Anordnung zur Auskunftserteilung[225] erhoben werden.

Grds nicht anfechtbar sind hingegen Beschlüsse über die Eröffnung eines förmlichen Prüfverfahrens, es sei denn, sie erzeugen Rechtswirkungen[226] und die Nichteröffnung eines förmlichen Prüfverfahrens.[227]

Typischer Klagegegenstand eines Beihilfeempfängers ist ein negativer Beschluss der Kommission, mit dem eine den Beihilfeempfänger begünstigende Beihilfemaßnahme mit dem Binnenmarkt für unvereinbar erklärt wird. Denkbar ist auch eine Nichtigkeitsklage, die sich gegen einen Kommissionsbeschluss richtet, der ein bestimmtes staatliches Verhalten als staatliche Beihilfe qualifiziert.[228]

Ob der Beihilfeempfänger Beihilfemaßnahmen betreffend bestehender Beihilfen mit Nichtigkeitsklage anfechten kann, ist unklar.[229] Einem Teil der Lehre zufolge kann die „Vereinbarung" zwischen der Kommission und dem Mitgliedstaat durch den Beihilfeempfänger angefochten werden.[230]

Von besonderer Bedeutung ist die Nichtigkeitsklage im Bereich sog Wettbewerberklagen. Mitbewerber des Beihilfeempfängers können als Beteiligte von der Beschwerdemöglichkeit iSd Art 24 Abs 2 Verf-VO Gebrauch machen. Wird nach einer diesb Prüfung der Kommission ein Beschluss gefasst, kann dieser den Gegenstand einer Nichtigkeitsklage bilden. Von einem Wettbewerber mit Nichtigkeitsklage anfechtbar sein können Beschlüsse über den Abschluss der vorläufigen Prüfung[231] und des förmlichen Prüfverfahrens.[232]

***Beispiel:*** *Das Königreich Schweden gewährt der heimischen Luftfahrtgesellschaft eine Beihilfe zur Überwindung der COVID-19 Krise. Der Mitbewerber besagter schwedischer Fluggesellschaft erblickt in der Beihilfe eine Wettbewerbsverfälschung und erhebt Nichtigkeitsklage gegen den Positivbeschluss, mit dem die Kommission ihre vorläufige Prüfung beendet. Der Mitbewerber der schwedischen Fluggesellschaft muss nachweisen, durch den an den Mitgliedstaat Schweden gerichteten Beschluss, individuell und unmittelbar betroffen zu sein.[233]*

---

223 EuGH 14.02.1990, C-301/87, *Frankreich/Kommission* Rn 18; EuGH 10.05.2005, C-400/99, *Italien/Kommission* Rn 51.

224 EuGH 10.05.2005, C-400/99, *Italien/Kommission.*

225 EuGH 13.10.2011, verb Rs C-463/10 P u C-475/10 P, *Deutsche Post AG u Deutschland/ Kommission.*

226 *Bungenberg* in Immenga/Mestmäcker, WettbR III: BeihilfenR[5] Rechtsschutz Rn 145.

227 EuGH 18.11.2010, C-322/09 P, *NDSHT Nya Destination Stockholm Hotell & Teaterpaket AB/Kommission* Rn 53; EuGH 16.12.2010, C-362/09 P, *Athinaïki Techniki AE/Kommission* Rn 67.

228 *Bungenberg* in Immenga/Mestmäcker, WettbR III: BeihilfenR[5] Rechtsschutz Rn 145.

229 *Bungenberg* in Immenga/Mestmäcker, WettbR III: BeihilfenR[5] Rechtsschutz Rn 157.

230 *Quardt*, EuZW 2002, 424, 428.

231 Dazu jüngst EuGH 19.05.2021, T-218/18, *Deutsche Lufthansa AG/Kommission*; EuGH 19.05.2021, T-628/20, *Ryanair DAC/Kommission*; EuGH 19.05.2021, T-643/20, *Ryanair DAC/Kommission.*

232 EuGH 28.01.1986, Rs 169/84, *Cofaz/Kommission.*

233 Vgl dazu EuGH 19.05.2021, T-643/20, *Ryanair DAC/Kommission* Rn 21.

## d. Klagebefugnis

Der betreffende **Mitgliedstaat** kann als Adressat eines Genehmigungsbeschlusses Nichtigkeitsklage gemäß Art 263 AEUV beim EuGH einbringen. Der betroffene Mitgliedstaat ist als **privilegierter Kläger** unabhängig der Voraussetzungen des Art 263 Abs 4 AEUV klagebefugt. Er muss aber **beschwert** sein.

Bei einem Negativbeschluss ist der Mitgliedstaat ohne jeden Zweifel beschwert.[234] Unproblematisch ist die Beschwer auch bei einem Beschluss, der eine Beihilfe teils für rechtswidrig und teils für rechtmäßig erklärt.[235] Bei Positivbeschlüssen kommt es auf den Einzelfall an, die Kommission stellt aber keine hohen Anforderungen an die Beschwer des betroffenen Mitgliedstaats bei Nichtigkeitsklagen gegen einen Positivbeschluss.[236]

Ebenfalls als Kläger in Betracht kommen **andere Mitgliedstaaten**, die nicht Adressat des Beschlusses sind.[237]

Eine Klageerhebung durch einen anderen Mitgliedstaat wäre etwa bei einem Genehmigungsbeschluss gemäß Art 107 Abs 3 AEUV denkbar.[238]

Für **nicht privilegierte Kläger** wie nachgeordnete Stellen, den Beihilfeempfänger oder dessen Mitbewerber ist die unmittelbare und individuelle Betroffenheit von besonderer Bedeutung.

Der sog Plaumann-Formel zufolge können andere Personen als der Adressat des Kommissionsbeschlusses (Adressat in Beihilfesachen ist der Mitgliedstaat) nur dann individuell betroffen sein, wenn der Beschluss sie wegen bestimmter persönlicher Eigenschaften oder besonderer, sie aus dem Kreis aller übrigen Personen heraushebender, Umstände berührt und sie dadurch in ähnlicher Weise individualisiert wie einen Adressaten.[239]

Nachgeordnete staatliche Stellen (**Bundesländer, Regionen, Gemeinden**) müssen als nicht privilegierte Kläger die unmittelbare und individuelle Betroffenheit im Einzelnen darlegen.[240]

Voraussetzung ist die eigene Rechtspersönlichkeit, die nach nationalem Recht zu bestimmen ist.

Die individuelle Betroffenheit ist von der Herkunft der Beihilfe abhängig. Gewährt ein Bundesland die Beihilfe aus eigenen finanziellen Mitteln, ist es auch individuell be-

---

234 *Bungenberg* in Immenga/Mestmäcker, WettbR III: BeihilfenR[5] Rechtsschutz Rn 128.
235 EuGH 07.03.2002, C-310/99, *Italien/Kommission* Rn 65.
236 Siehe dazu ausführlich *Bungenberg* in WettbR III: BeihilfenR[5] Rechtsschutz Rn 129.
237 *Bungenberg* in WettbR III: BeihilfenR[5] Rechtsschutz Rn 127.
238 Vgl EuGH 29.02.1996, C-56/93, *Belgien/Kommission*; EuGH 03.05.2001, C-204/97, *Portugal/Kommission*.
239 EuGH 15.07.1963, Rs 25/62, *Plaumann/Kommission*; EuGH 02.04.1998, C-321/95 P, *Stichting Greenpeace Council (Greenpeace International) ua/Kommission*; EuG 08.05.1995, T-2/93, *Air France/Kommission*; EuG 21.10.2004, T-36/99, *Lenzing AG/Kommission* Rn 73; EuGH 14.04.2005, T-88/1, *Sniace/Kommission*; EuGH 22.11.2007, C-525/04 P, *Spanien/Kommission*.
240 EuGH 21.03.1997, C-95/97, *Wallonische Region/Kommission* Rn 6; EuGH 01.10.1997, C-180/97, *Regione Toscana/Kommission*; EuG 30.04.1998, T-214/95, *Vlaams Gewest/Kommission*.

troffen.[241] Unmittelbare Betroffenheit ist dann anzunehmen, wenn die nachgeordnete staatliche Stelle zu einem bestimmten Handeln oder Unterlassen verpflichtet ist, indem sie eine Gebietskörperschaft daran hindert, eine Beihilfe zu gewähren.[242]

Die Klagebefugnis ist nicht gegeben, wenn letztlich nicht die nachgeordnete staatliche Stelle, sondern die mitgliedstaatliche Regierung die politisch relevante Entscheidung trifft.[243]

Auch der **Beihilfeempfänger** muss eine unmittelbare und individuelle Betroffenheit nachweisen.

Der Beihilfeempfänger ist unmittelbar betroffen, wenn eine Einzelbeihilfe untersagt wird.[244] Unmittelbare Betroffenheit liegt auch bei der Rückforderung der an einen Beihilfeempfänger bereits ausgezahlten Beihilfe vor.[245]

Bei Beihilferegelungen ist die Klagebefugnis eines Beihilfeempfängers umstritten.[246] Keine unmittelbare Betroffenheit liegt etwa dann vor, wenn der Beschluss den Beihilfeempfänger wie jeden anderen Marktteilnehmer betrifft, der tatsächlich oder potentiell in der gleichen Lage wie der Beihilfeempfänger ist.[247] Bei allgemeinen Beihilferegelungen wird die individuelle Betroffenheit nur ausnahmsweise bejaht.[248] Bei sektoralen Beihilferegelungen begründet die reine Zugehörigkeit zum fraglichen Sektor noch keine individuelle Betroffenheit.[249]

Ein **Mitbewerber** des Beihilfeempfängers ist dann klagebefugt, wenn er unmittelbar und individuell betroffen ist.

Unmittelbar betroffen ist ein Wettbewerber dann, wenn eine Einzelbeihilfe unter Missachtung des Durchführungsverbots gewährt wird.[250]

Die individuelle Betroffenheit ist je nach Verfahrensstadium unterschiedlich. Im Rahmen der vorläufigen Prüfung ist es für den Wettbewerber ausreichend, wenn er geltend macht, dass er sich am förmlichen Prüfverfahren nicht beteiligen und folglich seine Ver-

---

241 EuG 15.06.1999, T-288/97, *Regione autonoma Friuli Venezia Giulia/Kommission* Rn 34; EuG 15.12.1999, verb Rs T-132/96 u T-143/96, *Freistaat Sachsen und VW/Kommission*; EuGH 30.09.2003, C-57/00 P, *Freistaat Sachsen und VW/Kommission*.

242 *Bungenberg* in WettbR III: BeihilfenR⁵ Rechtsschutz Rn 132.

243 EuGH 10.07.1986, Rs 282/85, *DEFI* Rn 18 ff; EuG 15.06.1999, T-288/97, *Regione autonoma Friuli Venezia Giulia/Kommission*.

244 *Winter*, The Rights of Complaints in State Aid Cases: Judicial Review of Commision Decisions Adopted under Article 88 (Ex 93) Ec, CMLR 1999, 521 (525).

245 EuG 13.06.2000, verb Rs T-204/97 u T-270/97, *EPAC/Kommission*; EuG 08.06.1995, T-459/93, *Siemens/Kommission*; EuGH 17.09.1980, Rs 730/79, *Philip Morris/Kommission*.

246 Dazu *Bungenberg* in WettbR III: BeihilfenR⁵ Rechtsschutz Rn 150 ff mwN.

247 Dazu etwa EuGH 17.01.1985, Rs 11/82, *SA Piraiki-Patraiki ua/Kommission* Rn 14.

248 Für eine extensive Auslegung der individuellen Betroffenheit: EuG 03.05.2002, T-177/01, *Jégo-Quéré & Cie SA/Kommission*; Restriktiv hingegen EuGH 25.07.2002, C-50/00, *Unión de Pequeños Agricultores/Rat* Rn 36 ff.

249 EuGH 02.02.1988, Rs 67/85, *van der Kooy BV ua/Kommission* Rn 15; EuGH 29.04.2004, C-298/00 P, *Italien/Kommission* Rn 37; EuGH 17.09.2009, C-519/07 P, *Kommission/Koninklijke FrieslandCampina NV*.

250 EuG 03.06.1999, T-17/96, *TF1/Kommission* Rn 30; *Soltész* in Hatje/Müller-Graff, EnzEuR IV² § 15 Rz 129; *Lorenz*, EWS 2008, 505.

fahrensrechte nicht geltend machen konnte.[251] Lehnt die Kommission die Eröffnung des förmlichen Prüfverfahrens ab, ist jeder Beteiligte individuell betroffen.[252]

Im Rahmen des förmlichen Prüfverfahrens sind zwei Faktoren entscheidend: Erstens muss sich der Wettbewerber innerhalb des vorprozessualen Verfahrens aktiv beteiligen[253] und zweitens muss die Marktstellung des Wettbewerbers spürbar beeinträchtigt sein.[254]

### e. Rechtsschutzinteresse

Nicht privilegierte Kläger (Beihilfeempfänger, Wettbewerber, nachgeordnete staatliche Stellen) müssen außerdem ein Rechtsschutzinteresse nachweisen.

Kann die unmittelbare und individuelle Betroffenheit bejaht werden, ist von einem Rechtsschutzinteresse auszugehen.[255]

Ein Rechtsschutzinteresse des Beihilfeempfängers liegt nicht vor, wenn eine angemeldete Beihilfe mit dem Binnenmarkt für vereinbar erklärt wird.[256] Ebenso wenig liegt ein Rechtsschutzinteresse vor, wenn zwischen dem Beihilfeempfänger und dem Wettbewerber kein Wettbewerbsverhältnis besteht.[257]

### f. Aufschiebende Wirkung

Die Nichtigkeitsklage hat **keine aufschiebende Wirkung** (Suspensiveffekt).[258]

Ein Kommissionsbeschluss ist damit trotz einer eingebrachten Nichtigkeitsklage sofort und tatsächlich vollstreckbar. Um dies zu verhindern, muss gemäß Art 278 zweiter Satz AEUV sowie Art 279 AEUV einstweiliger Rechtsschutz gewährt werden. Letzteres kommt in nur sehr seltenen Fällen vor.[259]

---

251 Dazu *Bungenberg* in WettbR III: BeihilfenR[5] Rechtsschutz Rn 171.

252 EuGH 24.05.2011, C-83/09 P, *Kommission/Kronopoly* Rn 43 ff; EuGH 27.10.2011, C-47/10 P, *Österreich/Kommission* Rn 40 ff; EuGH 22.09.2011, C-148/09 P, *Belgien/ Deutsche Post AG u DHL International* Rn 52 ff.

253 EuGH 28.01.1986, Rs 169/84, *Cofaz/Kommission* Rn 24 ff; EuG 21.10.2004, T-36/99, *Lenzing AG/Kommission* Rn 74 f; EuGH 22.11.2007, C-260/05 P, *Sniace/Kommission*; EuGH 22.11.2007, C-525/04 P, *Spanien/Kommission*;

254 EuGH 28.01.1986, Rs 169/84, *Cofaz/Kommission* Rn 25; EuGH 13.12.2005, C-78/03 P, *Kommission/Aktionsgemeinschaft Recht und Eigentum eV* Rn 37; EuG 15.06.2016, T-76/14, *Morningstar/Kommission* Rn 27 ff.

255 *Bungenberg* in WettbR III: BeihilfenR[5] Rechtsschutz Rn 142.

256 *Soltész* in Hatje/Müller-Graff, EnzEuR IV[2] § 15 Rz 109; *Bungenberg* in WettbR III: BeihilfenR[5] Rechtsschutz Rn 159.

257 EuG 27.04.1995, T-443/93, *Casillo Grani SNC/Kommission*.

258 Art 278 erster Satz AEUV; Art 60 Abs 1 EuGH-Satzung.

259 *Bungenberg* in WettbR III: BeihilfenR[5] Rechtsschutz Rn 143; *Kühling/Rüchardt* in Streinz, EUV/AEUV[3] Art 108 AEUV Rn 58.

Der betreffende Mitgliedstaat hat bei einem Rückforderungsbeschluss der Kommission trotz eingebrachter Nichtigkeitsklage die Beihilfe vom Beihilfeempfänger zurückzufordern.[260]

## 2. Untätigkeitsklage

**Literatur:** *Bungenberg*, Rechtsschutz im Beihilfenrecht, in Immenga/Mestmäcker (Hrsg), Wettbewerbsrecht III: Beihilfenrecht[5] (2016); *Conte*, The EC Rules concerning existing aid: substantial and procedural aspects, Liber Amicorum Francisco Santaolalla Gadea: EC State Aid Law 2008, 289; *Daig*, Nichtigkeits- und Untätigkeitsklagen im Recht der Europäischen Gemeinschaften (1985); *Frenz*, Handbuch Europarecht V: Wirkungen und Rechtsschutz (2010); *Hakenberg/Seyr*, Verfahren vor dem Gerichtshof der EU[4] (2020); *Lorenz*, Weitere Stärkung der privaten Durchsetzung des Beihilfeverbots – „Athinaiki Techniki", EWS 2008, 505; *Pechstein*, EU-Prozessrecht[4] (2011); *Säcker*, Münchner Kommentar. Europäisches und Deutsches Wettbewerbsrecht V: Beihilfenrecht[2] (2018); *Schedl*, Die Untätigkeitsklage von Drittparteien in der EG-Fusionskontrolle, EWS 2006, 257; *Soltész*, Das prozedurale binnenmarktrechtliche Beihilfeaufsichtsrecht, in Hatje/Müller-Graff (Hrsg), Enzyklopädie Europarecht IV: Europäisches Binnenmarkt- und Wirtschaftsordnungsrecht[2] (2021); *Streinz*, EUV/AEUV[3] (2018); *Thiele*, Europäisches Prozessrecht[2] (2019).

**Judikatur:** EuGH 11.07.1979, Rs 59/79, *Fédération Nationale des Producteurs de Vins de Table et Vins de Pays/Kommission*; EuGH 20.03.1984, Rs 84/82, *Kommission/Deutschland*; EuGH 12.05.1985, Rs 13/83, *Europäisches Parlament/Rat*; EuGH 24.11.1992, verb Rs C-15/91 u C-108/91, *Buckl ua/Kommission*; EuG 13.11.1995, T-126/95, *Dumez/Kommission*; EuGH 18.03.1997, C-282/95 P, *Guérin automobiles/Kommission*; EuG 15.09.1998, T-95/96, *Gestevisión Telecinco/Kommission*; EuG 03.06.1999, T-17/96, *Télévision française 1 SA (TF1)/Kommission*; EuG 19.05.2011, T-423/07, *Ryanair/Kommission*; EuG 29.09.2011, T-442/07, *Ryanair Ltd/Kommission*; EuG 09.01.2012, T-407/09, *Neubrandenburger Wohnungsgesellschaft/Kommission*; EuGH 15.11.2012, C-145/12 P, *Neubrandenburger Wohnungsgesellschaft/Kommission*; EuGH 16.05.2013, C-615/11 P, *Kommission/Ryanair DAC*.

Mit der Untätigkeitsklage wird überprüft, ob die Untätigkeit eines Organs, einer Einrichtung oder einer sonstigen Stelle der EU rechtmäßig ist. Ihrer Natur nach handelt es sich bei der Untätigkeitsklage um eine Feststellungsklage.[261]

Die Untätigkeitsklage ist eine Feststellungsklage, mit der die Rechtswidrigkeit der Untätigkeit (zB der Kommission) festgestellt wird. Das Urteil stellt folglich ein Feststellungsurteil dar.

Im Verhältnis zur Nichtigkeitsklage gemäß Art 263 AEUV ist die Untätigkeitsklage subsidiär.[262]

---

260 Dazu aber EuGH 27.06.2000, C-404/97, *Kommission/Portugal*; EuGH 22.03.2001, C-261/99, *Kommission/Frankreich*.

261 *Dörr* in Grabitz/Hilf/Nettesheim, Das Recht der Europäischen Union Art 265 AEUV Rn 2 (Werkstand: 72. EL Februar 2021); *N. Niejhar* in MüKoWettbR V: BeihilfenR[2] Gemeinschaftsrechtsschutz Rn 142.

262 *N. Niejhar* in MüKoWettbR V: BeihilfenR[2] Gemeinschaftsrechtsschutz Rn 142.

Tauglicher Klagegegenstand einer Untätigkeitsklage ist gemäß Art 265 AEUV das **Unterlassen einer Beschlussfassung** trotz einer primärrechtlichen Verpflichtung.[263]

Ein unterbliebener Beschluss umfasst dabei jeden Rechtshandlungstyp iSd Art 288 AEUV sowie alle sonstigen verbindlichen und unverbindlichen Handlungsformen.[264]

Untätigkeitsklagen von Beihilfeempfängern oder anderen Beteiligten sind in der Praxis äußerst selten.[265] Eine Untätigkeitsklage kommt vielmehr dann in Betracht, wenn die Kommission trotz einer Beschwerde eines Wettbewerbers keinerlei Maßnahmen setzt.[266]

Die Zulässigkeit der Untätigkeitsklage setzt voraus, dass das untätige Organ **zum Tätigwerden erfolglos aufgefordert** wurde und es innerhalb von zwei Monaten nach dieser Aufforderung nicht Stellung genommen hat.[267]

In Beihilfesachen muss etwa der Wettbewerber ein Aufforderungsschreiben an die Kommission richten. Erst wenn die Kommission binnen zwei Monaten nicht Stellung genommen hat, ist die Untätigkeitsklage zulässig.[268]

Eine Untätigkeitsklage ist begründet, wenn zum Zeitpunkt der Aufforderung eine **Pflicht zum Handeln** bestand.[269]

Das kann dann der Fall sein, wenn ein Wettbewerber zwar eine Beschwerde gegen einen Kommissionsbeschluss einbringt, die Kommission aber keinen Beschluss in der Sache trifft und damit untätig bleibt.[270] Schließt die Kommission die vorläufige Prüfung nicht mit einem beendenden Beschluss ab, kommt eine Untätigkeitsklage ebenfalls in Betracht.[271]

Wird das förmliche Prüfverfahren nicht innerhalb der 18-monatigen Frist abgeschlossen (und wird die Frist auch nicht verlängert), erscheint eine Untätigkeitsklage sowohl seitens des Beihilfeempfängers als auch eines Wettbewerbers möglich.[272]

---

263 *Streinz*, Europarecht[10] Rz 680.

264 *Schröder*, Grundkurs Europarecht[6] (2019) § 9 Rz 55.

265 *Pechstein*, EU-ProzessR[4] Rn 634.

266 *Soltész* in Hatje/Müller-Graff, EnzEuR IV[2] § 15 Rz 138.

267 EuGH 11.07.1979, Rs 59/79, *Fédération Nationale des Producteurs de Vins de Table et Vins de Pays/Kommission* Rn 2; EuGH 20.03.1984, Rs 84/82, *Kommission/Deutschland* Rn 23; *N. Niejhar* in MüKoWettbR V: BeihilfenR[2] Gemeinschaftsrechtsschutz Rn 149; *Soltész* in Hatje/Müller-Graff, EnzEuR IV[2] § 15 Rz 138.

268 *N. Niejhar* in MüKoWettbR V: BeihilfenR[2] Gemeinschaftsrechtsschutz Rn 149.

269 EuG 03.06.1999, T-17/96, *Télévision française 1 SA (TF1)/Kommission*; EuG 29.09.2011, T-442/07, *Ryanair Ltd/Kommission*;

270 *Kühling/Rüchardt* in Streinz, EUV/AEUV[3] Art 108 Rn 64; *N. Niejhar* in MüKoWettbR V: BeihilfenR[2] Gemeinschaftsrechtsschutz Rn 147. Zur Problematik von Untätigkeitsklagen von Wettbewerbern siehe *Conte*, The EC Rules concerning existing aid: substantial and procedural aspects, Liber Amicorum Francisco Santaolalla Gadea: EC State Aid Law 2008, 289 (307 f).

271 *Pechstein*, EU-ProzessR[4] Rn 635.

272 *Bungenberg* in WettbR III: BeihilfenR[5] Rechtsschutz Rn 184.

In Verfahren bei rechtswidrigen Beihilfen ist die Kommission an keine Fristen gebunden. Eine Untätigkeitsklage ist jedenfalls dann zu erheben, wenn die vorläufige Prüfung unangemessen lange dauert.[273]

In den Rs *Ryanair/Kommission*[274] ist die Kommission auf eine Beschwerde hin völlig passiv geblieben. Die Untätigkeitsklagen von Ryanair waren erfolgreich.

**Beispiel:** *Der Mitgliedstaat S meldet bei der Kommission eine Beihilfe zugunsten eines heimischen Großunternehmens an. Aufgrund der COVID-19-Krise erlässt die Kommission nach mittlerweile 19 Monaten noch immer keinen Beschluss. S kann folglich eine Untätigkeitsklage gemäß Art 265 AEUV einbringen. Der EuGH wird die Untätigkeit der Kommission feststellen.*

### 3. Schadenersatzklage

**Literatur:** *Bacon*, European Union Law of State Aid[3] (2017); *Beljin*, Staatshaftung im Europarecht (2000); *Capelli/Nehls*, Die außervertragliche Haftung der Europäischen Gemeinschaft und Rechtsbehelfe zur Erlangung von Schadensersatz gemäß Art 215 EGV – Wertung, Kritik und Reformvorschlag, EuR 1997, 132; *Ehlers*, Die Schadensersatzklage des europäischen Gemeinschaftsrechts, Jura 2009, 187; *Eilmansberger*, Rechtsfolgen und subjektives Recht im Gemeinschaftsrecht (1997); *Ewert*, Die Funktion der allgemeinen Rechtsgrundsätze im Schadensersatzrecht der EWG (1991); *Koenig*, Haftung der Europäischen Gemeinschaft gem Art 288 II EG wegen rechtswidriger Kommissionsentscheidungen in Beihilfensachen, EuZW 2005, 202; *Ossenbühl/Cornils*, Staatshaftungsrecht[6] (2013); *Säcker*, Münchner Kommentar. Europäisches und Deutsches Wettbewerbsrecht V: Beihilfenrecht[2] (2018); *Soltész*, Das prozedurale binnenmarktrechtliche Beihilfenaufsichtsrecht, in Hatje/Müller-Graff (Hrsg), Enzyklopädie Europarecht IV: Europäisches Binnenmarkt- und Wirtschaftsordnungsrecht[2] (2021).

**Judikatur:** EuGH 14.07.1967, Rs 5/66 ua, *Kampffmeyer ua/Kommission*; EuGH 21.01.1976, Rs 40/75, *Produits Bertrand/Kommission*; EuGH 15.01.1987, Rs 253/84, *Groupement agricole d'exploitation en commun (GAEC) de la Ségaude/Rat u Kommission*; EuGH 30.01.1992, verb Rs C-363/88 u C-364/88, *Societá Finanziaria siderurgica Finsider ua/Kommission*; EuGH 05.03.1996, verb Rs C-46/93 u C-48/93, *Brasserie du Pécheur u Factortame*; EuG 28.01.1999, T-230/95, *Bretagne Angleterre Irlande (BAI)/Kommission*; EuGH 04.07.2000, C-352/98 P, *Bergaderm u Goupi/Kommission*; EuGH 10.12.2002, C-312/00 P, *Kommission/Camar u Tico*; EuG 19.07.2007, T-344/04, *Denis Bouychou/Kommission*; EuG 08.11.2011, T-88/09, *Idromacchine*; EuGH 03.09.2013, C-34/12 P, *Idromacchine ua/Kommission*; EuG 13.01.2017, T-88/09, *Idromacchine ua/Kommission*.

Auf Unionsebene kann mit einer Schadenersatzklage gemäß Art 268, 340 Abs 2 AEUV der in Ausübung einer Amtstätigkeit der Organe oder Bediensteten

---

273 EuG 15.09.1998, T-95/96, *Gestevisión Telecinco/Kommission* Rn 73 f; EuG 03.06.1999, T-17/96, *Télévision française 1 SA (TF1)/Kommission*; *Soltész* in Hatje/Müller-Graff, EnzEuR IV[2] § 15 Rz 139.

274 EuG 29.09.2011, T-442/07, *Ryanair Ltd/Kommission*; EuG 19.05.2011, T-423/07, *Ryanair/Kommission*.

der Union verursachte Schaden verlangt werden. Die Schadenersatzklage richtet sich gegen ein Fehlverhalten der Unionsorgane.

Eine Schadenersatzklage in Beihilfesachen wird sich grds gegen die Kommission richten. Denkbar wäre aber auch eine Klage gegen den Rat wegen eines nach Art 108 Abs 2 UAbs 3 AEUV erlassenen rechtswidrigen Beschlusses.[275]

Als mögliche Kläger kommen grds Beihilfeempfänger und Wettbewerber in Betracht.

Der Beihilfeempfänger könnte dabei jenen Schaden geltend machen, der ihm durch einen Negativbeschluss entstanden ist.[276] Daneben könnten aber auch Wettbewerber den Schaden geltend machen, der ihnen durch eine rechtswidrige Genehmigungsentscheidung oder dadurch entstanden ist, dass gegen eine rechtswidrige Beihilfegewährung von der Kommission nicht vorgegangen wurde.[277]

Eine Schadenersatzklage ist jedoch an mehrere Haftungsvoraussetzungen geknüpft. Art 340 Abs 2 AEUV wurde im Hinblick auf die allgemeinen Rechtsgrundsätze vom EuGH durch richterliche Rechtsfortbildung konkretisiert.[278]

Eine Schadenersatzklage ist begründet, wenn 1) das dem Unionsorgan vorgeworfene Verhalten oder Unterlassen rechtswidrig war, 2) ein Schaden eingetreten ist und 3) ein Kausalzusammenhang zwischen Schaden und dem Verhalten des Unionsorgans besteht.[279]

Eine Haftung der Union liegt nicht bei jedem rechtswidrigen Handeln der Kommission vor. Auch ein Verschulden ist nicht erforderlich. Es muss vielmehr eine höherrangige Rechtsnorm, die den Einzelnen schützt, hinreichend qualifiziert verletzt sein.[280]

Die Verletzung des Durchführungsverbots gemäß Art 108 Abs 3 AEUV ist unmittelbar anwendbar und schützt die Interessen der Geschädigten.[281]

Der Verstoß muss hinreichend qualifiziert, somit offenkundig und erheblich sein. Bei einem Beschluss, mit dem die Vereinbarkeit mit dem Binnenmarkt iSd Art 107 Abs 3 AEUV geprüft wird, ist ein solcher Verstoß aufgrund des weiten Ermessens der Kommission problematisch.[282]

---

275 EuGH 15.01.1987, Rs 253/84, *Groupement agricole d'exploitation en commun (GAEC) de la Ségaude/Rat u Kommission.*

276 EuG 19.07.2007, T-344/04, *Denis Bouychou/Kommission.* Der Anwendungsbereich solcher Klage dürfte sehr beschränkt bleiben: EuGH 14.07.1967, Rs 5/66 ua, *Kampffmeyer ua/Kommission.*

277 *Soltész* in Hatje/Müller-Graff, EnzEuR IV² § 15 Rz 122, 144.

278 *Schröder*, Europarecht⁶ § 10 Rz 4.

279 EuG 18.11.2004, T-176/01, *Ferriere Nord/Kommission* Rn 170 mwN.

280 Dazu *N. Niejhar* in MüKoWettbR V: BeihilfenR² Gemeinschaftsrechtsschutz Rn 164.

281 EuGH 11.12.1973, Rs 120/73, *Lorenz*; EuGH 21.11.1991, C-354/90, *FNCE/Frankreich*; EuGH 11.07.1996, C-392/94, *SFEI.*

282 Vgl dazu aber EuGH 10.12.2002, C-312/00 P, *Kommission/Camar u Tico*; EuG 13.01.2017, T-88/09, *Idromacchine ua/Kommission*; *Soltész* in Hatje/Müller-Graff, EnzEuR IV² § 15 Rz 144.

Der Kausalzusammenhang zwischen dem erlittenen Schaden und dem Verhalten der Kommission wird oft schwer darzulegen sein.

So müsste der Wettbewerber etwa darlegen, dass sein Umsatzrückgang allein durch das rechtswidrige Verhalten der Kommission entstanden ist.[283] Alternativursachen für die Verluste (zB unternehmerisches Fehlverhalten) müssen ausgeschlossen sein.[284] Schadenersatzklagen sind wegen der hohen Anforderungen an die Kausalität, nur selten erfolgreich.

In der Rs *BAI/Kommission* versuchte ein Wettbewerber erfolglos den Verspätungsschaden, der ihm durch die verspätete Zustellung des Genehmigungsbeschlusses (nach 6 Monaten) entstanden ist, einzuklagen.

In der Rs *Idromacchine* wurde der begehrte Schadenersatz iHv ca € 5 Mio mit schließlich lediglich € 20.000 festgelegt.[285]

## 4. Vorabentscheidungsverfahren

**Literatur:** *Bungenberg*, Rechtsschutz im Beihilfenrecht, in Immenga/Mestmäcker (Hrsg), Wettbewerbsrecht III: Beihilfenrecht[5] (2016); *Hakenberg/Seyr*, Verfahren vor dem Gerichtshof der EU[4] (2020); *Jann*, Das Vorabentscheidungsverfahren: Grundfragen, Verfahrensablauf und aktuelle Entwicklungen, in Holoubek/Lang (Hrsg), Das EuGH-Verfahren in Steuersachen (2000) 13; *Klinger*, Die Vorlage an den Europäischen Gerichtshof im Rahmen des österreichischen Zivilverfahrens, European Law Reporter 2014, 72; *Lanser*, In dubio pro Vorlagepflicht, ecolex 2016, 1030; *Latzel/Streinz*, Das richtige Vorabentscheidungsersuchen, NJOZ 2013, 97; *Schima*, Das Vorabentscheidungsverfahren vor dem EuGH[3] (2015); *ders*, Die Gerichtseigenschaft als Voraussetzung der Vorlagefähigkeit, in Holoubek/Lang (Hrsg), Das EuGH-Verfahren in Steuersachen (2000) 25; *Stoll*, Zur europarechtlichen Vorlagepflicht der neuen Verwaltungsgerichte, JRP 2014, 228.

**Judikatur:** EuGH 06.10.1982, Rs 283/81, *CILFIT und Lanificio di Gavardo/Ministero della Sanità CILFIT*; EuGH 22.10.1987, C-314/85, *Foto-Frost/Hauptzollamt Lübeck-Ost*; EuGH 21.02.1991, verb Rs C-143/88 u C-92/89, *Zuckerfabrik Süderdithmarschen/Hauptzollamt Itzehoe und Zuckerfabrik Soest GmbH/Hauptzollamt Paderborn*; VfGH 11.12.1995, B 2300/95, VfSlg 14.390/1995; EuGH 11.09.2008, verb Rs C-428/06 u C-434/06, *Unión General de Trabajadores de La Rioja (UGT-Rioja) ua/Juntas Generales del Territorio Histórico de Vizcaya ua*; EuGH 28.07.2016, C-379/15, *Association France Nature Environnement/Premier ministre und Ministre de l'Écologie, du Développement durable et de l'Énergie*.

Das Vorabentscheidungsverfahren nach Art 267 AEV verbindet den nationalen Rechtsschutz und den Unionsrechtsschutz.

Jedes Gericht iSd Art 267 AEUV ist **vorlageberechtigt, letztinstanzliche Gerichte** sind **vorlagepflichtig.** Nationale Gerichte können somit bei **Ausle-**

---

283 Dazu EuGH 21.01.1976, Rs 40/75, *Produits Bertrand/Kommission* Rn 9 ff.
284 Dazu EuG 28.01.1999, T-230/95, *Bretagne Angleterre Irlande (BAI)/Kommission*; *Soltész* in Hatje/Müller-Graff, EnzEuR IV[2] § 15 Rz 144.
285 EuG 08.11.2011, T-88/09, *Idromacchine*.

**gungsfragen** im Hinblick auf das Beihilferecht den EuGH um Vorabentscheidung ersuchen.[286]

Maßgeblich ist dabei der unionsrechtliche Gerichtsbegriff.[287] Die ordentlichen Gerichte,[288] die Verwaltungsgerichte,[289] der OGH, VwGH und VfGH sind Gerichte iSd Art 267 AEUV.[290] Letztinstanzliches Gericht ist dabei nicht das in der Gerichtshierarchie jeweils oberste Gericht, sondern dasjenige Gericht, gegen dessen Entscheidung kein Rechtsmittel mehr eingelegt werden kann.[291]

Eine Vorlagepflicht für letztinstanzliche Gerichte besteht **nur bei Zweifel über die Auslegung** des Unionsrechts.

Ist die Auslegung des Unionsrechts aus der Rechtsprechung klar abzuleiten, oder besteht kein Raum für vernünftige Zweifel, so ist ein letztinstanzliches Gericht nicht verpflichtet, dem EuGH die Sache zur Vorabentscheidung vorzulegen (acte clair-Doktrin).[292] Es steht ihm vielmehr frei, dies zu tun.[293] Bei Fragen zur Gültigkeit von Sekundärrecht muss das nationale Gericht vorlegen (**Verwerfungsmonopol** des EuGH).[294]

In Beihilfesachen sind nationale Gerichte berechtigt, das Vorliegen einer Beihilfe am Tatbestand des Art 107 Abs 1 AEUV – nicht jedoch die Vereinbarkeit mit dem Binnenmarkt – zu prüfen.[295] Bei Zweifeln über die Auslegung des Beihilfebegriffs **kann** ein **vorlageberichtigtes Gericht**, und **muss** ein **vorlagepflichtiges** Gericht diese Frage dem EuGH zur Vorabentscheidung gemäß Art 267 AEUV vorlegen.

---

286 Art 267 Abs 2 AEUV.

287 Weiterführend *Schima* in Holoubek/Lang, EuGH-Verfahren in Steuersachen, 25.

288 *Klinger*, ELR 2014, 72.

289 *Stoll*, JRP 2014, 228.

290 Keine Gerichte sind Schiedsgerichte oder bloße Registergerichte (zB in Grundbuchssachen, da keine Befassung mit einem Rechtsstreit gegeben ist). Dazu EuGH 15.03.2001, C-178/99, *Salzmann I*.

291 Im zivilgerichtlichen Verfahren muss im Einzelfall geprüft werden, ob noch ein Rechtsmittel gegen die Entscheidung zulässig ist. Im Verwaltungsverfahren ist der VwGH letztinstanzliches Gericht. In Fällen, in denen eine Revision gegen ihre Entscheidungen von Gesetzes wegen (Art 133 Abs zweiter Satz und Abs 9 zweiter Satz iVm § 25a Abs 2 und 4 VwGG) ausgeschlossen ist, sind die Verwaltungsgerichte letztinstanzliche Gerichte und damit vorlagepflichtig. Der VfGH ist vorlagepflichtiges Gericht, wenn er eine umfassende Nachprüfung aufgrund einer offenkundigen Verletzung von Unionsrecht noch vornehmen kann (denkunmögliche Anwendung), bei der Wahlgerichtsbarkeit oder bei der Beurteilung von Individualanträgen. Kann er das nicht mehr, gilt bereits eine Instanz vor dem VfGH als letztinstanzlich und ist vorlagepflichtig. Im Bereich der GRC ist das Charta-Erkenntnis (VfSlg 19.632) zu beachten.

292 EuGH 06.10.1982, Rs 283/81, *CILFIT und Lanificio di Gavardo/Ministero della Sanità*; EuGH 28.07.2016, C-379/15, *Association France Nature Environnement/Premier ministre und Ministre de l'Écologie, du Développement durable et de l'Énergie*.

293 EuGH 06.10.1982, Rs 283/81, *CILFIT und Lanificio di Gavardo/Ministero della Sanità* Rn 14 ff; EuGH 11.09.2008, verb Rs C-428/06 u C-434/06, *Unión General de Trabajadores de La Rioja (UGT-Rioja) ua/Juntas Generales del Territorio Histórico de Vizcaya ua* Rn 42 ff.

294 EuGH 22.10.1987, C-314/85, *Foto-Frost/Hauptzollamt Lübeck-Ost*.

295 EuGH 22.03.1977, Rs 78/76, *Steinike & Weinlig*; EuGH 21.11.1991, C-354/90, *FNCE/Kommission*; EuGH 05.10.2006, C-368/04, *Transalpine Ölleitung*.

Ist sich ein nationales Gericht nicht sicher, ob eine Beihilfe vorliegt, kann es zunächst auch die Kommission um Übermittlung von Informationen, die sich im Besitz der Kommission befinden oder um Stellungnahme zu Fragen, die die Anwendung der beihilferechtlichen Vorschriften betreffen, bitten (amicus curiae).[296] Davon unberührt bleibt die Vorabentscheidungsberechtigung/-verpflichtung.

Eine Verletzung der Vorlagepflicht wird vom VfGH als Verletzung des Rechts auf den gesetzlichen Richter gewertet.[297]

## 5. Vertragsverletzungsverfahren

**Literatur:** *Bungenberg*, Rechtsschutz im Beihilfenrecht, in Immenga/Mestmäcker (Hrsg), Wettbewerbsrecht III: Beihilfenrecht[5] (2016); *Frenz*, Handbuch Europarecht III: Beihilferecht[2] (2021); *Hakenberg/Seyr*, Verfahren vor dem Gerichtshof der EU[4] (2020); Immenga/Mestmäcker (Hrsg), Wettbewerbsrecht III: Beihilfenrecht[5] (2016); *Säcker*, Münchner Kommentar. Europäisches und Deutsches Wettbewerbsrecht V: Beihilfenrecht[2] (2018); *Soltész*, Das prozedurale binnenmarktrechtliche Beihilfenaufsichtsrecht, in Hatje/Müller-Graff (Hrsg), Enzyklopädie Europarecht IV: Europäisches Binnenmarkt- und Wirtschaftsordnungsrecht[2] (2021); *Streinz*, EUV/AEUV[3] (2018).

**Judikatur:** EuGH 14.02.1989, Rs 247/87, *Star Fruit/Kommission*; EuG 13.11.1995, T-128/95, *Aéroports de Paris/Kommission*; EuGH 27.06.2000, C-404/97, *Kommission/Portugal*; EuGH 22.03.2001, C-261/99, *Kommission/Frankreich*; EuGH 03.07.2001, C-378/98, *Kommission/Belgien*.

Wenn ein Mitgliedstaat einem Beschluss der Kommission nicht nachkommt, kann die Kommission unmittelbar den EuGH wegen Vertragsverletzung durch den Mitgliedstaat, der die rechtswidrige oder missbräuchliche Beihilfe gewährt hat, anrufen.[298] Diese Klagemöglichkeit der Kommission stellt eine speziell für die Beihilfekontrolle vorgesehene **Sonderform des Vertragsverletzungsverfahrens** (Aufsichtsklage, Staatenklage)[299] dar.[300]

Gegenstand des Verfahrens ist allein die Frage, ob der Mitgliedstaat die Pflichten verletzt hat, die ihm durch den Kommissionsbeschluss auferlegt wurden.[301]

Der Mitgliedstaat kann sich dabei nicht auf die Rechtswidrigkeit des Beschlusses berufen, auch dann nicht, wenn er in Rechtskraft erwachsen ist.[302]

---

296 Vgl Art 29 Abs 1 Verf-VO; dazu *Bungenberg* in WettbR III: BeihilfenR[5] Rechtsschutz Rz 12.

297 VfSlg 14.390/1995.

298 Art 108 Abs 2 UAbs 2 AEUV; Art 28 Abs 1 Verf-VO.

299 Zum Begriff Aufsichtsklage bzw Staatenklage siehe *Bungenberg* in WettbR III: BeihilfenR[5] Rechtsschutz Rz 200 ff.

300 *Köster* in MüKoWettbR V: BeihilfenR[2] Art 28 VO (EU) 2015/1589 Rz 2 mwN; *Bungenberg* in WettbR III: BeihilfenR[5] Rechtsschutz Rz 200.

301 *Kühling/Rüchardt* in Streinz, EUV/AEUV[3] Art 108 AEUV Rz 66; *Bungenberg* in WettbR III: BeihilfenR[5] Rechtsschutz Rz 204.

302 EuGH 27.06.2000, C-404/97, *Kommission/Portugal* Rn 34; EuGH 22.03.2001, C-261/99, *Kommission/Frankreich* Rn 18 ff.

Bei der Entscheidung über die Einleitung eines Vertragsverletzungsverfahrens verfügt die Kommission über ein **weites Ermessen**.[303]

Für die Anwendung des besonderen Vertragsverletzungsverfahrens kann nur die Frist gelten, die in der Entscheidung vorgesehen war, deren Nichtdurchführung beanstandet wird oder gegebenenfalls diejenige, die die Kommission anschließend festgesetzt hat.[304]

Die Klagemöglichkeit der Kommission für die Beihilfekontrolle ist eine Sonderform des Vertragsverletzungsverfahrens.

## 6. Einstweiliger Rechtsschutz

**Literatur:** *Bungenberg*, Rechtsschutz im Beihilfenrecht, in Immenga/Mestmäcker (Hrsg), Wettbewerbsrecht III: Beihilfenrecht[5] (2016); *Frenz*, Handbuch Europarecht III: Beihilferecht[2] (2021); *Soltész*, Das prozedurale binnenmarktrechtliche Beihilfenaufsichtsrecht, in Hatje/Müller-Graff (Hrsg), Enzyklopädie Europarecht IV: Europäisches Binnenmarkt- und Wirtschaftsordnungsrecht[2] (2021).

**Judikatur:** EuGH 18.10.1991, C-213/91 R, *Abertal/Kommission*; EuG 02.08.2001, T-111/01 R, *Saxonia Edelmetalle/Kommission*; EuG 19.12.2001, T-195/01 R, *Government of Gibralter/Kommission*; EuG 10.06.2011, T-207/07 R, *Eurallumina/Kommission*; EuG 21.06.2011, T-209/11 R, *MB System/Kommission*; EuG 15.05.2018, T-901/16 R, *Elche Club de Fútbol/Kommission*; EuG 22.11.2018, C-315/18 P, *Valencia Club de Fútbol/Kommission*.

Klagen vor dem EuG und dem EuGH haben keine aufschiebende Wirkung.[305] Beihilferechtliche Entscheidungen können daher vollzogen werden, obwohl klageweise um Rechtsschutz vor den Unionsgerichten ersucht wurde.[306] Es steht aber frei, einstweiligen Rechtsschutz zu beantragen.

Aufgrund der enormen wirtschaftlichen Relevanz von Beihilfen für Unternehmen und bis zur Insolvenz reichen können, hat der vorläufige Rechtsschutz in Beihilfesachen eine besondere Bedeutung.[307] Der unionsrechtliche Eilrechtsschutz hat in der beihilferechtlichen Praxis aber bislang kaum praktische Bedeutung erfahren.[308] Der Grund dafür liegt in den sehr hohen Anforderungen an die Begründetheit eines solchen Antrags.[309]

---

303 EuGH 14.02.1989, Rs 247/87, *Star Fruit/Kommission* Rn 11; EuG 13.11.1995, T-128/95, *Aéroports de Paris/Kommission* Rn 43.

304 EuGH 03.07.2001, C-378/98, *Kommission/Belgien* Rn 26.

305 Art 278 erster Satz AEUV.

306 *Frenz*, Handbuch EuR III Rz 2841.

307 *Frenz*, Handbuch EuR III Rz 2842; *Bungenberg* in WettbR III: BeihilfenR[5] Rechtsschutz Rz 213 mwN.

308 *Soltész* in Hatje/Müller-Graff, EnzEuR IV[2] § 15 Rz 157 mwN, *Frenz*, Handbuch EuR III[2] Rz 2842.

309 EuG 10.06.2011, T-207/07 R, *Eurallumina/Kommission*; EuG 21.06.2011, T-209/11 R, *MB System/Kommission*; EuG 15.05.2018, T-901/16 R, *Elche Club de Fútbol/Kommission*; EuG 22.11.2018, C-315/18 P, *Valencia Club de Fútbol/Kommission*.

Der Kläger hat nämlich insb die Gründe anzugeben, aus denen sich die Dringlichkeit ergibt. Die Dringlichkeit bemisst sich danach, ob eine vorläufige Entscheidung notwendig ist, um einen schweren und nicht wieder gutzumachenden Schaden für den Kläger abzuwenden.[310] In Beihilfeverfahren scheitern die Kläger oft daran, dass ein finanzieller Schaden nicht als solcher Schaden angesehen wird.[311]

> Der einstweilige Rechtsschutz ist im EU-Beihilferecht eine absolute Ausnahmeerscheinung, da die hohen Anforderungen die Kläger an derartigen Anträgen hindern.

# B. Nationaler Rechtsschutz

**Literatur:** *Arturo*, Zum Rechtsschutz im Beihilfenrecht – Gemeinschaftsrechtlicher und privatrechtlicher Rahmen staatlicher Beihilfen (1999); *Barbist/Halder*, Die Rückforderung staatlicher Beihilfen am Beispiel des Verkaufs der Bank Burgenland, BRZ 2010, 83; *Barbist/Halder/Schachl*, Praxisstudie: Bank Burgenland Vertiefung ausgewählter Themen, in Haslinger/Jaeger (Hrsg), Jahrbuch Beihilferecht (2012) 551; *Bartosch*, Beihilfenrechtliches Verfahren und gerichtlicher Rechtsschutz, ZIP 2000, 601; *Bär-Bouyssière* in Schwarze (Hrsg), EU-Kommentar⁴ (2019) Art 108 AEUV; *Birnstiel/Bungenberg/Heinrich*, Europäisches Beihilfenrecht (2013); *Dorn*, Private und administrative Rechtsdurchsetzung im europäischen Beihilfenrecht (2017); *Dreher/Lübbig/Wolf-Posch*, Praxis des EU-Beihilferechts in Österreich (2017); *Eilmansberger*, Zivilrechtsfolgen gemeinschaftswidriger Beihilfegewährung in Koppensteiner (Hrsg), Österreichisches und europäisches Wirtschaftsprivatrecht 8/2 (2000) 209; *Eilmansberger/Jaeger*, Zum Begriff der Durchführung rechtswidriger Beihilfen – Eine Untersuchung am Beispiel der österreichischen KWK-Förderung, wbl 2009, 482; *ders*, Zivilrechtsfolgen gemeinschaftswidriger Beihilfegewährung in Koppensteiner (Hrsg), Österreichisches und europäisches Wirtschaftsprivatrecht 8/2 (2000) 209; *Grabitz/Hilf/Nettesheim*, Das Recht der Europäischen Union: EUV/AEUV⁷² (2021); *Horak*, Kein Anspruch auf Rückabwicklung eines Vertrags bei Verstoß gegen Beihilfenrecht, ecolex 2014, 623; *Jaeger*, Die höchstrichterliche Beihilfejudikatur in Deutschland: Ein Vorbild für Österreich?, wbl 2012, 9; *ders*, Hürden der Durchsetzung von Wettbewerbsrecht vor den Zivilgerichten, ÖZW 2007, 73; *ders*, Durchführungsverbot und rückwirkende Beihilfengenehmigung: Eine Kritik der österreichischen Rechtsprechung zu rechtswidrig durchgeführten, mit dem Gemeinsamen Markt vereinbaren Beihilfen, ZfV 2003, 645; *Kohl/Schwab*, Die nationalen Durchsetzungsinstrumente des Beihilfenrechts in Österreich, ecolex 2018, 439; *Lang*, Rechtsschutzfragen abgabenrechtlicher Beihilfengewährung, in Studiengesellschaft für Wirtschaft und Recht (Hrsg), Beihilfenrecht (2004) 69; *Lintschinger*, Private Durchsetzung des Beihilfeverbots und neuere Judikatur österr.und dt Gerichte, in Haslinger/Jaeger (Hrsg), Jahrbuch Beihilferecht (2012) 505; *ders*, Zur gerichtlichen Durchsetzung des Durchführungsverbots nach Art 108 Abs 3 AEUV in Österreich, BRZ 2010, 139; *Lotze*, Die zivilrechtliche Feststellungsklage als Instrument der Geltendmachung von Beihilfeverstößen durch Wettbewerber, BRZ 2011, 131; *Martin-Ehlers*, Die Bindungswirkung einer Eröffnungsentschei-

---

310 EuG 19.12.2001, T-195/01 R, *Government of Gibralter/Kommission*; *Soltész* in Hatje/Müller-Graff, EnzEuR IV² § 15 Rz 159.

311 EuGH 18.10.1991, C-213/91 R, *Abertal/Kommission* Rn 24; EuG 21.06.2011, T-209/11 R, *MB System/Kommission* Rn 29.

dung der Kommission im Beihilferecht, EuZW 2014, 247; *Potacs*, Rechtsschutzfragen öffentlich-rechtlicher Beihilfengewährung, in Studiengesellschaft für Wirtschaft und Recht (Hrsg), Beihilfenrecht (2004) 91; *Rabl*, Private Enforcement: Unterlassung bei Verstoß gegen beihilferechtliches Durchführungsverbot, ecolex 2010, 1010; *Rabl/Mrvošević*, Private enforcement im Beihilfenrecht: Eine Standortbestimmung, BRZ 2018, 59; *N. Raschauer*, Rechtsmittel der Bank Burgenland zurückgewiesen, ZFR 2013, 312; *Rebhahn*, Beihilfen- und Subventionsrecht, in Raschauer (Hrsg), Grundriss des österreichischen Wirtschaftsrechts[2] (2003) 359; *Rennert*, Beihilferechtliche Konkurrentenklagen vor deutschen Verwaltungsgerichten, EuZW 2011, 576; *Rüffler*, Rechtsfolgen gesetzwidriger Beihilfengewährung, in Studiengesellschaft für Wirtschaft und Recht (Hrsg), Beihilfenrecht (2004) 141; *Soltész*, Private Enforcement im EU-Beihilferecht – Noch immer in den Kinderschuhen, NZKart 2018, 553; *Wiebe*, Wettbewerbs- und Immaterialgüterrecht[4] (2018); *Wiebe/Kodek*, UWG[2] (Stand 1.2.2020, rdb.at); *Zellhofer/Solek*, Nationaler Rechtsschutz gegen formell rechtswidrige Beihilfen in Österreich, in Haslinger/Jager (Hrsg), Jahrbuch Beihilferecht (2014) 539.

**Judikatur:** EuGH 11.12.1973, Rs 120/73, *Lorenz*; EuGH 21.05.1987, Rs 133/85, *Walter Rau Lebensmittelwerke ua/Bundesanstalt für landwirtschaftliche Marktordnung*; EuGH 21.11.1991, C-354/90, *FNCE/Frankreich*; EuGH 09.03.1994, C-188/92, *Textilwerke Deggendorf*; EuGH 11.07.1996, C-39/94, *SFEI/Laposte*; EuGH 13.01.2005, C-174/02, *Streekgewest*; EuGH 05.10.2006, C-368/04, *Transalpine Ölleitung Österreich*; OLG Wien 05.02.2007, 2 R 150/06b; EuGH 12.02.2008, C-199/06, *CELF und Ministre de la Culture et de la Communication*; OGH 15.12.2008, 4 Ob 133/08z – Bank Burgenland; VfGH 01.07.2009, A 10/08, VfSlg 18.824/2009; OGH 19.01.2010, 4 Ob 154/09i – Landesforstrevier L; OGH 21.06.2011, 4 Ob 40/11b – Murpark; OGH 25.03.2014, 4 Ob 209/13h; EuGH 21.11.2013, C-284/12, *Lufthansa/Frankfurt Hahn*; OGH 03.05.2017, 4 Ob 236/16h; EuGH 25.07.2018, C-135/16, *Georgsmarienhütte/Deutschland*; EuGH 23.01.2019, C-387/17, *Traghetti del Mediterraneo SpA*; EuGH 05.03.2019, C-349/17, *Eesti Pagar*.

Neben den Rechtsschutzmöglichkeiten auf Unionsebene (Nichtigkeitsklage, Untätigkeitsklage, Schadenersatzklage, etc) stehen den beihilferechtlichen Akteuren (Beihilfegeber, Beihilfeempfänger, Wettbewerber) auch auf nationaler Ebene Rechtsschutzmöglichkeiten zur Verfügung.

Der Unionsrechtsschutz schließt den nationalen Rechtsschutz keinesfalls aus, sondern besteht neben ihm.[312] In einer Beihilfekonstellation kann es somit durchaus vorkommen, dass das nationale Gericht und der Gerichtshof der Europäischen Union gleichzeitig tätig werden.[313]

In Österreich existiert kein eigenes Beihilfegesetz, das verfahrensrechtliche Regelungen über den Rechtsschutzweg vorsieht. Die Ausgestaltung des nationalen Rechtsschutzes in Beihilfesachen erfolgt nach den unionsrechtlichen Vorgaben und der Rechtsfortbildung durch den EuGH.

Das Durchführungsverbot ist unmittelbar anwendbar und begründet Rechte der Einzelnen, die vor den nationalen Gerichten zu beachten sind.[314] Die rechtstechnischen Vorschriften richten sich dabei nach dem internen Recht des jeweili-

---

312 EuGH 21.05.1987, Rs 133/85, *Walter Rau Lebensmittelwerke ua/Bundesanstalt für landwirtschaftliche Marktordnung* Rz 11.

313 *Bungenberg* in WettbR III: BeihilfenR[5] Rechtsschutz Rz 7.

314 EuGH 11.12.1973, Rs 120/73, *Lorenz* Rn 8.

gen Mitgliedstaates.[315] Die nationalen Gerichte müssen zugunsten des Einzelnen, entsprechend ihrem nationalen Recht sämtliche Folgerungen sowohl bezüglich der Gültigkeit der Rechtsakte zur Durchführung der Beihilfemaßnahmen als auch bezüglich der Betreibung der unter Verletzung des Durchführungsverbotes gewährten finanziellen Unterstützungen oder vorläufige Maßnahmen ziehen.[316]

Die Feststellung, dass eine Beihilfe unter Verstoß gegen das Durchführungsverbot gewährt worden ist, hat zur Folge, dass die Beihilfe unter Beachtung der innerstaatlichen Verfahrensvorschriften erstattet werden muss.[317]

Die Bestimmungen der zuständigen Gerichte und die Ausgestaltung des Verfahrens für die Klagen, die den Schutz der dem Einzelnen aus dem Unionsrecht erwachsenden Rechte gewährleisten soll, ist Sache der nationalen Rechtsordnung der einzelnen Mitgliedstaaten.[318] Dabei dürfen diese Bedingungen freilich nicht weniger günstig sein als diejenigen, die nationale Rechte betreffen (**Äquivalenzgrundsatz**) und sie dürfen die Ausübung des Durchführungsverbotes nicht praktisch unmöglich machen oder übermäßig erschweren (**Effektivitätsgrundsatz**).[319]

> Aufgrund des unmittelbar anwendbaren Durchführungsverbots können sich die beihilferechtlichen Akteure direkt an die nationalen Gerichte wenden und einen Beihilfeverstoß geltend machen.

Zwischen der Kommission und den nationalen Gerichten besteht eine klare Aufgabenverteilung.

Die Kompetenz nationaler Gerichte umfasst die Auslegung des Beihilfebegriffs, nicht jedoch die Vereinbarkeitsprüfung einer Beihilfe mit dem Binnenmarkt. Letzteres fällt nämlich ausschließlich in die Zuständigkeit der Kommission, die der Kontrolle durch den Gerichthof der EU unterliegt.

Die nationalen Behörden verfügen über eine Rückabwicklungskompetenz bezüglich rechtswidrig gewährter Beihilfen.

Wird eine rechtswidrige Beihilfe gewährt und ordnet die Kommission dem betreffenden Mitgliedstaat die Rückforderung mittels Beschluss an, ist der Mitgliedstaat verpflichtet, den rechtswidrigen Zustand zu beseitigen, indem die Beihilfe zurückgefordert wird.

Erblickt die Kommission in einer Maßnahme Beihilfeelemente und eröffnet das förmliche Prüfverfahren, sind die nationalen Behörden verpflichtet, alle erforderlichen Maßnahmen zu treffen, um die Konsequenz aus einem eventuellen Verstoß gegen die Pflicht zur Aussetzung der Durchführung dieser Maßnahmen zu ziehen (**Bindungswirkung**).[320]

---

315 EuGH 11.12.1973, Rs 120/73, *Lorenz* Rn 9.
316 EuGH 21.11.1991, C-354/90, *FNCE/Frankreich* Rn 12.
317 EuGH 11.07.1996, C-39/94, *SFEI/Laposte* Rn 68.
318 EuGH 05.10.2006, C-368/04, *Transalpine Ölleitung* Rn 45.
319 EuGH 05.10.2006, C-368/04, *Transalpine Ölleitung* Rn 45.
320 EuGH 21.11.2013, C-284/12, *Lufthansa/Frankfurt Hahn* Rn 38, 42.

Für den Fall widerstreitender Rechtsansichten in Bezug auf das Vorliegen der Tatbestandsvoraussetzungen in Art 107 Abs 1 AEUV sind die nationalen Behörden an die Rechtsansicht der Kommission gebunden, sofern sie ein förmliches Prüfverfahren eingeleitet hat.

Für den nationalen Rechtsschutz kann zudem auch entscheidend sein, ob auf Unionsebene mit Nichtigkeitsklage gegen den Kommissionsbeschluss vorgegangen wurde.

Der EuGH hat nämlich für die Rechtsposition des Beihilfeempfängers klargestellt, dass der Beihilfeempfänger vor den nationalen Gerichten dann nicht die Rechtmäßigkeit des Kommissionsbeschlusses in Frage stellen kann, wenn er es nach Kenntnis des Beihilfebeschlusses versäumt hat, Nichtigkeitsklage binnen der Klagefrist auf Unionsebene zu erheben (**Präklusionswirkung**).[321] Das nationale Gericht ist vielmehr durch die Bestandskraft an die Entscheidung der Kommission gebunden. Das gilt im Übrigen auch für das Verfahren zur Vorabentscheidung (**Vorlagepräklusion**).[322]

> Die **Zuständigkeit** der nationalen Behörden und die **Ausgestaltung des Verfahrens** für die Klagen, die den Schutz der dem Einzelnen aus dem Unionsrecht erwachsenden Rechte gewährleisten soll, erfolgt **nach den nationalen Verfahrensvorschriften**.

Die Art der Beihilfegewährung bestimmt in weiterer Folge die zur Verfügung stehenden Rechtsschutzmöglichkeiten. Es ist nämlich zwischen zwei Arten der Beihilfegewährung zu differenzieren:
– die Beihilfe wird im Rahmen der **Privatwirtschaftsverwaltung** gewährt (durch Fördervertrag),
– die Beihilfe wird in **Form eines hoheitlichen Akts** gewährt (durch Bescheid, Gesetz).

Erfolgt die Beihilfevergabe durch einen Fördervertrag, müssen die staatlichen Mittel im **Zivilrechtsweg** zurückgefordert werden. Ist die Grundlage der Beihilfegewährung ein Bescheid, ist die Rückforderung im **Verwaltungsverfahren** (oder Abgabeverfahren) durchzusetzen.

Öffentlich-rechtlich gewährte Beihilfen werden vom Beihilfeempfänger mittels Bescheid zurückgefordert.[323] Erfolgt eine Beihilfegewährung durch einen Fördervertrag und muss der betreffende Mitgliedstaat die Beihilfe zurückfordern, ist Klage beim zuständigen Zivilgericht einzubringen.[324]

> In Österreich können Beihilfen entweder im Wege der Privatwirtschaftsverwaltung (durch privatrechtlichen Vertrag) oder aber durch einen hoheitlichen Akt (zB durch Bescheid) gewährt werden. Die Art der Beihilfegewährung

---

321 EuGH 09.03.1994, C-188/92, *Textilwerke Deggendorf* Rn 17, 25.
322 EuGH 25.07.2018, C-135/16, *Georgsmarienhütte/Deutschland* Rn 43.
323 *Dreher/Lübbig/Wolf-Posch*, EU-Beihilferecht Rz 431.
324 Dazu der Fall Bank Burgenland OGH 15.12.2008, 4 Ob 133/08z – Bank Burgenland.

bestimmt das weitere Verfahren, indem entweder der Zivilrechtsweg (privatwirtschaftliche Beihilfevergabe) oder der Verwaltungsrechtsweg (öffentliche Beihilfevergabe) beschritten werden muss.

## 1. Privatwirtschaftliche Beihilfengewährung

**Literatur:** *Arturo*, Zum Rechtsschutz im Beihilfenrecht – Gemeinschaftsrechtlicher und privatrechtlicher Rahmen staatlicher Beihilfen (1999); *Barbist/Halder*, Die Rückforderung staatlicher Beihilfen am Beispiel des Verkaufs der Bank Burgenland, BRZ 2010, 83; *Barbist/Halder/Schachl*, Praxisstudie: Bank Burgenland Vertiefung ausgewählter Themen, in Haslinger/Jaeger (Hrsg), Jahrbuch Beihilferecht (2012) 551; *Eilmansberger*, Zivilrechtsfolgen gemeinschaftswidriger Beihilfegewährung in Koppensteiner (Hrsg), Österreichisches und europäisches Wirtschaftsprivatrecht 8/2 (2000) 209; *Lintschinger*, Private Durchsetzung des Beihilfeverbots und neuere Judikatur österr und dt Gerichte, in Haslinger/Jaeger (Hrsg), Jahrbuch Beihilferecht (2012) 505; *Lotze*, Die zivilrechtliche Feststellungsklage als Instrument der Geltendmachung von Beihilfeverstößen durch Wettbewerber, BRZ 2011, 131; *Rabl/Mrvošević*, Private enforcement im Beihilferecht: Eine Standortbestimmung, BRZ 2018, 59; *Rüffler*, Rechtsfolgen gesetzwidriger Beihilfengewährung, in Studiengesellschaft für Wirtschaft und Recht (Hrsg), Beihilfenrecht (2004) 141; *Wiebe*, Wettbewerbs- und Immaterialgüterrecht[4] (2018); *Wiebe/Kodek*, UWG[2] (Stand 1.2.2020, rdb.at); *Zellhofer/Solek*, Nationaler Rechtsschutz gegen formell rechtswidrige Beihilfen in Österreich, in Haslinger/Jaeger (Hrsg), Jahrbuch Beihilferecht (2014) 539.

**Judikatur:** EuGH 11.07.1996, C-39/94, *SFEI ua*; OGH 15.12.2008, 4 Ob 133/08z – Bank Burgenland; OGH 19.01.2010, 4 Ob 154/09i – Landesforstrevier L; OGH 21.06.2011, 4 Ob 40/11b – Murpark; OGH 03.05.2017, 4 Ob 236/16h.

In Österreich werden Beihilfen überwiegend im Wege der Privatwirtschaftsverwaltung gewährt.[325] Die Grundlage für die Beihilfegewährung ist dann ein zwischen Beihilfeempfänger und Beihilfegeber geschlossener **Vertrag**.

Für die Rückforderung rechtswidriger Beihilfen bedeutet das, dass privatrechtlich gewährte Beihilfen in einem **Zivilverfahren** zurückzufordern sind.[326]

Die beihilferechtlichen Akteure (Beihilfegeber, Beihilfeempfänger, Wettbewerber) können sich bei einer Verletzung des Durchführungsverbotes vor nationalen Gerichten auf die unmittelbare Anwendbarkeit berufen. Die Gerichte haben sodann die Rechte des Einzelnen zu schützen und etwaige Maßnahmen in Bezug auf die Gültigkeit des Rechtsaktes und die Rückerstattung bzw vorläufige Maßnahmen anzuordnen.

---

325 *Dreher/Lübbig/Wolf-Posch*, EU-Beihilferecht Rz 442; *Rüffler*, Rechtsfolgen gesetzwidriger Beihilfengewährung, in Studiengesellschaft für Wirtschaft und Recht (Hrsg), Beihilfenrecht (2004) 141 (144).

326 *Dreher/Lübbig/Wolf-Posch*, EU-Beihilferecht Rz 431, 442.

Auf nationaler Ebene wird sich primär die Frage nach dem Rechtsschutz von **Wettbewerbern** stellen.[327]

*Beispiel: In der Finanzkrise gewährt die Republik Österreich einem heimischen Großunternehmen ein Wandeldarlehen in der Höhe von € 150 Mio. Die Kommission erklärt diese Beihilfe als mit dem Binnenmarkt vereinbar und übermittelt der Republik Österreich den positiven Genehmigungsbeschluss. Ein französisches Großunternehmen sieht darin eine erhebliche Wettbewerbsverfälschung und will gegen den Kommissionsbeschluss vorgehen.*

### a. Rückforderung durch den Mitgliedstaat

Der Mitgliedstaat hat bei einem Verstoß gegen das Durchführungsverbot die Erstattung der Beihilfe nach innerstaatlichem Recht zu veranlassen.[328] Als Adressat des Kommissionsbeschlusses stellt sich vor allem für den Mitgliedstaat die Frage, wie eine rechtswidrige Beihilfe zurückzufordern ist, wenn Beihilfen nicht durch den Bund, sondern durch die Länder oder Gemeinden gewährt worden sind.[329]

Im Fall Bank Burgenland[330] hat die Kommission die Republik Österreich zum ersten Mal zur Rückforderung einer Beihilfe verpflichtet. Adressat der Rückforderungsentscheidung ist der jeweilige Mitgliedstaat und nicht der eigentliche Beihilfegeber (Land Burgenland). Da im Zivilverfahren nur der eigentliche Beihilfegeber Partei ist, stellt sich die Frage, mit welchen Mitteln der Bund dennoch unmittelbar Einfluss auf ein allfälliges Zivilverfahren zur Rückforderung der Beihilfe hat.[331] Eine Rückforderung durch Hoheitsakt (Rückzahlungsbescheid) als kostengünstigere und raschere Variante, bedürfte entsprechender gesetzgeberischer Maßnahmen.[332]

> Das wohl prominenteste österreichische Beispiel einer beihilferechtlichen Rückforderung im Wege der Privatwirtschaftsverwaltung ist die Rechtssache Bank Burgenland.

### b. Durchsetzungswege nach UWG

Ein Verstoß gegen das Durchführungsverbot kann nach § 1 Abs 1 Z 1 UWG im Wege einer Unterlassungsklage oder bei Verschulden mittels einer Schadenersatzklage durchgesetzt werden.

---

327 S dazu die Entscheidungen OGH 15.12.2008, 4 Ob 133/08z – Bank Burgenland; OGH 19.01.2010, 4 Ob 154/09i – Landesforstrevier L.

328 EuGH 11.07.1996, C-39/94, *SFEI ua* Rz 68.

329 Zur Problematik siehe ausführlich *Barbist/Halder/Schachl* in Jahrbuch Beihilferecht 2012, 551; s auch *Barbist/Halder*, Die Rückforderung staatlicher Beihilfen am Beispiel des Verkaufs der Bank Burgenland, BRZ 2010, 79.

330 OGH 15.12.2008, 4 Ob 133/08z; OGH 25.03.2014, 4 Ob 209/13h.

331 *Barbist/Halder/Schachl* in Jahrbuch Beihilferecht 2012, 551 (561 f).

332 *Barbist/Halder*, BRZ 2010, 79 (85 f); *Barbist/Halder/Schachl* in Jahrbuch Beihilferecht 2012, 551 (561).

§ 1 (1) Z 1 UWG: „Wer im geschäftlichen Verkehr eine unlautere Geschäftspraktik oder **sonstige unlautere Handlung** anwendet, die geeignet ist, den **Wettbewerb** zum Nachteil von Unternehmen **nicht nur unerheblich** zu **beeinflussen,** kann auf Unterlassung und bei Verschulden auf Schadenersatz in Anspruch genommen werden."

Durch die Rechtsprechung geklärt ist, dass ein Verstoß gegen das Durchführungsverbot eine sonstige unlautere Handlung iSd § 1 Abs 1 Z 1 UWG begründet und einen **Rechtsbruch** darstellt.[333]

Gegen § 1 UWG verstoßen nur solche unlauteren Handlungen, die in irgendeiner Weise geeignet sind, den Wettbewerb oder das Verbraucherverhalten zu beeinflussen (**Erheblichkeitsschwelle**).

Um die Erheblichkeitsschwelle nach § 1 Abs 1 Z 1 UWG zu überschreiten, muss eine sonstige unlautere Handlung dazu geeignet sein, den Wettbewerb zum Nachteil von Unternehmen nicht nur unerheblich zu beeinflussen.[334] Dieses Erfordernis ist bei einer unter Art 107 Abs 1 AEUV fallenden Beihilfe regelmäßig erfüllt.[335]

Kein Verstoß gegen § 1 UWG liegt hingegen dann vor, wenn die Auslegung einer Norm unklar ist und die vertretene Auslegung der angeblich verletzten Norm mit gutem Grund vertreten werden kann (**vertretbare Rechtsansicht**).[336] In Ausnahmefällen weicht der OGH vom Grundsatz der vertretbaren Rechtsansicht ab und sieht bereits den objektiven Verstoß gegen eine Norm als ausreichend an.[337]

Bei einem Verstoß gegen das Durchführungsverbot ist nicht auf die Vertretbarkeit der dem Verstoß zugrundeliegenden Rechtsansicht abzustellen, sondern es genügt bereits der objektive Verstoß gegen Art 108 Abs 3 AEUV.[338]

Ansprüche nach UWG setzen schließlich ein („ad-hoc"-)**Wettbewerbsverhältnis** zwischen den Streitparteien voraus.[339]

---

333 OGH 21.06.2011, 4 Ob 40/11b – Murpark; OGH 19.01.2010, 4 Ob 154/09i – Landesforstrevier L; *Eilmannsberger* in Koppensteiner, Wirtschaftsprivatrecht, 209 f; *Rüffler*, Rechtsfolgen gesetzwidriger Beihilfengewährung, in Studiengesellschaft für Wirtschaft und Recht (Hrsg), Beihilfenrecht (2004) 141 (145 ff); *Sutter* in Mayer/Stöger, EUV/AEUV Art 108 AEUV Rz 132.

334 *Wiebe*, Wettbewerbs- und Immaterialgüterrecht[4] 316; *Heidinger/Handig/Wiebe/Frauenberger/Burgstaller* in Wiebe/Kodek (Hrsg), UWG[2] § 1 Rz 890 (Stand 1.2.2020, rdb.at)

335 OGH 19.01.2010, 4 Ob 154/09i – Landesforstrevier L.

336 *Wiebe*, Wettbewerbs- und Immaterialgüterrecht[4] 343; *Heidinger/Handig/Wiebe/Frauenberger/Burgstaller* in Wiebe/Kodek, UWG[2] § 1 Rz 871.

337 Siehe OGH 11.03.2008, 4 Ob 225/07b – Stadtrundfahrten.

338 OGH 19.01.2010, 4 Ob 154/09i – Landesforstrevier L.

339 *Heidinger/Handig/Wiebe/Frauenberger/Burgstaller* in Wiebe/Kodek, UWG[2] § 1 Rz 138; *Lintschinger* in Jahrbuch Beihilferecht 2012, 505 (519 f).

Für das Vorliegen eines „Ad-hoc" Wettbewerbsverhältnisses genügt es, dass sich der Verletzer in irgendeiner Weise zum Betroffenen in Wettbewerb stellt.[340]

Im Zusammenhang mit der Verletzung des Durchführungsverbotes ist bereits die Ankündigung eines, im Finanzbereich agierenden, Beteiligungsunternehmens, das Anteile eines Kreditinstituts zu erwerben und auf dem österreichischen Bankenmarkt tätig zu werden beabsichtigt, in Verbindung mit der in Österreich beantragten Konzession und den bereits eingegangenen Beteiligungen an Bankunternehmen, ausreichend, um ein Ad-hoc-Wettbewerbsverhältnis zu begründen.[341] Ein Ad-hoc Wettbewerbsverhältnis liegt zudem zwischen einer regionalen Bietergemeinschaft und dem Bieter vor, der trotz höheren Angebots nicht den Zuschlag durch die öffentliche Hand erhält, da spätestens mit dem Erwerb der Liegenschaft in den Wettbewerb mit den Mitgliedern der regionalen Bietergemeinschaft eingetreten wird.[342] Schließlich kann ein „Ad-hoc" Wettbewerbsverhältnis auch bereits durch die Angebotslegung begründet werden.[343]

Ein lauterkeitsrechtlicher Unterlassungsanspruch besteht somit schon dann, wenn die Behörde objektiv gegen das Durchführungsverbot verstoßen hat (**Wiederholungsgefahr**) oder dagegen zu verstoßen droht (**Erstbegehungsgefahr**).

Wurde die Beihilfe bereits gewährt, kann die Rückabwicklung der Beihilfe über einen **Beseitigungsanspruch** nach §§ 1, 15 UWG geltend gemacht werden.

§ 15 UWG normiert: „Der Anspruch auf Unterlassung umfasst auch das Recht, die Beseitigung des den Vorschriften des Gesetzes widerstreitenden Zustandes vom Verpflichteten, soweit ihm die Verfügung hierüber zusteht, zu verlangen."

Der Beseitigungsanspruch kann sich gegen den Mitgliedstaat oder den Beihilfeempfänger richten.

Ein gegen den Mitgliedstaat gerichteter Beseitigungsanspruch zielt auf die Rückforderung der Beihilfe ab, ein gegen den Beihilfeempfänger gerichteter auf die Rückzahlung der Beihilfe.[344]

Bei einem (drohenden) objektiven Verstoß gegen das Durchführungsverbot kommt ein lauterkeitsrechtlicher **Unterlassungsanspruch** in Betracht (**Erstbegehungs-, Wiederholungsgefahr**). Wurde die Beihilfe bereits gewährt, kann die Rückabwicklung der Beihilfe über einen **Beseitigungsanspruch** nach §§ 1, 15 UWG veranlasst werden.

---

340 OGH 13.05.1997, 4 Ob 105/97p; OGH 16.06.1998, 4 Ob 149/98k; OGH 15.09.2005, 4 Ob 113/05d.

341 OGH 15.12.2008, 4 Ob 133/08z – Bank Burgenland.

342 OGH 19.01.2010, 4 Ob 154/09i – Landesforstrevier L.

343 OGH 19.01.2010, 4 Ob 154/09i – Landesforstrevier L; s dazu *Lintschinger* in Jahrbuch Beihilferecht 2012, 505 (519 f).

344 *Dreher/Lübbig/Wolf-Posch*, EU-Beihilferecht Rz 463.

Ein Verstoß gegen das Durchführungsverbot kann bei Verschulden auch eine **Schadenersatzpflicht** begründen.

Der Beihilfeempfänger kann gegen den betreffenden Mitgliedstaat einen Schadenersatz verlangen, wenn dem Beihilfeempfänger durch ein schuldhaftes Verhalten des Mitgliedstaats ein Schaden entstanden ist (culpa in contrahendo).[345] Ein Schaden kann dem Beihilfeempfänger etwa dadurch entstehen, dass der Mitgliedstaat eine anmeldepflichtige Beihilfe unter Verstoß gegen das Durchführungsverbot an ihn gewährt und später rückfordern muss.[346] Ein solcher Nachweis wird sich aufgrund vieler für das Wettbewerbsgeschehen maßgeblicher, wirtschaftlicher Parameter aber schwierig gestalten.[347]

Ein Verschulden wird regelmäßig gegeben sein, da zumindest leichte Fahrlässigkeit bei einem Verstoß gegen einen Negativbeschluss der Kommission ausreichen wird.

Der Schaden umfasst gemäß § 16 Abs 1 UWG auch den entgangenen Gewinn.[348]

Beihilfegeber und Beihilfeempfänger haften gemäß § 17 UWG solidarisch für den entstandenen Schaden.[349] Der Beihilfeempfänger ist allerdings nicht der Adressat des Durchführungsverbotes, weshalb eine Haftung nach UWG umstritten ist.

Für die österreichische Rechtsordnung bis dato unbeantwortet bleibt die Frage, ob auch der Beihilfeempfänger von seinem **Wettbewerber** auf Grundlage des § 1 UWG geklagt werden kann. Der Beihilfeempfänger soll einem Teil der Lehre auf der Grundlage von § 1 UWG mit dem Argument belangbar sein, dass sich der Beihilfeempfänger insb durch die Antragstellung einer rechtswidrigen Beihilfe zum Mittäter macht.[350] Während in Deutschland das Durchführungsverbot vom BGH als Schutzgesetz zu Gunsten von Wettbewerbern qualifiziert wurde und folglich auch der Beihilfeempfänger problemlos von seinem Wettbewerber auf Grundlage des § 1 UWG belangt werden kann, ist die Schutzgesetzthematik in der österreichischen Rechtsordnung umstritten.[351]

> Bei einem (drohenden) objektiven Verstoß gegen das Durchführungsverbot kommt ein lauterkeitsrechtlicher **Unterlassungsanspruch** in Betracht, wenn

---

345 *Eilmannsberger* in Koppensteiner, Wirtschaftsprivatrecht, 95; *Arturo*, Rechtsschutz im Beihilfenrecht 115; *Dreher/Lübbig/Wolf-Posch*, EU-Beihilferecht Rz 435.

346 *Eilmannsberger* in Koppensteiner, Wirtschaftsprivatrecht, 185 ff.

347 *Dreher/Lübbig/Wolf-Posch*, EU-Beihilferecht Rz 435.

348 *Rüffler*, Rechtsfolgen gesetzwidriger Beihilfengewährung, in Studiengesellschaft für Wirtschaft und Recht (Hrsg), Beihilfenrecht (2004) 141 (156).

349 *Eilmannsberger* in Koppensteiner, Wirtschaftsprivatrecht, 214 f; *Rüffler*, Rechtsfolgen gesetzwidriger Beihilfengewährung, in Studiengesellschaft für Wirtschaft und Recht (Hrsg), Beihilfenrecht (2004) 141 (156); *Dreher/Lübbig/Wolf-Posch*, EU-Beihilferecht Rz 468; Nach der Rsp des EuGH 11.07.1996, C-39/94, *SFEI ua* Rn 75 scheint eine mögliche Schadenersatzklage gegen den Beihilfeempfänger zwar nicht auf Unionsebene, aber auf nationaler Ebene möglich zu sein.

350 Vgl dazu die Darstellung bei *Eilmansberger* in Koppensteiner, Wirtschaftsprivatrecht, 212 f mwN; *Rüffler*, Rechtsfolgen gesetzwidriger Beihilfengewährung, in Studiengesellschaft für Wirtschaft und Recht (Hrsg), Beihilfenrecht (2004) 141 (156); *Rabl/Mrvosevic*, BRZ 2018, 59 (61).

351 Dazu ausführlich *Zellhofer/Solek* in Jahrbuch Beihilferecht (2014) 539.

die Behörde objektiv gegen das Durchführungsverbot verstoßen hat (**Wiederholungsgefahr**) oder dagegen zu verstoßen droht (**Erstbegehungsgefahr**). Wurde die Beihilfe bereits gewährt, kann die Rückabwicklung der Beihilfe über einen **Beseitigungsanspruch** nach §§ 1, 15 UWG veranlasst werden. Bei Verschulden kann ein Verstoß gegen das Durchführungsverbot auch eine **Schadenersatzpflicht** begründen.

## 2. Hoheitliche Beihilfegewährung

**Literatur:** *Barbist/Halder/Schachl*, Praxisstudie: Bank Burgenland Vertiefung ausgewählter Themen, in Haslinger/Jaeger (Hrsg), Jahrbuch Beihilferecht (2012) 551; *Birnstiel/Bungenberg/Heinrich*, Europäisches Beihilfenrecht (2013); *Dreher/Lübbig/Wolf-Posch*, Praxis des EU-Beihilferechts in Österreich (2017); *Eilmansberger/Jaeger*, Zum Begriff der Durchführung rechtswidriger Beihilfen – Eine Untersuchung am Beispiel der österreichischen KWK-Förderung, wbl 2009, 482; *Hengstschläger/Leeb*, Verwaltungsverfahrensrecht. Verfahren vor den Verwaltungsbehörden und Verwaltungsgerichten[6] (2018); *Jaeger*, Die höchstrichterliche Beihilfejudikatur in Deutschland: Ein Vorbild für Österreich?, wbl 2012, 9; *ders*, Hürden der Durchsetzung von Wettbewerbsrecht vor den Zivilgerichten, ÖZW 2007, 73; *Lintschinger*, Private Durchsetzung des Beihilfeverbots und neuere Judikatur österr und dt Gerichte, in Haslinger/Jaeger (Hrsg), Jahrbuch Beihilferecht (2012) 505; *Nordberg*, Unternehmenssanierung durch die öffentliche Hand und EU-Beihilfenrecht, ecolex 2000, 260; *Öhlinger/Potacs*, EU-Recht und staatliches Recht: Die Anwendung des Europarechts im innerstaatlichen Bereich[7] (2020); *Pechan*, Rechtswegaspekte bei der Bekämpfung hoheitlicher Subventionen, ecolex 2001, 785; *Potacs*, Rechtsschutzfragen öffentlich-rechtlicher Beihilfengewährung, in Studiengesellschaft für Wirtschaft und Recht (Hrsg), Beihilfenrecht (2004) 91; *Rabl/Mrvošević*, Private enforcement im Beihilferecht: Eine Standortbestimmung, BRZ 2018, 59; *N. Raschauer*, Rechtsmittel der Bank Burgenland zurückgewiesen, ZFR 2013, 312; *Rebhahn*, Beihilfen- und Subventionsrecht, in Raschauer (Hrsg), Grundriss des österreichischen Wirtschaftsrechts[2] (2003) 359; *Rennert*, Beihilferechtliche Konkurrentenklagen vor deutschen Verwaltungsgerichten, EuZW 2011, 576.

**Judikatur:** EuGH 28.01.1986, Rs 169/84, *Cofaz/Kommission*; VwGH 26.11.1991, 91/05/0165; VwGH 06.03.2001, 2000/05/05/0257; VfGH 06.03.2001, A 23/00 ua, VfSlg 16.107/2001; VwGH 18.10.2001, 2000/07/0229; VfGH 10.10.2003, A 36/00, VfSlg 17.019/2003; VwGH 16.09.2010, 2010/12/0126; EuGH 19.05.2021, T-218/18, *Deutsche Lufthansa AG/Kommission*; EuGH 19.05.2021, T-628/20, *Ryanair DAC/Kommission*; EuGH 19.05.2021, T-643/20, *Ryanair DAC/Kommission*.

Wenngleich die hoheitliche Beihilfevergabe in Österreich die Ausnahme ist, können Beihilfen auch hoheitlich gewährt werden (zB durch einen **Subventionsbescheid** oder durch **Gesetz**).

Die Republik Österreich gewährt auf der Grundlage eines Bundesgesetzes (KWK-Gesetz)[352] eine Förderung neuer hocheffizienter KWK-Anlagen durch Investitionszuschüsse, soweit diese Anlagen nicht bereits durch andere staatliche Mittel gefördert werden.

---

352 Bundesgesetz, mit dem Bestimmungen auf dem Gebiet der Kraft-Wärme-Kopplung neu erlassen werden (KWK-Gesetz), BGBl I 111/2008 idgF.

### a. Verwaltungsgerichtsbarkeit

Über Rechtswidrigkeiten von Bescheiden entscheiden die Verwaltungsgerichte (**VwG**).[353] Der VwGH befindet über Revisionen „wegen Rechtswidrigkeit" eines Erkenntnisses eines Verwaltungsgerichts.

Der Begriff Rechtswidrigkeit umfasst im Lichte des Äquivalenzprinzips auch Verstöße gegen unionsrechtliche Vorschriften.[354]

Die Verwaltungsgerichte und der **VwGH** sind somit auch für Anfechtungen wegen Verletzungen von Unionsrecht zuständig.[355]

Die Verwaltungsgerichte und – für den Fall einer Revision gegen Erkenntnisse der VwG – der VwGH entscheiden über einen Verstoß gegen das Durchführungsverbot gemäß Art 108 Abs 3 AEUV.

Wird hingegen ein willkürlicher und daher gleichheitswidriger Verstoß gegen Unionsrecht (Verfassungswidrigkeit) behauptet, dann ist der Bescheid gemäß Art 144 B-VG beim **VfGH** bekämpfbar.[356]

> Ein Bescheid, mit dem gegen das Durchführungsverbot – und damit gegen Unionsrecht – verstoßen wird, ist als rechtswidrig einzustufen. Gegen diesen Bescheid kann grds eine Bescheidbeschwerde beim VwG eingebracht werden.

Für eine zulässige Bescheidbeschwerde muss der Beschwerdeführer Partei iSd § 8 AVG sein. Die Frage der Parteistellung ist bei einem Wettbewerber umstritten.[357]

Die Parteistellung muss sich jedoch nicht zwingend aus innerstaatlichen öffentlich-rechtlichen Vorschriften ergeben, sondern kann auch aus unmittelbar anwendbaren Normen des Unionsrechts resultieren.[358]

Ein Teil der Lehre bejaht die Parteistellung des Wettbewerbers mit Verweis auf das unmittelbar anwendbare Durchführungsverbot.[359] Die Zuerkennung einer Parteistellung vermag aber einem anderen Teil der Lehre zufolge nicht dem System des österreichischen

---

353 Art 131 Abs 1 Z 1 B-VG.

354 *Öhlinger/Potacs*, EU-Recht und staatliches Recht[7], 177.

355 *Hauer*, Gerichtsbarkeit des öffentlichen Rechts[4] (2019) Rz 265; *Öhlinger/Potacs*, EU-Recht und staatliches Recht[7], 177 mwN.

356 *Potacs*, Subjektives Recht gegen Feinstaubbelastung?, ZfV 2009, 878; *Urbanitsch*, Europäisierung der Energieregulierung, ÖJZ 2009, 854; VwGH 16.09.2010, 2010/12/0126; *Öhlinger/Potacs*, EU-Recht und staatliches Recht[7], 178.

357 Dazu *Potacs*, Rechtsschutzfragen öffentlich-rechtlicher Beihilfengewährung, in Studiengesellschaft für Wirtschaft und Recht (Hrsg), Beihilfenrecht (2004) 91

358 VwGH 06.03.2001, 2000/05/05/0257; VwGH 18.10.2001, 2000/07/0229, *Öhlinger/Potacs*, EU-Recht und staatliches Recht[7], 65 ff; *Hengstschläger/Leeb*, AVG § 8 Rz 5 (Stand 1.1.2014, rdb.at).

359 Dazu *Nordberg*, Unternehmenssanierung durch die öffentliche Hand und EU-Beihilfenrecht, ecolex 2000, 260 (264); aA *Rebhahn*, Beihilfen- und Subventionsrecht, in Raschauer (Hrsg), Grundriss des österreichischen Wirtschaftsrechts[2] (2003) 359 (396); *Potacs* in Studiengesellschaft für WiR, BeihilfenR 91 (100).

Verwaltungsrechts entsprechen.[360] Denkbar wäre schließlich auch, dem Wettbewerber die Rechtsstellung einer übergangenen Partei zuzusprechen,[361] oder die Präklusionsregelung des § 42 Abs 1 AVG auf Wettbewerber zu erwägen.[362]

## b. Konkurrentenklage nach UWG

**Beispiel:** *Dem Unternehmen X wird vom Staat mit Bescheid eine finanzielle Zuwendung in der Höhe von € 250.000 gewährt. Der mit X im Wettbewerb stehende Unternehmer Y will gegen den Bescheid rechtlich vorgehen.*

Gegen eine hoheitliche Beihilfevergabe wäre auch eine Klage auf der Grundlage des UWG denkbar (**Konkurrentenklage**).

Bei Handlungen im geschäftlichen Verkehr bietet § 1 UWG eine mögliche Anspruchsgrundlage.

Hoheitliches Handeln stellt jedoch kein Handeln im geschäftlichen Verkehr dar. Dennoch ist eine Konkurrentenklage grds nicht ausgeschlossen.

In der Literatur spricht man sich überwiegend gegen die Anwendbarkeit des UWG mit dem Argument aus, dass der Staat im Fall hoheitlichen Handelns nicht „im geschäftlichen Verkehr" handelt.[363] Zudem widerspreche es dem Prinzip der Gewaltenteilung, da ein Gericht ansonsten eine mit Bescheid gewährte Beihilfe mit Urteil versagen könne.[364] Eine Konkurrentenklage ist hingegen einem Teil der Lehre zufolge zulässig, da lediglich das Verhältnis zwischen Beihilfegeber und Beihilfeempfänger als hoheitlich zu qualifizieren ist und der Bescheid nur dieses Rechtsverhältnis gestaltet. Das Verhältnis zwischen Wettbewerber und Beihilfeempfänger bleibt davon aber unberührt.[365] Demnach soll eine Klage des Wettbewerbers gegen den Beihilfeempfänger, der die Beihilfe nicht hätte annehmen dürfen, zulässig.[366]

> Eine Klage auf der Grundlage des UWG (**Konkurrentenklage**) ist im Hinblick auf das Prinzip der Gewaltenteilung zwar nicht ausgeschlossen, aber kritisch zu bewerten.

---

360 *Dreher/Lübbig/Wolf-Posch*, EU-Beihilferecht Rz 480; *Hengstschläger/Leeb*, AVG § 56 Rz 77 ff (Stand 1.7.2005, rdb.at); krit *Potacs*, in Studiengesellschaft für WiR, BeihilfenR 91 (100).

361 Krit *Potacs*, in Studiengesellschaft für WiR, BeihilfenR 91 (100 f): Konkurrenten von vorneherein die Position einer übergangenen Partei einzuräumen, wäre nicht systemkonform.

362 *Potacs* in Studiengesellschaft für WiR, BeihilfenR 91 (100 f). Die Unionskonformität der letztgenannten Variante ist im Hinblick auf das Effektivitätsgebot aber anzuzweifeln.

363 *Potacs* in Studiengesellschaft für WiR, BeihilfenR 91 (95); *Dreher/Lübbig/Wolf-Posch*, EU-Beihilferecht Rz 478.

364 *Potacs* in Studiengesellschaft für WiR, BeihilfenR 91 (96 ff); *Dreher/Lübbig/Wolf-Posch*, EU-Beihilferecht Rz 478.

365 *Pechan*, ecolex 2001, 786 f mwN.

366 *Lintschinger*, Private Durchsetzung des Beihilfeverbots und neuere Judikatur österr. und dt. Gerichte, in Haslinger/Jaeger (Hrsg), Jahrbuch Beihilferecht 2012, 505 (510) mwN.

### c. Feststellungsbescheid

Mit Feststellungsbescheiden wird das Bestehen oder Nichtbestehen eines Rechts, dh es werden strittige Rechtsverhältnisse verbindlich festgestellt.[367]

**Beispiel:** *Die Gebietskörperschaft G gewährt dem heimischen Unternehmen U ein partiarisches Darlehen iHv € 2 Mio. Die Beihilfe wird mittels Subventionsbescheid gewährt. Der Wettbewerber W erachtet diese hoheitliche Beihilfe als unzulässig und möchte die bescheidmäßige Feststellung der Unzulässigkeit der Beihilfe erwirken.*

Anders als in der ZPO, enthält das AVG keine eigene entsprechende Regelung zur Erlassung von Feststellungsbescheiden. Die Zulässigkeit eines Feststellungsbescheids bestimmt sich somit durch die Rsp des VwGH.[368]

Ein Feststellungsbescheid ist etwa dann zulässig, wenn er für die beantragende Partei ein notwendiges Mittel zweckentsprechender Rechtsverfolgung darstellt, mit dem sie eine zukünftige Rechtsgefährdung abzuwenden vermag.[369]

Es muss ein rechtliches Interesse vorliegen, die Klarstellung muss für die Zukunft von Bedeutung sein und die streitige Rechtsfrage darf nicht im Rahmen eines anderen gesetzlich vorgezeichneten Verfahrens zu beantworten sein.[370]

In Beihilfesachen wäre demnach ein Anspruch auf bescheidmäßige Feststellung denkbar, um die Unzulässigkeit einer gewährten hoheitlichen Beihilfe zu erwirken. Dieser Anspruch könnte jedoch daran scheitern, dass die Klarstellung für die Zukunft von Bedeutung sein muss. Die Feststellung der Unzulässigkeit einer bereits erteilten Subvention liegt hingegen in der Vergangenheit, wodurch ein Feststellungsantrag vermutlich scheitern würde.[371]

Besonders für die Konkurrenten des Beihilfeempfängers bestünde in der Umsetzung der Konkurrentenklage in einem eigenen Feststellungsverfahren ein Vorteil, indem ihm ein, vom Verwaltungsverfahren des vermeintlich Begünstigten losgelöstes, Forum zur Behandlung ihrer beihilferechtlichen Bedenken offen steht.[372]

> Mit einem Feststellungsantrag kann grds die Unzulässigkeit einer gewährten hoheitlichen Beihilfe erwirkt werden. Die Klarstellung muss allerdings mit der Rsp im Einklang stehen und für die Zukunft von Bedeutung sein, was regelmäßig bei der Feststellung einer bereits erteilten (und in der Vergangenheit liegenden) Subvention nicht der Fall sein wird.

---

367 VwGH 26.11.1991, 91/05/0165; VfSlg 4032/1961; *Hengstschläger/Leeb*, Verwaltungsverfahrensrecht[6] Rz 425.

368 S dazu *Hengstschläger/Leeb*, Verwaltungsverfahrensrecht[6] Rz 425.

369 VwGH 22.04.1991, 90/12/0329, VwSlg 13.425 A/1991; VfGH 10.06.1988, B 240/88, VfSlg 11.697/1988.

370 *Hengstschläger/Leeb*, Verwaltungsverfahrensrecht[6] Rz 425 mwN.

371 S dazu *Dreher/Lübbig/Wolf-Posch*, EU-Beihilferecht Rz 481; *Potacs* in Studiengesellschaft für WiR, BeihilfenR 91 (103).

372 *Sutter* in Mayer/Stöger, EUV/AEUV Art 108 AEUV Rz 130 mwN.

### d. Amtshaftungsklage

**Beispiel:** *Die Behörde gewährt dem Großunternehmen X mittels Subventionsbescheid eine finanzielle Zuwendung iHv € 10 Mio. Der Subventionsbescheid wurde unter Verstoß gegen das Durchführungsverbot gewährt. Die Behörde weigert sich den Bescheid aufzuheben. Ein Wettbewerber von X erwägt nun rechtliche Schritte und bereitet eine Amtshaftungsklage gegen den Bund vor.*

In Österreich besteht kein spezifischer Rechtsrahmen zur Durchsetzung von Ansprüchen, die sich auf Staathaftung stützen. Bei **unionsrechtswidrigen Akten der Verwaltung** erfolgt die Durchsetzung nach den Bestimmungen des Amtshaftungsgesetzes (AHG) vor den ordentlichen Gerichten.

Der Staat haftet gemäß § 1 AHG für den Schaden am Vermögen oder an der Person, den die als ihre Organe handelnden Personen **in Vollziehung der Gesetze** durch ein rechtswidriges Verhalten wem auch immer schuldhaft zugefügt haben. Der Schaden ist gemäß § 1 Abs 1 letzter Satz AHG nur in Geld zu ersetzen.

So könnte etwa die Weigerung der Behörde einen Subventionsbescheid trotz eines Verstoßes gegen das Durchführungsverbot aufzuheben, einen Amtshaftungsanspruch begründen.[373]

Im Fall von **legislativem**[374] und **judikativem**[375] **Unrecht** steht Artikel 137 B-VG als Anspruchsgrundlage zur Verfügung, wodurch eine Zuständigkeit des VfGH begründet wird.

In bestimmten Fällen können vermögensrechtliche Ansprüche gegen Bund, Länder und Gemeinden auf der Grundlage von Art 137-B-VG geltend gemacht werden, indem etwa die Kommission eine gesetzliche Beihilferegelung als mit dem Binnenmarkt unvereinbar erklärt.[376]

Der VfGH ließ im Jahr 2009 zB eine auf Art 137 B-VG gestützte Klage gegen die Republik Österreich zu, die auf Rückzahlung von KWK-Zuschlägen gerichtet war. Hintergrund dieser Klage war, dass die Kommission die Förderung von Ökostrom über einen Förderbeitrag zuvor als Beihilfe qualifiziert hatte. Die auf der Grundlage des ÖkostromG geleisteten KWK-Zuschläge an die Energie-Control-GmbH erwiesen sich folglich als rechtsgrundlose Leistung, die einen unionsrechtlichen Rückforderungsanspruch begründeten.[377]

> Schadenersatzansprüche im Zusammenhang mit einer öffentlich-rechtlichen Beihilfevergabe können nach dem Amtshaftungsgesetz vor den ordentlichen Gerichten oder auf der Grundlage von Art 137 B-VG geltend gemacht werden.

---

373 *Nordberg*, ecolex 2000, 260 ff.
374 VfSlg 16.107/2001.
375 VfSlg 17.019/2003.
376 *Lintschinger* in Jahrbuch Beihilferecht 2012, 505 (510).
377 Dazu ausführlich *Lintschinger* in Jahrbuch Beihilferecht 2012, 513.

# C. Internationaler Rechtsschutz

**Literatur:** *Bartosch*, EU-Beihilfenrecht[3] (2020); *Bär-Bouyssiére* in Schwarze (Hrsg), EU-Kommentar[4] (2019) Art 108 AEUV; *Birnstiel/Bungenberg/Heinrich*, Europäisches Beihilfenrecht (2013); *Bungenberg*, Rechtsschutz im Beihilfenrecht, in Immenga/Mestmäcker (Hrsg), Wettbewerbsrecht III: Beihilfenrecht[5] (2016); *Bungenberg/Schelhaas*, Beihilfenrechtliche Regelungen in (Freihandels-)Abkommen der EU, in Haslinger/Jaeger (Hrsg), Jahrbuch Beihilferecht (2017) 591; *Dauses/Ludwigs*, Handbuch des EU-Wirtschaftsrechts[52] (Werkstand: 52. EL 2021 Loseblatt); *Frenz*, Handbuch Europarecht III: Beihilferecht[2] (2021); *ders*, Die Beihilfenkontrolle in der internationalen Wirtschaft, EWS 2017, 194; *Griller*, Das Beihilfenrecht der WTO, in Studiengesellschaft für Wirtschaft und Recht (Hrsg), Beihilfenrecht (2004) 179; *Hahn*, Internationales Subventionsrecht, in *Birnstiel/Bungenberg/Heinrich*, Europäisches Beihilfenrecht (2013); *Immenga/Mestmäcker*, Wettbewerbsrecht III: Beihilfenrecht[5] (2016); *Krajewski*, Wirtschaftsvölkerrecht[5] (2021); *Jaeger*, Beihilfe- und Förderungsrecht, in Holoubek/Potacs (Hrsg), Öffentliches Wirtschaftsrecht I[4] (2019) 717; *Laprévote/Kang*, Subsidies Issues in the WTO – An Update, EStAL 2011, 445; *Ohlhoff*, Verbotene Beihilfen nach dem Subventionsabkommen der WTO im Lichte aktueller Rechtsprechung, EuZW 2000, 645; *Senti*, Welthandelsorganisation WTO[2] (2021)

**Judikatur:** Panel Report 21.01.2000, WT/DS126/AB/RW, *Australia – Automotive Leather II (Article 21.5 – US)*; Appellate Body Report 18.05.2011, WT/DS316/AB/R, *European Communities and certain Member States – Measures affecting Trade in Large Civil Aircraft (Airbus)*; EuGH 06.03.2018, C-284/16, *Slowakische Republik/Achmea BV*; Panel Report 02.12.2019, WT/DS316/RW2, *European Communities and certain member states – measures affecting trade in large civil aircraft.*

Auf internationaler Ebene bieten multilaterale bzw bilaterale völkerrechtliche Verträge wie das **WTO-System** und der **Internationale Investitionsschutz** die Grundlage für Rechtsschutzmöglichkeiten, um gegen bestimmte staatliche Subventions- bzw Beihilfepraktiken vorzugehen.

Im Welthandelsrecht sind Subventionen gesondert geregelt.[378]

Art VI und XVI GATT sowie das multilaterale Übereinkommen über Subventionen und Ausgleichsmaßnahmen (ASCM) befassen sich mit Subventionen.[379] In den Art 3 und 4 ASCM sind die verbotenen Subventionen geregelt. Art 5-7 ASCM regeln die anfechtbaren Subventionen.[380] Das WTO-System kennt verschiedene im ASCM geregelte Verfahrensalternativen, um gegen Subventionen vorzugehen: Ausgleichsmaßnahmen gegen verbotene und anfechtbare Subventionen (Track I) und das ausschließlich den WTO-Mitgliedern vorbehaltene Streitbeilegungsverfahren der WTO (Track II), das neben den Track I-Maßnahmen besteht. Schließlich kann mittels der Antisubventionsverordnung 2016[381] auch gegen Subventionen vorgegangen werden, die sich in der EU auswirken.

---

378 Zum Subventionsbegriff im WTO-Recht s *Ohlhoff*, EuZW 2000, 645.

379 Weiterführend zur Ausgestaltung des Rechtsschutzes auf völkerrechtlicher Ebene s *Bungenberg* in WettbR III: BeihilfenR[5] Rechtsschutz Rz 240 ff; *Frenz*, EuR III[2] Rz 336 ff.

380 Gemäß Art 5 ASCM können alle nicht unter einen spezielleren Tatbestand fallenden spezifischen Subventionen angefochten werden, sofern sie nachteilige Auswirkungen auf die Interessen anderer WTO-Mitglieder haben.

381 Verordnung (EU) 2016/1037 des Europäischen Parlaments und des Rates vom 8. Juni 2016 über den Schutz gegen subventionierte Einfuhren aus nicht zur Europäischen Union gehörenden Ländern, ABl L 2016/176, 55.

Für die Verletzung der Interessen von Unionsunternehmen in Drittstaaten sieht die sog Trade Barrier Regulation (TBR)[382] Regelungen vor.

**Beispiel:** *Der US-amerikanische Bundestaat Washington gewährte dem heimischen Unternehmen Boeing zwischen 2013 bis 2015 im Zusammenhang mit der Produktion von Jets mehrere Subventionen in der Höhe von ca 325 Mio USD. Der europäische Konkurrent Airbus ging dagegen mit Unterstützung der EU vor. Die WTO wertete diese Subventionen als illegal.[383]*

Gegen beihilferechtlich relevante staatliche Entscheidungen kann auch mit den Mitteln des internationalen **Investitionsschutz**es vorgegangen werden, indem sich etwa ausländische private Investoren sich an internationale **Schiedsgerichte** wenden.

Bilaterale Investitionsschutzverträge sehen dabei einen Schutzstandard vor, wie zB den Grundsatz der gerechten und billigen Behandlung.

> Neben dem EU-Beihilferecht können ausländische Investoren auf der Grundlage **bilateraler bzw multilateraler völkerrechtlicher Verträge** wie zB im Bereich des WTO-Systems oder des Internationalen Investitionsschutzes **Rechtsschutz** gegen staatliche **Subventions- bzw Beihilfepraktiken** suchen.

---

382 Verordnung (EU) 2015/1843 des Europäischen Parlaments und des Rates vom 6. Oktober 2015 zur Festlegung der Verfahren der Union im Bereich der gemeinsamen Handelspolitik zur Ausübung der Rechte der Union nach internationalen Handelsregeln, insbesondere den im Rahmen der Welthandelsorganisation vereinbarten Regeln, ABl L 2018/272, 1; weiterführend auch den Bericht der Kommission vom 15.6.2020 an das Europäische Parlament und den Rat über Handels- und Investitionshindernisse 1. Januar 2019 – 31. Dezember 2019 COM(2020) 236 final.

383 Zum WTO-Fall Boeing siehe Pressemitteilung der Europäischen Kommission vom 9.11.2020: WTO-Fall Boeing: EU führt Gegenmaßnahmen auf US-Ausfuhren ein; vgl auch becklink 2005071.

# Anhang

**Hinweis:** Die in den Dokumenten in eckige Klammer gesetzten Angaben sind austauschbar und richten sich jeweils nach dem maßgeblichen Sachverhalt. In runder Klammer finden sich Textbausteine, die als Formulierungsvorschläge dienen und an den maßgeblichen Sachverhalt anzupassen sind.

## I. Beihilfevermerk (Beispiel)

[Institution]
[Bezeichnung der Abteilungen]
[Anschrift]
[XXX Stadt]

**Beihilfevermerk [Bezeichnung der Beihilfemaßnahme]**

1. Ausgangssituation / Zu beurteilende Beihilfemaßnahme

[…]

2. Beihilferechtliche Würdigung der Maßnahme und Prüfung der Vereinbarkeit der Maßnahme mit dem Binnenmarkt

– Vorliegen einer Beihilfe

(Beihilfemaßnahmen unterliegen gemäß Art 107 Abs 1 AEUV dann dem Anwendungsbereich des EU-Beihilferechts, wenn es sich dabei um staatliche oder aus staatlichen Mitteln gewährte Beihilfen gleich welcher Art handelt, die durch die Begünstigung bestimmter Unternehmen oder Produktionszweige den Wettbewerb verfälschen oder zu verfälschen drohen, soweit sie den Handel zwischen den Mitgliedstaaten beeinträchtigen. Damit eine verbotene staatliche Beihilfe vorliegt, müssen sämtliche Merkmale auf Tatbestandsebene des Art 107 Abs 1 AEUV gänzlich vorliegen.)

[…]

(Die Beihilfemaßnahme ist daher als staatliche Beihilfe im Sinne von Artikel 107 Absatz 1 AEUV zu betrachten.)

(Die Beihilfemaßnahme erfüllt nicht sämtliche Tatbestandsmerkmale in Artikel 107 Absatz 1 AEUV und ist daher nicht als staatliche Beihilfe im Sinne von Artikel 107 Absatz 1 AEUV zu betrachten.)

– Rechtmäßigkeit der Beihilfemaßnahme

(Mit der Anmeldung der geplanten Beihilfemaßnahme vor ihrer Durchführung ist der Mitgliedstaat seinen Verpflichtungen nach Artikel 108 Absatz 3 AEUV (und der Einzelanmeldepflicht nach Artikel 6 Absatz 2 der allgemeinen Gruppenfreistellungsverordnung) nachgekommen)

– Vereinbarkeit der Beihilfe mit dem Binnenmarkt (Rechtfertigungslösung)

(Nachdem die Institution zu dem Schluss gekommen ist, dass die Beihilfemaßnahme eine staatliche Beihilfe darstellt, ist folglich die Vereinbarkeit dieser Beihilfe mit dem Binnenmarkt zu prüfen (Rechtfertigungsmöglichkeiten)).

(Folglich muss die Vereinbarkeit der Beihilfe mit dem Binnenmarkt im Lichte des Artikels 107 Absatz 2 und 3 AEUV untersucht werden, in denen die Ausnahmen von der in Artikel 107 Absatz 1 festgelegten allgemeinen Regel der Unvereinbarkeit mit dem Binnenmarkt aufgeführt werden.)

(Im vorliegenden Fall kommt lediglich die in Artikel 107 Absatz 3 Buchstabe c vorgesehene Ausnahme in Betracht. Nach Artikel 107 Absatz 3 Buchstabe c können Beihilfe als zulässig angesehen werden, wenn sie zur Förderung der Entwicklung gewisser Wirtschaftszweige oder Wirtschaftsgebiete dienen, soweit sie die Handelsbedingungen nicht in einer Weise verändern, die dem gemeinsamen Interesse zuwider läuft.)

Eingehende Prüfung der Beihilfemaßnahme

[…]

## 4. Schlussfolgerung

[Name der Institution] kommt zu dem Schluss, dass die geplante Beihilfemaßnahme zugunsten des Beihilfeempfängers nach Artikel 107 Absatz 1 AEUV [k]eine Beihilfe darstellt.

Die Beihilfemaßnahme ist zwar als staatliche Beihilfe nach Artikel 107 Absatz 1 AEUV zu betrachten, kann aber auf der Grundlage der [Rechtfertigungslösung[1]] [von der Anmeldepflicht freigestellt und][2] mit dem Binnenmarkt als vereinbar angesehen werden.

---

1 Primär- (zB Art 107 Abs 3 AEUV), sekundär- (zB AGVO) bzw tertiärrechtliche Rechtsgrundlagen (zB Leitlinien für Regionalbeihilfen).
2 Freistellungsmitteilung betrifft die AGVO.

# II. Formular für die Anmeldung staatlicher Beihilfen

**Hinweis:** Im Anhang I zur Verf-DVO findet sich das Standardformular, das von den Mitgliedstaaten für die Anmeldung neuer Beihilferegelungen und Einzelbeihilfen gemäß Art 108 Abs 3 AEUV zu verwenden ist. Vorliegendes Muster wurde diesem Standardformular nachgebildet. Die Verwendung des Standardformulars in Anhang I zur Verf-DVO ist von den Mitgliedstaaten zu verwenden.

Das Formular gliedert sich in drei Teile:

**I. Allgemeine Angaben (dieser Teil ist in allen Fällen auszufüllen)**

**II. Zusammenfassung zur Veröffentlichung im Amtsblatt**

**III. Fragebogen je nach Art der Beihilfe**

Wird dieses Formular nicht korrekt ausgefüllt, kann die Anmeldung als unvollständig zurückgewiesen werden. Das ausgefüllte Formular wird der Kommission von der Ständigen Vertretung des betreffenden Mitgliedstaats zugeleitet. Es ist an den Generalsekretär der Kommission zu richten.[3]

> Nachstehend wird der erste Teil auszugsweise als Muster abgebildet, um dem Anwender einen Eindruck über den Aufbau des Formulars zu verschaffen.

TEIL I

ALLGEMEINE ANGABEN

**1. Anmeldung**

Handelt es sich um

a) ☐ eine Voranmeldung? Falls ja, müssen Sie zum jetzigen Zeitpunkt möglicherweise nicht das ganze Formular ausfüllen, sondern mit den Dienststellen der Kommission absprechen, welche Informationen für eine vorläufige Würdigung der geplanten Maßnahme benötigt werden

b) ☐ eine Anmeldung nach Artikel 108 Absatz 3 des Vertrags über die Arbeitsweise der Europäischen Union (AEUV)?

c) ☐ eine vereinfachte Anmeldung nach Artikel 4 Absatz 2 der Verordnung (EG) Nr 794/2004? Falls ja, füllen Sie bitte nur das Anmeldeformular für das vereinfachte Verfahren in Anhang II aus.

d) ☐ eine Maßnahme, die keine staatliche Beihilfe im Sinne des Artikels 107 Absatz 1 AEUV darstellt, die jedoch aus Gründen der Rechtssicherheit bei der Kommission angemeldet wird?

Wenn Sie Buchstabe d gewählt haben, geben Sie bitte unten an, weshalb der anmeldende Mitgliedstaat die Auffassung vertritt, dass die Maßnahme keine staatliche Beihilfe im Sinne des Artikels 107 Absatz 1 AEUV darstellt. Bitte legen Sie unter Berücksichtigung der folgenden vier Kriterien eine umfassende Beurteilung zu der Maßnahme vor, in der Sie besonders ausführlich auf diejenigen Kriterien eingehen, die Ihrer Ansicht nach bei der geplanten Maßnahme nicht erfüllt sind:

---

3  Anhang I Verf-DVO.

Geht die angemeldete Maßnahme mit der Übertragung öffentlicher Mittel einher oder ist sie dem Staat zuzurechnen?

..................................................................................................................................

Verschafft die angemeldete Maßnahme Unternehmen einen Vorteil?

..................................................................................................................................

Ist die Gewährung der Maßnahme Gegenstand einer Ermessensentscheidung, steht sie nur einer begrenzten Anzahl von Unternehmen in einer begrenzten Anzahl von Wirtschaftszweigen zur Verfügung oder sieht sie territoriale Beschränkungen vor?

..................................................................................................................................

Verfälscht die Maßnahme den Wettbewerb im Binnenmarkt oder droht sie, den Handel innerhalb der Union zu beeinträchtigen?

..................................................................................................................................

## 2. Beihilfegeber

Mitgliedstaat:

..................................................................................................................................

Region(en) des Mitgliedstaats (NUTS-Ebene 2), einschließlich Förderstatus:

..................................................................................................................................

Kontaktperson(en): ..............................................................................................

Name: ..................................................................................................................

Anschrift: ............................................................................................................

Telefon: ..............................................................................................................

E-Mail: ................................................................................................................

Geben Sie bitte Name, Anschrift (einschließlich Internetadresse) und E-Mail-Adresse der Bewilligungsbehörde an:

Name: ..................................................................................................................

Anschrift: ............................................................................................................

Internetadresse: ..................................................................................................

E-Mail: ................................................................................................................

Kontaktperson in der Ständigen Vertretung:

Name: ..................................................................................................................

Anschrift: ............................................................................................................

Telefon: ..............................................................................................................

Soll eine Kopie der Schreiben der Kommission an den Mitgliedstaat auch anderen nationalen Behörden übermittelt werden, geben Sie bitte Name, Anschrift (einschließlich Internetadresse) und E-Mail-Adresse dieser Behörden an:

Name: ..................................................................................................................

Anschrift: ............................................................................................................

Internetadresse: ...................................................................................................................

E-Mail: ...........................................................................................................................

## 3. Beihilfeempfänger

3.1. Standort der Beihilfeempfänger:

a) ☐ in (einem) nicht beihilfefähigen Gebiet(en): .........................................................

b) ☐ in (einem) Fördergebiet(en) im Sinne des Artikels 107 Absatz 3 Buchstabe a AEUV (geben Sie bitte das/die Fördergebiet(e) auf NUTS-Ebene 2 an):

...................................................................................................................

c) ☐ in (einem) Fördergebiet(en) im Sinne des Artikels 107 Absatz 3 Buchstabe c AEUV (geben Sie bitte das/die Fördergebiet(e) auf NUTS-Ebene 3 oder darunter an):

...................................................................................................................

3.2. Standort des (der) Vorhaben(s) (falls zutreffend):

a) ☐ in (einem) nicht beihilfefähigen Gebiet(en):

...................................................................................................................

b) ☐ in (einem) Fördergebiet(en) im Sinne des Artikels 107 Absatz 3 Buchstabe a AEUV (geben Sie bitte das/die Fördergebiet(e) auf NUTS-Ebene 2 an):

...................................................................................................................

c) ☐ in (einem) Fördergebiet(en) im Sinne des Artikels 107 Absatz 3 Buchstabe c AEUV (geben Sie bitte das/die Fördergebiet(e) auf NUTS-Ebene 3 oder darunter an):

...................................................................................................................

3.3. Wirtschaftszweig(e), für den (die) die Beihilfemaßnahme gilt (d. h. in dem (denen) die Beihilfeempfänger tätig sind):

a) ☐ Alle Wirtschaftszweige

b) ☐ Bestimmte(r) Wirtschaftszweig(e). Geben Sie in diesem Fall bitte den (die) Wirtschaftszweig(e) auf Ebene der NACE-Gruppe an:

...................................................................................................................

3.4. Im Falle einer Beihilferegelung:

3.4.1. Art der Beihilfeempfänger:

a) ☐ Große Unternehmen

b) ☐ Kleine und mittlere Unternehmen (KMU)

c) ☐ Mittlere Unternehmen

d) ☐ Kleine Unternehmen

e) ☐ Kleinstunternehmen

3.4.2. Voraussichtliche Zahl der Beihilfeempfänger:

a) ☐ weniger als 10

b) ☐ 11 bis 50

c) ☐ 51 bis 100

d) ☐ 101 bis 500

e) ☐ 501 bis 1000

f) ☐ mehr als 1000

3.5. Im Falle einer Einzelbeihilfe, die entweder auf der Grundlage einer Beihilferegelung oder als Ad-hoc-Beihilfe gewährt wird:

3.5.1. Name des (der) Beihilfeempfänger(s):

.............................................................................................................................................

3.5.2. Art des (der) Beihilfeempfänger(s):

.............................................................................................................................................

☐ KMU

Zahl der Beschäftigten:

Jahresumsatz (voller Betrag in Landeswährung, im letzten Geschäftsjahr):

.............................................................................................................................................

Jahresbilanzsumme (voller Betrag in Landeswährung, im letzten Geschäftsjahr):

.............................................................................................................................................

Verbundene Unternehmen oder Partnerunternehmen (fügen Sie bitte eine Erklärung nach Artikel 3 Absatz 5 des Anhangs der KMU-Empfehlung der Kommission bei, aus der hervorgeht, dass es sich bei dem Beihilfeempfänger um ein eigenständiges Unternehmen, ein verbundenes Unternehmen oder ein Partnerunternehmen handelt):

.............................................................................................................................................

☐ Großes Unternehmen

3.6. Handelt es sich bei den Beihilfeempfängern um Unternehmen in Schwierigkeiten?

☐ Ja    ☐ Nein

3.7. Offene Rückzahlungsanordnungen

3.7.1. Im Falle einer Einzelbeihilfe:

Die Behörden des Mitgliedstaats verpflichten sich, für den Fall, dass dem Beihilfeempfänger noch eine frühere rechtswidrige Beihilfe zur Verfügung steht, die (als Einzelbeihilfe oder als Beihilfe auf der Grundlage einer für mit dem Binnenmarkt unvereinbar erklärten Beihilferegelung) durch einen Beschluss der Kommission für mit dem Binnenmarkt unvereinbar erklärt wurde, die Gewährung und/oder Zahlung der angemeldeten Beihilfe auszusetzen, bis der Beihilfeempfänger den Gesamtbetrag der rechtswidrigen und mit dem Binnenmarkt unvereinbaren Beihilfe einschließlich der entsprechenden Rückforderungszinsen zurückgezahlt oder auf ein Sperrkonto überwiesen hat.

☐ Ja    ☐ Nein

Geben Sie bitte die Fundstelle der einschlägigen nationalen Rechtsgrundlage an:

..............................................................................................................................................

3.7.2. Im Falle einer Beihilferegelung:

Die Behörden des Mitgliedstaats verpflichten sich, die Gewährung und/oder Zahlung von Beihilfen auf der Grundlage der angemeldeten Beihilferegelung für Unternehmen auszusetzen, die frühere rechtswidrige Beihilfen erhalten haben, die (als Einzelbeihilfen oder als Beihilfen auf der Grundlage einer für mit dem Binnenmarkt unvereinbar erklärten Beihilferegelung) durch einen Beschluss der Kommission für mit dem Binnenmarkt unvereinbar erklärt wurden, bis das betreffende Unternehmen den Gesamtbetrag der rechtswidrigen und mit dem Binnenmarkt unvereinbaren Beihilfe einschließlich der entsprechenden Rückforderungszinsen zurückgezahlt oder auf ein Sperrkonto überwiesen hat.

☐ Ja     ☐ Nein

Geben Sie bitte die Fundstelle der einschlägigen nationalen Rechtsgrundlage an:

..............................................................................................................................................

## 4. Nationale Rechtsgrundlage

4.1. Geben Sie bitte die nationale Rechtsgrundlage für die Beihilfemaßnahme einschließlich der Durchführungsvorschriften und der betreffenden Fundstellen an:

Nationale Rechtsgrundlage: ......................................................................................................

..............................................................................................................................................

Durchführungsvorschriften (falls zutreffend):

..............................................................................................................................................

..............................................................................................................................................

Fundstellen (falls zutreffend):

..............................................................................................................................................

4.2. Fügen Sie dieser Anmeldung bitte Folgendes bei:

a) ☐ eine Kopie der einschlägigen Auszüge aus der endgültigen Fassung der Rechtsgrundlage (gegebenenfalls zusammen mit einer Internetadresse, die direkten Zugang dazu bietet); oder

b) ☐ eine Kopie der einschlägigen Auszüge aus dem Entwurf der Rechtsgrundlage (gegebenenfalls zusammen mit einer Internetadresse, die direkten Zugang dazu bietet).

4.3. Enthält die Rechtsgrundlage, falls es sich um die endgültige Fassung handelt, eine Stillhalteklausel, nach der die Beihilfe erst gewährt werden darf, nachdem sie von der Kommission genehmigt wurde?

☐ Ja

☐ Nein: Ist eine entsprechende Bestimmung in den Entwurf aufgenommen worden?

   ☐ Ja

   ☐ Nein: Erläutern Sie bitte, warum eine solche Bestimmung nicht in die Rechtsgrundlage aufgenommen wurde.

..............................................................................................................................................

4.4. Falls die Rechtsgrundlage eine Stillhalteklausel enthält, geben Sie bitte den Tag der Gewährung der Beihilfe an:

☐ Tag der Genehmigung durch die Kommission

☐ Tag der Zusage der nationalen Behörden, die Beihilfe vorbehaltlich der Genehmigung durch die Kommission zu gewähren

..............................................................................................................................................

## 5. Angabe zur Beihilfe, Ziel und Laufzeit

5.1. Titel der Beihilfemaßnahme (oder Name des Empfängers der Einzelbeihilfe)

..............................................................................................................................................

5.2. Kurze Beschreibung des Ziels der Beihilfe

..............................................................................................................................................

5.3. Bezieht sich die Maßnahme auf die nationale Kofinanzierung eines im Rahmen des Europäischen Fonds für strategische Investitionen (EFSI) geförderten Vorhabens?

☐ Nein

☐ Ja: Bitte fügen Sie dem Anmeldeformular das Antragsformular der Europäischen Investitionsbank bei.

5.4. Art der Beihilfe

5.4.1. Bezieht sich die Anmeldung auf eine Beihilferegelung?

[…]

5.4.2. Bezieht sich die Anmeldung auf eine Einzelbeihilfe?

[…]

5.4.3. Ist die Finanzierung fester Bestandteil der Beihilfemaßnahme (z. B. wenn steuerähnliche Abgaben erhoben werden, um die für die Gewährung der Beihilfen erforderlichen Mittel aufzubringen)?

[…]

5.5. Laufzeit

☐ Beihilferegelung

Geben Sie den vorgesehenen letzten Tag an, an dem auf der Grundlage der Beihilferegelung Einzelbeihilfen gewährt werden können. Bei einer Laufzeit von mehr als 6 Jahren geben Sie bitte an, weshalb eine längere Laufzeit unerlässlich ist, um die Ziele der Beihilferegelung zu erreichen.

..............................................................................................................................................

☐ Einzelbeihilfe

Geben Sie den für die Gewährung der Beihilfe vorgesehenen Tag an: ...............................

Falls die Beihilfe in Tranchen ausgezahlt wird, geben Sie den für jede Tranche vorgesehenen Auszahlungstag an: ...............................................................................................

## 6. Vereinbarkeit der Beihilfe mit dem Binnenmarkt

Allgemeine Grundsätze für die beihilferechtliche Würdigung

*(Die Abschnitte 6.2 bis 6.7 gelten nicht für Beihilfen in den Bereichen Landwirtschaft, Fischerei und Aquakultur)*

6.1. Geben Sie bitte das Hauptziel und gegebenenfalls das (die) Nebenziel(e) von gemeinsamem Interesse an, zu dem (denen) die Beihilfe beiträgt:

☐ Landwirtschaft, Forstwirtschaft, ländliche Gebiete

☐ Breitbandinfrastrukturen

☐ Stilllegungsbeihilfen

☐ Ausgleich für Schäden aufgrund von Naturkatastrophen oder sonstigen außergewöhnlichen Ereignissen

☐ Kultur

☐ Beihilfen für benachteiligte Arbeitnehmer und/oder Arbeitnehmer mit Behinderungen

☐ Energieinfrastrukturen

☐ Energieeffizienz

☐ Umweltschutz

☐ Durchführung eines wichtigen Vorhabens von gemeinsamem europäischem Interesse

☐ Fischerei und Aquakultur

☐ Erhaltung des kulturellen Erbes

☐ Förderung von Export und Auslandsbeteiligungen

☐ Regionale Entwicklung (einschließlich der territorialen Zusammenarbeit)

☐ Behebung einer beträchtlichen Störung im Wirtschaftsleben eines Mitgliedstaats

☐ Erneuerbare Energien

☐ Rettung von Unternehmen in Schwierigkeiten

☐ Forschung, Entwicklung und Innovation

☐ Umstrukturierung von Unternehmen in Schwierigkeiten

☐ Risikofinanzierung

☐ Sektorale Entwicklung

☐ Dienstleistungen von allgemeinem wirtschaftlichem Interesse (DAWI)

☐ KMU

☐ Soziale Unterstützung einzelner Verbraucher

☐ Sportinfrastrukturen und multifunktionale Freizeitinfrastrukturen

☐ Ausbildung

☐ Flughafeninfrastruktur oder -ausrüstung

☐ Flughafenbetrieb

☐ Anlaufbeihilfen für Luftverkehrsgesellschaften für die Einrichtung neuer Strecken

☐ Verkehrskoordinierung

6.2. Erläutern Sie bitte die Erforderlichkeit des staatlichen Eingreifens. Die Beihilfe darf nur dann gewährt werden, wenn sie durch Behebung eines genau definierten Marktversagens wesentliche Verbesserungen bewirken kann, die der Markt selbst nicht herbeiführen kann.

...............................................................................................................................

...............................................................................................................................

6.3. Begründen Sie bitte, warum die Beihilfe ein geeignetes Instrument zur Verfolgung des unter Nummer 6.1 genannten Ziels von gemeinsamem Interesse ist. Die Beihilfe wird nicht als mit dem Binnenmarkt vereinbar angesehen, wenn derselbe positive Beitrag mit Maßnahmen erreicht werden kann, die den Wettbewerb weniger verfälschen.

...............................................................................................................................

...............................................................................................................................

6.4. Hat die Beihilfe einen Anreizeffekt (dieser liegt vor, wenn die Beihilfe insofern zu einer Verhaltensänderung eines Unternehmens führt, als es zusätzliche Tätigkeiten aufnimmt, die es ohne die Beihilfe nicht, nur in geringerem Umfang oder auf andere Weise ausgeübt hätte)?

☐ Ja     ☐ Nein

Geben Sie bitte an, ob vor Stellung eines Beihilfeantrags aufgenommene Tätigkeiten beihilfefähig sind.

☐ Ja     ☐ Nein

Wenn sie beihilfefähig sind, erläutern Sie bitte, inwieweit das Erfordernis des Anreizeffekts erfüllt ist.

...............................................................................................................................

...............................................................................................................................

6.5. Begründen Sie bitte, warum die gewährte Beihilfe angemessen in dem Sinne ist, dass sie dem für die Förderung von Investitionen oder Tätigkeiten erforderlichen Minimum entspricht.

...............................................................................................................................

...............................................................................................................................

6.6. Geben Sie bitte die möglichen negativen Auswirkungen der Beihilfe auf Wettbewerb und Handel an und präzisieren Sie, inwieweit die positiven Auswirkungen überwiegen.

...............................................................................................................................

...............................................................................................................................

6.7. Geben Sie bitte im Einklang mit der Transparenzmitteilung an, ob die folgenden Informationen auf einer zentralen nationalen oder regionalen Website veröffentlicht werden: vollständiger Wortlaut der genehmigten Beihilferegelung oder des Gewährungsbeschlusses für Einzelbeihilfen, einschließlich ihrer Durchführungsbestimmungen, oder ein Link dazu, Name der Bewilligungsbehörde(n), Name der einzelnen Beihilfeempfänger, Beihilfeinstrument und Beihilfebetrag je Beihilfeempfänger, Ziel der Beihilfe, Tag der Gewährung, Art des Unternehmens (zum Beispiel KMU oder großes Unternehmen), Nummer der Beihilfemaßnahme bei der Kommission, Gebiet (NUTS-Ebene 2), in dem der Beihilfeempfänger seinen Standort hat, sowie Hauptwirtschaftszweig (auf Ebene der NACE-Gruppe), in dem der Beihilfeempfänger tätig ist.

☐ Ja    ☐ Nein

6.7.1. Geben Sie bitte die Adresse(n) der Website(s) an, auf denen die Informationen bereitgestellt werden:

..................................................................................................................................

..................................................................................................................................

6.7.2. Geben Sie bitte gegebenenfalls die Adresse(n) der zentralen Website an, die Informationen von den/der regionalen Website(s) abruft:

..................................................................................................................................

..................................................................................................................................

6.7.3. Wenn die Adresse(n) der unter Nummer 6.7.2 genannten Website zum Zeitpunkt der Anmeldung noch nicht bekannt ist, verpflichtet sich der Mitgliedstaat, die Kommission zu informieren, sobald die betreffende Website eingerichtet und ihre Adresse bekannt ist.

## 7. Beihilfeinstrument, Beihilfebetrag, Beihilfeintensität und Finanzierung

7.1. Beihilfeinstrument und Beihilfebetrag

Geben Sie (gegebenenfalls für jede Maßnahme) an, in welcher Form und Höhe die Beihilfe dem (den) Empfänger(n) zur Verfügung gestellt wird:

☐ **Zuschuss (oder Maßnahme mit ähnlicher Wirkung)**

   a)  Direkter Zuschuss    ☐

   b)  Zinszuschuss    ☐

   c)  Schuldenerlass    ☐

☐ **Darlehen (oder Maßnahme mit ähnlicher Wirkung)**

   a)  Zinsgünstiges Darlehen (einschließlich Angaben zu Besicherung und Laufzeit)

   b)  Rückzahlbarer Vorschuss

   c)  Steueraufschub

☐ **Garantie**

Nehmen Sie gegebenenfalls auf den Beschluss der Kommission zur Genehmigung der Methode für die Berechnung des Bruttosubventionsäquivalents Bezug und machen Sie Angaben zum besicherten Darlehen oder zur durch die Garantie gedeckte Finanztransaktion, zur verlangten Besicherung und zur zahlenden Prämie und zur Laufzeit, usw.

..................................................................................................................................

☐ **Beteiligungen oder beteiligungsähnliche Investitionen** in jeder Form

..................................................................................................................................

☐ **Steuerermäßigung oder Steuerbefreiung**

   a)  Steuerfreibetrag

   b)  Senkung der Steuerbemessungsgrundlage

c) Steuersatzermäßigung

d) Ermäßigung der Sozialabgaben

e) Sonstige (bitte angeben)

☐ **Sonstiges** (bitte angeben)

..............................................................................................................................

Geben Sie bitte an, welchen Instrumenten die Maßnahme hinsichtlich ihrer Wirkung am ehesten entspricht.

..............................................................................................................................

Bei Garantien: Geben Sie bitte den Höchstbetrag der besicherten Darlehen an:

..............................................................................................................................

Bei Darlehen: Geben Sie bitte den (nominalen) Höchstbetrag des gewährten Darlehens an:

..............................................................................................................................

### 7.2. Beschreibung des Beihilfeinstruments

Beschreiben Sie bitte für jedes aus der Liste unter Nummer 7.1 ausgewählte Beihilfeinstrument die Modalitäten der Beihilfegewährung (zum Beispiel steuerliche Behandlung, automatische Gewährung anhand bestimmter objektiver Kriterien oder Bestehen eines Ermessens der Bewilligungsbehörden):

..............................................................................................................................

..............................................................................................................................

### 7.3. Finanzierung

7.3.1. Geben Sie an, wie die Beihilfe finanziert wird:

a) ☐ aus dem nationalen/regionalen/lokalen Haushalt

b) ☐ über parafiskalische Abgaben oder Steuern, die für einen Beihilfeempfänger bestimmt sind. Beschreiben Sie bitte genau die Abgaben und die Waren/Tätigkeiten, auf die sie erhoben werden (insbesondere, ob auch aus anderen Mitgliedstaaten eingeführte Waren den Abgaben unterliegen). Fügen Sie gegebenenfalls eine Kopie der Rechtsgrundlage für die Finanzierung bei.

..............................................................................................................................

..............................................................................................................................

c) ☐ Kumulierte Rücklagen

d) ☐ Öffentliche Unternehmen

e) ☐ Kofinanzierung aus den Strukturfonds

f) ☐ Sonstiges (bitte angeben)

..............................................................................................................................

..............................................................................................................................

7.3.2. Wird die Mittelausstattung jährlich beschlossen?

☐ Ja

☐ Nein. Geben Sie bitte den Zeitraum an, für den sie gilt:

..............................................................................................................................

7.3.3. Bezieht sich die Anmeldung auf die Änderung einer bestehenden Beihilferegelung, dann geben Sie bitte für jedes Beihilfeinstrument, das Gegenstand der angemeldeten Änderungen ist, die Auswirkungen auf die Mittelausstattung an:

Gesamtmittelausstattung ..................................................................................................

Jährliche Mittelausstattung ...............................................................................................

7.4. Kumulierung

Kann die Beihilfe mit Beihilfen oder De-minimis-Beihilfen aus anderen lokalen, regionalen oder nationalen Quellen zur Deckung derselben beihilfefähigen Kosten kumuliert werden?

☐ Ja. Geben Sie bitte, sofern verfügbar, Titel, Zweck und Ziel der Beihilfe an:

....................................................................................................................................

....................................................................................................................................

Erläutern Sie bitte auch, durch welche Mechanismen sichergestellt wird, dass die Kumulierungsvorschriften eingehalten werden:

☐ Nein.

## 8. Evaluierung

8.1. Ist eine Evaluierung der Beihilferegelung vorgesehen?

[...]

8.2. Wurde bereits eine Ex-post-Evaluierung für eine ähnliche Beihilferegelung durchgeführt (geben Sie gegebenenfalls bitte die Fundstelle und einen Link zu den maßgeblichen Websites an)?

....................................................................................................................................

## 9. Berichterstattung und Monitoring

Damit die Kommission die Beihilferegelung und die Einzelbeihilfen verfolgen kann, verpflichtet sich der anmeldende Mitgliedstaat,

☐ der Kommission jährlich den in Artikel 26 der Verordnung (EU) 2015/1589 des Rates vorgesehenen Bericht zu übermitteln.

☐ mindestens 10 Jahre ab dem Tag der Gewährung der Beihilfe (Einzelbeihilfe oder auf der Grundlage der Beihilferegelung gewährte Beihilfe) ausführliche Aufzeichnungen mit den Informationen und Belegen, die notwendig sind, um feststellen zu können, dass alle Vereinbarkeitsvoraussetzungen erfüllt sind, zu führen und sie der Kommission auf schriftliches Ersuchen innerhalb von 20 Arbeitstagen oder eines in dem Ersuchen festgesetzten längeren Zeitraums zu übermitteln.

Für steuerliche Beihilferegelungen:

☐ Im Falle von Beihilferegelungen, nach denen auf der Grundlage der Steuererklärungen der Beihilfeempfänger steuerliche Beihilfen automatisch gewährt werden und bei denen nicht ex ante kontrolliert wird, ob bei jedem Beihilfeempfänger alle Voraussetzungen erfüllt sind, verpflichtet sich der Mitgliedstaat, einen geeigneten Kontrollmechanismus einzurichten, mit dem er regelmäßig (zum Beispiel einmal im Steuerjahr) zumindest ex post und anhand einer Stichprobe prüft, ob alle Vereinbarkeitsvoraussetzungen erfüllt sind, und im Falle von Betrug Sanktionen zu verhängen. Damit die Kommission steuerliche Beihilferegelungen prüfen kann, verpflichtet sich der anmeldende Mitgliedstaat, mindestens 10 Jahre ab dem Tag der Kontrollen ausführliche Aufzeichnungen über die Kontrollen zu führen und sie der Kommission auf schriftliches Ersuchen innerhalb von 20 Arbeitstagen oder eines in dem Ersuchen festgesetzten längeren Zeitraums zu übermitteln.

## 10. Vertraulichkeit

Enthält die Anmeldung vertrauliche Informationen, die Dritten gegenüber nicht offengelegt werden sollten?

☐ Ja. Geben Sie bitte an, welche Teile des Formulars vertraulich sind und warum.

.......................................................................................................................................

☐ Nein

## 11. Sonstige Informationen

Machen Sie hier bitte gegebenenfalls sonstige Angaben, die für die Würdigung der Beihilfe von Belang sind:

.......................................................................................................................................

.......................................................................................................................................

## 12. Anlagen

Führen Sie bitte alle der Anmeldung beigefügten Unterlagen auf und übermitteln Sie entweder Kopien in Papierform oder geben Sie die Internetadressen an, unter denen die betreffenden Unterlagen zugänglich sind.

.......................................................................................................................................

.......................................................................................................................................

## 13. Erklärung

Ich erkläre nach bestem Wissen und Gewissen, dass die Angaben in diesem Formular sowie in den Anhängen und Anlagen richtig und vollständig sind.

Ort und Tag der Unterzeichnung ........................................................................................

Unterschrift ........................................................................................................................

Name und Funktion des Unterzeichners ...........................................................................

## 14. Ergänzender Fragebogen

14.1. Wählen Sie bitte auf der Grundlage der im Formular ‚Allgemeine Angaben' übermittelten Informationen den entsprechenden ergänzenden Fragebogen aus:

a)   ☐   Ergänzende Fragebögen zu Regionalbeihilfen

1. ☐ Investitionsbeihilfen
2. ☐ Betriebsbeihilfen
3. ☐ Einzelbeihilfen

b) ☐ Ergänzender Fragebogen zu Forschungs-, Entwicklungs- und Innovationsbeihilfen

c) ☐ Ergänzende Fragebögen zu Beihilfen zur Rettung und Umstrukturierung von Unternehmen in Schwierigkeiten

1. ☐ Rettungsbeihilfen
2. ☐ Umstrukturierungsbeihilfen
3. ☐ Beihilferegelungen

d) ☐ Ergänzender Fragebogen zu Beihilfen für audiovisuelle Werke

e) ☐ Ergänzender Fragebogen zu Breitbandbeihilfen

f) ☐ Ergänzender Fragebogen zu Umwelt- und Energiebeihilfen

g) ☐ Ergänzender Fragebogen zu Risikofinanzierungsbeihilfen

h) ☐ Ergänzender Fragebogen zu Beihilfen im Verkehrswesen

1. ☐ Investitionsbeihilfen für Flughäfen
2. ☐ Betriebsbeihilfen für Flughäfen
3. ☐ Anlaufbeihilfen für Luftverkehrsgesellschaften
4. ☐ Beihilfen sozialer Art nach Artikel 107 Absatz 2 Buchstabe a AEUV
5. ☐ Beihilfen für den Seeverkehr

i) ☐ Ergänzender Fragebogen für die Anmeldung eines Evaluierungsplans

j) ☐ Ergänzende Fragebögen zu Beihilfen im Agrar- und Forstsektor und in ländlichen Gebieten

k) ☐ Ergänzender Fragebogen zu Beihilfen für den Fischerei- und Aquakultursektor

14.2. Falls die Beihilfen unter keinen dieser ergänzenden Fragebögen fällt, wählen Sie bitte die einschlägige Bestimmung des AEUV, der einschlägigen Leitlinien oder des sonstigen Textes aus, die für die staatliche Beihilfe maßgebend ist:

a) ☐ Kurzfristige Exportkredite

b) ☐ Emissionshandelssysteme

c) ☐ Bankenmitteilung

d) ☐ Mitteilung über wichtige Vorhaben von gemeinsamem europäischem Interesse

e) ☐ Dienstleistungen von allgemeinem wirtschaftlichem Interesse (Artikel 106 Absatz 2 AEUV)

f) ☐ Artikel 93 AEUV

g) ☐ Artikel 107 Absatz 2 Buchstabe a AEUV

h) ☐ Artikel 107 Absatz 2 Buchstabe b AEUV

i) ☐ Artikel 107 Absatz 3 Buchstabe a AEUV

j)  ☐  Artikel 107 Absatz 3 Buchstabe b AEUV

k)  ☐  Artikel 107 Absatz 3 Buchstabe c AEUV

l)  ☐  Artikel 107 Absatz 3 Buchstabe d AEUV

m)  ☐  Sonstiges. Bitte angeben:

......................................................................................................................................

......................................................................................................................................

Begründen Sie bitte für die Beihilfen, die unter die ausgewählten Kategorien unter dieser Nummer fallen, warum sie mit dem Binnenmarkt vereinbar sind:

......................................................................................................................................

......................................................................................................................................

*Aus praktischen Gründen wird empfohlen, die als Anlagen übermittelten Unterlagen zu nummerieren und in den einschlägigen Abschnitten der ergänzenden Fragebögen auf diese Nummern Bezug zu nehmen. "*

# III. Beschluss über die Eröffnung des förmlichen Prüfverfahrens

**Hinweis:** Das vorliegende Muster wurde vom Autor erstellt und an eine Reihe an veröffentlichten Kommissionsbeschlüssen über die Eröffnung des förmlichen Prüfverfahrens angelehnt und soll lediglich eine erste Vorstellung über den Aufbau eines Beschlusses über die Eröffnung des förmlichen Prüfverfahrens geben. Das Muster begründet somit keine abschließende Darstellung eines solchen Vereinbarkeitsbeschlusses.

EUROPÄISCHE KOMMISSION

Brüssel,
XX.XX.XXXX
C(XXXX) XXXX final

**Staatliche Beihilfe SA.68520[4] – Mitgliedstaat – [Vorhaben] – Beihilfe für [Musterfirma]**

Sehr geehrte/r Frau/Herr Bundesminister/in

die Kommission teilt [Mitgliedstaat] mit, dass sie nach Prüfung der von [Mitgliedstaat] übermittelten Angaben zu der vorgenannten Beihilfemaßnahme beschlossen hat, das Verfahren nach Artikel 108 Absatz 2 des Vertrags über die Arbeitsweise der Europäischen Union (im Folgenden „AEUV") zu eröffnen.

1. **Verfahren**

    […]

2. **Beschreibung des Vorhabens und der Beihilfemaßnahme**

    […] Der/Die Beihilfeempfänger …

    Das Vorhaben …

    Finanzierung des Vorhabens …

    Rechtsgrundlage …

    Beihilfebetrag …

    Allgemeine Bestimmungen …

    […]

---

4    Fantasiebezeichnung.

**3. Beihilferechtliche Würdigung der Maßnahme und Prüfung der Vereinbarkeit der Maßnahme mit dem Binnenmarkt**

– Vorliegen einer Beihilfe

– Rechtmäßigkeit der Beihilfemaßnahme

– Vereinbarkeit der Beihilfe mit dem Binnenmarkt

[…]

**4. Wettbewerbsrechtliche Bedenken und Gründe für die Eröffnung des Verfahrens**

[…]

**5. Beschluss**

Aus den vorstehenden Gründen fordert die Kommission [Mitgliedstaat] im Rahmen des Verfahrens nach Artikel 108 Absatz 2 AEUV auf, innerhalb eines Monats nach Eingang dieses Schreibens Stellung zu nehmen und alle für die Würdigung der Beihilfemaßnahme sachdienlichen Informationen zu übermitteln. [Mitgliedstaat] wird aufgefordert, unverzüglich eine Kopie dieses Schreibens an den potenziellen Beihilfeempfänger weiterzuleiten.

Die Kommission erinnert [Mitgliedstaat] an die aufschiebende Wirkung von Artikel 108 Absatz 3 AEUV und verweist auf Artikel 16 der Verordnung (EU) Nr 2015/1589 des Rates, wonach alle rechtswidrigen Beihilfen vom Empfänger zurückzufordern sind.

Die Kommission weist die [Vertretung des Mitgliedstaates (Regierung, Bundesregierung, usw)] darauf hin, dass sie die Beteiligten durch Veröffentlichung des vorliegenden Schreibens und einer aussagekräftigen Zusammenfassung dieses Schreibens im Amtsblatt der Europäischen Union von der Beihilfesache in Kenntnis setzen wird. Außerdem wird sie die Beteiligten in den EFTA-Staaten, die das EWR-Abkommen unterzeichnet haben, durch Veröffentlichung einer Bekanntmachung in der EWR-Beilage des Amtsblattes der Europäischen Union und die EFTA-Überwachungsbehörde durch Übermittlung einer Kopie dieses Schreibens in Kenntnis setzen. Alle genannten Beteiligten werden aufgefordert, innerhalb eines Monats ab dem Datum dieser Veröffentlichung Stellung zu nehmen.

Falls dieses Schreiben vertrauliche Angaben enthält, die nicht veröffentlicht werden sollen, werden Sie gebeten, bei der Kommission innerhalb von 15 Arbeitstagen nach Eingang des Schreibens einen mit Gründen versehenen Antrag auf vertrauliche Behandlung zu stellen. Andernfalls geht die Kommission davon aus, dass Sie mit der Veröffentlichung des vollständigen Wortlauts dieses Schreibens einverstanden sind. Bitte richten Sie Ihren Antrag, in dem die entsprechenden Angaben zu präzisieren sind, per Einschreiben oder Fax an:

Europäische Kommission
Generaldirektion Wettbewerb
Registratur Staatliche Beihilfen
B-1049 Bruxelles/Belgien
Fax +32 XXXXXXXX

Brüssel, den 23.09.2020

Mit vorzüglicher Hochachtung

*Für die Kommission*
Max Mustermann
*Mitglied der Kommission*

# IV. Vereinbarkeitsbeschluss (Positivbeschluss)

**Hinweis:** Das vorliegende Muster wurde vom Autor erstellt und an eine Reihe an veröffentlichten Vereinbarkeitsbeschlüssen der Kommission angelehnt und soll lediglich eine erste Vorstellung über den Aufbau eines Beschlusses über die Eröffnung des förmlichen Prüfverfahrens geben. Das Muster begründet somit keine abschließende Darstellung eines solchen Vereinbarkeitsbeschlusses.

BESCHLUSS DER KOMMISSION

vom 01.09.2021

ÜBER DIE STAATLICHE BEIHILFE

SA.68520 (2012/C) (ex 2011/N),[5]

die [Mitgliedstaat] zugunsten der [Muster-AG] für ein [Vorhaben]
in [Musterstadt] gewähren will

**(nur der deutsche Text ist verbindlich)[6]**

**(Text von Bedeutung für den EWR)**

DIE EUROPÄISCHE KOMMISSION –

gestützt auf den Vertrag über die Arbeitsweise der Europäischen Union, insbesondere auf Artikel 108 Abs 2 Unterabsatz 1,

gestützt auf das Abkommen über den Europäischen Wirtschaftsraum, insbesondere auf Artikel 62, Absatz 1, Buchstabe a,

nach Aufforderung der Beteiligten zur Äußerung/Stellungnahme gemäß den vorgenannten Artikeln,

in Erwägung nachstehender Gründe:

## 1. Verfahren

[...]

---

5    Im Muster handelt es sich um Fantasiebezeichnungen, die auf keinen speziellen Fall bezogen sind.

6    Variiert je nach Mitgliedstaat.

## 2. (Detaillierte) Beschreibung der Beihilfemaßnahme

[…]

Ziel der Maßnahme …

Der/Die Beihilfeempfänger …

Das Vorhaben …

Finanzierung des Vorhabens …

Rechtsgrundlage …

Beihilfebetrag … Beihilfefähige Kosten … Beihilfeintensität

Allgemeine Bestimmungen …

Die Beihilfemaßnahme

[…]

## 3. Zweifel und Gründe für die Eröffnung des förmlichen Prüfverfahrens

[…]

## 4. Stellungnahme von Beteiligten

[…]

## 5. Stellungnahme Mitgliedstaat

[…]

## 6. Beihilferechtliche Würdigung der Maßnahme und Prüfung der Vereinbarkeit der Maßnahme mit dem Binnenmarkt

– Vorliegen einer Beihilfe

[Die Beihilfemaßnahme ist daher als staatliche Beihilfe im Sinne von Artikel 107 Absatz 1 AEUV zu betrachten.]

– Rechtmäßigkeit der Beihilfemaßnahme

[Mit der Anmeldung der geplanten Beihilfemaßnahme vor ihrer Durchführung ist der Mitgliedstaat seinen Verpflichtungen nach Artikel 108 Absatz 3 AEUV (und der Einzelanmeldepflicht nach Artikel 6 Absatz 2 der allgemeinen Gruppenfreistellungsverordnung) nachgekommen]

– Vereinbarkeit der Beihilfe mit dem Binnenmarkt

[Nachdem die Kommission zu dem Schluss gekommen ist, dass die Beihilfemaßnahme eine staatliche Beihilfe darstellt, hat die Kommission die Vereinbarkeit dieser Beihilfe mit dem Binnenmarkt zu prüfen. Folglich muss die Vereinbarkeit der

Beihilfe mit dem Binnenmarkt im Lichte des Artikels 107 Absatz 2 und 3 AEUV untersucht werden, in denen die Ausnahmen von der in Artikel 107 Absatz 1 festgelegten allgemeinen Regel der Unvereinbarkeit mit dem Binnenmarkt aufgeführt werden.]

[Im vorliegenden Fall kommt lediglich die in Artikel 107 Absatz 3 Buchstabe c vorgesehene Ausnahme in Betracht. Nach Artikel 107 Absatz 3 Buchstabe c können Beihilfe als zulässig angesehen werden, wenn sie zur Förderung der Entwicklung gewisser Wirtschaftszweige oder Wirtschaftsgebiete dienen, soweit sie die Handelsbedingungen nicht in einer Weise verändern, die dem gemeinsamen Interesse zuwider läuft.]

– Eingehende Prüfung der Beihilfemaßnahme

[…]

## 7. Schlussfolgerung

Die Kommission kommt zu dem Schluss, dass die geplante Beihilfemaßnahme zugunsten des Beihilfeempfängers, die vor dem tt.mm.jjjj vorbehaltlich der Genehmigung durch die Kommission gewährt worden ist, alle Voraussetzungen nach Maßgabe der [jeweiligen Rechtsgrundlage (Regionalbeihilfeleitlinien, usw)] und der Prüfkriterien erfüllt und folglich nach (Artikel 107 Absatz 3 Buchstabe c AEUV) als mit dem Binnenmarkt vereinbar angesehen werden kann –

HAT FOLGENDEN BESCHLUSS ERLASSEN

### Artikel 1

Die von [Mitgliedstaat] geplante staatliche Beihilfe zugunsten [der/des Beihilfeempfänger(s)] ist [vorbehaltlich der in Artikel 2 genannten Bedingungen und Auflagen] nach Artikel 107 Absatz 3 Buchstabe c AEUV mit dem Binnenmarkt vereinbar.

[Die Durchführung der in Artikel 1 Absatz 1 genannten Beihilfe wird genehmigt, sofern sie vor dem tt.mm.jjjj gewährt wird]

[Die Beihilfe darf daher nur bis zu dem Betrag [xxx] EUR gewährt werden]

### Artikel 2

[Beschreibung der Auflagen und Bedingungen]

– Der Mitgliedstaat übermittelt der Kommission innerhalb von zwei Monaten nach Gewährung der Beihilfe eine Kopie der für die Beihilfemaßnahme relevanten Unterlagen,

- Der Mitgliedstaat übermittelt der Kommission ab dem Zeitpunkt der Genehmigung der Beihilfe durch die Kommission einen Zwischenbericht (mit Angaben zu den gezahlten Beihilfebeträgen, zur Durchführung des Beihilfevertrags [...]);

- Der Mitgliedstaat übermittelt der Kommission einen ausführlichen Abschlussbericht.

- Der Mitgliedstaat ergreift die notwendigen Maßnahmen, damit [...]

- Der Mitgliedstaat legt der Kommission bis zum 14.02.2025 einen Bericht über [Fortschritte, usw]

- Der Mitgliedstaat legt der Kommission jährliche Berichte über die Umsetzung [...]

### Artikel 3

Dieser Beschluss ist an [Mitgliedstaat] gerichtet

Brüssel, den 23.09.2020

*Für die Kommission*
Max Mustermann
*Mitglied de Kommission*

# V. Beschwerdeformular über mutmaßlich staatliche Beihilfen oder eine mutmaßlich missbräuchliche Anwendung von Beihilfen

**Hinweis:** Auf der Homepage der Europäischen Kommission ist ein Beschwerdeformular zu finden, das heruntergeladen werden kann. Vorliegendes Muster wurde diesem Beschwerdeformular nachgebildet. Die Verwendung eines Beschwerdeformulars ist nach Art 24 Abs 2 Verf-VO vorgeschrieben. Nach Art 11a Abs 2 Verf-DVO müssen Beteiligte ordnungsgemäß das Formular in Anhang IV ausfüllen.

An die Europäische Kommission
Generaldirektion Wettbewerb
Registratur Staatliche Beihilfen
B-1049 Brüssel
Belgien
Fax (XX-X) XXX XX XX
stateaidgreffe@ec.europa.eu

Die Pflichtfelder sind mit einem Stern (*) gekennzeichnet.

## 1. Angaben zum Beschwerdeführer

Vorname:*

Familienname:*

Anschrift (1. Zeile):*

Anschrift (2. Zeile):

Ort:*

Bundesland/Region/Provinz:

Postleitzahl:*

Land:*

Telefon:

Mobiltelefon:

E-Mail:*

Fax:

**2. Ich reiche die Beschwerde im Namen Dritter (einer Person oder eines Unternehmens) ein:**

Ja*   Nein*

Wenn ja, machen Sie bitte auch folgende Angaben:

Name der Person/des Unternehmens, die/das Sie vertreten:*

Registrierungsnummer des Unternehmens:

Anschrift (1. Zeile):*

Anschrift (2. Zeile):

Ort:*

Bundesland/Region/Provinz:

Postleitzahl:*

Land:*

Telefon 1:

Telefon 2:

E-Mail:*

Fax:

Bitte fügen Sie einen Beleg dafür bei, dass der Vertreter/die Vertreterin bevollmächtigt ist, im Namen dieser Person bzw. dieses Unternehmens zu handeln.*

**3. Bitte wählen Sie eine der folgenden Optionen zu Ihrer eigenen Beschreibung:***

  a) Wettbewerber des Beihilfeempfängers oder der Beihilfeempfänger

  b) Handelsverband, der die Interessen von Wettbewerbern vertritt

  c) Nichtregierungsorganisation

  d) Gewerkschaft

  e) EU-Bürger/Bürgerin

  f) Sonstiges (bitte angeben)

Warum und inwiefern berührt die mutmaßliche staatliche Beihilfe Ihre Wettbewerbsposition oder die der Person/des Unternehmens, die/das Sie vertreten? Bitte führen Sie möglichst viele konkrete Belege an.

*Hinweis: Nach Artikel 20 Absatz 2 der Verordnung (EG) Nr 659/1999 vom 22. März 1999
über besondere Vorschriften für die Anwendung von Artikel 108 des Vertrags über die
Arbeitsweise der Europäischen Union (AEUV) können nur Beteiligte im Sinne des Artikels 1 Buchstabe h dieser Verordnung förmliche Beschwerden einreichen. Wenn Sie nicht
nachweisen, dass Sie Beteiligter sind, wird dieses Formular daher nicht als Beschwerde
registriert, und die darin enthaltenen Informationen werden als allgemeine Marktauskünfte behandelt.*

**4. Bitte kreuzen Sie wie zutreffend an:***

☐ Ja, meine Identität darf offengelegt werden.

☐ Nein, meine Identität darf nicht offengelegt werden.

Falls nein, warum nicht?

*Vertraulichkeit: Soll Ihre Identität nicht preisgegeben oder sollen bestimmte Dokumente
oder Informationen vertraulich behandelt werden, teilen Sie uns dies bitte ausdrücklich
und unter Angabe von Gründen mit und kennzeichnen Sie die vertraulichen Passagen der
Dokumente. Ohne Angaben zur Vertraulichkeit Ihrer Identität oder bestimmter Dokumente oder Daten werden diese Informationen als nicht vertraulich eingestuft und können
dem Mitgliedstaat, der mutmaßlich die betreffende staatliche Beihilfe gewährt, mitgeteilt
werden. Die Angaben zu den Punkten 5 und 6 können nicht vertraulich behandelt werden.*

**5. Angaben zum Mitgliedstaat, der die Beihilfe gewährt***

Bitte beachten Sie, dass die hier gemachten Angaben als nicht vertraulich betrachtet werden.

a) Land:

b) Sofern bekannt, Angabe der Institution oder Stelle, die die mutmaßlich
   rechtswidrige Beihilfe gewährt hat:

   Zentralregierung:

   Bundesland/Region (bitte angeben):

   Sonstige (bitte angeben):

## 6. Angaben zur mutmaßlichen Beihilfemaßnahme*

*Bitte beachten Sie, dass die hier gemachten Angaben als nicht vertraulich betrachtet werden*

a) Bitte beschreiben Sie die mutmaßliche Beihilfe und geben Sie an, in welcher Form sie gewährt wurde (Kredite, Zuschüsse, Garantien, steuerliche Anreize, Steuerbefreiungen usw.).

b) Wofür wurde die mutmaßliche Beihilfe gewährt (sofern bekannt)?

c) Auf welche Summe beläuft sich die mutmaßliche Beihilfe (sofern bekannt)? Falls Sie den genauen Betrag nicht kennen, nehmen Sie bitte eine Schätzung vor und führen Sie möglichst viele Belege zu deren Fundierung an.

d) Wer ist der Begünstigte? Bitte machen Sie so umfassende Angaben wie möglich und beschreiben Sie die Haupttätigkeiten der fraglichen Begünstigten/ Unternehmen.

e) Wann wurde Ihres Wissens die mutmaßliche Beihilfe gewährt?

f) Bitte kreuzen Sie wie zutreffend an:

☐ Eine Anmeldung der Beihilfe bei der Kommission ist meines Wissens nicht erfolgt.

☐ Die Beihilfe wurde meines Wissens zwar angemeldet, aber bereits vor dem Beschluss der Kommission gewährt. Geben Sie bitte das Aktenzeichen oder das Datum der Anmeldung der Beihilfe an (sofern bekannt).

```



```

☐ Die Beihilfe wurde meines Wissens zwar angemeldet und von der Kommission genehmigt, ihre Durchführung entsprach jedoch nicht den geltenden Bedingungen. Geben Sie bitte das Aktenzeichen oder das Datum der Anmeldung und das Datum der Genehmigung der Beihilfe an (sofern bekannt).

```



```

☐ Die Beihilfe wurde meines Wissens auf der Grundlage einer Gruppenfreistellungsverordnung gewährt, ihre Durchführung entsprach jedoch nicht den geltenden Bedingungen.

## 7. Grund der Beschwerde*

*Um als staatliche Beihilfe im Sinne des Artikels 107 Absatz 1 AEUV zu gelten, muss die mutmaßliche Beihilfe von einem Mitgliedstaat oder aus staatlichen Mitteln gewährt werden, durch die Begünstigung bestimmter Unternehmen oder Produktionszweige den Wettbewerb verfälschen oder zu verfälschen drohen und den Handel zwischen Mitgliedstaaten beeinträchtigen.*

a) Erläutern Sie bitte, in welchem Umfang öffentliche Mittel gewährt wurden (sofern bekannt) und, falls die Maßnahme nicht von einer Behörde (sondern beispielsweise von einem öffentlichen Unternehmen) getroffen wurde, warum sie Ihres Erachtens den Behörden eines Mitgliedstaats zuzurechnen ist.

```



```

b) Erläutern Sie bitte, warum Ihres Erachtens die mutmaßliche staatliche Beihilfe selektiv ist (also bestimmte Unternehmen oder Produktionszweige begünstigt).

c) Erläutern Sie bitte, warum Ihres Erachtens die mutmaßliche staatliche Beihilfe dem/den Begünstigten einen wirtschaftlichen Vorteil verschafft.

d) Erläutern Sie bitte, warum Ihres Erachtens die mutmaßliche staatliche Beihilfe den Wettbewerb verfälscht oder zu verfälschen droht.

e) Erläutern Sie bitte, warum Ihres Erachtens die mutmaßliche staatliche Beihilfe den Handel zwischen Mitgliedstaaten beeinträchtigt.

## 8. Vereinbarkeit der Beihilfe mit dem Binnenmarkt

Führen Sie bitte die Gründe an, aus denen die mutmaßliche Beihilfe Ihres Erachtens nicht mit dem Binnenmarkt vereinbar ist.

9. **Angaben zu mutmaßlichen Verstößen gegen andere Rechtsvorschriften der Europäischen Union und zu anderen Verfahren**

   a) Geben Sie bitte an, welche anderen EU-Rechtsvorschriften Ihres Erachtens durch die mutmaßliche Beihilfe verletzt wurden. (Hinweis: Diese potenziellen Verstöße werden nicht zwangsläufig im Rahmen des beihilferechtlichen Prüfverfahrens behandelt.)

   b) Haben Sie sich in derselben Angelegenheit bereits an Dienststellen der Kommission oder andere europäische Institutionen gewandt? *

      Ja ☐     Nein ☐

      Wenn ja, fügen Sie bitte Kopien des Schriftverkehrs bei.

   c) Haben Sie sich in derselben Angelegenheit bereits an nationale Behörden oder Gerichte gewandt? *

      Ja ☐     Nein ☐

      Wenn ja, geben Sie bitte diese Behörden oder Gerichte an; wenn bereits eine Entscheidung oder ein Urteil vorliegt, fügen Sie bitte eine Kopie bei (falls verfügbar); wenn die Sache dagegen noch anhängig ist, geben Sie bitte das Aktenzeichen an (falls verfügbar).

   d) Machen Sie bitte weitere Angaben, die für die Prüfung dieser Sache von Belang sein könnten.

280

## 10. Sachdienliche Unterlagen

Führen Sie bitte sämtliche zur Stützung Ihrer Beschwerde beigefügten Dokumente oder Belege auf und fügen Sie ggf. Anlagen bei.

– Nach Möglichkeit ist eine Kopie des Gesetzes oder sonstigen Rechtsakts, auf den sich die Auszahlung der mutmaßlichen Beihilfe stützt, beizufügen.

– Fügen Sie nach Möglichkeit jeden verfügbaren Beleg für die Gewährung der Beihilfe bei (Pressemitteilung, veröffentlichte Abschlüsse usw.).

– Wird die Beschwerde im Namen Dritter (einer Person oder eines Unternehmens) eingereicht, fügen Sie bitte einen Nachweis bei, dass Sie zu deren Vertretung bevollmächtigt sind.

– Gab es in derselben Sache bereits Schriftverkehr mit der Europäischen Kommission oder anderen europäischen oder nationalen Institutionen, fügen Sie bitte Kopien davon bei.

– Wurde die Sache bereits von einem nationalen Gericht oder einer nationalen Behörde behandelt, fügen Sie bitte eine Kopie des Urteils bzw. der Entscheidung bei (falls verfügbar).

**Ich erkläre, alle Angaben in diesem Formular und seinen Anhängen nach bestem Wissen und Gewissen gemacht zu haben.**

Ort, Datum und Unterschrift des Beschwerdeführers"

# VI. TAM-Meldung

**Hinweis:** Die Mitgliedstaaten bauen ihre ausführlichen Beihilfewebsites, auf denen die in Art 9 Abs 1 festgelegten Informationen veröffentlicht werden so auf, dass die Informationen leicht zugänglich sind. Die Informationen werden in einem Tabellenkalkulationsformat (zB CSV oder XML) veröffentlicht, das es ermöglicht, Daten zu suchen, zu extrahieren und problemlos im Internet zu veröffentlichen. Der Zugang zur Website wird jedem Interessierten ohne Einschränkungen gewährt. Eine vorherige Anmeldung als Nutzer ist für den Zugang zur Website nicht erforderlich.[7]

Nach Art 9 Abs 1 lit c sind folgende Informationen über Einzelbeihilfen zu veröffentlichen:[8]

- Name des Empfängers

- Identifikator des Empfängers

- Art des Unternehmens (KMU/großes Unternehmen) zum Zeitpunkt der Gewährung

- Region, in der der Beihilfeempfänger seinen Standort hat, auf NUTS-II-Ebene

- Wirtschaftszweig auf Ebene der NACE-Gruppe

- Beihilfeelement, in voller Höhe, in Landeswährung

- Beihilfeinstrument (Zuschuss/Zinszuschuss, Kredit/rückzahlbare Vorschüsse/rückzahlbarer Zuschuss/Garantie, Steuerermäßigung oder Steuerbefreiung, Risikofinanzierung, Sonstiges (bitte nähere Angaben)

- Tag der Gewährung

- Ziel der Beihilfe

- Bewilligungsbehörde

- bei Regelungen, die unter Artikel 16 oder Artikel 21 fallen, der Name der betrauten Einrichtung und die Namen der ausgewählten Finanzintermediäre

- Nummer der Beihilfemaßnahme

**Hinweis:** Ein Meldeblatt kann intern für die jeweiligen Sachbearbeiter der öffentlichen Institution wie folgt gestaltet werden, um alle in Art 9 Abs 1 AGVO iVm Anhang III AGVO genannten Informationen abzubilden. Die Informationen über die Einzelbeihilfen können dann vom zuständigen SARI-Beauftragen anhand der TAM-Meldeblätter eingemeldet werden.

---

7    Anhang III zur AGVO.
8    Anhang III zur AGVO.

## Transparenzverpflichtung für gewährte Einzelbeihilfen nach der AGVO (Art. 9 iVm. Anhang III AGVO Nr 651/2014)

| | Betroffene AGVO Regelung | ☐ Titel der freigestellten Beihilfe-regelung [SA. Beihilfennummer]<br>☐ Titel der freigestellten Beihilfe-regelung [SA. Beihilfennummer]<br>☐ Titel der freigestellten Beihilfe-regelung [SA. Beihilfennummer] |
|---|---|---|
| 1 | Name und Adresse des Förderempfängers | |
| 2 | Firmenbuchnummer: | |
| 3 | Art des Unternehmens (KMU/ GU) zum Zeitpunkt der Gewährung: | ☐ Gebietskörperschaft öffentl. Einrichtung<br>☐ Kleinunternehmen<br>☐ Mittleres Unternehmen<br>☐ Großunternehmen<br>☐ sonstige private Einrichtungen |
| 4 | NUTS II Region | |
| 5 | Wirtschaftszweig (auf Ebene der NACE-Gruppe): | |
| 6 | Beihilfeinstrument | ☐ Zuschuss/Zinszuschuss<br>☐ Kredit/rückzahlbare Vor- u. Zuschüsse<br>☐ Garantie<br>☐ Steuerermäßigung oder Steuerbefreiung<br>☐ Risikofinanzierung<br>☐ sonstiges |
| 7 | Tag der Gewährung (Genehmigung Regierung) | |
| 8 | Ziel der Beihilfe | |
| 9 | Bewilligungsbehörde | |
| 10 | Beihilfenelement in voller Höhe (EUR) | EUR |
| 11 | Regelungen die unter Art 16 (regionale Stadtentwicklungs-beihilfen) oder Art. 21 (Risikokapitalbeihilfen) fallen | ☐ nicht anwendbar |
| 12 | Nummer der Beihilfenmaßnahme | (wird vom System vergeben) |

# VII. Nationale Fördergebietskarten

In den von den Mitgliedstaaten notifizierten Regionalfördergebietskarten werden die Fördergebiete dargestellt und ausgewiesen. Es wird darin festgelegt, bei welchen Gebieten es sich um sog A-Fördergebiete bzw C-Fördergebiete handelt.

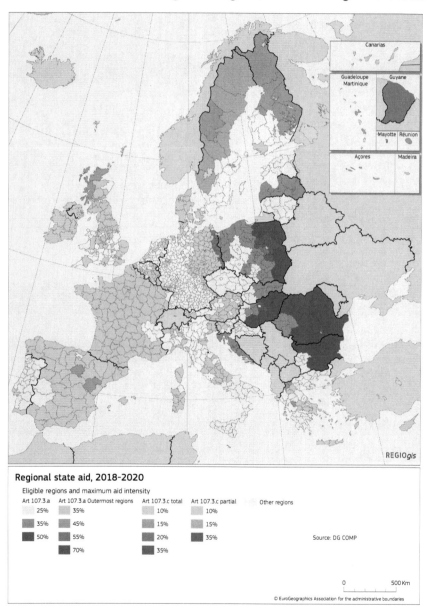

**Regional state aid, 2018-2020**

Eligible regions and maximum aid intensity

| Art 107.3.a | Art 107.3.a Outermost regions | Art 107.3.c total | Art 107.3.c partial | Other regions |
|---|---|---|---|---|
| 25% | 35% | 10% | 10% | |
| 35% | 45% | 15% | 15% | |
| 50% | 55% | 20% | 35% | Source: DG COMP |
| | 70% | 35% | | |

0    500 Km

© EuroGeographics Association for the administrative boundaries

**Ausgewählte nationale Fördergebietskarten der EU-Mitgliedstaaten:**

Nachstehend gelangen Sie mittels QR-Code zu ausgewählten nationalen Fördergebietskarten 2014–2020:[9]

1) Österreich:

Nationale Fördergebietskarte 2014–2020
SA.37825

2) Deutschland:

Nationale Fördergebietskarte 2014–2020
SA.37423

3) Frankreich

Nationale Fördergebietskarte 2014–2020
SA.38182

4) Italien

Nationale Fördergebietskarte 2014–2020
SA.38930

5) Slowenien

Nationale Fördergebietskarte 2014–2020
SA.38060

---

9   Die Fördergebietskarten für die aktuelle Förderperiode waren zum Zeitpunkt der Erstellung des Manuskripts noch nicht gänzlich abrufbar, weshalb die Fördergebietskarten der Förderperiode 2014–2020 abgebildet wurden.

5) Kroatien

Nationale Fördergebietskarte 2014–2020
SA.38668

6) Ungarn

Nationale Fördergebietskarte 2014–2020
SA.37718

7) Tschechien

Nationale Fördergebietskarte 2014–2020
SA.37553

# Stichwortverzeichnis